ŒUVRES COMPLÈTES
DE
P. CORNEILLE

ŒUVRES CHOISIES
DE THOMAS CORNEILLE

TOME CINQUIÈME

PARIS
LIBRAIRIE HACHETTE ET Cie
79, BOULEVARD SAINT-GERMAIN, 79

ŒUVRES COMPLÈTES

DE

P. CORNEILLE

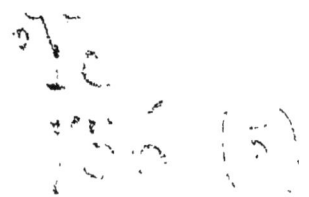

COULOMMIERS. — TYPOGRAPHIE PAUL BRODARD ET Cie.

ŒUVRES COMPLÈTES

DE

P. CORNEILLE

ŒUVRES CHOISIES

DE THOMAS CORNEILLE

TOME CINQUIÈME

PARIS

LIBRAIRIE HACHETTE ET Cⁱᵉ

79, BOULEVARD SAINT-GERMAIN, 79

1884

PSYCHÉ.

TRAGÉDIE-BALLET[1].

1671.

PERSONNAGES.

JUPITER.
VÉNUS.
L'AMOUR.
ÉGIALE, } Grâces.
PHAÈNE, }
PSYCHÉ.
LE ROI, père de Psyché.
AGLAURE, } sœurs de Psyché.
CYDIPPE, }
CLÉOMÈNE, } princes, amans de Psyché.
AGÉNOR, }
ZÉPHIRE.
LYCAS.
Le Dieu d'un fleuve.

PROLOGUE.

La scène représente sur le devant un lieu champêtre, et dans l'enfoncement un rocher percé à jour, à travers duquel on voit la mer en éloignement. — Flore paroît au milieu du théâtre, accompagnée de Vertumne, dieu des arbres et des fruits, et de Palémon, dieu des eaux. Chacun de ces dieux conduit une troupe de divinités : l'un mène à sa suite des Dryades et des Sylvains; et l'autre des dieux, des Fleuves, et des Naïades. Flore chante ce récit pour inviter Vénus à descendre en terre :

> Ce n'est plus le temps de la guerre;
>   Le plus puissant des rois
>   Interrompt ses exploits
> Pour donner la paix à la terre.
> Descendez, mère des Amours;
> Venez nous donner de beaux jours.

---

1. *Le libraire au lecteur.* — Cet ouvrage n'est pas tout d'une main. M. Quinault a fait les paroles qui s'y chantent en musique, à la réserve de la plainte italienne. M. Molière a dressé le plan de la pièce et réglé la disposition, où il s'est plus attaché aux beautés et à la pompe du spectacle qu'à l'exacte régularité. Quant à la versification, il n'a pas eu le loisir de la faire entière. Le carnaval approchoit; et les ordres pressans du roi, qui se vouloit donner ce magnifique divertissement plusieurs fois avant le carême, l'ont mis dans la nécessité de souffrir un peu de secours. Ainsi il n'y a que le prologue, le

(Vertumne et Palémon, avec les divinités qui les accompagnent, joignent leurs voix à celle de Flore, et chantent ces paroles :)

CHŒUR DE TOUTES LES DIVINITÉS DE LA TERRE ET DES EAUX, COMPOSÉ DE FLORE, NYMPHES, PALÉMON, VERTUMNE, SYLVAINS, FAUNES, DRYADES ET NAÏADES.

Nous goûtons une paix profonde ;
Les plus doux jeux sont ici-bas :
On doit ce repos, plein d'appas,
   Au plus grand roi du monde.
Descendez, mère des Amours :
Venez nous donner de beaux jours.

(Il se fait ensuite une entrée de ballet, composée de deux Dryades, quatre Sylvains, deux Fleuves et deux Naïades ; après laquelle Vertumne et Palémon chantent ce dialogue :)

VERTUMNE.
Rendez-vous, beautés cruelles ;
Soupirez à votre tour.

PALÉMON.
Voici la reine des belles,
Qui vient inspirer l'amour.

VERTUMNE.
Un bel objet toujours sévère
Ne se fait jamais bien aimer.

PALÉMON.
C'est la beauté qui commence de plaire ;
Mais la douceur achève de charmer.

(Ils répètent ensemble ces derniers vers :)

C'est la beauté qui commence de plaire ;
Mais la douceur achève de charmer.

VERTUMNE.
Souffrons tous qu'Amour nous blesse ;
Languissons, puisqu'il le faut.

PALÉMON.
Que sert un cœur sans tendresse ?
Est-il plus grand défaut ?

VERTUMNE.
Un bel objet toujours sévère
Ne se fait jamais bien aimer.

PALÉMON.
C'est la beauté qui commence de plaire ;
Mais la douceur achève de charmer.

premier acte, la première scène du second, et la première du troisième, dont les vers soient de lui. M. Corneille a employé une quinzaine au reste ; et, par ce moyen, Sa Majesté s'est trouvée servie dans le temps qu'elle l'avoit ordonné.

(Flore répond au dialogue de Vertumne et de Palémon par ce menuet et les autres divinités y mêlent leurs danses:)

Est-on sage,
Dans le bel âge,
Est-on sage
De n'aimer pas?
Que sans cesse
L'on se presse
De goûter les plaisirs ici-bas.
La sagesse
De la jeunesse,
C'est de savoir jouir de ses appas.
L'Amour charme
Ceux qu'il désarme,
L'Amour charme;
Cédons-lui tous:
Notre peine
Seroit vaine
De vouloir résister à ses coups.
Quelque chaîne
Qu'un amant prenne,
La liberté n'a rien qui soit si doux.

(Vénus descend du ciel dans une grande machine avec l'Amour, son fils, et deux petites Grâces, nommées Égiale et Phaène; et les divinités de la terre et des eaux recommencent de joindre toutes leurs voix, et continuent par leurs danses de lui témoigner la joie qu'elles ressentent à son abord.)

CHŒUR DE TOUTES LES DIVINITÉS DE LA TERRE ET DES EAUX.

Nous goûtons une paix profonde;
Les plus doux jeux sont ici-bas:
On doit ce repos, plein d'appas,
 Au plus grand roi du monde.
Descendez, mère des Amours;
Venez nous donner de beaux jours.

VÉNUS, *dans sa machine.*

Cessez, cessez pour moi tous vos chants d'allégresse;
De si rares honneurs ne m'appartiennent pas,
Et l'hommage qu'ici votre bonté m'adresse
Doit être réservé pour de plus doux appas.
 C'est une trop vieille méthode
 De me venir faire sa cour;
 Toutes les choses ont leur tour,
 Et Vénus n'est plus à la mode.
 Il est d'autres attraits naissans,
 Où l'on va porter ses encens:
Psyché, Psyché la belle, aujourd'hui tient ma place;

Déjà tout l'univers s'empresse à l'adorer,
    Et c'est trop que, dans ma disgrâce,
Je trouve encor quelqu'un qui me daigne honorer.
On ne balance point entre nos deux mérites;
A quitter mon parti tout s'est licencié,
Et du nombreux amas de Grâces favorites
Dont je traînois partout les soins et l'amitié,
Il ne m'en est resté que deux des plus petites,
    Qui m'accompagnent par pitié.
    Souffrez que ces demeures sombres
Prêtent leur solitude aux troubles de mon cœur,
    Et me laissez parmi leurs ombres
    Cacher ma honte et ma douleur.

(Flore et les autres déités se retirent, et Vénus avec sa suite sort de sa machine.)

ÉGIALE.

Nous ne savons, Déesse, comment faire,
Dans ce chagrin qu'on voit vous accabler.
    Notre respect veut se taire,
    Notre zèle veut parler.

VÉNUS.

Parlez; mais, si vos soins aspirent à me plaire,
Laissez tous vos conseils pour une autre saison,
    Et ne parlez de ma colère
    Que pour dire que j'ai raison.
C'étoit là, c'étoit là la plus sensible offense
Que ma divinité pût jamais recevoir;
    Mais j'en aurai la vengeance,
    Si les dieux ont du pouvoir.

PHAÈNE.

Vous avez plus que nous de clartés, de sagesse,
Pour juger ce qui peut être digne de vous;
Mais, pour moi, j'aurois cru qu'une grande déesse
    Devroit moins se mettre en courroux.

VÉNUS.

Et c'est là la raison de ce courroux extrême.
Plus mon rang a d'éclat, plus l'affront est sanglant;
Et, si je n'étois pas dans ce degré suprême,
Le dépit de mon cœur seroit moins violent.
Moi, la fille du dieu qui lance le tonnerre;
    Mère du dieu qui fait aimer;
Moi, les plus doux souhaits du ciel et de la terre,
Et qui ne suis venue au jour que pour charmer;
    Moi qui, par tout ce qui respire,
Ai vu de tant de vœux encenser mes autels,
Et qui de la beauté, par des droits immortels,

PROLOGUE.

Ai tenu de tout temps le souverain empire ;
Moi dont les yeux ont mis deux grandes déités
Au point de me céder le prix de la plus belle,
Je me vois ma victoire et mes droits disputés
    Par une chétive mortelle !
Le ridicule excès d'un fol entêtement
Va jusqu'à m'opposer une petite fille !
Sur ses traits et les miens j'essuierai constamment
    Un téméraire jugement,
    Et du haut des cieux où je brille,
J'entendrai prononcer aux mortels prévenus :
    « Elle est plus belle que Vénus ! »

ÉGIALE.

Voilà comme l'on fait ; c'est le style des hommes,
Ils sont impertinens dans leurs comparaisons.

PHAÈNE.

Ils ne sauroient louer, dans le siècle où nous sommes,
    Qu'ils n'outragent les plus grands noms.

VÉNUS.

Ah ! que de ces trois mots la rigueur insolente
    Venge bien Junon et Pallas,
Et console leurs cœurs de la gloire éclatante
Que la fameuse pomme acquit à mes appas !
Je les vois s'applaudir de mon inquiétude,
Affecter à toute heure un ris malicieux,
Et, d'un fixe regard, chercher avec étude
    Ma confusion dans mes yeux.
Leur triomphante joie, au fort d'un tel outrage,
Semble me venir dire, insultant mon courroux :
« Vante, vante, Vénus, les traits de ton visage :
Au jugement d'un seul, tu l'emportas sur nous ;
    Mais, par le jugement de tous,
Une simple mortelle a sur toi l'avantage. »
Ah ! ce coup-là m'achève, il me perce le cœur ;
Je n'en puis plus souffrir les rigueurs sans égales,
Et c'est trop de surcroît à ma vive douleur
    Que le plaisir de mes rivales.
Mon fils, si j'eus jamais sur toi quelque crédit,
    Et si jamais je te fus chère,
Si tu portes un cœur à sentir le dépit
    Qui trouble le cœur d'une mère
    Qui si tendrement te chérit,
Emploie, emploie ici l'effort de ta puissance
    A soutenir mes intérêts ;
    Et fais à Psyché, par tes traits,
    Sentir les traits de ma vengeance.
    Pour rendre son cœur malheureux,

Prends celui de tes traits le plus propre à me plaire,
    Le plus empoisonné de ceux
    Que tu lances dans ta colère.
Du plus bas, du plus vil, du plus affreux mortel,
Fais que jusqu'à la rage elle soit enflammée,
Et qu'elle ait à souffrir le supplice cruel
    D'aimer et n'être point aimée.

L'AMOUR.

Dans le monde on n'entend que plaintes de l'Amour;
On m'impute partout mille fautes commises,
Et vous ne croiriez point le mal et les sottises
    Que l'on dit de moi chaque jour.
    Si pour servir votre colère....

VÉNUS.

Va, ne résiste point aux souhaits de ta mère;
    N'applique tes raisonnemens
    Qu'à chercher les plus prompts momens
De faire un sacrifice à ma gloire outragée.
Pars, pour toute réponse à mes empressemens;
Et ne me revois point que je ne sois vengée.

(L'Amour s'envole, et Vénus se retire avec les Grâces.—La scène est changée en une grande ville, où l'on découvre, des deux côtés, des palais et des maisons de différens ordres d'architecture.)

ACTE PREMIER.

SCÈNE I. — AGLAURE, CYDIPPE.

AGLAURE.

Il est des maux, ma sœur, que le silence aigrit :
Laissons, laissons parler mon chagrin et le vôtre :
    Et de nos cœurs l'une à l'autre
    Exhalons le cuisant dépit.
    Nous nous voyons sœurs d'infortune;
Et la vôtre et la mienne ont un si grand rapport,
Que nous pouvons mêler toutes les deux en une,
    Et, dans notre juste transport,
    Murmurer à plainte commune
    Des cruautés de notre sort.
    Quelle fatalité secrète,
    Ma sœur, soumet tout l'univers
    Aux attraits de notre cadette,
    Et de tant de princes divers
    Qu'en ces lieux la fortune jette,
    N'en présente aucun à nos fers?

ACTE I, SCÈNE I.

Quoi ! voir de toutes parts, pour lui rendre les armes,
    Les cœurs se précipiter,
    Et passer devant nos charmes
    Sans s'y vouloir arrêter !
    Quel sort ont nos yeux en partage !
    Et qu'est-ce qu'ils ont fait aux dieux,
    De ne jouir d'aucun hommage
Parmi tous ces tributs de soupirs glorieux
    Dont le superbe avantage
    Fait triompher d'autres yeux ?
Est-il pour nous, ma sœur, de plus rude disgrâce
Que de voir tous les cœurs mépriser nos appas,
Et l'heureuse Psyché jouir avec audace
D'une foule d'amans attachés à ses pas ?

CYDIPPE.

    Ah ! ma sœur, c'est une aventure
    A faire perdre la raison ;
    Et tous les maux de la nature
    Ne sont rien en comparaison.

AGLAURE.

Pour moi, j'en suis souvent jusqu'à verser des larmes.
Tout plaisir, tout repos par là m'est arraché ;
Contre un pareil malheur ma constance est sans armes.
Toujours à ce chagrin mon esprit attaché
Me tient devant les yeux la honte de nos charmes,
    Et le triomphe de Psyché.
La nuit, il m'en repasse une idée éternelle
    Qui sur toute chose prévaut :
Rien ne me peut chasser cette image cruelle ;
Et, dès qu'un doux sommeil vient me délivrer d'elle,
    Dans mon esprit aussitôt
    Quelque songe la rappelle,
    Qui me réveille en sursaut.

CYDIPPE.

    Ma sœur, voilà mon martyre.
    Dans vos discours je me voi ;
    Et vous venez là de dire
    Tout ce qui se passe en moi.

AGLAURE.

Mais encor, raisonnons un peu sur cette affaire.
Quels charmes si puissans en elle sont épars ?
Et par où, dites-moi, du grand secret de plaire
L'honneur est-il acquis à ses moindres regards ?
    Que voit-on dans sa personne
    Pour inspirer tant d'ardeurs ?
    Quel droit de beauté lui donne
    L'empire de tous les cœurs ?

Elle a quelques attraits, quelque éclat de jeunesse,
On en tombe d'accord, je n'en disconviens pas :
Mais lui cède-t-on fort pour quelque peu d'aînesse,
  Et se voit-on sans appas?
Est-on d'une figure à faire qu'on se raille?
N'a-t-on point quelques traits et quelques agrémens,
Quelque teint, quelques yeux, quelque air, et quelque taille
A pouvoir dans nos fers jeter quelques amans?
  Ma sœur, faites-moi la grâce
  De me parler franchement :
Suis-je faite d'un air, à votre jugement,
Que mon mérite au sien doive céder la place?
  Et dans quelque ajustement
  Trouvez-vous qu'elle m'efface?

CYDIPPE.

  Qui? vous, ma sœur? nullement.
  Hier à la chasse près d'elle
  Je vous regardai longtemps :
  Et, sans vous donner d'encens,
  Vous me parûtes plus belle.

Mais, moi, dites, ma sœur, sans me vouloir flatter,
Sont-ce des visions que je me mets en tête.
Quand je me crois taillée à pouvoir mériter
  La gloire de quelque conquête?

AGLAURE.

Vous, ma sœur? vous avez, sans nul déguisement,
Tout ce qui peut causer une amoureuse flamme.
Vos moindres actions brillent d'un agrément
  Dont je me sens toucher l'âme;
  Et je serois votre amant,
  Si j'étois autre que femme.

CYDIPPE.

D'où vient donc qu'on la voit l'emporter sur nous deux,
Qu'à ses premiers regards les cœurs rendent les armes,
Et que d'aucun tribut de soupirs et de vœux
  On ne fait honneur à nos charmes?

AGLAURE.

  Toutes les dames, d'une voix,
  Trouvent ses attraits peu de chose;
Et du nombre d'amans qu'elle tient sous ses lois,
  Ma sœur, j'ai découvert la cause.

CYDIPPE.

Pour moi, je la devine, et l'on doit présumer
Qu'il faut que là-dessous soit caché du mystère.
  Ce secret de tout enflammer
N'est point de la nature un effet ordinaire :
L'art de la Thessalie entre dans cette affaire;

Et quelque main a su sans doute lui former
　　Un charme pour se faire aimer.
　　　　　　　　AGLAURE.
Sur un plus fort appui ma croyance se fonde;
Et le charme qu'elle a pour attirer les cœurs,
C'est un air en tout temps désarmé de rigueurs,
Des regards caressans que la bouche seconde,
　　Un souris chargé de douceurs
　　Qui tend les bras à tout le monde,
　　Et ne vous promet que faveurs.
Notre gloire n'est plus aujourd'hui conservée,
Et l'on n'est plus au temps de ces nobles fiertés
Qui, par un digne essai d'illustres cruautés,
Vouloient voir d'un amant la constance éprouvée.
De tout ce noble orgueil qui nous seyoit si bien,
On est bien descendu dans le siècle où nous sommes;
Et l'on en est réduite à n'espérer plus rien,
A moins que l'on se jette à la tête des hommes
　　　　　　　　CYDIPPE.
Oui, voilà le secret de l'affaire, et je voi
　　Que vous le prenez mieux que moi.
C'est pour nous attacher à trop de bienséance
Qu'aucun amant, ma sœur, à nous ne veut venir;
　　Et nous voulons trop soutenir
L'honneur de notre sexe et de notre naissance.
Les hommes maintenant aiment ce qui leur rit;
L'espoir, plus que l'amour, est ce qui les attire,
　　Et c'est par là que Psyché nous ravit
　　Tous les amans qu'on voit sous son empire.
Suivons, suivons l'exemple; ajustons-nous au temps;
Abaissons-nous, ma sœur, à faire des avances,
Et ne ménageons plus de tristes bienséances
Qui nous ôtent les fruits du plus beau de nos ans.
　　　　　　　　AGLAURE.
J'approuve la pensée; et nous avons matière
　　D'en faire l'épreuve première
Aux deux princes qui sont les derniers arrivés.
Ils sont charmans, ma sœur; et leur personne entière
　　Me.... Les avez-vous observés?
　　　　　　　　CYDIPPE.
Ah! ma sœur, ils sont faits tous deux d'une manière
Que mon âme.... Ce sont deux princes achevés.
　　　　　　　　AGLAURE.
Je trouve qu'on pourroit rechercher leur tendresse
　　Sans se faire déshonneur.
　　　　　　　　CYDIPPE.
Je trouve que, sans honte, une belle princesse

Leur pourroit donner son cœur.
AGLAURE.
Les voici tous deux, et j'admire
Leur air et leur ajustement.
CYDIPPE.
Ils ne démentent nullement
Tout ce que nous venons de dire.

SCÈNE II. — CLÉOMÈNE, AGÉNOR, AGLAURE, CYDIPPE.

AGLAURE.
D'où vient, princes, d'où vient que vous fuyez ainsi?
Prenez vous l'épouvante en nous voyant paroître?
CLÉOMÈNE.
On nous faisoit croire qu'ici
La princesse Psyché, madame, pourroit être.
AGLAURE.
Tous ces lieux n'ont-ils rien d'agréable pour vous,
Si vous ne les voyez ornés de sa présence?
AGÉNOR.
Ces lieux peuvent avoir des charmes assez doux;
Mais nous cherchons Psyché dans notre impatience.
CYDIPPE.
Quelque chose de bien pressant
Vous doit à la chercher pousser tous deux, sans doute?
CLÉOMÈNE.
Le motif est assez puissant,
Puisque notre fortune enfin en dépend toute.
AGLAURE.
Ce seroit trop à nous que de nous informer
Du secret que ces mots nous peuvent enfermer.
CLÉOMÈNE.
Nous ne prétendons point en faire de mystère:
Aussi bien malgré nous paroîtroit-il au jour;
Et le secret ne dure guère,
Madame, quand c'est de l'amour.
CYDIPPE.
Sans aller plus avant, princes, cela veut dire
Que vous aimez Psyché tous deux.
AGÉNOR.
Tous deux soumis à son empire,
Nous allons de concert lui découvrir nos feux.
AGLAURE.
C'est une nouveauté sans doute assez bizarre,
Que deux rivaux si bien unis.
CLÉOMÈNE.
Il est vrai que la chose est rare,

ACTE I, SCÈNE II.

Mais non pas impossible à deux parfaits amis.
CYDIPPE.
Est-ce que dans ces lieux il n'est qu'elle de belle?
Et n'y trouvez-vous point à séparer vos vœux?
AGLAURE.
Parmi l'éclat du sang, vos yeux n'ont-ils vu qu'elle
    A pouvoir mériter vos feux?
CLÉOMÈNE.
Est-ce que l'on consulte au moment qu'on s'enflamme?
    Choisit-on qui l'on veut aimer?
    Et pour donner toute son âme,
Regarde-t-on quel droit on a de nous charmer?
AGÉNOR.
    Sans qu'on ait le pouvoir d'élire,
    On suit dans une telle ardeur
    Quelque chose qui nous attire;
    Et lorsque l'amour touche un cœur,
    On n'a point de raisons à dire.
AGLAURE.
En vérité, je plains les fâcheux embarras
    Où je vois que vos cœurs se mettent.
Vous aimez un objet dont les rians appas
Mêleront des chagrins à l'espoir qu'ils vous jettent;
    Et son cœur ne vous tiendra pas
    Tout ce que ses yeux vous promettent.
CYDIPPE.
L'espoir qui vous appelle au rang de ses amans
Trouvera du mécompte aux douceurs qu'elle étale;
Et c'est pour essuyer de très-fâcheux momens,
Que les soudains retours de son âme inégale.
AGLAURE.
Un clair discernement de ce que vous valez
Nous fait plaindre le sort où cet amour vous guide;
Et vous pouvez trouver tous deux, si vous voulez,
Avec autant d'attraits, une âme plus solide.
CYDIPPE.
    Par un choix plus doux de moitié,
Vous pouvez de l'amour sauver votre amitié;
Et l'on voit en vous deux un mérite si rare,
Qu'un tendre avis veut bien prévenir, par pitié,
    Ce que votre cœur se prépare.
CLÉOMÈNE.
Cet avis généreux fait pour nous éclater
    Des bontés qui nous touchent l'âme;
Mais le ciel nous réduit à ce malheur, madame,
    De ne pouvoir en profiter.

AGÉNOR.

Votre illustre pitié veut en vain nous distraire
D'un amour dont tous deux nous redoutons l'effet;
Ce que notre amitié, madame, n'a pas fait,
    Il n'est rien qui le puisse faire.

CYDIPPE.

Il faut que le pouvoir de Psyché.... La voici.

SCÈNE III. — PSYCHÉ, CYDIPPE, AGLAURE, CLÉOMÈNE, AGÉNOR.

CYDIPPE.

Venez jouir, ma sœur, de ce qu'on vous apprête.

AGLAURE.

Préparez vos attraits à recevoir ici
Le triomphe nouveau d'une illustre conquête.

CYDIPPE.

Ces princes ont tous deux si bien senti vos coups,
Qu'à vous le découvrir leur bouche se dispose.

PSYCHÉ.

Du sujet qui les tient si rêveurs parmi nous,
    Je ne me croyois pas la cause;
    Et j'aurois cru toute autre chose
    En les voyant parler à vous.

AGLAURE.

    N'ayant ni beauté ni naissance
A pouvoir mériter leur amour et leurs soins,
    Ils nous favorisent au moins
    De l'honneur de la confidence.

CLÉOMÈNE, *à Psyché.*

L'aveu qu'il nous faut faire à vos divins appas
Est sans doute, madame, un aveu téméraire;
    Mais tant de cœurs près du trépas
Sont, par de tels aveux, forcés à vous déplaire,
Que vous êtes réduite à ne les punir pas
    Des foudres de votre colère.
    Vous voyez en nous deux amis
Qu'un doux rapport d'humeurs sut joindre dès l'enfance;
Et ces tendres liens se sont vus affermis
Par cent combats d'estime et de reconnoissance.
Du destin ennemi les assauts rigoureux,
Les mépris de la mort, et l'aspect des supplices,
Par d'illustres éclats de mutuels offices,
Ont de notre amitié signalé les beaux nœuds:
Mais, à quelques essais qu'elle se soit trouvée,
    Son grand triomphe est en ce jour;
Et rien ne fait tant voir sa constance éprouvée

ACTE I, SCÈNE III.

Que de se conserver au milieu de l'amour.
Oui, malgré tant d'appas, son illustre constance
Aux lois qu'elle nous fait a soumis tous nos vœux :
Elle vient, d'une douce et pleine déférence,
Remettre à votre choix le succès de nos feux ;
Et, pour donner un poids à notre concurrence,
Qui des raisons d'État entraîne la balance
  Sur le choix de l'un de nous deux,
Cette même amitié s'offre sans répugnance
D'unir nos deux États au sort du plus heureux.

AGÉNOR.

Oui, de ces deux États, madame,
Que sous votre heureux choix nous nous offrons d'unir,
  Nous voulons faire à notre flamme,
  Un secours pour vous obtenir.
Ce que, pour ce bonheur, près du roi votre père,
  Nous nous sacrifions tous deux,
N'a rien de difficile à nos cœurs amoureux ;
Et c'est au plus heureux faire un don nécessaire
  D'un pouvoir dont le malheureux,
  Madame, n'aura plus affaire.

PSYCHÉ.

Le choix que vous m'offrez, princes, montre à mes yeux
De quoi remplir les vœux de l'âme la plus fière,
Et vous me le parez tous deux d'une manière
Qu'on ne peut rien offrir qui soit plus précieux.
Vos feux, votre amitié, votre vertu suprême,
Tout me relève en vous l'offre de votre foi ;
Et j'y vois un mérite à s'opposer lui-même
  A ce que vous voulez de moi.
Ce n'est pas à mon cœur qu'il faut que je défère
  Pour entrer sous de tels liens :
Ma main, pour se donner, attend l'ordre d'un père,
Et mes sœurs ont des droits qui vont devant les miens.
Mais, si l'on me rendoit sur mes vœux absolue,
Vous y pourriez avoir trop de part à la fois ;
Et toute mon estime, entre vous suspendue,
Ne pourroit sur aucun laisser tomber mon choix.
  A l'ardeur de votre poursuite
Je répondrois assez de mes vœux les plus doux ;
  Mais c'est, parmi tant de mérite,
Trop que deux cœurs pour moi, trop peu qu'un cœur pour vous
De mes plus doux souhaits j'aurois l'âme gênée
  A l'effort de votre amitié ;
Et j'y vois l'un de vous prendre une destinée
  A me faire trop de pitié.
Oui, princes, à tous ceux dont l'amour suit le vôtre

Je vous préférerois tous deux avec ardeur;
　　　Mais je n'aurois jamais le cœur
De pouvoir préférer l'un de vous deux à l'autre.
　　　A celui que je choisirois
Ma tendresse feroit un trop grand sacrifice;
Et je m'imputerois à barbare injustice
　　　Le tort qu'à l'autre je ferois.
Oui, tous deux vous brillez de trop de grandeur d'âme
　　　Pour en faire aucun malheureux;
Et vous devez chercher dans l'amoureuse flamme
　　　Le moyen d'être heureux tous deux.
　　　Si votre cœur me considère
Assez pour me souffrir de disposer de vous,
　　　J'ai deux sœurs capables de plaire,
Qui peuvent bien vous faire un destin assez doux;
Et l'amitié me rend leur personne assez chère
　　　Pour vous souhaiter leurs époux.

　　　　　　CLÉOMÈNE.

　　　Un cœur dont l'amour est extrême
　　　Peut-il bien consentir, hélas!
　　　D'être donné par ce qu'il aime?
Sur nos deux cœurs, madame, à vos divins appas
　　　Nous donnons un pouvoir suprême :
　　　Disposez-en pour le trépas;
　　　Mais pour une autre que vous-même
Ayez cette bonté de n'en disposer pas.

　　　　　　AGÉNOR.

Aux princesses, madame, on feroit trop d'outrage;
Et c'est pour leurs attraits un indigne partage
　　　Que les restes d'une autre ardeur.
Il faut d'un premier feu la pureté fidèle
　　　Pour aspirer à cet honneur
　　　Où votre bonté nous appelle;
　　　Et chacune mérite un cœur
　　　Qui n'ait soupiré que pour elle.

　　　　　　AGLAURE.

　　　Il me semble, sans nul courroux,
　　　Qu'avant que de vous en défendre,
　　　Princes, vous deviez bien attendre
　　　Qu'on se fût expliqué sur vous.
Nous croyez-vous un cœur si facile et si tendre?
Et lorsqu'on parle ici de vous donner à nous,
　　　Savez-vous si l'on veut vous prendre?

　　　　　　CYDIPPE.

Je pense que l'on a d'assez hauts sentimens
Pour refuser un cœur qu'il faut qu'on sollicite,
Et qu'on ne veut devoir qu'à son propre mérite

ACTE I, SCÈNE III.

La conquête de ses amans.
PSYCHÉ.
J'ai cru pour vous, mes sœurs, une gloire assez grande,
Si la possession d'un mérite si haut....

SCÈNE IV. — PSYCHÉ, AGLAURE, CYDIPPE, CLÉOMÈNE, AGÉNOR, LYCAS.

LYCAS, *à Psyché.*
Ah, madame!
PSYCHÉ.
Qu'as-tu?
LYCAS.
Le roi....
PSYCHÉ
Quoi?
LYCAS.
Vous demande.
PSYCHÉ.
De ce trouble si grand que faut-il que j'attende?
LYCAS.
Vous ne le saurez que trop tôt.
PSYCHÉ.
Hélas! que pour le roi tu me donnes à craindre!
LYCAS.
Ne craignez que pour vous, c'est vous que l'on doit plaindre.
PSYCHÉ.
C'est pour louer le ciel, et me voir hors d'effroi,
De savoir que je n'aie à craindre que pour moi.
Mais apprends-moi, Lycas, le sujet qui te touche.
LYCAS.
Souffrez que j'obéisse à qui m'envoie ici,
Madame, et qu'on vous laisse apprendre de sa bouche
Ce qui peut m'affliger ainsi.
PSYCHÉ.
Allons savoir sur quoi l'on craint tant ma foiblesse.

SCÈNE V. — AGLAURE, CYDIPPE, LYCAS

AGLAURE.
Si ton ordre n'est pas jusqu'à nous étendu,
Dis-nous quel grand malheur nous couvre ta tristesse.
LYCAS.
Hélas! ce grand malheur dans la cour répandu,
Voyez-le vous-même, princesse,
Dans l'oracle qu'au roi les destins ont rendu.
Voici ses propres mots que la douleur, madame,
A gravés au fond de mon âme :

« Que l'on ne pense nullement
A vouloir de Psyché conclure l'hyménée :
Mais qu'au sommet d'un mont elle soit promptement
    En pompe funèbre menée ;
    Et que, de tous abandonnée,
Pour époux elle attende en ces lieux constamment
Un monstre dont on a la vue empoisonnée,
Un serpent qui répand son venin en tous lieux,
Et trouble dans sa rage et la terre et les cieux. »
    Après un arrêt si sévère
Je vous quitte, et vous laisse à juger entre vous
Si, par de plus cruels et plus sensibles coups,
Tous les dieux nous pouvoient expliquer leur colère.

SCÈNE VI. — AGLAURE, CYDIPPE.

CYDIPPE.
Ma sœur, que sentez-vous à ce soudain malheur
Où nous voyons Psyché par les destins plongée?
AGLAURE.
    Mais vous, que sentez-vous, ma sœur?
CYDIPPE.
A ne vous point mentir, je sens que dans mon cœur
    Je n'en suis pas trop affligée.
AGLAURE.
    Moi, je sens quelque chose au mien
    Qui ressemble assez à la joie.
    Allons, le destin nous envoie
Un mal que nous pouvons regarder comme un bien.

PREMIER INTERMÈDE.

La scène est changée en des rochers affreux, et fait voir en éloignement une grotte effroyable. — C'est dans ce désert que Psyché doit être exposée pour obéir à l'oracle. Une troupe de personnes affligées y viennent déplorer sa disgrâce. Une partie de cette troupe désolée témoigne sa pitié par des plaintes touchantes et par des concerts lugubres ; et l'autre exprime sa désolation par une danse pleine de toutes les marques du plus violent désespoir.

PLAINTES EN ITALIEN,

Chantées par une femme désolée et deux hommes affligés.

FEMME DÉSOLÉE.
    Deh! piangete al pianto mio,
    Sassi duri, antiche selve,
    Lagrimate, fonti, e belue,
    D'un bel volto il fato rio.

PREMIER HOMME AFFLIGÉ.
Ahi dolore!
SECOND HOMME AFFLIGÉ.
Ahi martire!
PREMIER HOMME AFFLIGÉ.
Cruda morte!
SECOND HOMME AFFLIGÉ.
Empia sorte!
TOUS TROIS.
Che condanni a morir tanta beltà,
Cieli, stelle, ahi crudeltà!
SECOND HOMME AFFLIGÉ.
Com' esser può fra voi, o numi eterni,
Chi voglia estinta una beltà innocente?
Ahi! che tanto rigor, cielo inclemente,
Vince di crudeltà gli stessi inferni!
PREMIER HOMME AFFLIGÉ.
Nume fiero!
SECOND HOMME AFFLIGÉ.
Dio severo!
ENSEMBLE.
Perchè tanto rigor
Contro innocente cor!
Ahi! sentenza inudita,
Dar morte a la beltà, ch'altrui dà vita.
FEMME DÉSOLÉE.
Ahi ch'indarno si tarda
Non resiste agli dei mortale affetto,
Alto impero ne sforza,
Ove commanda il ciel, l'uom cede a forza.
Ahi dolore! etc., *come sopra.*

plaintes sont entrecoupées et finies par une entrée de ballet de huit personnes affligées.)

ACTE SECOND.

SCÈNE I. — LE ROI, PSYCHÉ, AGLAURE, CYDIPPE, LYCAS, SUITE.

PSYCHÉ.

Vos larmes, seigneur, la source m'est bien chère;
C'est trop aux bontés que vous avez pour moi
De laisser régner les tendresses de père
  Jusque dans les yeux d'un grand roi
'on vous voit ici donner à la nature

Au rang que vous tenez, seigneur, fait trop d'injure,
Et j'en dois refuser les touchantes faveurs.
    Laissez moins sur votre sagesse
    Prendre d'empire à vos douleurs,
Et cessez d'honorer mon destin par des pleurs,
Qui, dans le cœur d'un roi, montrent de la foiblesse.

LE ROI.

Ah! ma fille, à ces pleurs laisse mes yeux ouverts;
Mon deuil est raisonnable, encor qu'il soit extrême;
Et lorsque pour toujours on perd ce que je perds
La sagesse, crois-moi, peut pleurer elle-même.
    En vain l'orgueil du diadème
Veut qu'on soit insensible à ces cruels revers;
En vain de la raison les secours sont offerts
Pour vouloir d'un œil sec voir mourir ce qu'on aime;
L'effort en est barbare aux yeux de l'univers;
Et c'est brutalité plus que vertu suprême.
    Je ne veux point, dans cette adversité,
    Parer mon cœur d'insensibilité,
      Et cacher l'ennui qui me touche :
    Je renonce à la vanité
    De cette dureté farouche
    Que l'on appelle fermeté;
    Et, de quelque façon qu'on nomme
Cette vive douleur dont je ressens les coups,
Je veux bien l'étaler, ma fille, aux yeux de tous,
Et dans le cœur d'un roi montrer le cœur d'un homme.

PSYCHÉ.

Je ne mérite pas cette grande douleur :
Opposez, opposez un peu de résistance
    Aux droits qu'elle prend sur un cœur
Dont mille événemens ont marqué la puissance.
Quoi! faut-il que pour moi vous renonciez, seigneur,
    A cette royale constance
Dont vous avez fait voir dans les coups du malheur
    Une fameuse expérience?

LE ROI.

La constance est facile en mille occasions.
    Toutes les révolutions
Où nous peut exposer la fortune inhumaine,
La perte des grandeurs, les persécutions,
Le poison de l'envie, et les traits de la haine,
    N'ont rien que ne puissent sans peine
    Braver les résolutions
D'une âme où la raison est un peu souveraine.
    Mais ce qui porte des rigueurs
    A faire succomber les cœurs

ACTE II, SCÈNE I.

Sous le poids des douleurs amères,
Ce sont, ce sont les rudes traits
De ces fatalités sévères
Qui nous enlèvent pour jamais
Les personnes qui nous sont chères.
La raison contre de tels coups
N'offre point d'armes secourables;
Et voilà des dieux en courroux
Les foudres les plus redoutables
Qui se puissent lancer sur nous.

PSYCHÉ.

Seigneur, une douceur ici vous est offerte.
Votre hymen a reçu plus d'un présent des dieux;
Et, par une faveur ouverte,
Ils ne vous ôtent rien, en m'ôtant à vos yeux,
Dont ils n'aient pris le soin de réparer la perte.
Il vous reste de quoi consoler vos douleurs,
Et cette loi du ciel, que vous nommez cruelle,
Dans les deux princesses mes sœurs
Laisse à l'amitié paternelle
Où placer toutes ses douceurs.

LE ROI.

Ah! de mes maux soulagement frivole!
Rien, rien ne s'offre à moi qui de toi me console.
C'est sur mes déplaisirs que j'ai les yeux ouverts,
Et, dans un destin si funeste,
Je regarde ce que je perds,
Et ne vois point ce qui me reste.

PSYCHÉ.

Vous savez mieux que moi qu'aux volontés des dieux,
Seigneur, il faut régler les nôtres;
Et je ne puis vous dire, en ces tristes adieux,
Que ce que beaucoup mieux vous pouvez dire aux autres.
Ces dieux sont maîtres souverains
Des présens qu'ils daignent nous faire;
Ils ne les laissent dans nos mains
Qu'autant de temps qu'il peut leur plaire;
Lorsqu'ils viennent les retirer,
On n'a nul droit de murmurer
Des grâces que leur main ne veut plus nous étendre.
Seigneur, je suis un don qu'ils ont fait à vos vœux;
Et quand, par cet arrêt, ils veulent me reprendre,
Ils ne vous ôtent rien que vous ne teniez d'eux,
Et c'est sans murmurer que vous devez me rendre.

LE ROI.

Ah! cherche un meilleur fondement
Aux consolations que ton cœur me présente;

Et de la fausseté de ce raisonnement
　　　Ne fais point un accablement
　　　A cette douleur si cuisante
　　　Dont je souffre ici le tourment.
Crois-tu là me donner une raison puissante
Pour ne me plaindre point de cet arrêt des cieux?
　　　Et, dans le procédé des dieux
　　　Dont tu veux que je me contente,
　　　Une rigueur assassinante
　　　Ne paroît-elle pas aux yeux?
Vois l'état où ces dieux me forcent à te rendre,
Et l'autre où te reçut mon cœur infortuné;
Tu connoîtras par là qu'ils me viennent reprendre
　　　Bien plus que ce qu'ils m'ont donné.
　　　Je reçus d'eux en toi, ma fille,
Un présent que mon cœur ne leur demandoit pas;
　　　J'y trouvois alors peu d'appas,
Et leur en vis sans joie accroître ma famille;
　　　Mais mon cœur, ainsi que mes yeux,
S'est fait de ce présent une douce habitude;
J'ai mis quinze ans de soins, de veilles et d'études
　　　A me le rendre précieux;
　　Je l'ai paré de l'aimable richesse
　　　De mille brillantes vertus;
En lui j'ai renfermé, par des soins assidus,
Tous les plus beaux trésors que fournit la sagesse:
A lui j'ai de mon âme attaché la tendresse;
J'en ai fait de ce cœur le charme et l'allégresse,
La consolation de mes sens abattus,
　　　Le doux espoir de ma vieillesse.
　　　Ils m'ôtent tout cela, ces dieux;
Et tu veux que je n'aie aucun sujet de plainte
Sur cet affreux arrêt dont je souffre l'atteinte!
Ah! leur pouvoir se joue avec trop de rigueur
　　　Des tendresses de notre cœur.
Pour m'ôter leur présent, leur falloit-il attendre
　　　Que j'en eusse fait tout mon bien?
Ou plutôt, s'ils avoient dessein de le reprendre,
N'eût-il pas été mieux de ne me donner rien?

PSYCHÉ.

　　Seigneur, redoutez la colère
De ces dieux contre qui vous osez éclater.

LE ROI.

　Après ce coup, que peuvent-ils me faire?
Ils m'ont mis en état de ne rien redouter.

PSYCHÉ.

　　Ah! seigneur, je tremble des crimes

Que je vous fais commettre, et je dois me haïr.
LE ROI.
Ah! qu'ils souffrent du moins mes plaintes légitimes!
Ce m'est assez d'effort que de leur obéir ;
Ce doit leur être assez que mon cœur t'abandonne
Au barbare respect qu'il faut qu'on ait pour eux,
Sans prétendre gêner la douleur que me donne
L'épouvantable arrêt d'un sort si rigoureux.
Mon juste désespoir ne sauroit se contraindre ;
Je veux, je veux garder ma douleur à jamais ;
Je veux sentir toujours la perte que je fais ;
De la rigueur du ciel je veux toujours me plaindre ;
Je veux jusqu'au trépas incessamment pleurer
Ce que tout l'univers ne peut me réparer.
PSYCHÉ.
Ah! de grâce, seigneur, épargnez ma foiblesse ;
J'ai besoin de constance en l'état où je suis.
Ne fortifiez point l'excès de mes ennuis
    Des larmes de votre tendresse.
Seuls ils sont assez forts ; et c'est trop pour mon cœur
    De mon destin et de votre douleur.
LE ROI.
Oui, je dois t'épargner mon deuil inconsolable.
Voici l'instant fatal de m'arracher de toi :
Mais comment prononcer ce mot épouvantable?
Il le faut toutefois, le ciel m'en fait la loi ;
    Une rigueur inévitable
M'oblige à te laisser en ce funeste lieu.
    Adieu : je vais.... Adieu.

SCÈNE II[1]. — PSYCHÉ, AGLAURE, CYDIPPE.

PSYCHÉ.
Suivez le roi, mes sœurs ; vous essuierez ses larmes,
    Vous adoucirez ses douleurs ;
    Et vous l'accableriez d'alarmes,
Si vous vous exposiez encore à mes malheurs.
    Conservez-lui ce qui lui reste.
Le serpent que j'attends peut vous être funeste,
    Vous envelopper dans mon sort,
Et me porter en vous une seconde mort....
    Le ciel m'a seule condamnée
    A son haleine empoisonnée :

---

1. Ce qui suit, jusqu'à la fin de la pièce, est de Corneille, à la réserve de la première scène du troisième acte, qui est de la même main que ce qui a précédé.

Rien ne sauroit me secourir ;
Et je n'ai pas besoin d'exemple pour mourir.
AGLAURE.
Ne nous enviez pas ce cruel avantage
De confondre nos pleurs avec vos déplaisirs,
De mêler nos soupirs à vos derniers soupirs :
D'une tendre amitié souffrez ce dernier gage.
PSYCHÉ.
C'est vous perdre inutilement.
CYDIPPE.
C'est en votre faveur espérer un miracle,
Ou vous accompagner jusques au monument.
PSYCHÉ.
Que peut-on se promettre après un tel oracle?
AGLAURE.
Un oracle jamais n'est sans obscurité :
On l'entend d'autant moins que mieux on croit l'entendre ;
Et peut-être, après tout, n'en devez-vous attendre
Que gloire et que félicité.
Laissez-nous voir, ma sœur, par une digne issue
Cette frayeur mortelle heureusement déçue,
Ou mourir du moins avec vous,
Si le ciel à nos vœux ne se montre plus doux.
PSYCHÉ.
Ma sœur, écoutez mieux la voix de la nature
Qui vous appelle auprès du roi.
Vous m'aimez trop; le devoir en murmure,
Vous en savez l'indispensable loi.
Un père vous doit être encor plus cher que moi.
Rendez-vous toutes deux l'appui de sa vieillesse ;
Vous lui devez chacune un gendre et des neveux.
Mille rois à l'envi vous gardent leur tendresse,
Mille rois à l'envi vous offriront leurs vœux.
L'oracle me veut seule ; et seule aussi je veux
Mourir, si je puis, sans foib'esse,
Ou ne vous avoir pas pour témoins toutes deux
De ce que, malgré moi, la nature m'en laisse.
AGLAURE.
Partager vos malheurs, c'est vous importuner?
CYDIPPE.
J'ose dire un peu plus, ma sœur, c'est vous déplaire?
PSYCHÉ.
Non ; mais enfin c'est me gêner,
Et peut-être du ciel redoubler la colère.
AGLAURE.
Vous le voulez, et nous partons.
Daigne ce même ciel, plus juste et moins sévère,

ACTE II, SCÈNE II.

Vous envoyer le sort que nous vous souhaitons,
    Et que notre amitié sincère,
En dépit de l'oracle, et malgré vous, espère!
PSYCHÉ.
Adieu. C'est un espoir, ma sœur, et des souhaits
    Qu'aucun des dieux ne remplira jamais.

SCÈNE III. — PSYCHÉ.

    Enfin, seule et toute à moi-même,
Je puis envisager cet affreux changement
    Qui, du haut d'une gloire extrême,
    Me précipite au monument.
    Cette gloire étoit sans seconde;
L'éclat s'en répandoit jusqu'aux deux bouts du monde;
Tout ce qu'il a de rois sembloient faits pour m'aimer;
    Tous leurs sujets, me prenant pour déesse,
    Commençoient à m'accoutumer
    Aux encens qu'ils m'offroient sans cesse :
Leurs soupirs me suivoient sans qu'il m'en coûtât rien;
Mon âme restoit libre en captivant tant d'âmes;
    Et j'étois parmi tant de flammes
Reine de tous les cœurs, et maîtresse du mien.
    O ciel, m'auriez-vous fait un crime
    De cette insensibilité?
Déployez-vous sur moi tant de sévérité,
Pour n'avoir à leurs vœux rendu que de l'estime?
    Si vous m'imposiez cette loi,
Qu'il fallût faire un choix pour ne pas vous déplaire,
    Puisque je ne pouvois le faire,
    Que ne le faisiez-vous pour moi?
Que ne m'inspiriez-vous ce qu'inspire à tant d'autres
Le mérite, l'amour, et.... Mais que vois-je ici?

SCÈNE IV. — CLÉOMÈNE, AGÉNOR, PSYCHÉ.

CLÉOMÈNE.
Deux amis, deux rivaux, dont l'unique souci
Est d'exposer leurs jours pour conserver les vôtres.
PSYCHÉ.
Puis-je vous écouter quand j'ai chassé deux sœurs?
Princes, contre le ciel pensez-vous me défendre?
Vous livrer au serpent qu'ici je dois attendre,
Ce n'est qu'un désespoir qui sied mal aux grands cœurs;
    Et mourir alors que je meurs,
    C'est accabler une âme tendre,
    Qui n'a que trop de ses douleurs.

AGÉNOR.

Un serpent n'est pas invincible :
Cadmus, qui n'aimoit rien, défit celui de Mars.
Nous aimons, et l'amour sait rendre tout possible
  Au cœur qui suit ses étendards,
A la main dont lui-même il conduit tous les dards.

PSYCHÉ.

Voulez-vous qu'il vous serve en faveur d'une ingrate
  Que tous ses traits n'ont pu toucher;
Qu'il dompte sa vengeance au moment qu'elle éclate,
  Et vous aide à m'en arracher?
  Quand même vous m'auriez servie,
  Quand vous m'auriez rendu la vie,
Quel fruit espérez-vous de qui ne peut aimer?

CLÉOMÈNE.

Ce n'est point par l'espoir d'un si charmant salaire
  Que nous nous sentons animer;
  Nous ne cherchons qu'à satisfaire
Aux devoirs d'un amour qui n'ose présumer
  Que jamais, quoi qu'il puisse faire,
  Il soit capable de vous plaire,
  Et digne de vous enflammer.
Vivez, belle princesse, et vivez pour un autre :
  Nous le verrons d'un œil jaloux,
Nous en mourrons, mais d'un trépas plus doux
  Que s'il nous falloit voir le vôtre;
Et si nous ne mourons en vous sauvant le jour,
Quelque amour qu'à nos yeux vous préfériez au nôtre,
Nous voulons bien mourir de douleur et d'amour.

PSYCHÉ.

Vivez, princes, vivez, et de ma destinée
Ne songez plus à rompre ou partager la loi;
Je crois vous l'avoir dit, le ciel ne veut que moi,
  Le ciel m'a seule condamnée.
Je pense ouïr déjà les mortels sifflemens
  De son ministre qui s'approche :
Ma frayeur me le peint, me l'offre à tous momens;
Et, maîtresse qu'elle est de tous mes sentimens,
Elle me le figure au haut de cette roche.
J'en tombe de foiblesse, et mon cœur abattu
Ne soutient plus qu'à peine un reste de vertu.
Adieu, princes; fuyez, qu'il ne vous empoisonne.

AGÉNOR.

Rien ne s'offre à nos yeux encor qui les étonne;
Et quand vous vous peignez un si proche trépas,
  Si la force vous abandonne,
  Nous avons des cœurs et des bras

ACTE II, SCÈNE IV.

Que l'espoir n'abandonne pas.
Peut-être qu'un rival a dicté cet oracle,
Que l'or a fait parler celui qui l'a rendu :
Ce ne seroit pas un miracle
Que pour un dieu muet un homme eût répondu;
Et dans tous les climats on n'a que trop d'exemples
Qu'il est, ainsi qu'ailleurs, des méchans dans les temples.

CLÉOMÈNE.

Laissez-nous opposer au lâche ravisseur
A qui le sacrilége indignement vous livre,
Un amour qu'a le ciel choisi, pour défenseur
De la seule beauté pour qui nous voulons vivre.
Si nous n'osons prétendre à sa possession,
Du-moins en son péril permettez-nous de suivre
L'ardeur et les devoirs de notre passion.

PSYCHÉ.

Portez-les à d'autres moi-mêmes,
Princes, portez-les à mes sœurs,
Ces devoirs, ces ardeurs extrêmes,
Dont pour moi sont remplis vos cœurs :
Vivez pour elles quand je meurs.
Plaignez de mon destin les funestes rigueurs,
Sans leur donner en vous de nouvelles matières.
Ce sont mes volontés dernières;
Et l'on a reçu de tout temps
Pour souveraines lois les ordres des mourans.

CLÉOMÈNE.

Princesse....

PSYCHÉ.

Encore un coup, princes, vivez pour elles.
Tant que vous m'aimerez, vous devez m'obéir :
Ne me réduisez pas à vouloir vous haïr,
Et vous regarder en rebelles
A force de m'être fidèles.
Allez, laissez-moi seule expirer en ce lieu
Où je n'ai plus de voix que pour vous dire adieu.
Mais je sens qu'on m'enlève, et l'air m'ouvre une route
D'où vous n'entendrez plus cette mourante voix.
Adieu, princes, adieu pour la dernière fois.
Voyez si de mon sort vous pouvez être en doute.

(Elle est enlevée en l'air par deux Zéphires.)

AGÉNOR.

Nous la perdons de vue. Allons tous deux chercher
Sur le faîte de ce rocher,
Prince, les moyens de la suivre.

CLÉOMÈNE.

Allons-y chercher ceux de ne lui point survivre.

SCÈNE V. — L'AMOUR, *en l'air.*

Allez mourir, rivaux d'un dieu jaloux,
  Dont vous méritez le courroux
Pour avoir eu le cœur sensible aux mêmes charmes.
Et toi, forge, Vulcain, mille brillans attraits
   Pour orner un palais
Où l'Amour de Psyché veut essuyer les larmes,
  Et lui rendre les armes.

SECOND INTERMÈDE.

La scène se change en une cour magnifique ornée de colonnes de lapis enrichies de figures d'or, qui forment un palais pompeux et brillant que l'Amour destine pour Psyché. Six Cyclopes avec quatre fées y font une entrée de ballet, où ils achèvent en cadence quatre gros vases d'argent que les fées leur ont apportés. Cette entrée est entrecoupée par ce récit de Vulcain, qu'il fait à deux reprises :

PREMIER COUPLET.

Dépêchez, préparez ces lieux
Pour le plus aimable des dieux ;
Que chacun pour lui s'intéresse.
N'oubliez rien des soins qu'il faut :
  Quand l'Amour presse,
On n'a jamais fait assez tôt.

L'Amour ne veut point qu'on diffère :
  Travaillez, hâtez-vous,
 Frappez, redoublez vos coups ;
  Que l'ardeur de lui plaire
 Fasse vos soins les plus doux.

SECOND COUPLET.

Servez bien un dieu si charmant ;
Il se plaît dans l'empressement ;
Que chacun pour lui s'intéresse.
N'oubliez rien des soins qu'il faut :
  Quand l'Amour presse,
On n'a jamais fait assez tôt.

L'Amour ne veut point qu'on diffère.
  Travaillez, etc.

ACTE TROISIÈME.

SCÈNE I. — L'AMOUR, ZÉPHIRE.

ZÉPHIRE.

Oui, je me suis galamment acquitté
De la commission que vous m'avez donnée ;
Et du haut du rocher, je l'ai, cette beauté,
Par le milieu des airs, doucement amenée
    Dans ce beau palais enchanté,
    Où vous pouvez en liberté
    Disposer de sa destinée.
Mais vous me surprenez par ce grand changement
    Qu'en votre personne vous faites :
Cette taille, ces traits, et cet ajustement,
    Cachent tout à fait qui vous êtes ;
Et je donne aux plus fins à pouvoir en ce jour
    Vous reconnoître pour l'Amour.

L'AMOUR.

Aussi ne veux-je pas qu'on puisse me connoître :
Je ne veux à Psyché découvrir que mon cœur,
Rien que les beaux transports de cette vive ardeur
    Que ses doux charmes y font naître ;
Et pour en exprimer l'amoureuse langueur,
    Et cacher ce que je puis être
    Aux yeux qui m'imposent des lois,
    J'ai pris la forme que tu vois.

ZÉPHIRE.

    En tout vous êtes un grand maître,
    C'est ici que je le connois.
Sous des déguisemens de diverse nature
    On a vu les dieux amoureux
Chercher à soulager cette douce blessure
Que reçoivent les cœurs de vos traits pleins de feux :
    Mais en bon sens vous l'emportez sur eux :
    Et voilà la bonne figure
    Pour avoir un succès heureux
Près de l'aimable sexe où l'on porte ses vœux.
Oui, de ces formes-là l'assistance est bien forte ;
    Et, sans parler ni de rang ni d'esprit,
Qui peut trouver moyen d'être fait de la sorte
    Ne soupire guère à crédit.

L'AMOUR.

    J'ai résolu, mon cher Zéphire,
    De demeurer ainsi toujours ;

Et l'on ne peut le trouver à redire
A l'aîné de tous les Amours.
Il est temps de sortir de cette longue enfance
Qui fatigue ma patience ;
Il est temps désormais que je devienne grand.

ZÉPHIRE.

Fort bien, vous ne pouvez mieux faire ;
Et vous entrez dans un mystère
Qui ne demande rien d'enfant.

L'AMOUR.

Ce changement sans doute irritera ma mère

ZÉPHIRE.

Je prévois là-dessus quelque peu de colère.
Bien que les disputes des ans
Ne doivent point régner parmi les immortelles,
Votre mère Vénus est de l'humeur des belles,
Qui n'aiment point de grands enfans.
Mais où je la trouve outragée,
C'est dans le procédé que l'on vous voit tenir ;
Et c'est l'avoir étrangement vengée
Que d'aimer la beauté qu'elle vouloit punir.
Cette haine, où ses vœux prétendent que réponde
La puissance d'un fils que redoutent les dieux....

L'AMOUR.

Laissons cela, Zéphire, et me dis si tes yeux
Ne trouvent pas Psyché la plus belle du monde.
Est-il rien sur la terre, est-il rien dans les cieux
Qui puisse lui ravir le titre glorieux
De beauté sans seconde ?
Mais je la vois, mon cher Zéphire,
Qui demeure surprise à l'éclat de ces lieux.

ZÉPHIRE.

Vous pouvez vous montrer pour finir son martyre,
Lui découvrir son destin glorieux,
Et vous dire entre vous tout ce que peuvent dire
Les soupirs, la bouche et les yeux.
En confident discret, je sais ce qu'il faut faire
Pour ne pas interrompre un amoureux mystère.

SCÈNE II. — PSYCHÉ.

Où suis-je ? et, dans un lieu que je croyois barbare,
Quelle savante main a bâti ce palais,
Que l'art, que la nature pare
De l'assemblage le plus rare
Que l'œil puisse admirer jamais ?
Tout rit, tout brille, tout éclate

Dans ces jardins, dans ces appartemens,
Dont les pompeux ameublemens
N'ont rien qui n'enchante et ne flatte;
Et, de quelque côté que tournent mes frayeurs,
Je ne vois sous mes pas que de l'or ou des fleurs.
Le ciel auroit-il fait cet amas de merveilles
Pour la demeure d'un serpent?
Ou lorsque par leur vue il amuse et suspend
De mon destin jaloux les rigueurs sans pareilles,
Veut-il montrer qu'il s'en repent?
Non, non, c'est de sa haine, en cruautés féconde,
Le plus noir, le plus rude trait,
Qui, par une rigueur nouvelle et sans seconde,
N'étale ce choix qu'elle a fait
De ce qu'a de plus beau le monde
Qu'afin que je le quitte avec plus de regret.

Que son espoir est ridicule,
S'il croit par là soulager mes douleurs!
Tout autant de momens que ma mort se recule
Sont autant de nouveaux malheurs;
Plus elle tarde, et plus de fois je meurs.

Ne me fais plus languir, viens prendre ta victime,
Monstre qui dois me déchirer.
Veux-tu que je te cherche, et faut-il que j'anime
Tes fureurs à me dévorer?
Si le ciel veut ma mort, si ma vie est un crime,
De ce peu qui m'en reste ose enfin t'emparer.
Je suis lasse de murmurer
Contre un châtiment légitime;
Je suis lasse de soupirer :
Viens, que j'achève d'expirer.

SCÈNE III. — L'AMOUR, PSYCHÉ, ZÉPHIRE.

L'AMOUR.

Le voilà ce serpent, ce monstre impitoyable,
Qu'un oracle étonnant pour vous a préparé,
Et qui n'est pas, peut-être, à tel point effroyable
Que vous vous l'êtes figuré.

PSYCHÉ.

Vous, seigneur, vous seriez ce monstre dont l'oracle
A menacé mes tristes jours,
Vous qui semblez plutôt un dieu qui, par miracle,
Daigne venir lui-même à mon secours.!

L'AMOUR.

Quel besoin de secours au milieu d'un empire

Où tout ce qui respire
N'attend que vos regards pour en prendre la loi,
Où vous n'avez à craindre autre monstre que moi?

PSYCHÉ.

Qu'un monstre tel que vous inspire peu de crainte!
　　Et que, s'il a quelque poison,
　　Une âme auroit peu de raison
　　De hasarder la moindre plainte
　　Contre une favorable atteinte
　Dont tout le cœur craindroit la guérison!
A peine je vous vois, que mes frayeurs cessées
Laissent évanouir l'image du trépas,
Et que je sens couler dans mes veines glacées
Un je ne sais quel feu que je ne connois pas.
J'ai senti de l'estime et de la complaisance,
　　De l'amitié, de la reconnoissance;
De la compassion les chagrins innocens
　　M'en ont fait sentir la puissance :
Mais je n'ai point encor senti ce que je sens.
Je ne sais ce que c'est; mais je sais qu'il me charme,
　　Que je n'en conçois point d'alarme :
Plus j'ai les yeux sur vous, plus je m'en sens charmer,
Tout ce que j'ai senti n'agissoit point de même;
　　Et je dirois que je vous aime,
Seigneur, si je savois ce que c'est que d'aimer.
Ne les détournez point, ces yeux qui m'empoisonnent,
Ces yeux tendres, ces yeux perçans, mais amoureux,
Qui semblent partager le trouble qu'ils me donnent.
　　Hélas! plus ils sont dangereux,
　Plus je me plais à m'attacher sur eux.
Par quel ordre du ciel, que je ne puis comprendre,
　　Vous dis-je plus que je ne dois,
Moi, de qui la pudeur devroit du moins attendre
Que vous m'expliquassiez le trouble où je vous vois?
Vous soupirez, seigneur, ainsi que je soupire;
Vos sens, comme les miens paroissent interdits :
C'est à moi de m'en taire, à vous de me le dire;
　　Et cependant c'est moi qui vous le dis.

L'AMOUR.

Vous avez eu, Psyché, l'âme toujours si dure,
　　Qu'il ne faut pas vous étonner
　　Si, pour en réparer l'injure,
L'Amour en ce moment se paye avec usure
　　De ceux qu'elle a dû lui donner.
Ce moment est venu qu'il faut que votre bouche
Exhale des soupirs si longtemps retenus;
Et qu'en vous arrachant à cette humeur farouche,

ACTE III, SCÈNE III.

Un amas de transports aussi doux qu'inconnus
Aussi sensiblement tout à la fois vous touche,
Qu'ils ont dû vous toucher durant tant de beaux jours
Dont cette âme insensible a profané le cours.

PSYCHÉ.

N'aimer point, c'est donc un grand crime?

L'AMOUR.

En souffrez-vous un rude châtiment?

PSYCHÉ.

C'est punir assez doucement.

L'AMOUR.

C'est lui choisir sa peine légitime,
Et se faire justice, en ce glorieux jour,
D'un manquement d'amour par un excès d'amour.

PSYCHÉ.

Que n'ai-je été plus tôt punie!
J'y mets le bonheur de ma vie.
Je devrois en rougir, ou le dire plus bas;
Mais le supplice a trop d'appas.
Permettez que tout haut je le die et redie:
Je le dirois cent fois et n'en rougirois pas.
Ce n'est point moi qui parle, et de votre présence
L'empire surprenant, l'aimable violence,
Dès que je veux parler s'empare de ma voix.
C'est en vain qu'en secret ma pudeur s'en offense,
Que le sexe et la bienséance
Osent me faire d'autres lois :
Vos yeux de ma réponse eux-mêmes font le choix;
Et ma bouche, asservie à leur toute-puissance,
Ne me consulte plus sur ce que je me dois.

L'AMOUR.

Croyez, belle Psyché, croyez ce qu'ils vous disent.
Ces yeux qui ne sont point jaloux :
Qu'à l'envi les vôtres m'instruisent
De tout ce qui se passe en vous.
Croyez-en ce cœur qui soupire,
Et qui, tant que le vôtre y voudra repartir,
Vous dira bien plus, d'un soupir,
Que cent regards ne peuvent dire.
C'est le langage le plus doux,
C'est le plus fort, c'est le plus sûr de tous.

PSYCHÉ.

L'intelligence en étoit due
A nos cœurs, pour les rendre également contens.
J'ai soupiré, vous m'avez entendue;
Vous soupirez, je vous entends;
Mais ne me laissez plus en doute,

Seigneur, et dites-moi si, par la même route,
Après moi, le Zéphire ici vous a rendu
    Pour me dire ce que j'écoute.
Quand j'y suis arrivée, étiez-vous attendu ?
Et, quand vous lui parlez, êtez-vous entendu ?
        L'AMOUR.
J'ai dans ce doux climat un souverain empire
    Comme vous l'avez sur mon cœur;
L'Amour m'est favorable, et c'est en sa faveur
Qu'à mes ordres Éole a soumis le Zéphire.
C'est l'Amour qui, pour voir mes feux récompensés,
    Lui-même a dicté cet oracle
    Par qui vos beaux jours menacés,
D'une foule d'amans se sont débarrassés,
Et qui m'a délivré de l'éternel obstacle
    De tant de soupirs empressés
Qui ne méritoient pas de vous être adressés.
Ne me demandez point quelle est cette province,
    Ni le nom de son prince;
  Vous le saurez quand il en sera temps.
Je veux vous acquérir, mais c'est par mes services,
Par des soins assidus, et par des vœux constans,
    Par les amoureux sacrifices
      De tout ce que je suis,
      De tout ce que je puis,
Sans que l'éclat du rang pour moi vous sollicite,
Sans que de mon pouvoir je me fasse un mérite;
Et, bien que souverain dans cet heureux séjour,
Je ne vous veux, Psyché, devoir qu'à mon amour.
Venez en admirer avec moi les merveilles,
Princesse, et préparez vos yeux et vos oreilles
    A ce qu'il a d'enchantemens :
  Vous y verrez des bois et des prairies
    Contester sur leurs agrémens
    Avec l'or et les pierreries;
Vous n'entendrez que des concerts charmans;
  De cent beautés vous y serez servie,
Qui vous adoreront sans vous porter envie,
    Et brigueront à tous momens,
    D'une âme soumise et ravie,
    L'honneur de vos commandemens.
        PSYCHÉ.
  Mes volontés suivent les vôtres;
  Je n'en saurois plus avoir d'autres.
Mais votre oracle enfin vient de me séparer
    De deux sœurs, et du roi mon père,
    Que mon trépas imaginaire

Réduit tous trois à me pleurer.
Pour dissiper l'erreur dont leur âme accablée
De mortels déplaisirs se voit par moi comblée,
Souffrez que mes sœurs soient témoins
Et de ma gloire et de vos soins;
Prêtez-leur, comme à moi, les ailes du Zéphire,
Qui leur puissent de votre empire,
Ainsi qu'à moi, faciliter l'accès;
Faites-leur voir en quel lieu je respire;
Faites-leur de ma perte admirer le succès.

L'AMOUR.

Vous ne me donnez pas, Psyché, toute votre âme :
Ce tendre souvenir d'un père et de deux sœurs
Me vole une part des douceurs
Que je veux toutes pour ma flamme.
N'ayez d'yeux que pour moi qui n'en ai que pour vous;
Ne songez qu'à m'aimer, ne songez qu'à me plaire;
Et quand de tels soucis osent vous en distraire....

PSYCHÉ.

Des tendresses du sang peut-on être jaloux?

L'AMOUR.

Je le suis, ma Psyché, de toute la nature :
Les rayons du soleil vous baisent trop souvent;
Vos cheveux souffrent trop les caresses du vent :
Dès qu'il les flatte, j'en murmure;
L'air même que vous respirez
Avec trop de plaisir passe par votre bouche;
Votre habit de trop près vous touche;
Et sitôt que vous soupirez,
Je ne sais quoi qui m'effarouche
Craint parmi vos soupirs des soupirs égarés.
Mais vous voulez vos sœurs : allez, partez, Zéphire;
Psyché le veut, je ne l'en puis dédire.

(Zéphire s'envole.)

SCÈNE IV. — L'AMOUR, PSYCHÉ.

L'AMOUR.

Quand vous leur ferez voir ce bienheureux séjour,
De ses trésors faites-leur cent largesses,
Prodiguez-leur caresses sur caresses,
Et du sang, s'il se peut, épuisez les tendresses
Pour vous rendre toute à l'amour.
Je n'y mêlerai point d'importune présence.
Mais ne leur faites pas de si longs entretiens;
Vous ne sauriez pour eux avoir de complaisance,
Que vous ne dérobiez aux miens.

PSYCHÉ.
Votre amour me fait une grâce
Dont je n'abuserai jamais.
L'AMOUR.
Allons voir cependant ces jardins, ce palais,
Où vous ne verrez rien que votre éclat n'efface.
Et vous, petits Amours, et vous, jeunes Zéphirs,
Qui pour armes n'avez que de tendres soupirs,
Montrez tous à l'envi ce qu'à voir ma princesse
Vous avez senti d'allégresse.

TROISIÈME INTERMÈDE.

Il se fait une entrée de ballet de quatre Amours et quatre Zéphires, interrompue deux fois par un dialogue chanté par un Amour et un Zéphire.

LE ZÉPHIRE.
Aimable jeunesse,
Suivez la tendresse ;
Joignez aux beaux jours
La douceur des Amours.
C'est pour vous surprendre
Qu'on vous fait entendre
Qu'il faut éviter leurs soupirs
Et craindre leurs désirs.
Laissez-vous apprendre
Quels sont leurs plaisirs.

ILS CHANTENT ENSEMBLE.
Chacun est obligé d'aimer
A son tour ;
Et plus on a de quoi charmer,
Plus on doit à l'Amour

LE ZÉPHIRE SEUL.
Un cœur jeune et tendre
Est fait pour se rendre ;
Il n'a point à prendre
De fâcheux détour.

ILS CHANTENT ENSEMBLE.
Chacun est obligé d'aimer
A son tour ;
Et plus on a de quoi charmer,
Plus on doit à l'Amour.

L'AMOUR SEUL.
Pourquoi se défendre ?
Que sert-il d'attendre ?
Quand on perd un jour,
On le perd sans retour.

TROISIÈME INTERMÈDE.

ILS CHANTENT ENSEMBLE.
Chacun est obligé d'aimer
A son tour;
Et plus on a de quoi charmer
Plus on doit à l'Amour.

SECOND COUPLET.

LE ZÉPHIRE.
L'Amour a des charmes;
Rendons-lui les armes :
Ses soins et ses pleurs
Ne sont pas sans douceurs.
Un cœur, pour le suivre
A cent maux se livre.
Il faut, pour goûter ses appas,
Languir jusqu'au trépas;
Mais ce n'est pas vivre
Que de n'aimer pas.

ILS CHANTENT ENSEMBLE.
S'il faut des soins et des travaux
En aimant,
On est payé de mille maux
Par un heureux moment.

LE ZÉPHIRE SEUL.
On craint, on espère,
Il faut du mystère :
Mais on n'obtient guère
De bien sans tourment.

ILS CHANTENT ENSEMBLE.
S'il faut des soins et des travaux
En aimant,
On est payé de mille maux
Par un heureux moment.

L'AMOUR SEUL.
Que peut-on mieux faire
Qu'aimer et que plaire?
C'est un soin charmant
Que l'emploi d'un amant.

ILS CHANTENT ENSEMBLE.
S'il faut des soins et des travaux.
En aimant,
On est payé de mille maux
Par un heureux moment.

ACTE QUATRIÈME.

Le théâtre devient un autre palais magnifique, coupé dans le fond par un vestibule, au travers duquel on voit un jardin superbe et charmant, décoré de plusieurs vases d'orangers, et d'arbres chargés de toutes sortes de fruits.

SCÈNE I. — AGLAURE, CYDIPPE.

AGLAURE.

Je n'en puis plus, ma sœur; j'ai vu trop de merveilles :
L'avenir aura peine à les bien concevoir;
Le soleil, qui voit tout, et qui nous fait tout voir,
    N'en a vu jamais de pareilles.
    Elles me chagrinent l'esprit;
Et ce brillant palais, ce pompeux équipage,
    Font un odieux étalage
Qui m'accable de honte autant que de dépit.
    Que la fortune indignement nous traite!
    Et que sa largesse indiscrète
Prodigue aveuglément, épuise, unit d'efforts,
    Pour faire de tant de trésors
    Le partage d'une cadette!

CYDIPPE.

    J'entre dans tous vos sentimens,
J'ai les mêmes chagrins; et dans ces lieux charmans,
    Tout ce qui vous déplaît me blesse;
Tout ce que vous prenez pour un mortel affront,
    Comme vous, m'accable et me laisse
L'amertume dans l'âme et la rougeur au front.

AGLAURE.

    Non, ma sœur, il n'est point de reines
Qui, dans leur propre État, parlent en souveraines
    Comme Psyché parle en ces lieux.
    On l'y voit obéie avec exactitude,
Et de ses volontés une amoureuse étude
    Les cherche jusque dans ses yeux.
    Mille beautés s'empressent autour d'elle
    Et semblent dire à nos regards jaloux :
« Quels que soient nos attraits, elle est encor plus belle;
Et nous, qui la servons, le sommes plus que vous. »
    Elle prononce, on exécute;
Aucun ne s'en défend, aucun ne s'en rebute.
    Flore, qui s'attache à ses pas,
Répand à pleines mains autour de sa personne

ACTE IV, SCÈNE I.

Ce qu'elle a de plus doux appas ;
Zéphire vole aux ordres qu'elle donne ;
Et son amante et lui, s'en laissant trop charmer,
Quittent pour la servir les soins de s'entr'aimer.

CYDIPPE.

Elle a des dieux à son service,
Elle aura bientôt des autels :
Et nous ne commandons qu'à de chétifs mortels
De qui l'audace et le caprice,
Contre nous à toute heure en secret révoltés,
Opposent à nos volontés
Ou le murmure ou l'artifice !

AGLAURE.

C'étoit peu que dans notre cour
Tant de cœurs à l'envi nous l'eussent préférée ;
Ce n'étoit pas assez que de nuit et de jour
D'une foule d'amans elle y fût adorée :
Quand nous nous consolions de la voir au tombeau
Par l'ordre imprévu d'un oracle,
Elle a voulu de son destin nouveau
Faire en notre présence éclater le miracle,
Et choisi nos yeux pour témoins
De ce qu'au fond du cœur nous souhaitions le moins.

CYDIPPE.

Ce qui le plus me désespère,
C'est cet amant parfait et si digne de plaire
Qui se captive sous ses lois.
Quand nous pourrions choisir entre tous les monarques,
En est-il un, de tant de rois,
Qui porte de si nobles marques ?
Se voir du bien par delà ses souhaits,
N'est souvent qu'un bonheur qui fait des misérables ;
Il n'est ni train pompeux, ni superbes palais
Qui n'ouvrent quelque porte à des maux incurables :
Mais avoir un amant d'un mérite achevé,
Et s'en voir chèrement aimée,
C'est un bonheur si haut, si relevé,
Que sa grandeur ne peut être exprimée.

AGLAURE.

N'en parlons plus, ma sœur, nous en mourrions d'ennui :
Songeons plutôt à la vengeance ;
Et trouvons le moyen de rompre entre elle et lui
Cette adorable intelligence.
La voici. J'ai des coups tout prêts à lui porter
Qu'elle aura peine d'éviter.

SCÈNE II. — PSYCHÉ, AGLAURE, CYDIPPE.

PSYCHÉ.

Je viens vous dire adieu ; mon amant vous renvoie,
Et ne sauroit plus endurer
Que vous lui retranchiez un moment de la joie
Qu'il prend de se voir seul à me considérer ;
Dans un simple regard, dans la moindre parole,
Son amour trouve des douceurs
Qu'en faveur du sang je lui vole,
Quand je les partage à des sœurs.

AGLAURE.

La jalousie est assez fine ;
Et ces délicats sentimens
Méritent bien qu'on s'imagine
Que celui qui pour vous a ces empressemens
Passe le commun des amans.
Je vous en parle ainsi, faute de le connoître.
Vous ignorez son nom et ceux dont il tient l'être ;
Nos esprits en sont alarmés.
Je le tiens un grand prince, et d'un pouvoir suprême,
Bien au delà du diadème ;
Ses trésors sous vos pas confusément semés
Ont de quoi faire honte à l'abondance même.
Vous l'aimez autant qu'il vous aime ;
Il vous charme, et vous le charmez :
Votre félicité, ma sœur, seroit extrême
Si vous saviez qui vous aimez.

PSYCHÉ.

Que m'importe ? j'en suis aimée ;
Plus il me voit, plus je lui plais.
Il n'est point de plaisirs dont l'âme soit charmée
Qui ne préviennent mes souhaits ;
Et je vois mal de quoi la vôtre est alarmée
Quand tout me sert dans ce palais.

AGLAURE.

Qu'importe qu'ici tout vous serve,
Si toujours cet amant vous cache ce qu'il est?
Nous ne nous alarmons que pour votre intérêt.
En vain tout vous y rit, en vain tout vous y plaît,
Le véritable amour ne fait point de réserve ;
Et qui s'obstine à se cacher
Sent quelque chose en soi qu'on lui peut reprocher.
Si cet amant devient volage,
Car souvent en amour le change est assez doux ;
Et j'ose le dire entre nous,
Pour grand que soit l'éclat dont brille ce visage,

ACTE IV, SCÈNE II.

Il en peut être ailleurs d'aussi belles que vous;
Si, dis-je, un autre objet sous d'autres lois l'engage,
Si, dans l'état où je vous voi,
Seule en ses mains et sans défense,
Il va jusqu'à la violence,
Sur qui vous vengera le roi,
Ou de ce changement ou de cette insolence?

PSYCHÉ.

Ma sœur, vous me faites trembler.
Juste ciel! pourrois-je être assez infortunée....

CYDIPPE.

Que sait-on si déjà les nœuds de l'hyménée....

PSYCHÉ.

N'achevez pas, ce seroit m'accabler.

AGLAURE.

Je n'ai plus qu'un mot à vous dire.
Ce prince qui vous aime, et qui commande aux vents,
Qui nous donne pour char les ailes du Zéphire,
Et de nouveaux plaisirs vous comble à tous momens,
Quand il rompt à vos yeux l'ordre de la nature,
Peut-être à tant d'amour mêle un peu d'imposture;
Peut-être ce palais n'est qu'un enchantement :
Et ces lambris dorés, ces amas de richesses
Dont il achète vos tendresses,
Dès qu'il sera lassé de souffrir vos caresses,
Disparoîtront en un moment.
Vous savez comme nous ce que peuvent les charmes.

PSYCHÉ.

Que je sens à mon tour de cruelles alarmes!

AGLAURE.

Notre amitié ne veut que votre bien.

PSYCHÉ.

Adieu, mes sœurs; finissons l'entretien :
J'aime; et je crains qu'on ne s'impatiente.
Partez; et demain, si je puis,
Vous me verrez ou plus contente,
Ou dans l'accablement des plus mortels ennuis.

AGLAURE.

Nous allons dire au roi quelle nouvelle gloire,
Quel excès de bonheur le ciel répand sur vous.

CYDIPPE.

Nous allons lui conter d'un changement si doux
La surprenante et merveilleuse histoire.

PSYCHÉ.

Ne l'inquiétez point, ma sœur, de vos soupçons;
Et quand vous lui peindrez un si charmant empire....

AGLAURE.
Nous savons toutes deux ce qu'il faut taire ou dire,
Et n'avons pas besoin, sur ce point, de leçons.

Le Zéphire enlève les deux sœurs de Psyché dans un nuage qui descend jusqu'à terre, et dans lequel il les emporte avec rapidité.)

SCÈNE III. — L'AMOUR, PSYCHÉ.

L'AMOUR.
Enfin vous êtes seule, et je puis vous redire,
Sans avoir pour témoins vos importunes sœurs,
Ce que des yeux si beaux ont pris sur moi d'empire,
    Et quels excès ont des douceurs
    Qu'une sincère ardeur inspire
    Sitôt qu'elle assemble deux cœurs.
Je puis vous expliquer de mon âme ravie
    Les amoureux empressemens,
Et vous jurer qu'à vous seule asservie
Elle n'a pour objet de ses ravissemens
Que de voir cette ardeur de même ardeur suivie,
    Ne concevoir plus d'autre envie
    Que de régler mes vœux sur vos désirs,
Et de ce qui vous plaît faire tous mes plaisirs.
    Mais d'où vient qu'un triste nuage
    Semble offusquer l'éclat de ces beaux yeux?
    Vous manque-t-il quelque chose en ces lieux?
Des vœux qu'on vous y rend dédaignez-vous l'hommage?

PSYCHÉ..
Non, seigneur.

L'AMOUR.
    Qu'est-ce donc? et d'où vient mon malheur?
J'entends moins de soupirs d'amour que de douleur;
Je vois de votre teint les roses amorties
    Marquer un déplaisir secret;
    Vos sœurs à peine sont parties
    Que vous soupirez de regret.
Ah! Psyché, de deux cœurs quand l'ardeur est la même,
    Ont-ils des soupirs différens?
Et quand on aime bien, et qu'on voit ce qu'on aime,
    Peut-on songer à des parens?

PSYCHÉ.
Ce n'est point là ce qui m'afflige.

L'AMOUR.
    Est-ce l'absence d'un rival,
Et d'un rival aimé, qui fait qu'on me néglige?

PSYCHÉ.
Dans un cœur tout à vous que vous pénetrez mal
Je vous aime, seigneur, et mon amour s'irrite

De l'indigne soupçon que vous avez formé.
Vous ne connoissez pas quel est votre mérite,
Si vous craignez de n'être pas aimé.
Je vous aime; et depuis que j'ai vu la lumière,
Je me suis montrée assez fière
Pour dédaigner les vœux de plus d'un roi;
Et s'il vous faut ouvrir mon âme tout entière,
Je n'ai trouvé que vous qui fût digne de moi.
Cependant j'ai quelque tristesse
Qu'en vain je voudrois vous cacher;
Un noir chagrin se mêle à toute ma tendresse,
Dont je ne la puis détacher.
Ne m'en demandez point la cause :
Peut-être la sachant voudrez-vous m'en punir,
Et si j'ose aspirer encore à quelque chose,
Je suis sûre du moins de ne point l'obtenir.

L'AMOUR.
Et ne craignez-vous point qu'à mon tour je m'irrite
Que vous connoissiez mal quel est votre mérite,
Ou feigniez de ne pas savoir
Quel est sur moi votre absolu pouvoir?
Ah! si vous en doutez, soyez désabusée.
Parlez.

PSYCHÉ.
J'aurai l'affront de me voir refusée.

L'AMOUR.
Prenez en ma faveur de meilleurs sentimens,
L'expérience en est aisée;
Parlez, tout se tient prêt à vos commandemens.
Si pour m'en croire il vous faut des sermens,
J'en jure vos beaux yeux, ces maîtres de mon âme,
Ces divins auteurs de ma flamme;
Et si ce n'est assez d'en jurer vos beaux yeux,
J'en jure par le Styx, comme jurent les dieux.

PSYCHÉ.
J'ose craindre un peu moins après cette assurance.
Seigneur, je vois ici la pompe et l'abondance,
Je vous adore, et vous m'aimez,
Mon cœur en est ravi, mes sens en sont charmés;
Mais, parmi ce bonheur suprême,
J'ai le malheur de ne savoir qui j'aime.
Dissipez cet aveuglement,
Et faites-moi connoître un si parfait amant.

L'AMOUR.
Psyché, que venez-vous de dire?

PSYCHÉ.
Que c'est le bonheur où j'aspire;
Et si vous ne me l'accordez....

L'AMOUR.

Je l'ai juré, je n'en suis plus le maître ;
Mais vous ne savez pas ce que vous demandez.
Laissez-moi mon secret. Si je me fais connoître,
  Je vous perds, et vous me perdez.
  Le seul remède est de vous en dédire.

PSYCHÉ.

C'est là sur vous mon souverain empire ?

L'AMOUR.

Vous pouvez tout, et je suis tout à vous ;
  Mais si nos feux vous semblent doux,
Ne mettez point d'obstacle à leur charmante suite ;
  Ne me forcez point à la fuite :
C'est le moindre malheur qui nous puisse arriver
  D'un souhait qui vous a séduite.

PSYCHÉ.

Seigneur, vous voulez m'éprouver ;
  Mais je sais ce que j'en dois croire.
De grâce, apprenez-moi tout l'excès de ma gloire,
Et ne me cachez plus pour quel illustre choix
  J'ai rejeté les vœux de tant de rois.

L'AMOUR.

Le voulez-vous ?

PSYCHÉ.

Souffrez que je vous en conjure.

L'AMOUR.

Si vous saviez, Psyché, la cruelle aventure
  Que par là vous vous attirez....

PSYCHÉ.

Seigneur, vous me désespérez.

L'AMOUR.

Pensez-y bien, je puis encor me taire.

PSYCHÉ.

Faites-vous des sermens pour n'y point satisfaire ?

L'AMOUR.

Eh bien ! je suis le dieu le plus puissant des dieux,
Absolu sur la terre, absolu dans les cieux ;
Dans les eaux, dans les airs mon pouvoir est suprême ;
  En un mot, je suis l'Amour même,
Qui de mes propres traits m'étois blessé pour vous ;
Et sans la violence, hélas ! que vous me faites,
Et qui vient de changer mon amour en courroux,
  Vous m'alliez avoir pour époux.
  Vos volontés sont satisfaites,
    Vous avez su qui vous aimiez,
Vous connoissez l'amant que vous charmiez ;
  Psyché, voyez où vous en êtes :
Vous me forcez vous-même à vous quitter ;

Vous me forcez vous-même à vous ôter
　　Tout l'effet de votre victoire.
Peut-être vos beaux yeux ne me reverront plus.
Ces palais, ces jardins, avec moi disparus,
Vont faire évanouir votre naissante gloire.
　　Vous n'avez pas voulu m'en croire ;
　　Et, pour tout fruit de ce doute éclairci,
　　　Le Destin, sous qui le ciel tremble,
Plus fort que mon amour, que tous les dieux ensemble
Vous va montrer sa haine, et me chasse d'ici.

(L'Amour disparoît, et, dans l'instant qu'il s'envole, le superbe jardin s'évanouit. Psyché demeure seule au milieu d'une vaste campagne, et sur le bord sauvage d'un grand fleuve où elle se veut précipiter. Le dieu du fleuve paroît assis sur un amas de joncs et de roseaux, et appuyé sur une grande urne, d'où sort une grosse source d'eau.)

SCÈNE IV. — PSYCHÉ, LE DIEU DU FLEUVE.

PSYCHÉ.

Cruel destin ! funeste inquiétude !
　　Fatale curiosité !
Qu'avez-vous fait, affreuse solitude,
　　De toute ma félicité ?
J'aimois un dieu, j'en étois adorée,
Mon bonheur redoubloit de moment en moment ;
　　Et je me vois seule, éplorée,
Au milieu d'un désert, où, pour accablement,
　　Et confuse et désespérée,
Je sens croître l'amour quand j'ai perdu l'amant.
　　Le souvenir m'en charme et m'empoisonne ;
Sa douceur tyrannise un cœur infortuné
Qu'aux plus puissans chagrins ma flamme a condamné.
　　O ciel ! quand l'Amour m'abandonne,
Pourquoi me laisse-t-il l'amour qu'il m'a donné ?
Source de tous les biens, inépuisable et pure,
　　Maître des hommes et des dieux,
　　Cher auteur des maux que j'endure,
Êtes-vous pour jamais disparu de mes yeux ?
　　Je vous en ai banni moi-même ;
Dans un excès d'amour, dans un bonheur extrême,
D'un indigne soupçon mon cœur s'est alarmé.
Cœur ingrat, tu n'avois qu'un feu mal allumé ;
Et l'on ne peut vouloir, du moment que l'on aime,
　　Que ce que veut l'objet aimé.
Mourons, c'est le parti qui seul me reste à suivre
　　Après la perte que je fais.
　　Pour qui, grands dieux ! voudrois-je vivre ?
　　Et pour qui former des souhaits ?

Fleuve, de qui les eaux baignent ces tristes sables,
  Ensevelis mon crime dans tes flots;
  Et pour finir des maux si déplorables,
Laisse-moi dans ton lit assurer mon repos.
    LE DIEU DU FLEUVE.
  Ton trépas souilleroit mes ondes,
    Psyché; le ciel te le défend;
Et peut-être qu'après des douleurs si profondes
    Un autre sort t'attend.
Fuis plutôt de Vénus l'implacable colère.
Je la vois qui te cherche et qui te veut punir :
L'amour du fils a fait la haine de la mère.
    Fuis, je saurai la retenir.
     PSYCHÉ.
    J'attends ses fureurs vengeresses;
Qu'auront-elles pour moi qui ne me soit trop doux?
Qui cherche le trépas ne craint dieux ni déesses,
    Et peut braver tout leur courroux.

SCENE V. — VÉNUS, PSYCHÉ, LE DIEU DU FLEUVE.

     VÉNUS.
Orgueilleuse Psyché, vous m'osez donc attendre
Après m'avoir sur terre enlevé mes honneurs,
    Après que vos traits suborneurs
Ont reçu les encens qu'aux miens seuls on doit rendre?
    J'ai vu mes temples désertés;
J'ai vu tous les mortels, séduits par vos beautés,
Idolâtrer en vous la beauté souveraine,
Vous offrir des respects jusqu'alors inconnus
    Et ne se mettre pas en peine
    S'il étoit une autre Vénus :
    Et je vous vois encor l'audace
De n'en pas redouter les justes châtimens,
    Et de me regarder en face,
Comme si c'étoit peu que mes ressentimens!
     PSYCHÉ.
Si de quelques mortels on m'a vue adorée,
Est-ce un crime pour moi d'avoir eu des appas
    Dont leur âme inconsidérée
Laissoit charmer des yeux qui ne vous voyoient pas?
    Je suis ce que le ciel m'a faite,
Je n'ai que les beautés qu'il m'a voulu prêter.
Si les vœux qu'on m'offroit vous ont mal satisfaite,
Pour forcer tous les cœurs à vous les reporter,
    Vous n'aviez qu'à vous présenter,
Qu'à ne leur cacher plus cette beauté parfaite

ACTE IV, SCÈNE V.

Qui, pour les rendre à leur devoir,
Pour se faire adorer, n'a qu'à se faire voir.

VÉNUS.

Il falloit vous en mieux défendre.
Ces respects, ces encens, se devoient refuser;
Et pour les mieux désabuser,
Il falloit à leurs yeux vous-même me les rendre
Vous avez aimé cette erreur
Pour qui vous ne deviez avoir que de l'horreur :
Vous avez bien fait plus; votre humeur arrogante,
Sur le mépris de mille rois,
Jusques aux cieux a porté de son choix
L'ambition extravagante.

PSYCHÉ.

J'aurois porté mon choix, déesse, jusqu'aux cieux?

VÉNUS.

Votre insolence est sans seconde.
Dédaigner tous les rois du monde,
N'est-ce pas aspirer aux dieux?

PSYCHÉ.

Si l'Amour pour eux tous m'avoit endurci l'âme,
Et me réservoit toute à lui,
En puis-je être coupable? et faut-il qu'aujourd'hui,
Pour prix d'une si belle flamme,
Vous vouliez m'accabler d'un éternel ennui?

VÉNUS.

Psyché, vous deviez mieux connoître
Qui vous étiez, et quel étoit ce dieu.

PSYCHÉ.

Et m'en a-t-il donné ni le temps ni le lieu,
Lui qui de tout mon cœur d'abord s'est rendu maître?

VÉNUS.

Tout votre cœur s'en est laissé charmer,
Et vous l'avez aimé dès qu'il vous a dit : « J'aime. »

PSYCHÉ.

Pouvois-je n'aimer pas le dieu qui fait aimer,
Et qui me parloit pour lui-même?
C'est votre fils; vous savez son pouvoir;
Vous en connoissez le mérite.

VÉNUS.

Oui, c'est mon fils; mais un fils qui m'irrite;
Un fils qui me rend mal ce qu'il sait me devoir;
Un fils qui fait qu'on m'abandonne,
Et qui, pour mieux flatter ses indignes amours.
Depuis que vous l'aimez ne blesse plus personne
Qui vienne à mes autels implorer mon secours.
Vous m'en avez fait un rebelle.

On m'en verra vengée, et hautement, sur vous ;
Et je vous apprendrai s'il faut qu'une mortelle
    Souffre qu'un dieu soupire à ses genoux.
Suivez-moi ; vous verrez, par votre expérience,
      A quelle folle confiance
    Vous portoit cette ambition.
Venez, et préparez autant de patience
      Qu'on vous voit de présomption.

QUATRIÈME INTERMÈDE.

La scène représente les enfers. On y voit une mer toute de feu, dont les flots sont dans une perpétuelle agitation. Cette mer effroyable est bornée par des ruines enflammées ; et au milieu de ses flots agités, au travers d'une gueule affreuse, paroît le palais infernal du Pluton. Huit Furies en sortent, et forment une entrée de ballet, où elles se réjouissent de la rage qu'elles ont allumée dans l'âme de la plus douce des divinités. Un Lutin mêle quantité de sauts périlleux à leurs danses, cependant que Psyché, qui a passé aux enfers par le commandement de Vénus, repasse dans la barque de Caron avec la boîte qu'elle a reçue de Proserpine pour cette déesse

ACTE CINQUIÈME.

SCÈNE I. — PSYCHÉ.

Effroyables replis des ondes infernales,
Noirs palais où Mégère et ses sœurs font leur cour,
      Éternels ennemis du jour,
Parmi vos Ixions et parmi vos Tantales,
Parmi tant de tourmens qui n'ont point d'intervalles,
    Est-il dans votre affreux séjour
    Quelques peines qui soient égales
Aux travaux où Vénus condamne mon amour ?
      Elle n'en peut être assouvie ;
Et, depuis qu'à ses lois je me trouve asservie,
Depuis qu'elle me livre à ses ressentimens,
   Il m'a fallu dans ces cruels momens
     Plus d'une âme et plus d'une vie
     Pour remplir ses commandemens.
      Je souffrirois tout avec joie,
Si, parmi les rigueurs que sa haine déploie,
Mes yeux pouvoient revoir, ne fût-ce qu'un moment,
     Ce cher, cet adorable amant.
Je n'ose le nommer : ma bouche, criminelle
      D'avoir trop exigé de lui,

ACTE V, SCÈNE I.

S'en est rendue indigne; et, dans ce dur ennui,
La souffrance la plus mortelle
Dont m'accable à toute heure un renaissant trépas,
Est celle de ne le voir pas.
Si son courroux duroit encore,
Jamais aucun malheur n'approcheroit du mien;
Mais s'il avoit pitié d'une âme qui l'adore,
Quoi qu'il fallût souffrir, je ne souffrirois rien.
Oui, destins, s'il calmoit cette juste colère,
Tous mes malheurs seroient finis :
Pour me rendre insensible aux fureurs de la mère,
Il ne faut qu'un regard du fils.
Je n'en veux plus douter, il partage ma peine :
Il voit ce que je souffre et souffre comme moi;
Tout ce que j'endure le gêne;
Lui-même il s'en impose une amoureuse loi.
En dépit de Vénus, en dépit de mon crime,
C'est lui qui me soutient, c'est lui qui me ranime
Au milieu des périls où l'on me fait courir;
Il garde la tendresse où son feu le convie,
Et prend soin de me rendre une nouvelle vie
Chaque fois qu'il me faut mourir.
Mais que me veulent ces deux ombres
Qu'à travers le faux jour de ces demeures sombres
J'entrevois s'avancer vers moi?

SCÈNE II. — PSYCHÉ, CLÉOMÈNE, AGÉNOR.

PSYCHÉ.

Cléomène, Agénor, est-ce vous que je vois?
Qui vous a ravi la lumière?

CLÉOMÈNE.

La plus juste douleur qui d'un beau désespoir
Nous eût pu fournir la matière;
Cette pompe funèbre où du sort le plus noir
Vous attendiez la rigueur la plus fière,
L'injustice la plus entière.

AGÉNOR.

Sur ce même rocher où le ciel en courroux
Vous promettoit, au lieu d'époux,
Un serpent dont soudain vous seriez dévorée,
Nous tenions la main préparée
A repousser sa rage, ou mourir avec vous.
Vous le savez, princesse; et lorsqu'à notre vue
Par le milieu des airs vous êtes disparue,
Du haut de ce rocher, pour suivre vos beautés,
Ou plutôt pour goûter cette amoureuse joie

D'offrir pour vous au monstre une première proie,
D'amour et de douleur l'un et l'autre emportés,
    Nous nous sommes précipités.

CLÉOMÈNE.

Heureusement déçus au sens de votre oracle,
Nous en avons ici reconnu le miracle,
Et su que le serpent prêt à vous dévorer
    Étoit le dieu qui fait qu'on aime,
Et qui, tout dieu qu'il est, vous adorant lui-même,
    Ne pouvoit endurer
Qu'un mortel comme nous osât vous adorer.

AGÉNOR.

    Pour prix de vous avoir suivie,
Nous jouissons ici d'un trépas assez doux.
    Qu'avions-nous affaire de vie,
    Si nous ne pouvions être à vous?
    Nous revoyons ici vos charmes,
Qu'aucun des deux là-haut n'auroit revus jamais.
Heureux si nous voyions la moindre de vos larmes
Honorer des malheurs que vous nous avez faits!

PSYCHÉ.

    Puis-je avoir des larmes de reste,
Après qu'on a porté les miens au dernier point?
Unissons nos soupirs dans un sort si funeste,
    Les soupirs ne s'épuisent point.
Mais vous soupireriez, princes, pour une ingrate.
Vous n'avez point voulu survivre à mes malheurs;
    Et, quelque douleur qui m'abatte,
    Ce n'est point pour vous que je meurs.

CLÉOMÈNE.

L'avons-nous mérité, nous dont toute la flamme
N'a fait que vous lasser du récit de nos maux?

PSYCHÉ.

Vous pouviez mériter, princes, toute mon âme,
    Si vous n'eussiez été rivaux.
    Ces qualités incomparables
Qui de l'un et de l'autre accompagnoient les vœux
    Vous rendoient tous deux trop aimables
    Pour mépriser aucun des deux.

AGÉNOR.

Vous avez pu, sans être injuste ni cruelle,
Nous refuser un cœur réservé pour un dieu.
Mais revoyez Vénus. Le destin nous rappelle,
    Et nous force à vous dire adieu.

PSYCHÉ.

Ne vous donne-t-il pas le loisir de me dire
    Quel est ici votre séjour?

ACTE V, SCÈNE II.

CLÉOMÈNE.

Dans des bois toujours verts, où d'amour on respire,
　　Aussitôt qu'on est mort d'amour;
D'amour on y revit, d'amour on y soupire,
Sous les plus douces lois de son heureux empire;
Et l'éternelle nuit n'ose en chasser le jour
　　　Que lui-même il attire
　　Sur nos fantômes qu'il inspire,
Et dont aux enfers même il se fait une cour.

AGÉNOR.

Vos envieuses sœurs, après nous descendues,
　　Pour vous perdre se sont perdues;
　　　Et l'une et l'autre tour à tour,
Pour le prix d'un conseil qui leur coûte la vie,
A côté d'Ixion, à côté de Titye,
Souffrent tantôt la roue, et tantôt le vautour.
L'Amour, par les Zéphyrs, s'est fait prompte justice
De leur envenimée et jalouse malice :
Ces ministres ailés de son juste courroux,
Sous couleur de les rendre encore auprès de vous,
Ont plongé l'une et l'autre au fond d'un précipice,
Où le spectacle affreux de leurs corps déchirés
N'étale que le moindre et le premier supplice
　　De ces conseils dont l'artifice
　　Fait les maux dont vous soupirez.

PSYCHÉ.

Que je les plains !

CLÉOMÈNE.

　　　Vous êtes seule à plaindre.
Mais nous demeurons trop à vous entretenir.
Adieu. Puissions-nous vivre en votre souvenir!
Puissiez-vous, et bientôt, n'avoir plus rien à craindre!
Puisse, et bientôt, l'Amour vous enlever aux cieux,
　　Vous y mettre à côté des dieux,
Et, rallumant un feu qui ne se puisse éteindre,
Affranchir à jamais l'éclat de vos beaux yeux
　　D'augmenter le jour en ces lieux!

SCÈNE III. — PSYCHÉ.

Pauvres amans! Leur amour dure encore!
　　Tout morts qu'ils sont, l'un et l'autre m'adore,
Ioi dont la dureté reçut si mal leurs vœux!
u n'en fais pas ainsi, toi, qui seul m'as ravie,
　mant que j'aime encor cent fois plus que ma vie,
　　Et qui brises de si beaux nœuds!
　Ne me fuis plus, et souffre que j'espère

Que tu pourras un jour rabaisser l'œil sur moi,
Qu'à force de souffrir j'aurai de quoi te plaire,
  De quoi me rengager ta foi.
Mais ce que j'ai souffert m'a trop défigurée
  Pour rappeler un tel espoir ;
 L'œil abattu, triste, désespérée,
  Languissante et décolorée,
  De quoi puis-je me prévaloir,
Si par quelque miracle, impossible à prévoir,
Ma beauté qui t'a plu ne se voit réparée?
  Je porte ici de quoi la réparer ;
  Ce trésor de beauté divine,
Qu'en mes mains pour Vénus a remis Proserpine,
Enferme des appas dont je puis m'emparer ;
  Et l'éclat en doit être extrême,
  Puisque Vénus, la beauté même,
  Les demande pour se parer.
En dérober un peu seroit-ce un si grand crime?
Pour plaire aux yeux d'un dieu qui s'est fait mon amant
Pour regagner son cœur et finir mon tourment,
  Tout n'est-il pas trop légitime?
Ouvrons. Quelles vapeurs m'offusquent le cerveau,
Et que vois-je sortir de cette boîte ouverte?
Amour, si ta pitié ne s'oppose à ma perte,
Pour ne revivre plus je descends au tombeau.

 (Elle s'évanouit, et l'Amour descend auprès d'elle en volant.)

  SCÈNE IV. — L'AMOUR, PSYCHÉ *évanouie*.

    L'AMOUR.

Votre péril, Psyché, dissipe ma colère,
Ou plutôt de mes feux l'ardeur n'a point cessé ;
Et, bien qu'au dernier point vous m'ayez su déplaire,
  Je ne me suis intéressé
  Que contre celle de ma mère.
J'ai vu tous vos travaux, j'ai suivi vos malheurs,
Mes soupirs ont partout accompagné vos pleurs.
Tournez les yeux vers moi, je suis encor le même.
Quoi! je dis et redis tout haut que je vous aime,
Et vous ne dites point, Psyché, que vous m'aimez!
Est-ce que pour jamais vos beaux yeux sont fermés,
Qu'à jamais la clarté leur vient d'être ravie?
O mort! devois-tu prendre un dard si criminel,
Et, sans aucun respect pour mon être éternel,
  Attenter à ma propre vie?
  Combien de fois, ingrate déité,
  Ai-je grossi ton noir empire

Par les mépris et par la cruauté
D'une orgueilleuse ou farouche beauté!
  Combien même, s'il le faut dire,
T'ai-je immolé de fidèles amans
  A force de ravissemens!
  Va, je ne blesserai plus d'âmes,
  Je ne percerai plus de cœurs
Qu'avec des dards trempés aux divines liqueurs
Qui nourrissent du ciel les immortelles flammes,
Et n'en lancerai plus que pour faire à tes yeux
  Autant d'amans, autant de dieux.
  Et vous, impitoyable mère,
  Qui la forcez à m'arracher
  Tout ce que j'avois de plus cher,
Craignez, à votre tour, l'effet de ma colère.
  Vous me voulez faire la loi,
Vous qu'on voit si souvent la recevoir de moi!
Vous qui portez un cœur sensible comme un autre,
Vous enviez au mien les délices du vôtre!
Mais dans ce même cœur j'enfoncerai des coups
Qui ne seront suivis que de chagrins jaloux;
Je vous accablerai de honteuses surprises,
Et choisirai partout, à vos vœux les plus doux,
  Des Adonis et des Anchises,
  Qui n'auront que haine pour vous.

SCÈNE V. — VÉNUS, L'AMOUR, PSYCHÉ *évanouie.*

VÉNUS.
  La menace est respectueuse;
  Et d'un enfant qui fait le révolté
  La colère présomptueuse....
L'AMOUR.
Je ne suis plus enfant, et je l'ai trop été;
Et ma colère est juste autant qu'impétueuse.
VÉNUS.
L'impétuosité s'en devroit retenir,
  Et vous pourriez vous souvenir
  Que vous me devez la naissance.
L'AMOUR.
  Et vous pourriez n'oublier pas
  Que vous avez un cœur et des appas
  Qui relèvent de ma puissance;
Que mon arc de la vôtre est l'unique soutien;
  Que sans mes traits elle n'est rien;
  Et que, si les cœurs les plus braves
En triomphe par vous se sont laissé traîner,

Vous n'avez jamais fait d'esclaves
Que ceux qu'il m'a plu d'enchaîner.
Ne me vantez donc plus ces droits de la naissance
Qui tyrannisent mes désirs;
Et, si vous ne voulez perdre mille soupirs,
Songez, en me voyant, à la reconnoissance,
Vous qui tenez de ma puissance
Et votre gloire et vos plaisirs.

VÉNUS.

Comment l'avez-vous défendue,
Cette gloire dont vous parlez?
Comment me l'avez-vous rendue?
Et, quand vous avez vu mes autels désolés,
Mes temples violés,
Mes honneurs ravalés,
Si vous avez pris part à tant d'ignominie,
Comment en a-t-on vu punie
Psyché qui me les a volés?
Je vous ai commandé de la rendre charmée
Du plus vil de tous les mortels,
Qui ne daignât répondre à son âme enflammée
Que par des rebuts éternels,
Par les mépris les plus cruels :
Et vous-même l'avez aimée !
Vous avez contre moi séduit les immortels :
C'est pour vous qu'à mes yeux les Zéphyrs l'ont cachée;
Qu'Apollon même, suborné
Par un oracle adroitement tourné,
Me l'avoit si bien arrachée,
Que si sa curiosité,
Par une aveugle défiance,
Ne l'eût rendue à ma vengeance,
Elle échappoit à mon cœur irrité.
Voyez l'état où votre amour l'a mise,
Votre Psyché; son âme va partir :
Voyez; et si la vôtre en est encore éprise,
Recevez son dernier soupir.
Menacez, bravez-moi, cependant qu'elle expire.
Tant d'insolence vous sied bien !
Et je dois endurer quoi qu'il vous plaise dire,
Moi qui sans vos traits ne puis rien !

L'AMOUR.

Vous ne pouvez que trop, déesse impitoyable;
Le Destin l'abandonne à tout votre courroux.
Mais soyez moins inexorable
Aux prières, aux pleurs d'un fils à vos genoux.
Ce doit vous être un spectacle assez doux

ACTE V, SCÈNE V.

De voir d'un œil Psyché mourante,
Et de l'autre ce fils, d'une voix suppliante,
Ne vouloir plus tenir son bonheur que de vous.
Rendez-moi ma Psyché, rendez-lui tous ses charmes :
　　Rendez-la, déesse, à mes larmes ;
Rendez à mon amour, rendez à ma douleur
Le charme de mes yeux et le choix de mon cœur.

VÉNUS.

　　Quelque amour que Psyché vous donne,
De ses malheurs par moi n'attendez pas la fin ;
　　Si le Destin me l'abandonne,
　　Je l'abandonne à son destin.
Ne m'importunez plus ; et, dans cette infortune,
Laissez-la sans Vénus triompher ou périr.

L'AMOUR.

　　Hélas ! si je vous importune,
Je ne le ferois pas si je pouvois mourir.

VÉNUS.

　　Cette douleur n'est pas commune,
Qui force un immortel à souhaiter la mort.

L'AMOUR.

Voyez par son excès si mon amour est fort.
　　Ne lui ferez-vous grâce aucune ?

VÉNUS.

　　Je vous l'avoue, il me touche le cœur,
Votre amour ; il désarme, il fléchit ma rigueur.
　　Votre Psyché reverra la lumière.

L'AMOUR.

Que je vous vais partout faire donner d'encens !

VÉNUS.

Oui, vous la reverrez dans sa beauté première :
　　Mais de vos vœux reconnoissans
　　Je veux la déférence entière ;
Je veux qu'un vrai respect laisse à mon amitié
　　Vous choisir une autre moitié.

L'AMOUR.

　　Et moi je ne veux plus de grâce,
　　Je reprends toute mon audace :
　　Je veux Psyché, je veux sa foi ;
Je veux qu'elle revive, et revive pour moi,
Et tiens indifférent que votre haine lasse
　　En faveur d'une autre se passe.
Jupiter, qui paroît, va juger entre nous
Des mes emportemens et de votre courroux.

(Après quelques éclairs et roulemens de tonnerre, Jupiter paroît en l'air sur son aigle.)

SCÈNE VI.—JUPITER, VÉNUS, L'AMOUR, PSYCHÉ *évanouie.*

L'AMOUR.

Vous à qui seul tout est possible,
Père des dieux, souverain des mortels,
Fléchissez la rigueur d'une mère inflexible,
    Qui sans moi n'auroit point d'autels.
J'ai pleuré, j'ai prié, je soupire, menace,
    Et perds menaces et soupirs.
Elle ne veut pas voir que de mes déplaisirs
Dépend du monde entier l'heureuse ou triste face,
    Et que si Psyché perd le jour,
Si Psyché n'est à moi, je ne suis plus l'Amour.
Oui, je romprai mon arc, je briserai mes flèches,
    J'éteindrai jusqu'à mon flambeau,
Je laisserai languir la nature au tombeau;
Ou, si je daigne aux cœurs faire encor quelques brèches
Avec ces pointes d'or qui me font obéir,
Je vous blesserai tous là-haut pour des mortelles,
    Et ne décocherai sur elles
Que des traits émoussés qui forcent à haïr,
    Et qui ne font que des rebelles,
    Des ingrates et des cruelles.
    Par quelle tyrannique loi
Tiendrai-je à vous servir mes armes toujours prêtes,
Et vous ferai-je à tous conquêtes sur conquêtes,
Si vous me défendez d'en faire une pour moi?

JUPITER, *à Vénus.*

Ma fille, sois-lui moins sévère.
Tu tiens de sa Psyché le destin en tes mains;
La Parque, au moindre mot, va suivre ta colère;
Parle, et laisse-toi vaincre aux tendresses de mère,
Ou redoute un courroux que moi-même je crains.
    Veux-tu donner le monde en proie
A la haine, au désordre, à la confusion;
    Et d'un dieu d'union,
    D'un dieu de douceurs et de joie,
Faire un dieu d'amertume et de division?
    Considère ce que nous sommes,
Et si les passions doivent nous dominer:
    Plus la vengeance a de quoi plaire aux hommes,
    Plus il sied bien aux dieux de pardonner.

VÉNUS.

    Je pardonne à ce fils rebelle.
    Mais voulez-vous qu'il me soit reproché
    Qu'une misérable mortelle,
L'objet de mon courroux, l'orgueilleuse Psyché,

Sous ombre qu'elle est un peu belle,
Par un hymen dont je rougis
Souille mon alliance et le lit de mon fils?
JUPITER.
Eh bien ! je la fais immortelle,
Afin d'y rendre tout égal.
VÉNUS.
Je n'ai plus de mépris ni de haine pour elle,
Et l'admets à l'honneur de ce nœud conjugal.
Psyché, reprenez la lumière
Pour ne la reperdre jamais.
Jupiter a fait votre paix,
Et je quitte cette humeur fière
Qui s'opposoit à vos souhaits.
PSYCHÉ, *sortant de son évanouissement.*
C'est donc vous, ô grande déesse,
Qui redonnez la vie à ce cœur innocent !
VÉNUS.
Jupiter vous fait grâce, et ma colère cesse.
Vivez, Vénus l'ordonne; aimez, elle y consent.
PSYCHÉ, *à l'Amour.*
Je vous revois enfin, cher objet de ma flamme !
L'AMOUR, *à Psyché.*
Je vous possède enfin, délices de mon âme !
JUPITER.
Venez, amans, venez aux cieux
Achever un si grand et si digne hyménée.
Viens-y, belle Psyché, changer de destinée;
Viens prendre place au rang des dieux.

CINQUIÈME INTERMÈDE.

Deux grandes machines descendent aux deux côtés de Jupiter, cependant qu'il dit ces derniers vers. Vénus avec sa suite monte dans l'une, l'Amour avec Psyché dans l'autre, et tous ensemble remontent au ciel. — Les divinités, qui avoient été partagées entre Vénus et son fils, se réunissent en les voyant d'accord; et toutes ensemble, par des concerts, des chants, et des danses, célèbrent la fête des noces de l'Amour. — Apollon paroît le premier, et, comme dieu de l'harmonie, commence à chanter, pour inviter les autres dieux à se réjouir.

RÉCIT D'APOLLON.
Unissons-nous, troupe immortelle;
Le dieu d'amour devient heureux amant,
Et Vénus a repris sa douceur naturelle
En faveur d'un fils si charmant :
Il va goûter en paix, après un long tourment,
Une félicité qui doit être éternelle.

(Toutes les divinités chantent ensemble ce couplet à la gloire de l'Amour.)
Célébrons ce grand jour;
Célébrons tous une fête si belle;
Que nos chants en tous lieux en portent la nouvelle,
Qu'ils fassent retentir le céleste séjour.
Chantons, répétons tour à tour
Qu'il n'est point d'âme si cruelle
Qui tôt ou tard ne se rende à l'Amour.

APOLLON CONTINUE.
Le dieu qui nous engage
A lui faire la cour
Défend qu'on soit trop sage.
Les Plaisirs ont leur tour;
C'est leur plus doux usage
Que de finir les soins du jour.
La nuit est le partage
Des Jeux et de l'Amour.

Ce seroit grand dommage
Qu'en ce charmant séjour
On eût un cœur sauvage.
Les Plaisirs ont leur tour;
C'est leur plus doux usage
Que de finir les soins du jour.
La nuit est le partage
Des Jeux et de l'Amour.

(Deux Muses, qui ont toujours évité de s'engager sous les lois de l'Amour, conseillent aux belles qui n'ont point encore aimé de s'en défendre avec soin, à leur exemple.)

CHANSONS DES MUSES.
Gardez-vous, beautés sévères;
Les Amours font trop d'affaires :
Craignez toujours de vous laisser charmer.
Quand il faut que l'on soupire,
Tout le mal n'est pas de s'enflammer :
Le martyre
De le dire
Coûte plus cent fois que d'aimer.

SECOND COUPLET DES MUSES.
On ne peut aimer sans peines,
Il est peu de douces chaînes;
A tout moment on se sent alarmer.
Quand il faut que l'on soupire,
Tout le mal n'est pas de s'enflammer :
Le martyre
De le dire
Coûte plus cent fois que d'aimer.

CINQUIÈME INTERMÈDE.

(Bacchus fait entendre qu'il n'est pas si dangereux que l'Amour.)

RÉCIT DE BACCHUS
Si quelquefois,
Suivant nos douces lois,
La raison se perd et s'oublie,
Ce que le vin nous cause de folie
Commence et finit en un jour :
Mais, quand un cœur est enivré d'amour,
Souvent c'est pour toute la vie.

(Mome déclare qu'il n'a pas de plus doux emploi que de médire, et que ce n'est qu'à l'Amour seul qu'il n'ose se jouer.)

RÉCIT DE MOME.
Je cherche à médire
Sur la terre et dans les cieux,
Je soumets à ma satire
Les plus grands des dieux.
Il n'est dans l'univers que l'Amour qui m'étonne :
Il est le seul que j'épargne aujourd'hui ;
Il n'appartient qu'à lui
De n'épargner personne.

ENTRÉE DE BALLET,
Composée de deux Ménades et de deux Ægipans qui suivent Bacchus.

ENTRÉE DE BALLET,
Composée de quatre Polichinelles et de deux Matassins qui suivent Mome, et viennent joindre leur plaisanterie et leur badinage aux divertissemens de cette grande fête.
Bacchus et Mome, qui les conduisent, chantent au milieu d'eux chacun une chanson, Bacchus à la louange du vin, et Mome une chanson enjouée sur le sujet et les avantages de la raillerie.

RÉCIT DE BACCHUS.
Admirons le jus de la treille ;
Qu'il est puissant ! qu'il a d'attraits !
Il sert aux douceurs de la paix,
Et dans la guerre il fait merveille ;
Mais surtout pour les amours
Le vin est d'un grand secours.

RÉCIT DE MOME.
Folâtrons, divertissons-nous,
Raillons ; nous ne saurions mieux faire :
La raillerie est nécessaire
Dans les jeux les plus doux.
Sans la douceur que l'on goûte à médire,
On trouve peu de plaisirs sans ennui :
Rien n'est si plaisant que de rire,
Quand on rit aux dépens d'autrui.

Plaisantons, ne pardonnons rien,
Rions, rien n'est plus à la mode :
On court péril d'être incommode
En disant trop de bien.
Sans la douceur que l'on goûte à médire,
On trouve peu de plaisirs sans ennui :
Rien n'est si plaisant que de rire,
Quand on rit aux dépens d'autrui.

(Mars arrive au milieu du théâtre, suivi de sa troupe guerrière, qu'excite à profiter de leur loisir, en prenant part aux divertissemens.)

RÉCIT DE MARS.

Laissons en paix toute la terre,
Cherchons de doux amusemens ;
Parmi les jeux les plus charmans
Mêlons l'image de la guerre.

ENTRÉE DE BALLET.

Suivans de Mars, qui font, en dansant avec des enseignes, une manière d'exercice.

DERNIÈRE ENTRÉE DE BALLET.

Les troupes différentes de la suite d'Apollon, de Bacchus, de Mome et de Mars, après avoir achevé leurs entrées particulières, s'unissent ensemble, et forment la dernière entrée qui renferme toutes les autres. Un chœur de toutes les voix et de tous les instrumens, qui sont au nombre de quarante, se joint à la danse générale, et termine la fête des noces de l'Amour et de Psyché.

DERNIER CHŒUR.

Chantons les plaisirs charmans
Des heureux amans ;
Que tout le ciel s'empresse
A leur faire sa cour ;
Célébrons ce beau jour
Par mille doux chants d'allégresse ;
Célébrons ce beau jour
Par mille doux chants d'amour.

(Dans le grand salon du palais des Tuileries, où *Psyché* a été représentée devant Leurs Majestés, il y avoit des timbales, des trompettes et des tambours, mêlés dans ces derniers concerts ; et ce dernier couplet se chantoit ainsi :)

Chantons les plaisirs charmans
Des heureux amans.
Répondez-nous, trompettes,
Timbales et tambours ;
Accordez-vous toujours
Avec le doux son des musettes ;
Accordez-vous toujours
Avec le doux chant des amours.

FIN DE PSYCHÉ.

PULCHÉRIE.
COMÉDIE-HÉROÏQUE.
1672.

AU LECTEUR.

Pulchérie, fille de l'empereur Arcadius, et sœur du jeune Théodose, a été une princesse très-illustre, et dont les talens étoient merveilleux : tous les historiens en conviennent. Dès l'âge de quinze ans elle empiéta le gouvernement sur son frère, dont elle avoit reconnu la foiblesse, et s'y conserva tant qu'il vécut, à la réserve d'environ une année de disgrâce, qu'elle passa loin de la cour, et qui coûta cher à ceux qui l'avoient réduite à s'en éloigner. Après la mort de ce prince, ne pouvant retenir l'autorité souveraine en sa personne, ni se résoudre à la quitter, elle proposa son mariage à Martian, à la charge qu'il lui permettroit de garder sa virginité, qu'elle avoit vouée et consacrée à Dieu. Comme il étoit déjà assez avancé dans la vieillesse, il accepta la condition aisément, et elle le nomma pour empereur au sénat, qui ne voulut, ou n'osa l'en dédire. Elle passoit alors cinquante ans, et mourut deux ans après. Martian en régna sept, et eut pour successeur Léon, que ses excellentes qualités firent surnommer le Grand. Le patrice Aspar le servit à monter au trône, et lui demanda pour récompense l'association à cet empire qu'il lui avoit fait obtenir. Le refus de Léon le fit conspirer contre ce maître qu'il s'étoit choisi; la conspiration fut découverte, et Léon s'en défit. Voilà ce que m'a prêté l'histoire. Je ne veux point prévenir votre jugement sur ce que j'y ai changé ou ajouté, et me contenterai de vous dire que, bien que cette pièce ait été reléguée dans un lieu où on ne vouloit plus se souvenir qu'il y eût un théâtre, bien qu'elle ait passé par des bouches pour qui on n'étoit prévenu d'aucune estime, bien que ses principaux caractères soient contre le goût du temps, elle n'a pas laissé de peupler le désert, de mettre en crédit des acteurs dont on ne connoissoit pas le mérite, et de faire voir qu'on n'a pas toujours besoin de s'assujettir aux entêtemens du siècle pour se faire écouter sur la scène. J'aurai de quoi me satisfaire, si cet ouvrage est aussi heureux à la lecture qu'il l'a été à la représentation; et, si j'ose ne vous dissimuler rien, je me flatte assez pour l'espérer.

PERSONNAGES.

PULCHÉRIE, impératrice d'Orient.
MARTIAN, vieux sénateur, ministre d'État sous Théodose le Jeune.
LÉON, amant de Pulchérie.
ASPAR, amant d'Irène.
IRÈNE, sœur de Léon.
JUSTINE, fille de Martian.

La scène est à Constantinople, dans le palais impérial.

ACTE PREMIER.

SCÈNE I. — PULCHÉRIE, LÉON.

PULCHÉRIE.

Je vous aime, Léon, et n'en fais point mystère ;
Des feux tels que les miens n'ont rien qu'il faille taire :
Je vous aime, et non point de cette folle ardeur
Que les yeux éblouis font maîtresse du cœur,
Non d'un amour conçu par les sens en tumulte,
A qui l'âme applaudit sans qu'elle se consulte,
Et qui, ne concevant que d'aveugles désirs,
Languit dans les faveurs, et meurt dans les plaisirs :
Ma passion pour vous, généreuse et solide,
A la vertu pour âme, et la raison pour guide,
La gloire pour objet, et veut sous votre loi
Mettre en ce jour illustre et l'univers et moi.
　Mon aïeul Théodose, Arcadius mon père,
Cet empire quinze ans gouverné pour un frère,
L'habitude à régner, et l'horreur d'en déchoir,
Vouloient dans un mari trouver même pouvoir.
Je vous en ai cru digne ; et, dans ces espérances,
Dont un penchant flatteur m'a fait des assurances,
De tout ce que sur vous j'ai fait tomber d'emplois
Aucun n'a démenti l'attente de mon choix ;
Vos hauts faits à grands pas nous portoient à l'empire ;
J'avois réduit mon frère à ne m'en point dédire ;
Il vous y donnoit part, et j'étois toute à vous :
Mais ce malheureux prince est mort trop tôt pour nous.
L'empire est à donner, et le sénat s'assemble
Pour choisir une tête à ce grand corps qui tremble,
Et dont les Huns, les Goths, les Vandales, les Francs,
Bouleversent la masse et déchirent les flancs.
　Je vois de tous côtés des partis et des ligues ;
Chacun s'entre-mesure et forme ses intrigues.
Procope, Gratian, Aréobinde, Aspar,
Vous peuvent enlever ce grand nom de César :
Ils ont tous du mérite ; et ce dernier s'assure
Qu'on se souvient encor de son père Ardabure,
Qui, terrassant Mitrane en combat singulier,
Nous acquit sur la Perse un avantage entier,
Et, rassurant par là nos aigles alarmées,
Termina seul la guerre aux yeux des deux armées.
　Mes souhaits, mon crédit, mes amis, sont pour vous ;
Mais, à moins que ce rang, plus d'amour, point d'époux

Il faut, quelques douceurs que cet amour propose,
Le trône ou la retraite au sang de Théodose;
Et, si par le succès mes desseins sont trahis,
Je m'exile en Judée auprès d'Athénaïs.

LÉON.

Je vous suivrois, madame; et du moins sans ombrage
De ce que mes rivaux ont sur moi d'avantage,
Si vous ne m'y faisiez quelque destin plus doux,
J'y mourrois de douleur d'être indigne de vous;
J'y mourrois à vos yeux en adorant vos charmes:
Peut-être essuieriez-vous quelqu'une de mes larmes;
Peut-être ce grand cœur, qui n'ose s'attendrir,
S'y défendroit si mal de mon dernier soupir,
Qu'un éclat imprévu de douleur et de flamme
Malgré vous à son tour voudroit suivre mon âme.
La mort, qui finiroit à vos yeux mes ennuis,
Auroit plus de douceur que l'état où je suis.
Vous m'aimez; mais, hélas! quel amour est le vôtre,
Qui s'apprête peut-être à pencher vers un autre?
Que servent ces désirs, qui n'auront point d'effet
Si votre illustre orgueil ne se voit satisfait?
Et que peut cet amour dont vous êtes maîtresse,
Cet amour dont le trône a toute la tendresse,
Esclave ambitieux du suprême degré,
D'un titre qui l'allume et l'éteint à son gré?
Ah! ce n'est point par là que je vous considère;
Dans le plus triste exil vous me seriez plus chère:
Là, mes yeux, sans relâche attachés à vous voir,
Feroient de mon amour mon unique devoir;
Et mes soins, réunis à ce noble esclavage,
Sauroient de chaque instant vous rendre un plein hommage.
Pour être heureux amant faut-il que l'univers
Ait place dans un cœur qui ne veut que vos fers;
Que les plus dignes soins d'une flamme si pure
Deviennent partagés à toute la nature?
Ah! que ce cœur, madame, a lieu d'être alarmé
Si sans être empereur je ne suis plus aimé!

PULCHÉRIE.

Vous le serez toujours; mais une âme bien née
Ne confond pas toujours l'amour et l'hyménée:
L'amour entre deux cœurs ne veut que les unir;
L'hyménée a de plus leur gloire à soutenir;
Et, je vous l'avouerai, pour les plus belles vies
L'orgueil de la naissance a bien des tyrannies:
Souvent les beaux désirs n'y servent qu'à gêner;
Ce qu'on se doit combat ce qu'on se veut donner:
L'amour gémit en vain sous ce devoir sévère

Ah! si je n'avois eu qu'un sénateur pour père!
Mais mon sang dans mon sexe a mis les plus grands cœurs;
Eudoxe et Placidie ont eu des empereurs :
Je n'ose leur céder en grandeur de courage;
Et malgré mon amour je veux même partage :
Je pense en être sûre, et tremble toutefois
Quand je vois mon bonheur dépendre d'une voix.
LÉON.
Qu'avez-vous à trembler? Quelque empereur qu'on nomme,
Vous aurez votre amant, ou du moins un grand homme,
Dont le nom, adoré du peuple et de la cour,
Soutiendra votre gloire, et vaincra votre amour.
Procope, Aréobinde, Aspar, et leurs semblables,
Parés de ce grand nom, vous deviendront aimables;
Et l'éclat de ce rang, qui fait tant de jaloux,
En eux, ainsi qu'en moi, sera charmant pour vous.
PULCHÉRIE.
Que vous m'êtes cruel, que vous m'êtes injuste
D'attacher tout mon cœur au seul titre d'auguste!
Quoi que de ma naissance exige la fierté,
Vous seul ferez ma joie et ma félicité;
De tout autre empereur la grandeur odieuse....
LÉON.
Mais vous l'épouserez, heureuse ou malheureuse?
PULCHÉRIE.
Ne me pressez point tant, et croyez avec moi
Qu'un choix si glorieux vous donnera ma foi,
Ou que, si le sénat à nos vœux est contraire,
Le ciel m'inspirera ce que je devrai faire.
LÉON.
Il vous inspirera quelque sage douleur,
Qui n'aura qu'un soupir à perdre en ma faveur.
Oui, de si grands rivaux....
PULCHÉRIE.
                Ils ont tous des maîtresses
LÉON.
Le trône met une âme au-dessus des tendresses.
Quand du grand Théodose on aura pris le rang,
Il y faudra placer les restes de son sang :
Il voudra, ce rival, qui que l'on puisse élire,
S'assurer par l'hymen de vos droits à l'empire.
S'il a pu faire ailleurs quelque offre de sa foi,
C'est qu'il a cru ce cœur trop prévenu pour moi :
Mais se voyant au trône et moi dans la poussière,
Il se promettra tout de votre humeur altière;
Et, s'il met à vos pieds ce charme de vos yeux,
Il deviendra l'objet que vous verrez le mieux.

ACTE I, SCÈNE I.

PULCHÉRIE.

Vous pourriez un peu loin pousser ma patience,
Seigneur; j'ai l'âme fière, et tant de prévoyance
Demande à la souffrir encor plus de bonté
Que vous ne m'avez vu jusqu'ici de fierté.
Je ne condamne point ce que l'amour inspire;
Mais enfin on peut craindre, et ne le point tant dire.
Je n'en tiendrai pas moins tout ce que j'ai promis.
Vous avez mes souhaits, vous aurez mes amis;
De ceux de Martian vous aurez le suffrage :
Il a, tout vieux qu'il est, plus de vertus que d'âge;
Et, s'il briguoit pour lui, ses glorieux travaux
Donneroient fort à craindre à vos plus grands rivaux.

LÉON.

Notre empire, il est vrai, n'a point de plus grand homme :
Séparez-vous du rang, madame, et je le nomme.
S'il me peut enlever celui de souverain,
Du moins je ne crains pas qu'il m'ôte votre main;
Ses vertus le pourroient; mais je vois sa vieillesse.

PULCHÉRIE.

Quoi qu'il en soit, pour vous ma bonté l'intéresse :
Il s'est plu sous mon frère à dépendre de moi,
Et je me viens encor d'assurer de sa foi.
Je vois entrer Irène; Aspar la trouve belle :
Faites agir pour vous l'amour qu'il a pour elle;
Et, comme en ce dessein rien n'est à négliger,
Voyez ce qu'une sœur vous pourra ménager.

SCÈNE II. — PULCHÉRIE, LÉON, IRÈNE.

PULCHÉRIE.

M'aiderez-vous, Irène, à couronner un frère?

IRÈNE.

Un si foible secours vous est peu nécessaire,
Madame, et le sénat....

PULCHÉRIE.

N'en agissez pas moins;
Joignez vos vœux aux miens, et vos soins à mes soins.
Et montrons ce que peut en cette conjoncture
Un amour secondé de ceux de la nature.
Je vous laisse y penser.

SCÈNE III. — LÉON, IRÈNE.

IRÈNE.

Vous ne me dites rien,
Seigneur; attendez-vous que j'ouvre l'entretien?

LÉON.
A dire vrai, ma sœur, je ne sais que vous dire.
Aspar m'aime, il vous aime : il y va de l'empire ;
Et, s'il faut qu'entre nous on balance aujourd'hui,
La princesse est pour moi, le mérite est pour lui.
Vouloir qu'en ma faveur à ce grade il renonce,
C'est faire une prière indigne de réponse ;
Et de son amitié je ne puis l'exiger,
Sans vous voler un bien qu'il vous doit partager.
   C'est là ce qui me force à garder le silence :
Je me réponds pour vous à tout ce que je pense,
Et puisque j'ai souffert qu'il ait tout votre cœur,
Je dois souffrir aussi vos soins pour sa grandeur

IRÈNE.
J'ignore encor quel fruit je pourrois en attendre.
Pour le trône, il est sûr qu'il a droit d'y prétendre ;
Sur vous et sur tout autre il le peut emporter :
Mais qu'il m'y donne part, c'est dont j'ose douter.
Il m'aime en apparence, en effet il m'amuse ;
Jamais pour notre hymen il ne manque d'excuse,
Et vous aime à tel point, que, si vous l'en croyez,
Il ne peut être heureux que vous ne le soyez :
Non que votre bonheur fortement l'intéresse ;
Mais, sachant quel amour a pour vous la princesse,
Il veut voir quel succès aura son grand dessein,
Pour ne point m'épouser qu'en sœur de souverain :
Ainsi depuis deux ans vous voyez qu'il diffère :
Du reste à Pulchérie il prend grand soin de plaire,
Avec exactitude il suit toutes ses lois ;
Et dans ce que sous lui vous avez eu d'emplois,
Votre tête aux périls à toute heure exposée
M'a pour vous et pour moi presque désabusée ;
La gloire d'un ami, la haine d'un rival,
La hasardoient peut-être avec un soin égal.
Le temps est arrivé qu'il faut qu'il se déclare ;
Et de son amitié l'effort sera bien rare
Si, mis à cette épreuve, ambitieux qu'il est,
Il cherche à vous servir contre son intérêt.
Peut-être il promettra ; mais, quoi qu'il vous promette,
N'en ayons pas, seigneur, l'âme moins inquiète ;
Son ardeur trouvera pour vous si peu d'appui,
Qu'on le fera lui-même empereur malgré lui :
Et lors, en ma faveur quoi que l'amour oppose,
Il faudra faire grâce au sang de Théodose ;
Et le sénat voudra qu'il prenne d'autres yeux
Pour mettre la princesse au rang de ses aïeux.
   Son cœur suivra le sceptre en quelque main qu'il brille :

ACTE I, SCÈNE III.

Si Martian l'obtient, il aimera sa fille;
Et l'amitié du frère et l'amour de la sœur
Céderont à l'espoir de s'en voir successeur.
En un mot, ma fortune est encor fort douteuse :
Si vous n'êtes heureux, je ne puis être heureuse;
Et je n'ai plus d'amant non plus que vous d'ami,
A moins que dans le trône il vous voie affermi.

LÉON.

Vous présumez bien mal d'un héros qui vous aime.

IRÈNE.

Je pense le connoître à l'égal de moi-même;
Mais croyez-moi, seigneur, et l'empire est à vous.

LÉON.

Ma sœur !

IRÈNE.

Oui, vous l'aurez malgré lui, malgré tous.

LÉON.

N'y perdons aucun temps : hâtez-vous de m'instruire;
Hâtez-vous de m'ouvrir la route à m'y conduire;
Et si votre bonheur peut dépendre du mien....

IRÈNE.

Apprenez le secret de ne hasarder rien.
N'agissez point pour vous; il s'en offre trop d'autres
De qui les actions brillent plus que les vôtres,
Que leurs emplois plus hauts ont mis en plus d'éclat,
Et qui, s'il faut tout dire, ont plus servi l'État :
Vous les passez peut-être en grandeur de courage;
Mais il vous a manqué l'occasion et l'âge;
Vous n'avez commandé que sous des généraux,
Et n'êtes pas encor du poids de vos rivaux.
  Proposez la princesse; elle a des avantages
Que vous verrez sur l'heure unir tous les suffrages :
Tant qu'a vécu son frère, elle a régné pour lui;
Ses ordres de l'empire ont été tout l'appui;
On vit depuis quinze ans sous son obéissance :
Faites qu'on la maintienne en sa toute-puissance,
Qu'à ce prix le sénat lui demande un époux;
Son choix tombera-t-il sur un autre que vous ?
Voudroit-elle de vous une action plus belle
Qu'un respect amoureux qui veut tenir tout d'elle ?
L'amour en deviendra plus fort qu'auparavant,
Et vous vous servirez vous-même en la servant.

LÉON.

Ah! que c'est me donner un conseil salutaire!
A-t-on jamais vu sœur qui servît mieux un frère ?
Martian avec joie embrassera l'avis :
A peine parle-t-il que les siens sont suivis;

Et, puisqu'à la princesse il a promis un zèle
A tout oser pour moi sur l'ordre qu'il a d'elle,
Comme sa créature, il fera hautement
Bien plus en sa faveur qu'en faveur d'un amant.

IRÈNE.

Pour peu qu'il vous appuie, allez, l'affaire est sûre.

LÉON.

Aspar vient : faites-lui, ma sœur, quelque ouverture ;
Voyez....

IRÈNE.

  C'est un esprit qu'il faut mieux ménager ;
Nous découvrir à lui, c'est tout mettre en danger :
Il est ambitieux, adroit, et d'un mérite....

SCÈNE IV. — ASPAR, LÉON, IRÈNE.

LÉON.

Vous me pardonnez bien, seigneur, si je vous quitte ;
C'est suppléer assez à ce que je vous doi
Que vous laisser ma sœur, qui vous plaît plus que moi

ASPAR.

Vous m'obligez, seigneur ; mais en cette occurrence
J'ai besoin avec vous d'un peu de conférence.
 Du sort de l'univers nous allons décider :
L'affaire vous regarde, et peut me regarder ;
Et si tous mes amis ne s'unissent aux vôtres,
Nos partis divisés pourront céder à d'autres.
 Agissons de concert ; et, sans être jaloux,
En ce grand coup d'État, vous de moi, moi de vous,
Jurons-nous que des deux qui que l'on puisse élire
Fera de son ami son collègue à l'empire ;
Et, pour nous l'assurer, voyons sur qui des deux
Il est plus à propos de jeter tant de vœux ;.
Quel nom seroit plus propre à s'attirer le reste :
Pour moi, je suis tout prêt, et dès ici j'atteste....

LÉON.

Votre nom pour ce choix est plus fort que le mien,
Et je n'ose douter que vous n'en usiez bien.
Je craindrois de tout autre un dangereux partage ;
Mais de vous je n'ai pas, seigneur, le moindre ombrage,
Et l'amitié voudroit vous en donner ma foi :
Mais c'est à la princesse à disposer de moi ;
Je ne puis que par elle, et n'ose rien sans elle.

ASPAR.

Certes, s'il faut choisir l'amant le plus fidèle,
Vous l'allez emporter sur tous sans contredit :
Mais ce n'est pas, seigneur le point dont il s'agit ;

ACTE I, SCÈNE IV.

Le plus flatteur effort de la galanterie
Ne peut....
LÉON.
Que voulez-vous? j'adore Pulchérie;
Et, n'ayant rien d'ailleurs par où la mériter,
J'espère en ce doux titre, et j'aime à le porter.
ASPAR.
Mais il y va du trône, et non d'une maîtresse.
LÉON.
Je vais faire, seigneur, votre offre à la princesse;
Elle sait mieux que moi les besoins de l'État.
Adieu : je vous dirai sa réponse au sénat.

SCÈNE V. — ASPAR, IRÈNE.
IRÈNE.
Il a beaucoup d'amour.
ASPAR.
Oui, madame; et j'avoue
Qu'avec quelque raison la princesse s'en loue :
Mais j'aurois souhaité qu'en cette occasion
L'amour concertât mieux avec l'ambition,
Et que son amitié, s'en laissant moins séduire,
Ne nous exposât point à nous entre-détruire.
Vous voyez qu'avec lui j'ai voulu m'accorder.
M'aimeriez-vous encor si j'osois lui céder,
Moi qui dois d'autant plus mes soins à ma fortune,
Que l'amour entre nous la doit rendre commune?
IRÈNE.
Seigneur, lorsque le mien vous a donné mon cœur,
Je n'ai point prétendu la main d'un empereur;
Vous pouviez être heureux sans m'apporter ce titre :
Mais du sort de Léon Pulchérie est l'arbitre,
Et l'orgueil de son sang avec quelque raison
Ne peut souffrir d'époux à moins de ce grand nom.
Avant que ce cher frère épouse la princesse,
Il faut que le pouvoir s'unisse à la tendresse,
Et que le plus haut rang mette en leur plus beau jour
La grandeur du mérite et l'excès de l'amour.
M'aimeriez-vous assez pour n'être point contraire
A l'unique moyen de rendre heureux ce frère,
Vous qui, dans votre amour, avez pu sans ennui
Vous défendre de l'être un moment avant lui,
Et qui mériteriez qu'on vous fît mieux connoître
Que, s'il ne le devient, vous aurez peine à l'être?
ASPAR.
C'est aller un peu vite, et bientôt m'insulter

En sœur de souverain qui cherche à me quitter.
Je vous aime, et jamais une ardeur plus sincère....

IRÈNE.

Seigneur, est-ce m'aimer que de perdre mon frère?

ASPAR.

Voulez-vous que pour lui je me perde d'honneur?
Est-ce m'aimer que mettre à ce prix mon bonheur?
Moi, qu'on a vu forcer trois camps et vingt murailles,
Moi qui, depuis dix ans, ai gagné sept batailles,
N'ai-je acquis tant de nom que pour prendre la loi
De qui n'a commandé que sous Procope, ou moi,
Que pour m'en faire un maître, et m'attacher moi-même
Un joug honteux au front, au lieu d'un diadème?

IRÈNE.

Je suis plus raisonnable, et ne demande pas
Qu'en faveur d'un ami vous descendiez si bas.
Pylade pour Oreste auroit fait davantage :
Mais de pareils efforts ne sont plus en usage,
Un grand cœur les dédaigne, et le siècle a changé;
A s'aimer de plus près on se croit obligé,
Et des vertus du temps l'âme persuadée
Hait de ces vieux héros la surprenante idée.

ASPAR.

Il y va de ma gloire, et les siècles passés....

IRÈNE.

Elle n'est pas, seigneur, peut-être où vous pensez;
Et, quoi qu'un juste espoir ose vous faire croire,
S'exposer au refus, c'est hasarder sa gloire.
La princesse peut tout, ou du moins plus que vous.
Vous vous attirerez sa haine et son courroux.
Son amour l'intéresse, et son âme hautaine....

ASPAR.

Qu'on me fasse empereur, et je crains peu sa haine.

IRÈNE.

Mais, s'il faut qu'à vos yeux un autre préféré
Monte, en dépit de vous, à ce rang adoré,
Quel déplaisir! quel trouble! et quelle ignominie
Laissera pour jamais votre gloire ternie!
Non, seigneur, croyez-moi, n'allez point au sénat,
De vos hauts faits pour vous laissez parler l'éclat.
Qu'il sera glorieux que, sans briguer personne,
Ils fassent à vos pieds apporter la couronne,
Que votre seul mérite emporte ce grand choix,
Sans que votre présence ait mendié de voix!
Si Procope, ou Léon, ou Martian, l'emporte,
Vous n'aurez jamais eu d'ambition si forte,
Et vous désavouerez tous ceux de vos amis

Dont la chaleur pour vous se sera trop permis.
ASPAR.
A ces hauts sentimens s'il me falloit répondre,
J'aurois peine, madame, à ne me point confondre :
J'y vois beaucoup d'esprit, j'y trouve encor plus d'art;
Et, ce que j'en puis dire à la hâte et sans fard,
Dans ces grands intérêts vous montrer si savante,
C'est être bonne sœur et dangereuse amante.
L'heure me presse : adieu. J'ai des amis à voir
Qui sauront accorder ma gloire et mon devoir;
Le ciel me prêtera par eux quelque lumière
A mettre l'un et l'autre en assurance entière,
Et répondre avec joie à tout ce que je doi
A vous, à ce cher frère, à la princesse, à moi.
IRÈNE, *seule*.
Perfide, tu n'es pas encore où tu te penses.
J'ai pénétré ton cœur, j'ai vu tes espérances;
e ton amour pour moi je vois l'illusion :
ais tu n'en sortiras qu'à ta confusion.

ACTE SECOND.

SCÈNE I. — MARTIAN, JUSTINE.

JUSTINE.
otre illustre princesse est donc impératrice,
eigneur?
MARTIAN.
A ses vertus on a rendu justice :
éon l'a proposée; et quand je l'ai suivi,
'en ai vu le sénat au dernier point ravi;
l a réduit soudain toutes ses voix en une,
t s'est débarrassé de la foule importune,
u turbulent espoir de tant de concurrens
Que la soif de régner avoit mis sur les rangs.
JUSTINE.
insi voilà Léon assuré de l'empire.
MARTIAN.
e sénat, je l'avoue, avoit peine à l'élire,
t contre les grands noms de ses compétiteurs
Sa jeunesse eût trouvé d'assez froids protecteurs :
on qu'il n'ait du mérite, et que son grand courage
Ne se pût tout promettre avec un peu plus d'âge;
On n'a point vu sitôt tant de rares exploits :
ais et l'expérience, et les premiers emplois,

Le titre éblouissant de général d'armée,
Tout ce qui peut enfin grossir la renommée,
Tout cela veut du temps; et l'amour aujourd'hui
Va faire ce qu'un jour son nom feroit pour lui.

JUSTINE.

Hélas, seigneur!

MARTIAN.

Hélas! ma fille, quel mystère
T'oblige à soupirer de ce que dit un père?

JUSTINE.

L'image de l'empire en de si jeunes mains
M'a tiré ce soupir pour l'État que je plains.

MARTIAN.

Pour l'intérêt public rarement on soupire,
Si quelque ennui secret n'y mêle son martyre :
L'un se cache sous l'autre, et fait un faux éclat:
Et jamais, à ton âge, on ne plaignit l'État.

JUSTINE.

A mon âge, un soupir semble dire qu'on aime :
Cependant vous avez soupiré tout de même,
Seigneur; et si j'osois vous le dire à mon tour....

MARTIAN.

Ce n'est point à mon âge à soupirer d'amour,
Je le sais; mais enfin chacun a sa foiblesse.
Aimerois-tu Léon?

JUSTINE.

Aimez-vous la princesse?

MARTIAN.

Oublie en ma faveur que tu l'as deviné,
Et démens un soupçon qu'un soupir t'a donné.
L'amour en mes pareils n'est jamais excusable;
Pour peu qu'on s'examine, on s'en tient méprisable,
On s'en hait; et ce mal, qu'on n'ose découvrir,
Fait encor plus de peine à cacher qu'à souffrir :
Mais t'en faire l'aveu, c'est n'en faire à personne;
La part que le respect, que l'amitié t'y donne,
Et tout ce que le sang en attire sur toi,
T'imposent de le taire une éternelle loi.
  J'aime, et depuis dix ans ma flamme et mon silence
Font à mon triste cœur égale violence :
J'écoute la raison, j'en goûte les avis,
Et les mieux écoutés sont les plus mal suivis.
Cent fois en moins d'un jour je guéris et retombe;
Cent fois je me révolte, et cent fois je succombe :
Tant ce calme forcé, que j'étudie en vain,
Près d'un si rare objet s'évanouit soudain!

ACTE II, SCÈNE I.

JUSTINE.
Mais pourquoi lui donner vous-même la couronne,
Quand à son cher Léon c'est donner sa personne?
MARTIAN.
Apprends que dans un âge usé comme le mien,
Qui n'ose souhaiter ni même accepter rien,
L'amour hors d'intérêt s'attache à ce qu'il aime,
Et, n'osant rien pour soi, le sert contre soi-même.
JUSTINE.
N'ayant rien prétendu, de quoi soupirez-vous?
MARTIAN.
Pour ne prétendre rien on n'est pas moins jaloux;
Et ces désirs, qu'éteint le déclin de la vie,
N'empêchent pas de voir avec un œil d'envie,
Quand on est d'un mérite à pouvoir faire honneur,
Et qu'il faut qu'un autre âge emporte le bonheur.
Que le moindre retour vers nos belles années
Jette alors d'amertume en nos âmes gênées!
« Que n'ai-je vu le jour quelques lustres plus tard!
Disois-je; en ses bontés peut-être aurois-je part,
Si le ciel n'opposoit auprès de la princesse
A l'excès de l'amour le manque de jeunesse;
De tant et tant de cœurs qu'il force à l'adorer,
Devois-je être le seul qui ne pût espérer? »
J'aimois quand j'étois jeune, et ne déplaisois guère :
Quelquefois de soi-même on cherchoit à me plaire;
Je pouvois aspirer au cœur le mieux placé :
Mais, hélas! j'étois jeune, et ce temps est passé;
Le souvenir en tue, et l'on ne l'envisage
Qu'avec, s'il faut le dire, une espèce de rage;
On le repousse, on fait cent projets superflus :
Le trait qu'on porte au cœur s'enfonce d'autant plus;
Et ce feu, que de honte on s'obstine à contraindre,
Redouble par l'effort qu'on se fait pour l'éteindre.
JUSTINE.
Instruit que vous étiez des maux que fait l'amour,
Vous en pouviez, seigneur, empêcher le retour,
Contre toute sa ruse être mieux sur vos gardes.
MARTIAN.
Et l'ai-je regardé comme tu le regardes,
Moi qui me figurois que ma caducité
Près de la beauté même étoit en sûreté?
Je m'attachois sans crainte à servir la princesse,
Fier de mes cheveux blancs, et fort de ma foiblesse :
Et, quand je ne pensois qu'à remplir mon devoir,
Je devenois amant sans m'en apercevoir.
Mon âme, de ce feu nonchalamment saisie,

Ne l'a point reconnu que par ma jalousie ;
Tout ce qui l'approchoit vouloit me l'enlever,
Tout ce qui lui parloit cherchoit à m'en priver :
Je tremblois qu'à leurs yeux elle ne fût trop belle ;
Je les haïssois tous comme plus dignes d'elle,
Et ne pouvois souffrir qu'on s'enrichît d'un bien
Que j'enviois à tous sans y prétendre rien.
  Quel supplice d'aimer un objet adorable,
Et de tant de rivaux se voir le moins aimable !
D'aimer plus qu'eux ensemble, et n'oser de ses feux,
Quelques ardens qu'ils soient, se promettre autant qu'eux :
On auroit deviné mon amour par ma peine,
Si la peur que j'en eus n'avoit fui tant de gêne.
L'auguste Pulchérie avoit beau me ravir,
J'attendois à la voir qu'il la fallût servir :
Je fis plus, de Léon j'appuyai l'espérance ;
La princesse l'aima, j'en eus la confiance,
Et la dissuadai de se donner à lui
Qu'il ne fût de l'empire ou le maître ou l'appui.
Ainsi, pour éviter un hymen si funeste,
Sans rendre heureux Léon, je détruisois le reste ;
Et, mettant un long terme au succès de l'amour,
J'espérois de mourir avant ce triste jour.
  Nous y voilà, ma fille, et du moins j'ai la joie
D'avoir à son triomphe ouvert l'unique voie.
J'en mourrai du moment qu'il recevra sa foi,
Mais dans cette douceur qu'ils tiendront tout de moi.
  J'ai caché si longtemps l'ennui qui me dévore,
Qu'en dépit que j'en aie enfin il s'évapore ;
L'aigreur en diminue à te le raconter :
Fais-en autant du tien ; c'est mon tour d'écouter.

                JUSTINE.

Seigneur, un mot suffit pour ne vous en rien taire :
Le même astre a vu naître et la fille et le père ;
Ce mot dit tout. Souffrez qu'une imprudente ardeur,
Prête à s'évaporer, respecte ma pudeur.
  Je suis jeune, et l'amour trouvoit une âme tendre
Qui n'avoit ni le soin ni l'art de se défendre :
La princesse, qui m'aime et m'ouvroit ses secrets,
Lui prêtoit contre moi d'inévitables traits,
Et toutes les raisons dont s'appuyoit sa flamme
Étoient autant de dards qui me traversoient l'âme.
Je pris, sans y penser, son exemple pour loi :
« Un amant digne d'elle est trop digne de moi,
Disois-je ; et, s'il brûloit pour moi comme pour elle,
Avec plus de bonté je recevrois son zèle. »
Plus elle m'en peignoit les rares qualités,

Plus d'une douce erreur mes sens étoient flattés.
D'un illustre avenir l'infaillible présage
Qu'on voit si hautement écrit sur son visage,
Son nom que je voyois croître de jour en jour,
Pour moi comme pour elle étoient dignes d'amour :
Je les voyois d'accord d'un heureux hyménée ;
Mais nous n'en étions pas encore à la journée :
« Quelque obstacle imprévu rompra de si doux nœuds,
Ajoutois-je ; et le temps éteint les plus beaux feux. »
C'est ce que m'inspiroit l'aimable rêverie
Dont jusqu'à ce grand jour ma flamme s'est nourrie ;
Mon cœur, qui ne vouloit désespérer de rien,
S'en faisoit à toute heure un charmant entretien.
Qu'on rêve avec plaisir, quand notre âme blessée
Autour de ce qu'elle aime est toute ramassée !
Vous le savez, seigneur, et comme à tout propos
Un doux je ne sais quoi trouble notre repos ;
Un sommeil inquiet sur de confus nuages
Élève incessamment de flatteuses images,
Et sur leur vain rapport fait naître des souhaits
Que le réveil admire et ne dédit jamais.
Ainsi, près de tomber dans un malheur extrême,
J'en écartois l'idée en m'abusant moi-même ;
Mais il faut renoncer à des abus si doux ;
Et je me vois, seigneur, au même état que vous.

MARTIAN.

Tu peux aimer ailleurs, et c'est un avantage
Que n'ose se permettre un amant de mon âge.
Choisis qui tu voudras, je saurai l'obtenir.
Mais écoutons Aspar, que j'aperçois venir.

SCÈNE II. — MARTIAN, ASPAR, JUSTINE.

ASPAR.

Seigneur, votre suffrage a réuni les nôtres ;
Votre voix a plus fait que n'auroient fait cent autres :
Mais j'apprends qu'on murmure, et doute si le choix
Que fera la princesse aura toutes les voix.

MARTIAN.

Et qui fait présumer de son incertitude
Qu'il aura quelque chose ou d'amer ou de rude ?

ASPAR.

Son amour pour Léon : elle en fait son époux,
Aucun n'en veut douter.

MARTIAN.

    Je le crois comme eux tous.
Qu'y trouve-t-on à dire, et quelle défiance....

ASPAR.
Il est jeune, et l'on craint son peu d'expérience.
Considérez, seigneur, combien c'est hasarder :
Qui n'a fait qu'obéir saura mal commander ;
On n'a point vu sous lui d'armée ou de province.

MARTIAN.
Jamais un bon sujet ne devint mauvais prince ;
Et, si le ciel en lui répond mal à nos vœux,
L'auguste Pulchérie en sait assez pour deux.
Rien ne nous surprendra de voir la même chose
Où nos yeux se sont faits quinze ans sous Théodose :
C'étoit un prince foible, un esprit mal tourné ;
Cependant avec elle il a bien gouverné.

ASPAR.
Cependant nous voyons six généraux d'armée
Dont au commandement l'âme est accoutumée
Voudront-ils recevoir un ordre souverain
De qui l'a jusqu'ici toujours pris de leur main ?
Seigneur, il est bien dur de se voir sous un maître
Dont on le fut toujours, et dont on devroit l'être.

MARTIAN.
Et qui m'assurera que ces six généraux
Se réuniront mieux sous un de leurs égaux ?
Plus un pareil mérite aux grandeurs nous appelle,
Et plus la jalousie aux grands est naturelle.

ASPAR.
Je les tiens réunis, seigneur, si vous voulez.
Il est, il est encor des noms plus signalés :
J'en sais qui leur plairoient ; et, s'il vous faut plus dire,
Avouez-en mon zèle, et je vous fais élire.

MARTIAN.
Moi, seigneur, dans un âge où la tombe m'attend !
Un maître pour deux jours n'est pas ce qu'on prétend.
Je sais le poids d'un sceptre, et connois trop mes forces
Pour être encor sensible à ces vaines amorces.
Les ans, qui m'ont usé l'esprit comme le corps,
Abattroient tous les deux sous les moindres efforts,
Et ma mort, que par là vous verriez avancée,
Rendroit à tant d'égaux leur première pensée,
Et feroit une triste et prompte occasion
De rejeter l'État dans la division.

ASPAR.
Pour éviter les maux qu'on en pourroit attendre,
Vous pourriez partager vos soins avec un gendre,
L'installer dans le trône, et le nommer César.

MARTIAN.
Il faudroit que ce gendre eût les vertus d'Aspar ;

Mais vous aimez ailleurs, et ce seroit un crime
Que de rendre infidèle un cœur si magnanime.
ASPAR.
J'aime, et ne me sens pas capable de changer;
Mais d'autres vous diroient que, pour vous soulager,
Quand leur amour iroit jusqu'à l'idolâtrie,
Ils le sacrifieroient au bien de la patrie.
JUSTINE.
Certes, qui m'aimeroit pour le bien de l'État
Ne me trouveroit pas, seigneur, un cœur ingrat,
Et je lui rendrois grâce au nom de tout l'empire :
Mais vous êtes constant; et, s'il vous faut plus dire,
Quoi que le bien public jamais puisse exiger,
Ce ne sera pas moi qui vous ferai changer.
MARTIAN.
Revenons à Léon. J'ai peine à bien comprendre
Quels malheurs d'un tel choix nous aurions lieu d'attendre;
Quiconque vous verra le mari de sa sœur,
S'il ne le craint assez, craindra son défenseur;
Et, si vous me comptez encor pour quelque chose,
Mes conseils agiront comme sous Théodose.
ASPAR.
Nous en pourrons tous deux avoir le démenti.
MARTIAN.
C'est affaire à périr pour le meilleur parti :
Il ne m'en peut coûter qu'une mourante vie,
Que l'âge et ses chagrins m'auront bientôt ravie.
Pour vous, qui d'un autre œil regardez ce danger,
Vous avez plus à vivre et plus à ménager;
Et je n'empêche pas qu'auprès de la princesse
Votre zèle n'éclate autant qu'il s'intéresse.
Vous pouvez l'avertir de ce que vous croyez,
Lui dire de ce choix ce que vous prévoyez,
Lui proposer sans fard celui qu'elle doit faire.
La vérité lui plaît, et vous pourrez lui plaire.
Je changerai comme elle alors de sentimens,
Et tiens mon âme prête à ses commandemens.
ASPAR.
Parmi les vérités il en est de certaines
Qu'on ne dit point en face aux têtes souveraines,
Et qui veulent de nous un tour, un ascendant,
Qu'aucun ne peut trouver qu'un ministre prudent;
Vous ferez mieux valoir ces marques d'un vrai zèle :
M'en ouvrant avec vous, je m'acquitte envers elle;
Et, n'ayant rien de plus qui m'amène en ce lieu,
Je vous en laisse maître, et me retire. Adieu.

SCÈNE III. — MARTIAN, JUSTINE.

MARTIAN.

Le dangereux esprit! et qu'avec peu de peine
Il manqueroit d'amour et de foi pour Irène!
Des rivaux de Léon il est le plus jaloux,
Et roule des projets qu'il ne dit pas à tous.

JUSTINE.

Il n'a pour but, seigneur, que le bien de l'empire.
Détrônez la princesse, et faites-vous élire :
C'est un amant pour moi que je n'attendois pas,
Qui vous soulagera du poids de tant d'États.

MARTIAN.

C'est un homme, et je veux qu'un jour il t'en souvienne,
C'est un homme à tout perdre, à moins qu'on le prévienne.
Mais Léon vient déjà nous vanter son bonheur :
Arme-toi de constance, et prépare un grand cœur;
Et, quelque émotion qui trouble ton courage,
Contre tout son désordre affermis ton visage.

SCÈNE IV. — LÉON, MARTIAN, JUSTINE.

LÉON.

L'auriez-vous cru jamais, seigneur? je suis perdu.

MARTIAN.

Seigneur, que dites-vous? ai-je bien entendu?

LÉON.

Je le suis sans ressource, et rien plus ne me flatte.
J'ai revu Pulchérie, et n'ai vu qu'une ingrate :
Quand je crois l'acquérir, c'est lors que je la perds,
Et me détruis moi-même alors que je la sers.

MARTIAN.

Expliquez-vous, seigneur, parlez en confiance;
Fait-elle un autre choix?

LÉON.

Non, mais elle balance :
Elle ne me veut pas encor désespérer,
Mais elle prend du temps pour en délibérer.
Son choix n'est plus pour moi, puisqu'elle le diffère :
L'amour n'est point le maître alors qu'on délibère;
Et je ne saurois plus me promettre sa foi,
Moi qui n'ai que l'amour qui lui parle pour moi.
Ah! madame....

JUSTINE.

Seigneur....

LÉON.

Auriez-vous pu le croire?

ACTE II, SCÈNE IV.

JUSTINE.

L'amour qui délibère est sûr de sa victoire,
Et, quand d'un vrai mérite il s'est fait un appui,
Il n'est point de raisons qui ne parlent pour lui.
Souvent il aime à voir un peu d'impatience,
Et feint de reculer, lorsque plus il avance;
Ce moment d'amertume en rend les fruits plus doux.
Aimez, et laissez faire une âme toute à vous.

LÉON.

Toute à moi! mon malheur n'est que trop véritable;
J'en ai prévu le coup, je le sens qui m'accable.
Plus elle m'assuroit de son affection,
Plus je me faisois peur de son ambition;
Je ne savois des deux quelle étoit la plus forte :
Mais, il n'est que trop vrai, l'ambition l'emporte;
Et, si son cœur encor lui parle en ma faveur,
Son trône me dédaigne en dépit de son cœur.
Seigneur, parlez pour moi, parlez pour moi, madame;
Vous pouvez tout sur elle, et lisez dans son âme :
Peignez-lui bien mes feux, retracez-lui les siens;
Rappelez dans son cœur leurs plus doux entretiens;
Et, si vous concevez de quelle ardeur je l'aime,
Faites-lui souvenir qu'elle m'aimoit de même.
Elle-même a brigué pour me voir souverain;
J'étois, sans ce grand titre, indigne de sa main :
Mais si je ne l'ai pas, ce titre qui l'enchante,
Seigneur, à qui tient-il qu'à son humeur changeante?
Son orgueil contre moi doit-il s'en prévaloir,
Quand pour me voir au trône elle n'a qu'à vouloir?
Le sénat n'a pour elle appuyé mon suffrage
Qu'afin que d'un beau feu ma grandeur fût l'ouvrage :
Il sait depuis quel temps il lui plaît de m'aimer;
Et, quand il l'a nommée, il a cru me nommer.
Allez, seigneur, allez empêcher son parjure;
Faites qu'un empereur soit votre créature.
Que je vous céderois ce grand titre aisément,
Si vous pouviez sans lui me rendre heureux amant!
Car enfin mon amour n'en veut qu'à sa personne,
Et n'a d'ambition que ce qu'on m'en ordonne.

MARTIAN.

Nous allons, et tous deux, seigneur, lui faire voir
Qu'elle doit mieux user de l'absolu pouvoir.
Modérez cependant l'excès de votre peine;
Remettez vos esprits dans l'entretien d'Irène.

LÉON.

D'Irène? et ses conseils m'ont trahi, m'ont perdu.

MARTIAN.
Son zèle pour un frère a fait ce qu'il a dû.
Pouvoit-elle prévoir cette supercherie
Qu'a faite à votre amour l'orgueil de Pulchérie ?
J'ose en parler ainsi, mais ce n'est qu'entre nous.
Nous lui rendrons l'esprit plus traitable et plus doux,
Et vous rapporterons son cœur et ce grand titre.
Allez.
LÉON.
Entre elle et moi que n'êtes-vous l'arbitre !
Adieu : c'est de vous seul que je puis recevoir
De quoi garder encor quelque reste d'espoir.

SCÈNE V. — MARTIAN, JUSTINE.

MARTIAN.
Justine, tu le vois, ce bienheureux obstacle
Dont ton amour sembloit pressentir le miracle.
Je ne te défends point, en cette occasion,
De prendre un peu d'espoir sur leur division ;
Mais garde-toi d'avoir une âme assez hardie
Pour faire à leur amour la moindre perfidie :
Le mien de ce revers s'applique tant de part
Que j'espère en mourir quelques momens plus tard.
Mais de quel front enfin leur donner à connoître
Les périls d'un amour que nous avons vu naître,
Dont nous avons tous deux été les confidens,
Et peut-être formé les traits les plus ardens ?
De tous leurs déplaisirs c'est nous rendre coupables :
Servons-les en amis, en amans véritables ;
Le véritable amour n'est point intéressé.
Allons, j'achèverai comme j'ai commencé :
Suis l'exemple, et fais voir qu'une âme généreuse
Trouve dans sa vertu de quoi se rendre heureuse
D'un sincère devoir fait son unique bien,
Et jamais ne s'expose à se reprocher rien.

ACTE TROISIÈME.

SCÈNE I. — PULCHÉRIE, MARTIAN, JUSTINE.

PULCHÉRIE.
Je vous ai dit mon ordre : allez, seigneur, de grâce,
Sauvez mon triste cœur du coup qui le menace ;
Mettez tout le sénat dans ce cher intérêt.

ACTE III, SCÈNE I.

MARTIAN.
Madame, il sait assez combien Léon vous plaît,
Et le nomme assez haut alors qu'il vous défère
Un choix que votre amour vous a déjà fait faire.
PULCHÉRIE.
Que ne m'en fait-il donc une obligeante loi?
Ce n'est pas le choisir que s'en remettre à moi,
C'est attendre l'issue à couvert de l'orage :
Si l'on m'en applaudit, ce sera son ouvrage;
Et, si j'en suis blâmée, il n'y veut point de part.
En doute du succès, il en fuit le hasard;
Et, lorsque je l'en veux garant vers tout le monde,
Il veut qu'à l'univers moi seule j'en réponde.
Ainsi m'abandonnant au choix de mes souhaits,
S'il est des mécontens, moi seule je les fais;
Et je devrai moi seule apaiser le murmure
De ceux à qui ce choix semblera faire injure,
Prévenir leur révolte, et calmer les mutins
Qui porteront envie à nos heureux destins.
MARTIAN.
Aspar vous aura vue, et cette âme chagrine....
PULCHÉRIE.
Il m'a vue, et j'ai vu quel chagrin le domine;
Mais il n'a pas laissé de me faire juger
Du choix que fait mon cœur quel sera le danger.
Il part de bons avis quelquefois de la haine;
On peut tirer du fruit de tout ce qui fait peine:
Et des plus grands desseins qui veut venir à bout
Prête l'oreille à tous, et fait profit de tout.
MARTIAN.
Mais vous avez promis, et la foi qui vous lie....
PULCHÉRIE.
Je suis impératrice, et j'étois Pulchérie.
De ce trône, ennemi de mes plus doux souhaits,
Je regarde l'amour comme un de mes sujets;
Je veux que le respect qu'il doit à ma couronne
Repousse l'attentat qu'il fait sur ma personne;
Je veux qu'il m'obéisse, au lieu de me trahir;
Je veux qu'il donne à tous l'exemple d'obéir;
Et, jalouse déjà de mon pouvoir suprême,
Pour l'affermir sur tous, je le prends sur moi-même.
MARTIAN.
Ainsi donc ce Léon qui vous étoit si cher....
PULCHÉRIE.
Je l'aime d'autant plus qu'il m'en faut détacher.
MARTIAN.
Seroit-il à vos yeux moins digne de l'empire

Qu'alors que vous pressiez le sénat de l'élire?
PULCHÉRIE.
Il falloit qu'on le vît des yeux dont je le voi,
Que de tout son mérite on convînt avec moi,
Et que par une estime éclatante et publique
On mît l'amour d'accord avec la politique.
J'aurois déjà rempli l'espoir d'un si beau feu,
Si le choix du sénat m'en eût donné l'aveu;
J'aurois pris le parti dont il me faut défendre;
Et, si jusqu'à Léon je n'ose plus descendre,
Il m'étoit glorieux, le voyant souverain,
De remonter au trône en lui donnant la main.
MARTIAN.
Votre cœur tiendra bon pour lui contre tous autres.
PULCHÉRIE.
S'il a ces sentimens, ce ne sont pas les vôtres;
Non, seigneur, c'est Léon, c'est son juste courroux,
Ce sont ses déplaisirs qui s'expliquent par vous :
Vous prêtez votre bouche, et n'êtes pas capable
De donner à ma gloire un conseil qui l'accable.
MARTIAN.
Mais ses rivaux ont-ils plus de mérite?
PULCHÉRIE.
Non :
Mais ils ont plus d'emploi, plus de rang, plus de nom;
Et, si de ce grand choix ma flamme est la maîtresse,
Je commence à régner par un trait de foiblesse.
MARTIAN.
Et tenez-vous fort sûr qu'une légèreté
Donnera plus d'éclat à votre dignité?
Pardonnez-moi ce mot, s'il a trop de franchise;
Le peuple aura peut-être une âme moins soumise :
Il aime à censurer ceux qui lui font la loi,
Et vous reprochera jusqu'au manque de foi.
PULCHÉRIE.
Je vous ai déjà dit ce qui m'en justifie :
Je suis impératrice, et j'étois Pulchérie.
J'ose vous dire plus : Léon a des jaloux,
Qui n'en font pas, seigneur, même estime que nous.
Pour surprenant que soit l'essai de son courage,
Les vertus d'empereur ne sont point de son âge :
Il est jeune, et chez eux c'est un si grand défaut,
Que ce mot prononcé détruit tout ce qu'il vaut.
Si donc j'en fais le choix, je paroîtrai le faire
Pour régner sous son nom ainsi que sous mon frère :
Vous-même, qu'ils ont vu sous lui dans un emploi
Où vos conseils régnoient autant et plus que moi,

ACTE III, SCÈNE I.

Ne donnerez-vous point quelque lieu de vous dire
Que vous n'aurez voulu qu'un fantôme à l'empire,
Et que dans un tel choix vous vous serez flatté
De garder en vos mains toute l'autorité?

MARTIAN.

Ce n'est pas mon dessein, madame; et s'il faut dire
Sur le choix de Léon ce que le ciel m'inspire,
Dès cet heureux moment qu'il sera votre époux,
J'abandonne Byzance et prends congé de vous,
Pour aller, dans le calme et dans la solitude,
De la mort qui m'attend faire l'heureuse étude.
Voilà comme j'aspire à gouverner l'État.
Vous m'avez commandé d'assembler le sénat;
J'y vais, madame.

PULCHÉRIE.

Quoi! Martian m'abandonne
Quand il faut sur ma tête affermir la couronne!
Lui, de qui le grand cœur, la prudence, la foi.....

MARTIAN.

Tout le prix que j'en veux, c'est de mourir à moi.

SCÈNE II. — PULCHÉRIE, JUSTINE.

PULCHÉRIE.

Que me dit-il, Justine, et de quelle retraite
Ose-t-il menacer l'hymen qu'il me souhaite?
De Léon près de moi ne se fait-il l'appui
Que pour mieux dédaigner de me servir sous lui?
Le hait-il? le craint-il? et par quelle autre cause....

JUSTINE.

Qui que vous épousiez, il voudra même chose.

PULCHÉRIE.

S'il étoit dans un âge à prétendre ma foi,
Comme il seroit de tous le plus digne de moi,
Ce qu'il donne à penser auroit quelque apparence :
Mais les ans l'ont dû mettre en entière assurance.

JUSTINE.

Que savons-nous, madame? est-il dessous les cieux
Un cœur impénétrable au pouvoir de vos yeux?
Ce qu'ils ont d'habitude à faire des conquêtes
Trouve à prendre vos fers les âmes toujours prêtes;
L'âge n'en met aucune à couvert de leurs traits :
Non que sur Martian j'en sache les effets,
Il m'a dit comme à vous que ce grand hyménée
L'enverra loin d'ici finir sa destinée;
Et si j'ose former quelque soupçon confus,
Je parle en général, et ne sais rien de plus.

Mais pour votre Léon, êtes-vous résolue
A le perdre aujourd'hui de puissance absolue?
Car ne l'épouser pas, c'est le perdre en effet.
PULCHÉRIE.
Pour te montrer la gêne où son nom seul me met,
Souffre que je t'explique en faveur de sa flamme
La tendresse du cœur après la grandeur d'âme.
Léon seul est ma joie, il est mon seul désir;
Je n'en puis choisir d'autre, et n'ose le choisir :
Depuis trois ans unie à cette chère idée,
J'en ai l'âme à toute heure, en tous lieux, obsédée;
Rien n'en détachera mon cœur que le trépas,
Encore après ma mort n'en répondrois-je pas;
Et si dans le tombeau le ciel permet qu'on aime,
Dans le fond du tombeau je l'aimerai de même.
Trône qui m'éblouis, titres qui me flattez,
Pourrez-vous me valoir ce que vous me coûtez?
Et de tout votre orgueil la pompe la plus haute
A-t-elle un bien égal à celui qu'elle m'ôte?
JUSTINE.
Et vous pouvez penser à prendre un autre époux?
PULCHÉRIE.
Ce n'est pas, tu le sais, à quoi je me résous.
Si ma gloire à Léon me défend de me rendre,
De tout autre que lui l'amour sait me défendre.
Qu'il est fort cet amour! sauve-m'en, si tu peux;
Vois Léon, parle-lui, dérobe-moi ses vœux;
M'en faire un prompt larcin, c'est me rendre un service
Qui saura m'arracher des bords du précipice :
Je le crains, je me crains, s'il n'engage sa foi,
Et je suis trop à lui tant qu'il est tout à moi.
Sens-tu d'un tel effort ton amitié capable?
Ce héros n'a-t-il rien qui te paroisse aimable?
Au pouvoir de tes yeux j'unirai mon pouvoir :
Parle, que résous-tu de faire?
JUSTINE.
     Mon devoir.
Je sors d'un sang, madame, à me rendre assez vaine
Pour attendre un époux d'une main souveraine;
Et n'ayant point d'amour que pour la liberté,
S'il la faut immoler à votre sûreté,
J'oserai.... Mais voici ce cher Léon, madame;
Voulez-vous....
PULCHÉRIE.
   Laisse-moi consulter mieux mon âme;
Je ne sais pas encor trop bien ce que je veux :
Attends un nouvel ordre, et suspends tous tes vœux.

SCÈNE III. — PULCHÉRIE, LÉON, JUSTINE.

PULCHÉRIE.

Seigneur, qui vous ramène ? est-ce l'impatience
D'ajouter à mes maux ceux de votre présence,
De livrer tout mon cœur à de nouveaux combats;
Et souffré-je trop peu quand je ne vous vois pas?

LÉON.

Je viens savoir mon sort.

PULCHÉRIE.

N'en soyez point en doute;
Je vous aime et nous plains : c'est là me peindre toute,
C'est tout ce que je sens; et si votre amitié
Sentoit pour mes malheurs quelque trait de pitié,
Elle m'épargneroit cette fatale vue,
Qui me perd, m'assassine, et vous-même vous tue.

LÉON.

Vous m'aimez, dites-vous?

PULCHÉRIE.

Plus que jamais.

LÉON.

Hélas!
Je souffrirois bien moins si vous ne m'aimiez pas.
Pourquoi m'aimer encor seulement pour me plaindre?

PULCHÉRIE.

Comment cacher un feu que je ne puis éteindre?

LÉON.

Vous l'étouffez du moins sous l'orgueil scrupuleux
Qui fait seul tous les maux dont nous mourons tous deux
Ne vous en plaignez point, le vôtre est volontaire;
Vous n'avez que celui qu'il vous plaît de vous faire;
Et ce n'est pas pour être aux termes d'en mourir
Que d'en pouvoir guérir dès qu'on s'en veut guérir.

PULCHÉRIE.

Moi seule je me fais les maux dont je soupire!
A-ce été sous mon nom que j'ai brigué l'empire?
Ai-je employé mes soins, mes amis, que pour vous?
Ai-je cherché par là qu'à vous voir mon époux?
Quoi! votre déférence à mes efforts s'oppose!
Elle rompt mes projets, et seule j'en suis cause!
M'avoir fait obtenir plus qu'il ne m'étoit dû,
C'est ce qui m'a perdue, et qui vous a perdu.
Si vous m'aimiez, seigneur, vous me deviez mieux croire,
Ne pas intéresser mon devoir et ma gloire;
Ce sont deux ennemis que vous nous avez faits,
Et que tout notre amour n'apaisera jamais.
  Vous m'accablez en vain de soupirs, de tendresse;
En vain mon triste cœur en vos maux s'intéresse,

Et vous rend, en faveur de nos communs désirs,
Tendresse pour tendresse, et soupirs pour soupirs :
Lorsqu'à des feux si beaux je rends cette justice,
C'est l'amante qui parle; oyez l'impératrice.
　　Ce titre est votre ouvrage, et vous me l'avez dit :
D'un service si grand votre espoir s'applaudit,
Et s'est fait en aveugle un obstacle invincible,
Quand il a cru se faire un succès infaillible.
Appuyé de mes soins, assuré de mon cœur,
Il falloit m'apporter la main d'un empereur,
M'élever jusqu'à vous en heureuse sujette;
Ma joie étoit entière, et ma gloire parfaite :
Mais puis-je avec ce nom même chose pour vous?
Il faut nommer un maître, et choisir un époux:
C'est la loi qu'on m'impose, ou plutôt c'est la peine
Qu'on attache aux douceurs de me voir souveraine.
Je sais que le sénat, d'une commune voix,
Me laisse avec respect la liberté du choix;
Mais il attend de moi celui du plus grand homme
Qui respire aujourd'hui dans l'une et l'autre Rome :
Vous l'êtes, j'en suis sûre, et toutefois, hélas!
Un jour on le croira, mais....

　　　　　　　　LÉON.
　　　　　　　　　　On ne le croit pas,
Madame : il faut encor du temps et des services;
Il y faut du destin quelques heureux caprices,
Et que la renommée, instruite en ma faveur,
Séduisant l'univers, impose à ce grand cœur.
Cependant admirez comme un amant se flatte :
J'avois cru votre gloire un peu moins délicate;
J'avois cru mieux répondre à ce que je vous doi
En tenant tout de vous, qu'en vous l'offrant en moi;
Et qu'auprès d'un objet que l'amour sollicite,
Ce même amour pour moi tiendroit lieu de mérite.

　　　　　　　　PULCHÉRIE.
Oui; mais le tiendra-t-il auprès de l'univers,
Qui sur un si grand choix tient tous ses yeux ouverts?
Peut-être le sénat n'ose encor vous élire,
Et, si je m'y hasarde, osera m'en dédire;
Peut-être qu'il s'apprête à faire ailleurs sa cour
Du honteux désaveu qu'il garde à notre amour :
Car, ne nous flattons point, ma gloire inexorable
Me doit au plus illustre, et non au plus aimable;
Et plus ce rang m'élève, et plus sa dignité
M'en fait avec hauteur une nécessité.

　　　　　　　　LÉON.
Rabattez ces hauteurs où tout le cœur s'oppose,

ACTE III, SCÈNE III.

Madame, et pour tous deux hasardez quelque chose :
Tant d'orgueil et d'amour ne s'accordent pas bien ;
Et c'est ne point aimer que ne hasarder rien.

PULCHÉRIE.

S'il n'y faut que mon sang, je veux bien vous en croire :
Mais c'est trop hasarder qu'y hasarder ma gloire ;
Et plus je ferme l'œil aux périls que j'y cours,
Plus je vois que c'est trop qu'y hasarder vos jours.
Ah ! si la voix publique enfloit votre espérance
Jusqu'à me demander pour vous la préférence,
Si des noms que la gloire à l'envi me produit
Le plus cher à mon cœur faisoit le plus de bruit,
Qu'aisément à ce bruit on me verroit souscrire,
Et remettre en vos mains ma personne et l'empire !
Mais l'empire vous fait trop d'illustres jaloux :
Dans le fond de ce cœur je vous préfère à tous ;
Vous passez les plus grands, mais ils sont plus en vue.
Vos vertus n'ont point eu toute leur étendue ;
Et le monde, ébloui par des noms trop fameux,
N'ose espérer de vous ce qu'il présume d'eux.
Vous aimez, vous plaisez ; c'est tout auprès des femmes ;
C'est par là qu'on surprend, qu'on enlève leurs âmes :
Mais, pour remplir un trône et s'y faire estimer,
Ce n'est pas tout, seigneur, que de plaire et d'aimer.
La plus ferme couronne est bientôt ébranlée
Quand un effort d'amour semble l'avoir volée ;
Et, pour garder un rang si cher à nos désirs,
Il faut un plus grand art que celui des soupirs.
Ne vous abaissez pas à la honte des larmes ;
Contre un devoir si fort ce sont de foibles armes ;
Et, si de tels secours vous couronnoient ailleurs,
J'aurois pitié d'un sceptre acheté par des pleurs.

LÉON.

Et madame, aviez-vous de si fières pensées
Quand vos bontés pour moi se sont intéressées ?
Me disiez-vous alors que le gouvernement
Demandoit un autre art que celui d'un amant ?
Si le sénat eût joint ses suffrages aux vôtres,
J'en aurois paru digne autant ou plus qu'un autre :
Le grand art de régner eût suivi tant de voix ;
Et vous-même....

PULCHÉRIE.

Oui, seigneur, j'aurois suivi ce choix,
Parce que le sénat, jaloux de son suffrage,
Contre tout l'univers maintiendroit son ouvrage.
Nul contre vous et moi s'osera révolter,
Qui contre un si grand corps craindroit de s'emporter,

Et, méprisant en moi ce que l'amour m'inspire,
Respecteroit en lui le démon de l'empire.
LÉON.
Mais l'offre qu'il vous fait d'en croire tous vos vœux....
PULCHÉRIE.
N'est qu'un refus moins rude et plus respectueux.
LÉON.
Quelles illusions de gloire chimérique,
Quels farouches égards de dure politique,
Dans ce cœur tout à moi, mais qu'en vain j'ai charmé,
Me font le plus aimable et le moins estimé?
PULCHÉRIE.
Arrêtez : mon amour ne vient que de l'estime.
Je vous vois un grand cœur, une vertu sublime,
Une âme, une valeur dignes de mes aïeux;
Et si tout le sénat avoit les mêmes yeux....
LÉON.
Laissons là le sénat, et m'apprenez, de grâce,
Madame, à quel heureux je dois quitter la place,
Qui je dois imiter pour obtenir un jour
D'un orgueil souverain le prix d'un juste amour.
PULCHÉRIE.
J'aurai peine à choisir; choisissez-le vous-même
Cet heureux, et nommez qui vous voulez que j'aime;
Mais vous souffrez assez, sans devenir jaloux.
J'aime; et, si ce grand choix ne peut tomber sur vous,
Aucun autre du moins, quelque ordre qu'on m'en donne,
Ne se verra jamais maître de ma personne :
Je le jure en vos mains, et j'y laisse mon cœur.
N'attendez rien de plus, à moins d'être empereur;
Mais j'entends empereur comme vous devez l'être,
Par le choix d'un sénat qui vous prenne pour maître;
Qui d'un État si grand vous fasse le soutien,
Et d'un commun suffrage autorise le mien.
Je le fais rassembler exprès pour vous élire,
Ou me laisser moi seule à gouverner l'empire,
Et ne plus m'asservir à ce dangereux choix,
S'il ne me veut pour vous donner toutes ses voix.
Adieu, seigneur, je crains de n'être plus maîtresse
De ce que vos regards m'inspirent de foiblesse,
Et que ma peine, égale à votre déplaisir,
Ne coûte à mon amour quelque indigne soupir.

SCÈNE IV. — LÉON, JUSTINE.
LÉON.
C'est trop de retenue, il est temps que j'éclate
Je ne l'ai point nommée ambitieuse, ingrate;

Mais le sujet enfin va céder à l'amant,
Et l'excès du respect au juste emportement.
Dites-le-moi, madame; a-t-on vu perfidie
Plus noire au fond de l'âme, au dehors plus hardie?
A-t-on vu plus d'étude attacher la raison
A l'indigne secours de tant de trahison?
Loin d'en baisser les yeux, l'orgueilleuse en fait gloire;
Elle nous l'ose peindre en illustre victoire.
L'honneur et le devoir eux seuls la font agir!
Et, m'étant plus fidèle, elle auroit à rougir!
                    JUSTINE.
La gêne qu'elle en souffre égale bien la vôtre :
Pour vous, elle renonce à choisir aucun autre;
Elle-même en vos mains en a fait le serment.
                    LÉON.
Illusion nouvelle, et pur amusement!
Il n'est, madame, il n'est que trop de conjonctures
Où les nouveaux sermens sont de nouveaux parjures.
Qui sait l'art de régner les rompt avec éclat,
Et ne manque jamais de cent raisons d'État.
                    JUSTINE.
Mais si vous la piquiez d'un peu de jalousie,
Seigneur, si vous brouilliez par là sa fantaisie,
Son amour mal éteint pourroit vous rappeler,
Et sa gloire auroit peine à vous laisser aller.
                    LÉON.
Me soupçonneriez-vous d'avoir l'âme assez basse
Pour employer la feinte à tromper ma disgrâce?
Je suis jeune, et j'en fais trop mal ici ma cour
Pour joindre à ce défaut un faux éclat d'amour.
                    JUSTINE.
L'agréable défaut, seigneur, que la jeunesse!
Et que de vos jaloux l'importune sagesse,
Toute fière qu'elle est, le voudroit racheter
De tout ce qu'elle croit et croira mériter!
Mais, si feindre en amour à vos yeux est un crime,
Portez sans feinte ailleurs votre plus tendre estime;
Punissez tant d'orgueil par de justes dédains,
Et mettez votre cœur en de plus sûres mains.
                    LÉON.
Vous voyez qu'à son rang elle me sacrifie,
Madame, et vous voulez que je la justifie!
Qu'après tous les mépris qu'elle montre pour moi,
Je lui prête un exemple à me voler sa foi!
                    JUSTINE.
Aimez, à cela près, et, sans vous mettre en peine
Si c'est justifier ou punir l'inhumaine,

Songez que, si vos vœux en étoient mal reçus,
On pourroit avec joie accepter ses refus.
L'honneur qu'on se feroit à vous détacher d'elle
Rendroit cette conquête et plus noble et plus belle.
Plus il faut de mérite à vous rendre inconstant,
Plus en auroit de gloire un cœur qui vous attend;
Car peut-être en est-il que la princesse même
Condamne à vous aimer dès que vous direz : « J'aime. »
Adieu; c'en est assez pour la première fois.
LÉON.
O ciel, délivre-moi du trouble où tu me vois!

ACTE QUATRIÈME.

SCÈNE I. — JUSTINE, IRÈNE.

JUSTINE.
Non, votre cher Aspar n'aime point la princesse;
Ce n'est que pour le rang que tout son cœur s'empresse;
Et, si l'on eût choisi mon père pour César,
J'aurois déjà les vœux de cet illustre Aspar.
Il s'en est expliqué tantôt en ma présence;
Et tout ce que pour elle il a de complaisance,
Tout ce qu'il lui veut faire ou craindre ou dédaigner,
Ne doit être imputé qu'à l'ardeur de régner.
Pulchérie a des yeux qui percent le mystère,
Et le croit plus rival qu'ami de ce cher frère;
Mais, comme elle balance, elle écoute aisément
Tout ce qui peut d'abord flatter son sentiment.
Voilà ce que j'en sais.
IRÈNE.
Je ne suis point surprise
De tout ce que d'Aspar m'apprend votre franchise.
Vous ne m'en dites rien que ce que j'en ai dit
Lorsqu'à Léon tantôt j'ai dépeint son esprit;
Et j'en ai pénétré l'ambition secrète
Jusques à pressentir l'offre qu'il vous a faite.
Puisque en vain je m'attache à qui ne m'aime pas,
Il faut avec honneur franchir ce mauvais pas;
Il faut, à son exemple, avoir ma politique,
Trouver à ma disgrâce une face héroïque,
Donner à ce divorce une illustre couleur,
Et, sous de beaux dehors, dévorer ma douleur.
Dites-moi cependant, que deviendra mon frère?
D'un si parfait amour que faut-il qu'il espère?

JUSTINE.

On l'aime, et fortement, et bien plus qu'on ne veut;
Mais, pour s'en détacher, on fait tout ce qu'on peut.
Faut-il vous dire tout? On m'a commandé même
D'essayer contre lui l'art et le stratagème.
On me devra beaucoup si je puis l'ébranler,
On me donne son cœur, si je le puis voler;
Et déjà, pour essai de mon obéissance,
J'ai porté quelque attaque, et fait un peu d'avance.
Vous pouvez bien juger comme il a rebuté,
Fidèle amant qu'il est, cette importunité;
Mais, pour peu qu'il vous plût appuyer l'artifice,
Cet appui tiendroit lieu d'un signalé service.

IRÈNE.

Ce n'est point un service à prétendre de moi,
Que de porter mon frère à garder mal sa foi;
Et, quand à vous aimer j'aurois su le réduire,
Quel fruit son changement pourroit-il lui produire?
Vous qui ne l'aimez point, pourriez-vous l'accepter?

JUSTINE.

Léon ne sauroit être un homme à rejeter;
Et l'on voit si souvent, après la foi donnée,
Naître un parfait amour d'un pareil hyménée,
Que, si de son côté j'y voyois quelque jour,
J'espérerois bientôt de l'aimer à mon tour.

IRÈNE.

C'est trop et trop peu dire. Est-il encore à naître,
Cet amour? Est-il né?

JUSTINE.

    Cela pourroit bien être.
Ne l'examinons point avant qu'il en soit temps;
L'occasion viendra peut-être, et je l'attends.

IRÈNE.

Et vous servez Léon auprès de la princesse?

JUSTINE.

Avec sincérité pour lui je m'intéresse.
Et, si j'en étois crue, il auroit le bonheur
D'en obtenir la main, comme il en a le cœur.
J'obéis cependant aux ordres qu'on me donne,
Et souffrirois ses vœux, s'il perdoit la couronne.
Mais la princesse vient.

SCÈNE II. — PULCHÉRIE, IRÈNE, JUSTINE.

PULCHÉRIE.

    Que fait ce malheureux,
Irène?

IRÈNE.
Ce qu'on fait dans un sort rigoureux :
Il soupire, il se plaint.
PULCHÉRIE.
De moi?
IRÈNE.
De sa fortune.
PULCHÉRIE.
Est-il bien convaincu qu'elle nous est commune,
Qu'ainsi que lui du sort j'accuse la rigueur?
IRÈNE.
Je ne pénètre point jusqu'au fond de son cœur;
Mais je sais qu'au dehors sa douleur vous respecte :
Elle se tait de vous.
PULCHÉRIE.
Ah! qu'elle m'est suspecte!
Un modeste reproche à ses maux siéroit bien;
C'est me trop accuser que de n'en dire rien.
M'auroit-il oubliée, et déjà dans son âme
Effacé tous les traits d'une si belle flamme?
IRÈNE.
C'est par là qu'il devroit soulager ses ennuis,
Madame; et de ma part j'y fais ce que je puis.
PULCHÉRIE.
Ah! ma flamme n'est pas à tel point affoiblie,
Que je puisse endurer, Irène, qu'il m'oublie.
Fais-lui, fais-lui plutôt soulager son ennui
A croire que je souffre autant et plus que lui.
C'est une vérité que j'ai besoin qu'il croie
Pour mêler à mes maux quelque inutile joie,
Si l'on peut nommer joie une triste douceur
Qu'un digne amour conserve en dépit du malheur.
L'âme qui l'a sentie en est toujours charmée,
Et, même en n'aimant plus, il est doux d'être aimée
JUSTINE.
Vous souvient-il encor de me l'avoir donné,
Madame? et ce doux soin dont votre esprit gêné....
PULCHÉRIE.
Souffre un reste d'amour qui me trouble et m'accable.
Je ne t'en ai point fait un don irrévocable :
Mais, je te le redis, dérobe-moi ses vœux;
Séduis, enlève-moi son cœur, si tu le peux.
J'ai trop mis à l'écart celui d'impératrice;
Reprenons avec lui ma gloire et mon supplice :
C'en est un, et bien rude, à moins que le sénat
Mette d'accord ma flamme et le bien de l'État.

IRÈNE.
N'est-ce point avilir votre pouvoir suprême
Que mendier ailleurs ce qu'il peut de lui-même?

PULCHÉRIE.
Irène, il te faudroit les mêmes yeux qu'à moi
Pour voir la moindre part de ce que je prévoi.
Épargne à mon amour la douleur de te dire
A quels troubles ce choix hasarderoit l'empire :
Je l'ai déjà tant dit, que mon esprit lassé
N'en sauroit plus souffrir le portrait retracé.
Ton frère a l'âme grande, intrépide, sublime;
Mais d'un peu de jeunesse on lui fait un tel crime,
Que, si tant de vertus n'ont que moi pour appui,
En faire un empereur, c'est me perdre avec lui.

IRÈNE.
Quel ordre a pu du trône exclure la jeunesse?
Quel astre à nos beaux jours enchaîne la foiblesse?
Les vertus, et non l'âge, ont droit à ce haut rang;
Et, n'étoit le respect qu'imprime votre sang,
Je dirois que Léon vaudroit bien Théodose.

PULCHÉRIE.
Sans doute; et toutefois ce n'est pas même chose.
Foible qu'étoit ce prince à régir tant d'États,
Il avoit des appuis que ton frère n'a pas :
L'empire en sa personne étoit héréditaire;
Sa naissance le tint d'un aïeul et d'un père;
Il régna dès l'enfance, et régna sans jaloux,
Estimé d'assez peu, mais obéi de tous.
Léon peut succéder aux droits de la puissance,
Mais non pas au bonheur de cette obéissance :
Tant ce trône, où l'amour par ma main l'auroit mis,
Dans mes premiers sujets lui feroit d'ennemis!
Tout ce qu'ont vu d'illustre et la paix et la guerre
Aspire à ce grand nom de maître de la terre;
Tous regardent l'empire ainsi qu'un bien commun
Que chacun veut pour soi tant qu'il n'est à pas un.
Pleins de leur renommée, enflés de leurs services,
Combien ce choix pour eux aura-t-il d'injustices,
Si ma flamme obstinée et ses odieux soins
L'arrêtent sur celui qu'ils estiment le moins!
Léon est d'un mérite à devenir leur maître;
Mais, comme c'est l'amour qui m'aide à le connoître,
Tout ce qui contre nous s'osera mutiner
Dira que je suis seule à me l'imaginer.

IRÈNE.
C'est donc en vain pour lui qu'on prie et qu'on espère?

PULCHÉRIE.
Je l'aime, et sa personne à mes yeux est bien chère;
Mais, si le ciel pour lui n'inspire le sénat,
Je sacrifierai tout au bonheur de l'État.
IRÈNE.
Que pour vous imiter j'aurois l'âme ravie
D'immoler à l'État le bonheur de ma vie!
Madame, ou de Léon faites-nous un César,
Ou portez ce grand choix sur le fameux Aspar :
Je l'aime, et ferois gloire, en dépit de ma flamme,
De faire un maître à tous de celui de mon âme;
Et, pleurant pour le frère en ce grand changement,
Je m'en consolerois à voir régner l'amant.
De deux têtes qu'au monde on me voit les plus chères
Élevez l'une ou l'autre au trône de vos pères;
Daignez....
PULCHÉRIE.
Aspar seroit digne d'un tel honneur,
Si vous pouviez, Irène, un peu moins sur son cœur.
J'aurois trop à rougir, si, sous le nom de femme,
Je le faisois régner sans régner dans son âme;
Si j'en avois le titre, et vous tout le pouvoir,
Et qu'entre nous ma cour partageât son devoir.
IRÈNE.
Ne l'appréhendez pas; de quelque ardeur qu'il m'aime,
Il est plus à l'État, madame, qu'à lui-même.
PULCHÉRIE.
Je le crois comme vous, et que sa passion
Regarde plus l'État que vous, moi, ni Léon.
C'est vous entendre, Irène, et vous parler sans feindre :
Je vois ce qu'il projette, et ce qu'il en faut craindre.
L'aimez-vous?
IRÈNE.
Je l'aimai quand je crus qu'il m'aimoit;
Je voyois sur son front un air qui me charmoit :
Mais, depuis que le temps m'a fait mieux voir sa flamme,
J'ai presque éteint la mienne et dégagé mon âme.
PULCHÉRIE.
Achevez. Tel qu'il est, voulez-vous l'épouser?
IRÈNE.
Oui, madame, ou du moins le pouvoir refuser.
Après deux ans d'amour il y va de ma gloire :
L'affront seroit trop grand, et la tache trop noire,
Si, dans la conjoncture où l'on est aujourd'hui,
Il m'osoit regarder comme indigne de lui.
Ses desseins vont plus haut; et voyant qu'il vous aime,
Bien que peut-être moins que votre diadème,

Je n'ai vu rien en moi qui le pût retenir ;
Et je ne vous l'offrois que pour le prévenir.
C'est ainsi que j'ai cru me mettre en assurance
Par l'éclat généreux d'une fausse apparence :
Je vous cédois un bien que je ne puis garder,
Et qu'à vous seule enfin ma gloire peut céder.
PULCHÉRIE.
Reposez-vous sur moi. Votre Aspar vient.

SCÈNE III. — PULCHÉRIE, ASPAR, IRÈNE, JUSTINE.
ASPAR.
Madame,
Déjà sur vos desseins j'ai lu dans plus d'une âme,
Et crois de mon devoir de vous mieux avertir
De ce que sur tous deux on m'a fait pressentir.
J'espère pour Léon, et j'y fais mon possible ;
Mais j'en prévois, madame, un murmure infaillible,
Qui pourra se borner à quelque émotion,
Et peut aller plus loin que la sédition.
PULCHÉRIE.
Vous en savez l'auteur : parlez, qu'on le punisse ;
Que moi-même au sénat j'en demande justice.
ASPAR.
Peut-être est-ce quelqu'un que vous pourriez choisir,
S'il vous falloit ailleurs tourner votre désir,
Et dont le choix illustre à tel point sauroit plaire,
Que nous n'aurions à craindre aucun parti contraire.
Comme, à vous le nommer, ce seroit fait de lui,
Ce seroit à l'empire ôter un ferme appui,
Et livrer un grand cœur à sa perte certaine,
Quand il n'est pas encor digne de votre haine.
PULCHÉRIE.
On me fait mal sa cour avec de tels avis,
Qui, sans nommer personne, en nomment plus de dix.
Je hais l'empressement de ces devoirs sincères,
Qui ne jette en l'esprit que de vagues chimères,
Et, ne me présentant qu'un obscur avenir,
Me donne tout à craindre, et rien à prévenir.
ASPAR.
Le besoin de l'État est souvent un mystère
Dont la moitié se dit, et l'autre est bonne à taire.
PULCHÉRIE.
Il n'est souvent aussi qu'un pur fantôme en l'air
Que de secrets ressorts font agir et parler,
Et s'arrête où le fixe une âme prévenue,
Qui, pour ses intérêts, le forme et le remue.

Des besoins de l'Etat si vous êtes jaloux,
Fiez-vous-en à moi, qui les vois mieux que vous.
Martian, comme vous, à vous parler sans feindre,
Dans le choix de Léon voit quelque chose à craindre :
Mais il m'apprend de qui je dois me défier ;
Et je puis, si je veux, me le sacrifier.

ASPAR.

Qui nomme-t-il, madame?

PULCHÉRIE.

Aspar, c'est un mystère
Dont la moitié se dit, et l'autre est bonne à taire.
Si l'on hait tant Léon, du moins réduisez-vous
A faire qu'on m'admette à régner sans époux.

ASPAR.

Je ne l'obtiendrois point, la chose est sans exemple.

PULCHÉRIE.

La matière au vrai zèle en est d'autant plus ample ;
Et vous en montrerez de plus rares effets
En obtenant pour moi ce qu'on n'obtint jamais.

ASPAR.

Oui ; mais qui voulez-vous que le sénat vous donne,
Madame, si Léon....

PULCHÉRIE.

Ou Léon, ou personne.
A l'un de ces deux points amenez les esprits.
Vous adorez Irène, Irène est votre prix ;
Je la laisse avec vous, afin que votre zèle
S'allume à ce beau feu que vous avez pour elle.
Justine, suivez-moi.

SCÈNE IV. — ASPAR, IRÈNE.

IRÈNE.

Ce prix qu'on vous promet
Sur votre âme, seigneur, doit faire peu d'effet.
La mienne, toute acquise à votre ardeur sincère,
Ne peut à ce grand cœur tenir lieu de salaire ;
Et l'amour à tel point vous rend maître du mien,
Que me donner à vous, c'est ne vous donner rien.

ASPAR.

Vous dites vrai, madame ; et du moins j'ose dire
Que me donner un cœur au-dessous de l'empire,
Un cœur qui me veut faire une honteuse loi,
C'est ne me donner rien qui soit digne de moi.

IRÈNE.

Indigne que je suis d'une foi si douteuse,
Vous fais-je quelque loi qui puisse être honteuse?

Et, si Léon devoit l'empire à votre appui,
Lui qui vous y feroit le premier après lui,
Auriez-vous à rougir de l'en avoir fait maître,
Seigneur, vous qui voyez que vous ne pouvez l'être?
Mettez-vous, j'y consens, au-dessus de l'amour,
Si, pour monter au trône, il s'offre quelque jour.
Qu'à ce glorieux titre un amant soit volage,
Je puis l'en estimer, l'en aimer davantage,
Et voir avec plaisir la belle ambition
Triompher d'une ardente et longue passion.
L'objet le plus charmant doit céder à l'empire.
Régnez; j'en dédirai mon cœur s'il en soupire.
Vous ne m'en croyez pas, seigneur; et toutefois
Vous régneriez bientôt si l'on suivoit ma voix.
Apprenez à quel point pour vous je m'intéresse.
Je viens de vous offrir moi-même à la princesse;
Et je sacrifiois mes plus chères ardeurs
A l'honneur de vous mettre au faîte des grandeurs.
Vous savez sa réponse : « Ou Léon, ou personne. »

ASPAR.

C'est agir en amante et généreuse et bonne :
Mais, sûre d'un refus qui doit rompre le coup,
La générosité ne coûte pas beaucoup.

IRÈNE.

Vous voyez les chagrins où cette offre m'expose,
Et ne me voulez pas devoir la moindre chose!
Ah! si j'osois, seigneur, vous appeler ingrat!

ASPAR.

L'offre sans doute est rare, et feroit grand éclat,
Si, pour mieux m'éblouir, vous aviez eu l'adresse
D'ébranler tant soit peu l'esprit de la princesse.
Elle est impératrice, et d'un seul : « Je le veux, »
Elle peut de Léon faire un monarque heureux :
Qu'a-t-il besoin de moi, lui qui peut tout sur elle?

IRÈNE.

N'insultez point, seigneur, une flamme si belle;
L'amour, las de gémir sous les raisons d'État,
Pourroit n'en croire pas tout à fait le sénat.

ASPAR.

L'amour n'a qu'à parler : le sénat, quoi qu'on pense,
N'aura que du respect et de la déférence;
Et de l'air dont la chose a déjà pris son cours,
Léon pourra se voir empereur pour trois jours.

IRÈNE.

Trois jours peuvent suffire à faire bien des choses :
La cour en moins de temps voit cent métamorphoses;
En moins de temps un prince, à qui tout est permis,

Peut rendre ce qu'il doit aux vrais et faux amis.
ASPAR.
L'amour qui parle ainsi ne paroît pas fort tendre.
Mais je vous aime assez pour ne vous pas entendre;
Et dirai toutefois, sans m'en embarrasser,
Qu'il est un peu bientôt pour vous de menacer.
IRÈNE.
Je ne menace point, seigneur; mais je vous aime
Plus que moi, plus encor que ce cher frère même.
L'amour tendre est timide, et craint pour son objet,
Dès qu'il lui voit former un dangereux projet.
ASPAR.
Vous m'aimez, je le crois; du moins cela peut être.
Mais de quelle façon le faites-vous connoître?
L'amour inspire-t-il ce rare empressement
De voir régner un frère aux dépens d'un amant?
IRÈNE.
Il m'inspire à regret la peur de votre perte.
Régnez, je vous l'ai dit, la porte en est ouverte.
Vous avez du mérite, et je manque d'appas;
Dédaignez, quittez-moi; mais ne vous perdez pas.
Pour le salut d'un frère ai-je si peu d'alarmes,
Qu'il y faille ajouter d'autres sujets de larmes?
C'est assez que pour vous j'ose en vain soupirer;
Ne me réduisez point, seigneur, à vous pleurer.
ASPAR.
Gardez, gardez vos pleurs pour ceux qui sont à plaindre:
Puisque vous m'aimez tant, je n'ai point lieu de craindre.
Quelque peine qu'on doive à ma témérité,
Votre main qui m'attend fera ma sûreté;
Et contre le courroux le plus inexorable
Elle me servira d'asile inviolable.
IRÈNE.
Vous la voudrez peut-être, et la voudrez trop tard.
Ne vous exposez point, seigneur, à ce hasard;
Je doute si j'aurois toujours même tendresse,
Et pourrois de ma main n'être pas la maîtresse.
Je vous parle sans feindre, et ne sais point railler
Lorsqu'au salut commun il nous faut travailler.
ASPAR.
Et je veux bien aussi vous répondre sans feindre.
J'ai pour vous un amour à ne jamais s'éteindre,
Madame; et, dans l'orgueil que vous-même approuvez,
L'amitié de Léon a ses droits conservés :
Mais ni cette amitié, ni cet amour si tendre,
Quelques soins, quelque effort qu'il vous en plaise attendre,
Ne me verront jamais l'esprit persuadé

Que je doive obéir à qui j'ai commandé,
A qui, si j'en puis croire un cœur qui vous adore,
J'aurai droit, et longtemps, de commander encore.
Ma gloire, qui s'oppose à cet abaissement,
Trouve en tous mes égaux le même sentiment.
Ils ont fait la princesse arbitre de l'empire :
Qu'elle épouse Léon, tous sont prêts d'y souscrire;
Mais je ne réponds pas d'un long respect en tous
A moins qu'il associe aussitôt l'un de nous.
La chose est peu nouvelle, et je ne vous propose
Que ce que l'on a fait pour le grand Théodose.
C'est par là que l'empire est tombé dans ce sang
Si fier de sa naissance et si jaloux du rang.
Songez sur cet exemple à vous rendre justice,
A me faire empereur pour être impératrice :
Vous avez du pouvoir, madame; usez-en bien,
Et pour votre intérêt attachez-vous au mien.

IRÈNE.

Léon dispose-t-il du cœur de la princesse?
C'est un cœur fier et grand; le partage la blesse;
Elle veut tout ou rien; et dans ce haut pouvoir
Elle éteindra l'amour plutôt que d'en déchoir.
Près d'elle avec le temps nous pourrons davantage :
Ne pressons point, seigneur, un si juste partage.

ASPAR.

Vous le voudrez peut-être, et le voudrez trop tard;
Ne laissez point longtemps nos destins au hasard.
J'attends de votre amour cette preuve nouvelle.
Adieu, madame.

IRÈNE.

    Adieu. L'ambition est belle;
Mais vous n'êtes, seigneur, avec ce sentiment,
Ni véritable ami, ni véritable amant.

ACTE CINQUIÈME.

SCÈNE I. — PULCHÉRIE, JUSTINE.

PULCHÉRIE.

Justine, plus j'y pense, et plus je m'inquiète :
Je crains de n'avoir plus une amour si parfaite,
Et que, si de Léon on me fait un époux,
Un bien si désiré ne me soit plus si doux.
Je ne sais si le rang m'auroit fait changer d'âme;
Mais je tremble à penser que je serois sa femme.

Et qu'on n'épouse point l'amant le plus chéri
Qu'on ne se fasse un maître aussitôt qu'un mari.
J'aimerois à régner avec l'indépendance
Que des vrais souverains s'assure la prudence;
Je voudrois que le ciel inspirât au sénat
De me laisser moi seule à gouverner l'État,
De m'épargner ce maître, et vois d'un œil d'envie
Toujours Sémiramis, et toujours Zénobie.
On triompha de l'une : et pour Sémiramis,
Elle usurpa le nom et l'habit de son fils ;
Et, sous l'obscurité d'une longue tutelle,
Cet habit et ce nom régnoient tous deux plus qu'elle.
Mais mon cœur de leur sort n'en est pas moins jaloux ;
C'étoit régner enfin, et régner sans époux.
Le triomphe n'en fait qu'affermir la mémoire ;
Et le déguisement n'en détruit point la gloire.

JUSTINE.

Que les choses bientôt prendroient un autre tour
Si le sénat prenoit le parti de l'amour!
Que bientôt.... Mais je vois Aspar avec mon père.

PULCHÉRIE.

Sachons d'eux quel destin le ciel vient de me faire.

SCÈNE II. — PULCHÉRIE, MARTIAN, ASPAR, JUSTINE.

MARTIAN.

Madame, le sénat nous députe tous deux
Pour vous jurer encor qu'il suivra tous vos vœux.
Après qu'entre vos mains il a remis l'empire,
C'est faire un attentat que de vous rien prescrire;
Et son respect vous prie une seconde fois
De lui donner vous seule un maître à votre choix.

PULCHÉRIE.

Il pouvoit le choisir.

MARTIAN.

Il s'en défend l'audace,
Madame; et sur ce point il vous demande grâce.

PULCHÉRIE.

Pourquoi donc m'en fait-il une nécessité ?

MARTIAN.

Pour donner plus de force à votre autorité.

PULCHÉRIE.

Son zèle est grand pour elle : il faut le satisfaire,
Et lui mieux obéir qu'il n'a daigné me plaire.
  Sexe, ton sort en moi ne peut se démentir :
Pour être souveraine il faut m'assujettir,
En montant sur le trône entrer dans l'esclavage.

Et recevoir des lois de qui me rend hommage.
Allez, dans quelques jours je vous ferai savoir
Le choix que par son ordre aura fait mon devoir.

ASPAR.

Il tiendroit à faveur et bien haute et bien rare
De le savoir, madame, avant qu'il se sépare.

PULCHÉRIE.

Quoi! pas un seul moment pour en délibérer!
Mais je ferois un crime à le plus différer;
Il vaut mieux, pour essai de ma toute-puissance,
Montrer un digne effet de pleine obéissance.
Retirez-vous, Aspar; vous aurez votre tour.

SCÈNE III. — PULCHÉRIE, MARTIAN, JUSTINE

PULCHÉRIE.

On m'a dit que pour moi vous aviez de l'amour,
Seigneur; seroit-il vrai?

MARTIAN.

Qui vous l'a dit, madame?

PULCHÉRIE.

Vos services, mes yeux, le trouble de votre âme,
L'exil que mon hymen vous devoit imposer;
Sont-ce là des témoins, seigneur, à récuser?

MARTIAN.

C'est donc à moi, madame, à confesser mon crime.
L'amour naît aisément du zèle et de l'estime;
Et l'assiduité près d'un charmant objet
N'attend point notre aveu pour faire son effet.
Il m'est honteux d'aimer; il vous l'est d'être aimée
D'un homme dont la vie est déjà consumée,
Qui ne vit qu'à regret depuis qu'il a pu voir
Jusqu'où ses yeux charmés ont trahi son devoir.
Mon cœur, qu'un si long âge en mettoit hors d'alarmes,
S'est vu livré par eux à ces dangereux charmes.
En vain, madame, en vain je m'en suis défendu;
En vain j'ai su me taire après m'être rendu :
On m'a forcé d'aimer, on me force à le dire.
Depuis plus de dix ans je languis, je soupire,
Sans que, de tout l'excès d'un si long déplaisir,
Vous ayez pu surprendre une larme, un soupir :
Mais enfin la langueur qu'on voit sur mon visage
Est encor plus l'effet de l'amour que de l'âge.
Il faut faire un heureux, le jour n'en est pas loin :
Pardonnez à l'horreur d'en être le témoin,
Si mes maux, et ce feu digne de votre haine,
Cherchent dans un exil leur remède, et sa peine.

Adieu. Vivez heureuse : et si tant de jaloux....
PULCHÉRIE.
Ne partez pas, seigneur, je les tromperai tous;
Et, puisque de ce choix aucun ne me dispense,
Il est fait, et de tel à qui pas un ne pense.
MARTIAN.
Quel qu'il soit, il sera l'arrêt de mon trépas,
Madame.
PULCHÉRIE.
Encore un coup, ne vous éloignez pas.
Seigneur, jusques ici vous m'avez bien servie;
Vos lumières ont fait tout l'éclat de ma vie;
La vôtre s'est usée à me favoriser :
Il faut encor plus faire, il faut....
MARTIAN.
Quoi?
PULCHÉRIE.
M'épouser.
MARTIAN.
Moi, madame?
PULCHÉRIE.
Oui, seigneur; c'est le plus grand service
Que vos soins puissent rendre à votre impératrice.
Non qu'en m'offrant à vous je réponde à vos feux
Jusques à souhaiter des fils et des neveux :
Mon aïeul, dont partout les hauts faits retentissent,
Voudra bien qu'avec moi ses descendans finissent,
Que j'en sois la dernière, et ferme dignement
D'un si grand empereur l'auguste monument.
Qu'on ne prétende plus que ma gloire s'expose
A laisser des Césars du sang de Théodose.
Qu'ai-je affaire de race à me déshonorer,
Moi qui n'ai que trop vu ce sang dégénérer,
Et que, s'il est fécond en illustres princesses,
Dans les princes qu'il forme il n'a que des foiblesses?
Ce n'est pas que Léon, choisi pour souverain,
Pour me rendre à mon rang n'eût obtenu ma main;
Mon amour, à ce prix, se fût rendu justice :
Mais, puisqu'on m'a sans lui nommée impératrice,
Je dois à ce haut rang d'assez nobles projets
Pour n'admettre en mon lit aucun de mes sujets.
Je ne veux plus d'époux, mais il m'en faut une ombre,
Qui des Césars pour moi puisse grossir le nombre;
Un mari qui, content d'être au-dessus des rois,
Me donne ses clartés, et dispense mes lois;
Qui, n'étant en effet que mon premier ministre,
Pare ce que sous moi l'on craindroit de sinistre,
Et, pour tenir en bride un peuple sans raison,

Paroisse mon époux, et n'en ait que le nom.
　Vous m'entendez, seigneur, et c'est assez vous dire.
Prêtez-moi votre main, je vous donne l'empire :
Éblouissons le peuple, et vivons entre nous
Comme s'il n'étoit point d'épouse ni d'époux.
Si ce n'est posséder l'objet de votre flamme,
C'est vous rendre du moins le maître de son âme,
L'ôter à vos rivaux, vous mettre au-dessus d'eux,
Et de tous mes amans vous voir le plus heureux.

MARTIAN.

Madame....

PULCHÉRIE.

　　　　A vos hauts faits je dois ce grand salaire;
Et j'acquitte envers vous et l'État et mon frère.

MARTIAN.

Auroit-on jamais cru, madame?....

PULCHÉRIE.

　　　　　　　　　　Allez, seigneur,
Allez en plein sénat faire voir l'empereur.
Il demeure assemblé pour recevoir son maître :
Allez-y de ma part vous faire reconnoître;
Ou, si votre souhait ne répond pas au mien,
Faites grâce à mon sexe, et ne m'en dites rien.

MARTIAN.

Souffrez qu'à vos genoux, madame....

PULCHÉRIE.

　　　　　　　　　　Allez, vous dis-je :
Je m'oblige encor plus que je ne vous oblige;
Et mon cœur, qui vous vient d'ouvrir ses sentimens,
N'en veut ni de refus ni de remercîmens.
Faites rentrer Aspar.

SCÈNE IV. — PULCHÉRIE, ASPAR, JUSTINE

PULCHÉRIE.

　　　　Que faites-vous d'Irène?
Quand l'épouserez-vous? Ce mot vous fait-il peine?
Vous ne répondez point?

ASPAR.

　　　　　　　　Non, madame, et je doi
Ce respect aux bontés que vous avez pour moi.
Qui se tait obéit.

PULCHÉRIE.

　　　　　J'aime assez qu'on s'explique.
Les silences de cour ont de la politique.
Sitôt que nous parlons, qui consent applaudit,
Et c'est en se taisant que l'on nous contredit.
Le temps m'éclaircira de ce que je soupçonne.

Cependant j'ai fait choix de l'époux qu'on m'ordonne.
Léon vous faisoit peine, et j'ai dompté l'amour
Pour vous donner un maître admiré dans la cour,
Adoré dans l'armée, et que de cet empire
Les plus fermes soutiens feroient gloire d'élire :
C'est Martian.
ASPAR.
    Tout vieil et tout cassé qu'il est !
PULCHÉRIE.
Tout vieil et tout cassé je l'épouse; il me plaît.
J'ai mes raisons. Au reste, il a besoin d'un gendre
Qui partage avec lui les soins qu'il lui faut prendre,
Qui soutienne des ans penchés dans le tombeau,
Et qui porte sous lui la moitié du fardeau.
Qui jugeriez-vous propre à remplir cette place?
Une seconde fois vous paroissez de glace !
ASPAR.
Madame, Aréobinde et Procope tous deux
Ont engagé leur cœur et formé d'autres vœux :
Sans cela je dirois....
PULCHÉRIE.
    Et sans cela moi-même
J'élèverois Aspar à cet honneur suprême;
Mais, quand il seroit homme à pouvoir aisément
Renoncer aux douceurs de son attachement,
Justine n'auroit pas une âme assez hardie
Pour accepter un cœur norci de perfidie,
Et vous regarderoit comme un volage esprit
Toujours prêt à donner où la fortune rit.
N'en savez-vous aucun de qui l'ardeur fidèle....
ASPAR.
Madame, vos bontés choisiront mieux pour elle;
Comme pour Martian elles nous ont surpris,
Elles sauront encor surprendre nos esprits.
Je vous laisse en résoudre.
PULCHÉRIE.
    Allez; et pour Irène,
Si vous ne sentez rien en l'âme qui vous gêne,
Ne faites plus douter de vos longues amours,
Ou je dispose d'elle avant qu'il soit deux jours.

SCÈNE V. — PULCHÉRIE, JUSTINE.
PULCHÉRIE.
Ce n'est pas encor tout, Justine; je veux faire
Le malheureux Léon successeur de ton père.
Y contribueras-tu? prêteras-tu la main
Au glorieux succès d'un si noble dessein?

ACTE V, SCÈNE V.

JUSTINE.

Et la main et le cœur sont en votre puissance,
Madame; doutez-vous de mon obéissance,
Après que par votre ordre il m'a déjà coûté
Un conseil contre vous qui doit l'avoir flatté?

PULCHÉRIE.

Achevons; le voici. Je réponds de ton père;
Son cœur est trop à moi pour nous être contraire.

SCÈNE VI. — PULCHÉRIE, LÉON, JUSTINE.

LÉON.

Je me le disois bien que vos nouveaux sermens,
Madame, ne seroient que des amusemens.

PULCHÉRIE.

Vous commencez d'un air....

LÉON.

J'achèverai de même,
Ingrate! ce n'est plus ce Léon qui vous aime;
Non, ce n'est plus....

PULCHÉRIE.

Sachez....

LÉON.

Je ne veux rien savoir,
Et je n'apporte ici ni respect ni devoir.
L'impétueuse ardeur d'une rage inquiète
N'y vient que mériter la mort que je souhaite;
Et les emportemens de ma juste fureur
Ne m'y parlent de vous que pour m'en faire horreur.
Oui, comme Pulchérie et comme impératrice,
Vous n'avez eu pour moi que détour, qu'injustice :
Si vos fausses bontés ont su me décevoir,
Vos sermens m'ont réduit au dernier désespoir.

PULCHÉRIE.

Ah! Léon.

LÉON.

Par quel art que je ne puis comprendre
Forcez-vous d'un soupir ma fureur à se rendre?
Un coup d'œil en triomphe; et, dès que je vous voi,
Il ne me souvient plus de vos manques de foi.
Ma bouche se refuse à vous nommer parjure,
Ma douleur se défend jusqu'au moindre murmure;
Et l'affreux désespoir qui m'amène en ces lieux
Cède au plaisir secret d'y mourir à vos yeux.
J'y vais mourir, madame, et d'amour, non de rage;
De mon dernier soupir recevez l'humble hommage;
Et, si de votre rang la fierté le permet,
Recevez-le, de grâce, avec quelque regret.

Jamais fidèle ardeur n'approcha de ma flamme,
Jamais frivole espoir ne flatta mieux une âme;
Je ne méritois pas qu'il eût aucun effet,
Ni qu'un amour si pur se vît mieux satisfait.
Mais quand vous m'avez dit : « Quelque ordre qu'on me donne,
Nul autre ne sera maître de ma personne, »
J'ai dû me le promettre; et toutefois, hélas!
Vous passez dès demain, madame, en d'autres bras;
Et, dès ce même jour, vous perdez la mémoire
De ce que vos bontés me commandoient de croire!

PULCHÉRIE.
Non, je ne la perds pas, et sais ce que je doi.
Prenez des sentimens qui soient dignes de moi,
Et ne m'accusez point de manquer de parole,
Quand pour vous la tenir moi-même je m'immole.

LÉON.
Quoi! vous n'épousez pas Martian dès demain?

PULCHÉRIE.
Savez-vous à quel prix je lui donne la main?

LÉON.
Que m'importe à quel prix un tel bonheur s'achète?

PULCHÉRIE.
Sortez, sortez du trouble où votre erreur vous jette,
Et sachez qu'avec moi ce grand titre d'époux
N'a point de privilége à vous rendre jaloux;
Que sous l'illusion de ce faux hyménée,
Je fais vœu de mourir telle que je suis née;
Que Martian reçoit et ma main, et ma foi,
Pour me conserver toute, et tout l'empire à moi;
Et que tout le pouvoir que cette foi lui donne
Ne le fera jamais maître de ma personne.
Est-ce tenir parole? et reconnoissez-vous
A quel point je vous sers quand j'en fais mon époux?
C'est pour vous qu'en ses mains je dépose l'empire;
C'est pour vous le garder qu'il me plaît de l'élire.
Rendez-vous, comme lui, digne de ce dépôt
Que son âge penchant vous remettra bientôt;
Suivez-le pas à pas; et, marchant dans sa route,
Mettez ce premier rang après lui hors de doute.
Étudiez sous lui ce grand art de régner,
Que tout autre auroit peine à vous mieux enseigner;
Et, pour vous assurer ce que j'en veux attendre,
Attachez-vous au trône, et faites-vous son gendre;
Je vous donne Justine.

LÉON.
A moi, madame!

ACTE V, SCÈNE VI.

PULCHÉRIE.
                          A vous,
Que je m'étois promis moi-même pour époux.

LÉON.
Ce n'est donc pas assez de vous avoir perdue,
De voir en d'autres mains la main qui m'étoit due,
Il faut aimer ailleurs !

PULCHÉRIE.
              Il faut être empereur,
Et, le sceptre à la main, justifier mon cœur;
Montrer à l'univers, dans le héros que j'aime,
Tout ce qui rend un front digne du diadème;
Vous mettre, à mon exemple, au-dessus de l'amour,
Et par mon ordre enfin régner à votre tour.
Justine a du mérite, elle est jeune, elle est belle:
Tous vos rivaux pour moi le vont être pour elle;
Et l'empire pour dot est un trait si charmant,
Que je ne vous en puis répondre qu'un moment.

LÉON.
Oui, madame, après vous elle est incomparable;
Elle est de votre cour la plus considérable;
Elle a des qualités à se faire adorer :
Mais, hélas ! jusqu'à vous j'avois droit d'aspirer.
Voulez-vous qu'à vos yeux je trompe un tel mérite,
Que sans amour pour elle à m'aimer je l'invite,
Qu'en vous laissant mon cœur je demande le sien,
Et lui promette tout pour ne lui donner rien ?

PULCHÉRIE.
Et ne savez-vous pas qu'il est des hyménées
Que font sans nous au ciel les belles destinées ?
Quand il veut que l'effet en éclate ici-bas,
Lui-même il nous entraîne où nous ne pensions pas;
Et, dès qu'il les résout, il sait trouver la voie
De nous faire accepter ses ordres avec joie.

LÉON.
Mais ne vous aimer plus ! vous voler tous mes vœux !

PULCHÉRIE.
Aimez-moi, j'y consens; je dis plus, je le veux,
Mais comme impératrice, et non plus comme amante;
Que la passion cesse, et que le zèle augmente.
Justine, qui m'écoute, agréera bien, seigneur,
Que je conserve ainsi ma part en votre cœur.
Je connois tout le sien. Rendez-vous plus traitable
Pour apprendre à l'aimer autant qu'elle est aimable;
Et laissez-vous conduire à qui sait mieux que vous
Les chemins de vous faire un sort illustre et doux.
Croyez-en votre amante et votre impératrice:

L'une aime vos vertus, l'autre leur rend justice;
Et sur Justine et vous je dois pouvoir assez
Pour vous dire à tous deux : « Je parle, obéissez. »

LÉON, *à Justine.*

J'obéis donc, madame, à cet ordre suprême,
Pour vous offrir un cœur qui n'est pas à lui-même :
Mais enfin je ne sais quand je pourrai donner
Ce que je ne puis même offrir sans le gêner;
Et cette offre d'un cœur entre les mains d'une autre
Ne peut faire un amour qui mérite le vôtre.

JUSTINE.

Il est assez à moi, dans de si bonnes mains,
Pour n'en point redouter de vrais et longs dédains;
Et je vous répondrois d'une amitié sincère,
Si j'en avois l'aveu de l'empereur mon père.
Le temps fait tout, seigneur.

SCÈNE VII. — PULCHÉRIE, MARTIAN, LÉON, JUSTINE.

MARTIAN.

D'une commune voix,
Madame, le sénat accepte votre choix.
A vos bontés pour moi son allégresse unie
Soupire après le jour de la cérémonie;
Et le serment prêté pour n'en retarder rien
A votre auguste nom vient de mêler le mien.

PULCHÉRIE.

Cependant j'ai sans vous disposé de Justine,
Seigneur, et c'est Léon à qui je la destine.

MARTIAN.

Pourrois-je lui choisir un plus illustre époux
Que celui que l'amour avoit choisi pour vous?
Il peut prendre après vous tout pouvoir dans l'empire,
S'y faire des emplois où l'univers l'admire,
Afin que, par votre ordre et les conseils d'Aspar,
Nous l'installions au trône, et le nommions César.

PULCHÉRIE.

Allons tout préparer pour ce double hyménée,
En ordonner la pompe, en choisir la journée.
D'Irène avec Aspar j'en voudrois faire autant;
Mais j'ai donné deux jours à cet espoir flottant,
Et laisse jusque-là ma faveur incertaine,
Pour régler son destin sur le destin d'Irène.

FIN DE PULCHÉRIE.

SURÉNA,
GÉNÉRAL DES PARTHES.
TRAGÉDIE.
1674.

AU LECTEUR.

Le sujet de cette tragédie est tiré de Plutarque et d'Appian Alexandrin. Ils disent tous deux que Suréna[1] étoit le plus noble, le plus riche, le mieux fait, et le plus vaillant des Parthes. Avec ces qualités, il ne pouvoit manquer d'être un des premiers hommes de son siècle; et, si je ne m'abuse, la peinture que j'en ai faite ne l'a point rendu méconnoissable : vous en jugerez.

PERSONNAGES.

ORODE, roi des Parthes.
PACORUS, fils d'Orode.
SURÉNA, lieutenant d'Orode, et général de son armée contre Crassus.
SILLACE, autre lieutenant d'Orode.
EURYDICE, fille d'Artabase, roi d'Arménie.
PALMIS, sœur de Suréna.
ORMÈNE, dame d'honneur d'Eurydice.

La scène est à Séleucie, sur l'Euphrate.

ACTE PREMIER.

SCÈNE I. — EURYDICE, ORMÈNE.

EURYDICE.
Ne me parle plus tant de joie et d'hyménée;
Tu ne sais pas les maux où je suis condamnée,
Ormène : c'est ici que doit s'exécuter
Ce traité qu'à deux rois il a plu d'arrêter;
Et l'on a préféré cette superbe ville,
Ces murs de Séleucie, aux murs d'Hécatompyle.
La reine et la princesse en quittent le séjour,
Pour rendre en ces beaux lieux tout son lustre à la cour.
Le roi les mande exprès, le prince n'attend qu'elles;

---

[1]. Suréna n'est point un nom propre; c'est un titre d'honneur, un nom de dignité. Le suréna des Parthes était le grand vizir des Turcs. (*Voltaire.*)

Et jamais ces climats n'ont vu pompes si belles,
Mais que servent pour moi tous ces préparatifs,
Si mon cœur est esclave et tous ses vœux captifs,
Si de tous ces efforts de publique allégresse
Il se fait des sujets de trouble et de tristesse?
J'aime ailleurs.

ORMÈNE.
  Vous, madame?
EURYDICE.
  Ormène, je l'ai tu
Tant que j'ai pu me rendre à toute ma vertu.
N'espérant jamais voir l'amant qui m'a charmée,
Ma flamme dans mon cœur se tenoit renfermée :
L'absence et la raison sembloient la dissiper;
Le manque d'espoir même aidoit à me tromper.
Je crus ce cœur tranquille, et mon devoir sévère
Le préparoit sans peine aux lois du roi mon père,
Au choix qui lui plairoit. Mais, ô dieux! quel tourment
S'il faut prendre un époux aux yeux de cet amant!

ORMÈNE.
Aux yeux de votre amant!
EURYDICE.
  Il est temps de te dire
Et quel malheur m'accable, et pour qui je soupire.
Le mal qui s'évapore en devient plus léger,
Et le mien avec toi cherche à se soulager.
  Quand l'avare Crassus, chef des troupes romaines,
Entreprit de dompter les Parthes dans leurs plaines,
Tu sais que de mon père il brigua le secours;
Qu'Orode en fit autant au bout de quelques jours;
Que pour ambassadeur il prit ce héros même,
Qui l'avoit su venger et rendre au diadème.

ORMÈNE.
Oui, je vis Suréna vous parler pour son roi,
Et Cassius pour Rome avoir le même emploi.
Je vis de ces États l'orgueilleuse puissance
D'Artabase à l'envi mendier l'assistance,
Ces deux grands intérêts partager votre cour,
Et des ambassadeurs prolonger le séjour.

EURYDICE.
Tous deux, ainsi qu'au roi, me rendirent visite,
Et j'en connus bientôt le différent mérite.
L'un, fier, et tout gonflé d'un vieux mépris des rois,
Sembloit pour compliment nous apporter des lois;
L'autre, par les devoirs d'un respect légitime,
Vengeoit le sceptre en nous de ce manque d'estime.
L'amour s'en mêla même; et tout son entretien

Sembla m'offrir son cœur, et demander le mien
Il l'obtint; et mes yeux, que charmoit sa présence,
Soudain avec les siens en firent confidence.
Ces muets truchemens surent lui révéler
Ce que je me forçois à lui dissimuler;
Et les mêmes regards qui m'expliquoient sa flamme
S'instruisoient dans les miens du secret de mon âme.
Ses vœux y rencontroient d'aussi tendres désirs;
Un accord imprévu confondoit nos soupirs,
Et d'un mot échappé la douceur hasardée
Trouvoit l'âme en tous deux toute persuadée.

ORMÈNE.

Cependant est-il roi, madame?

EURYDICE.

Il ne l'est pas;
Mais il sait rétablir les rois dans leurs États.
Des Parthes le mieux fait d'esprit et de visage,
Le plus puissant en biens, le plus grand en courage,
Le plus noble : joins-y l'amour qu'il a pour moi;
Et tout cela vaut bien un roi qui n'est que roi.
Ne t'effarouche point d'un feu dont je fais gloire,
Et souffre de mes maux que j'achève l'histoire.

L'amour, sous les dehors de la civilité,
Profita quelque temps des longueurs du traité :
On ne soupçonna rien des soins d'un si grand homme,
Mais il fallut choisir entre le Parthe et Rome.
Mon père eut ses raisons en faveur du Romain;
J'eus les miennes pour l'autre, et parlai même en vain
Je fus mal écoutée, et dans ce grand ouvrage
On ne daigna peser ni compter mon suffrage.

Nous fûmes donc pour Rome; et Suréna confus
Emporta la douleur d'un indigne refus.
Il m'en parut ému, mais il sut se contraindre :
Pour tout ressentiment il ne fit que nous plaindre;
Et comme tout son cœur me demeura soumis,
Notre adieu ne fut point un adieu d'ennemis.

Que servit de flatter l'espérance détruite?
Mon père choisit mal : on l'a vu par la suite.
Suréna fit périr l'un et l'autre Crassus,
Et sur notre Arménie Orode eut le dessus;
Il vint dans nos États fondre comme un tonnerre.
Hélas ! j'avois prévu les maux de cette guerre,
Et n'avois pas compté parmi ses noirs succès
Le funeste bonheur que me gardoit la paix.
Les deux rois l'ont conclue, et j'en suis la victime
On m'amène épouser un prince magnanime;
Car son mérite enfin ne m'est point inconnu,

Et se feroit aimer d'un cœur moins prévenu.
Mais quand ce cœur est pris et la place occupée,
Des vertus d'un rival en vain l'âme est frappée ;
Tout ce qu'il a d'aimable importune les yeux ;
Et plus il est parfait, plus il est odieux.
Cependant j'obéis, Ormène ; je l'épouse,
Et de plus...

ORMÈNE.

Qu'auriez-vous de plus ?

EURYDICE.

Je suis jalouse.

ORMÈNE.

Jalouse ! Quoi ! pour comble aux maux dont je vous plains..

EURYDICE.

Tu vois ceux que je souffre, apprends ceux que je crains.
Orode fait venir la princesse sa fille ;
Et s'il veut de mon bien enrichir sa famille,
S'il veut qu'un double hymen honore un même jour,
Conçois mes déplaisirs ; je t'ai dit mon amour.
C'est bien assez, ô ciel ! que le pouvoir suprême
Me livre en d'autres bras aux yeux de ce que j'aime ;
Ne me condamne pas à ce nouvel ennui
De voir tout ce que j'aime entre les bras d'autrui.

ORMÈNE.

Votre douleur, madame, est trop ingénieuse.

EURYDICE.

Quand on a commencé de se voir malheureuse,
Rien ne s'offre à nos yeux qui ne fasse trembler ;
La plus fausse apparence a droit de nous troubler ;
Et tout ce qu'on prévoit, tout ce qu'on s'imagine,
Forme un nouveau poison pour une âme chagrine.

ORMÈNE.

En ces nouveaux poisons trouvez-vous tant d'appas
Qu'il en faille faire un d'un hymen qui n'est pas ?

EURYDICE.

La princesse est mandée, elle vient, elle est belle :
Un vainqueur des Romains n'est que trop digne d'elle ;
S'il la voit, s'il lui parle, et si le roi le veut....
J'en dis trop ; et déjà tout mon cœur qui s'émeut....

ORMÈNE.

A soulager vos maux appliquez même étude
Qu'à prendre un vain soupçon pour une certitude :
Songez par où l'aigreur s'en pourroit adoucir.

EURYDICE.

J'y fais ce que je puis, et n'y puis réussir.
N'osant voir Suréna, qui règne en ma pensée,
Et qui me croit peut-être une âme intéressée,

Tu vois quelle amitié j'ai faite avec sa sœur :
Je crois le voir en elle, et c'est quelque douceur,
Mais légère, mais foible, et qui me gêne l'âme
Par l'inutile soin de lui cacher ma flamme.
Elle la sait sans doute, et l'air dont elle agit
M'en demande un aveu dont mon devoir rougit.
Ce frère l'aime trop pour s'être caché d'elle :
N'en use pas de même, et sois-moi plus fidèle;
Il suffit qu'avec toi j'amuse mon ennui.
Toutefois tu n'as rien à me dire de lui;
Tu ne sais ce qu'il fait, tu ne sais ce qu'il pense :
Une sœur est plus propre à cette confiance;
Elle sait s'il m'accuse, ou s'il plaint mon malheur,
S'il partage ma peine, ou rit de ma douleur,
Si du vol qu'on lui fait il m'estime complice,
S'il me garde son cœur, ou s'il me rend justice.
Je la vois; force-la, si tu peux, à parler.
Force-moi, s'il le faut, à ne lui rien celer.
L'oserai-je, grands dieux! ou plutôt le pourrai-je?
      ORMÈNE.
L'amour, dès qu'il le veut, se fait un privilége;
Et quand de se forcer ses désirs sont lassés,
Lui-même à n'en rien taire il s'enhardit assez.

SCÈNE II. — EURYDICE, PALMIS, ORMÈNE.

      PALMIS.
J'apporte ici, madame, une heureuse nouvelle :
Ce soir la reine arrive.
      EURYDICE.
      Et Mandane avec elle?
      PALMIS.
On n'en fait aucun doute.
      EURYDICE.
      Et Suréna l'attend
Avec beaucoup de joie et d'un esprit content?
      PALMIS.
Avec tout le respect qu'elle a lieu d'en attendre.
      EURYDICE.
Rien de plus?
      PALMIS.
    Qu'a de plus un sujet à lui rendre?
      EURYDICE.
Je suis trop curieuse et devrois mieux savoir
Ce qu'aux filles des rois un sujet peut devoir
Mais de pareils sujets, sur qui tout l'État roule,
Se font assez souvent distinguer de la foule;
Et je sais qu'il en est, qui, si j'en puis juger,

Avec moins de respect savent mieux obliger.
PALMIS.
Je n'en sais point, madame, et ne crois pas mon frère
Plus savant que sa sœur en un pareil mystère.
EURYDICE.
Passons. Que fait le prince?
PALMIS.
En véritable amant,
Doutez-vous qu'il ne soit dans le ravissement?
Et pourroit-il n'avoir qu'une joie imparfaite
Quand il se voit toucher au bonheur qu'il souhaite?
EURYDICE.
Peut-être n'est-ce pas un grand bonheur pour lui,
Madame; et j'y craindrois quelque sujet d'ennui.
PALMIS.
Et quel ennui pourroit mêler son amertume
Au doux et plein succès du feu qui le consume?
Quel chagrin a de quoi troubler un tel bonheur?
Le don de votre main....
EURYDICE.
La main n'est pas le cœur.
PALMIS.
Il est maître du vôtre.
EURYDICE.
Il ne l'est point, madame;
Et même je ne sais s'il le sera de l'âme.
Jugez après cela quel bonheur est le sien.
Mais achevons, de grâce, et ne déguisons rien.
Savez-vous mon secret?
PALMIS.
Je sais celui d'un frère.
EURYDICE.
Vous savez donc le mien. Fait-il ce qu'il doit faire?
Me hait-il? et son cœur, justement irrité,
Me rend-il sans regret ce que j'ai mérité?
PALMIS.
Oui, madame, il vous rend tout ce qu'une grande âme
Doit au plus grand mérite et de zèle et de flamme.
EURYDICE.
Il m'aimeroit encor?
PALMIS.
C'est peu de dire aimer :
Il souffre sans murmure; et j'ai beau vous blâmer,
Lui-même il vous défend, vous excuse sans cesse.
« Elle est fille, et de plus, dit-il, elle est princesse :
Je sais les droits d'un père, et connois ceux d'un roi;
Je sais de ses devoirs l'indispensable loi;
Je sais quel rude joug, dès sa plus tendre enfance,

ACTE I, SCÈNE II.

Imposent à ses vœux son rang et sa naissance :
Son cœur n'est pas exempt d'aimer ni de haïr;
Mais qu'il aime ou haïsse, il lui faut obéir.
Elle m'a tout donné ce qui dépendoit d'elle,
Et ma reconnoissance en doit être éternelle. »

EURYDICE.

Ah! vous redoublez trop, par ce discours charmant,
Ma haine pour le prince et mes feux pour l'amant;
Finissons-le, madame; en ce malheur extrême,
Plus je hais, plus je souffre, et souffre autant que j'aime.

PALMIS.

N'irritons point vos maux, et changeons d'entretien.
Je sais votre secret, sachez aussi le mien.
Vous n'êtes pas la seule à qui la destinée
Prépare un long supplice en ce grand hyménée :
Le prince....

EURYDICE.

Au nom des dieux, ne me le nommez pas;
Son nom seul me prépare à plus que le trépas.

PALMIS.

Un tel excès de haine!

EURYDICE.

Elle n'est que trop due
Aux mortelles douleurs dont m'accable sa vue.

PALMIS.

Eh bien! ce prince donc, qu'il vous plaît de haïr,
Et pour qui votre cœur s'apprête à se trahir,
Ce prince qui vous aime, il m'aimoit.

EURYDICE.

L'infidèle !

PALMIS.

Nos vœux étoient pareils, notre ardeur mutuelle;
Je l'aimois.

EURYDICE.

Et l'ingrat brise des nœuds si doux !

PALMIS.

Madame, est-il des cœurs qui tiennent contre vous?
Est-il vœux ni sermens qu'ils ne vous sacrifient?
Si l'ingrat me trahit, vos yeux le justifient,
Vos yeux qui sur moi-même ont un tel ascendant....

EURYDICE.

Vous demeurez à vous, madame, en le perdant;
Et le bien d'être libre aisément vous console
De ce qu'a d'injustice un manque de parole :
Mais je deviens esclave; et tels sont mes malheurs,
Qu'en perdant ce que j'aime il faut que j'aime ailleurs.

PALMIS.

Madame, trouvez-vous ma fortune meilleure ?

Vous perdez votre amant, mais son cœur vous demeure;
Et j'éprouve en mon sort une telle rigueur,
Que la perte du mien m'enlève tout son cœur.
Ma conquête m'échappe où les vôtres grossissent;
Vous faites des captifs des miens qui s'affranchissent;
Votre empire s'augmente où se détruit le mien;
Et de toute ma gloire il ne me reste rien.

EURYDICE.

Reprenez vos captifs, rassurez vos conquêtes,
Rétablissez vos lois sur les plus grandes têtes;
J'en serai peu jalouse, et préfère à cent rois
La douceur de ma flamme et l'éclat de mon choix.
La main de Suréna vaut mieux qu'un diadème.
Mais dites-moi, madame, est-il bien vrai qu'il m'aime?
Dites; et, s'il est vrai, pourquoi fuit-il mes yeux?

PALMIS.

Madame, le voici qui vous le dira mieux.

EURYDICE.

Juste ciel! à le voir déjà mon cœur soupire!
Amour, sur ma vertu prends un peu moins d'empire!

SCÈNE III. — EURYDICE, SURÉNA.

EURYDICE.

Je vous ai fait prier de ne me plus revoir,
Seigneur : votre présence étonne mon devoir;
Et ce qui de mon cœur fit toutes les délices,
Ne sauroit plus m'offrir que de nouveaux supplices.
Osez-vous l'ignorer? et, lorsque je vous voi,
S'il me faut trop souffrir, souffrez-vous moins que moi?
Souffrons-nous moins tous deux pour soupirer ensemble?
Allez, contentez-vous d'avoir vu que j'en tremble;
Et, du moins par pitié d'un triomphe douteux,
Ne me hasardez plus à des soupirs honteux.

SURÉNA.

Je sais ce qu'à mon cœur coûtera votre vue;
Mais qui cherche à mourir doit chercher ce qui tue.
Madame, l'heure approche, et demain votre foi
Vous fait de m'oublier une éternelle loi;
Je n'ai plus que ce jour, que ce moment de vie :
Pardonnez à l'amour qui vous la sacrifie,
Et souffrez qu'un soupir exhale à vos genoux,
Pour ma dernière joie, une âme toute à vous.

EURYDICE.

Et la mienne, seigneur, la jugez-vous si forte,
Que vous ne craigniez point que ce moment l'emporte,
Que ce même soupir qui tranchera vos jours

Ne tranche aussi des miens le déplorable cours?
Vivez, seigneur, vivez, afin que je languisse,
Qu'à vos feux ma langueur rende longtemps justice.
Le trépas à vos yeux me sembleroit trop doux,
Et je n'ai pas encore assez souffert pour vous.
Je veux qu'un noir chagrin à pas lents me consume,
Qu'il me fasse à longs traits goûter son amertume;
Je veux, sans que la mort ose me secourir,
Toujours aimer, toujours souffrir, toujours mourir.
Mais pardonneriez-vous l'aveu d'une foiblesse
A cette douloureuse et fatale tendresse?
Vous pourriez-vous, seigneur, résoudre à soulager
Un malheur si pressant par un bonheur léger?

SURÉNA.

Quel bonheur peut dépendre ici d'un misérable
Qu'après tant de faveurs son amour même accable?
Puis-je encor quelque chose en l'état où je suis?

EURYDICE.

Vous pouvez m'épargner d'assez rudes ennuis.
N'épousez point Mandane : exprès on l'a mandée;
Mon chagrin, mes soupçons, m'en ont persuadée.
N'ajoutez point, seigneur, à des malheurs si grands
Celui de vous unir au sang de mes tyrans;
De remettre en leurs mains le seul bien qui me reste,
Votre cœur; un tel don me seroit trop funeste :
Je veux qu'il me demeure, et, malgré votre roi,
Disposer d'une main qui ne peut être à moi.

SURÉNA.

Plein d'un amour si pur et si fort que le nôtre,
Aveugle pour Mandane, aveugle pour toute autre,
Comme je n'ai plus d'yeux vers elles à tourner,
Je n'ai plus ni de cœur ni de main à donner.
Je vous aime, et vous perds. Après cela, madame,
Seroit-il quelque hymen que pût souffrir mon âme?
Seroit-il quelques nœuds où se pût attacher
Le bonheur d'un amant qui vous étoit si cher,
Et qu'à force d'amour vous rendez incapable
De trouver sous le ciel quelque chose d'aimable?

EURYDICE.

Ce n'est pas là de vous, seigneur, ce que je veux.
A la postérité vous devez des neveux;
Et ces illustres morts dont vous tenez la place
Ont assez mérité de revivre en leur race :
Je ne veux pas l'éteindre, et tiendrois à forfait
Qu'il m'en fût échappé le plus léger souhait.

SURÉNA.

Que tout meure avec moi, madame : que m'importe

Qui foule après ma mort la terre qui me porte?
Sentiront-ils percer par un éclat nouveau,
Ces illustres aïeux, la nuit de leur tombeau?
Respireront-ils l'air où les feront revivre
Ces neveux qui peut-être auront peine à les suivre,
Peut-être ne feront que les déshonorer,
Et n'en auront le sang que pour dégénérer?
Quand nous avons perdu le jour qui nous éclaire,
Cette sorte de vie est bien imaginaire,
Et le moindre moment d'un bonheur souhaité
Vaut mieux qu'une si froide et vaine éternité.

EURYDICE.

Non, non, je suis jalouse; et mon impatience
D'affranchir mon amour de toute défiance,
Tant que je vous verrai maître de votre foi,
La croira réservée aux volontés du roi:
Mandane aura toujours un plein droit de vous plaire;
Ce sera l'épouser que de le pouvoir faire;
Et ma haine sans cesse aura de quoi trembler,
Tant que par là mes maux pourront se redoubler.
Il faut qu'un autre hymen me mette en assurance.
N'y portez, s'il se peut, que de l'indifférence:
Mais, par de nouveaux feux dussiez-vous me trahir,
Je veux que vous aimiez afin de m'obéir;
Je veux que ce grand choix soit mon dernier ouvrage,
Qu'il tienne lieu vers moi d'un éternel hommage,
Que mon ordre le règle, et qu'on me voie enfin
Reine de votre cœur et de votre destin;
Que Mandane, en dépit de l'espoir qu'on lui donne,
Ne pouvant s'élever jusqu'à votre personne,
Soit réduite à descendre à ces malheureux rois
A qui, quand vous voudrez, vous donnerez des lois.
Et n'appréhendez point d'en regretter la perte;
Il n'est cour sous les cieux qui ne vous soit ouverte;
Et partout votre gloire a fait de tels éclats,
Que les filles de roi ne vous manqueront pas.

SURÉNA.

Quand elles me rendroient maître de tout un monde,
Absolu sur la terre et souverain sur l'onde,
Mon cœur....

EURYDICE.

N'achevez point : l'air dont vous commencez
Pourroit à mon chagrin ne plaire pas assez;
Et d'un cœur qui veut être encor sous ma puissance
Je ne veux recevoir que de l'obéissance.

SURÉNA.

A qui me donnez-vous?

EURYDICE.

Moi? que ne puis-je, hélas!
Vous ôter à Mandane, et ne vous donner pas!
Et contre les soupçons de ce cœur qui vous aime
Que ne m'est-il permis de m'assurer moi-même!
Mais adieu; je m'égare.

SURÉNA.

Où dois-je recourir,
O ciel! s'il faut toujours aimer, souffrir, mourir?

ACTE SECOND.

SCÈNE I. — PACORUS, SURÉNA.

PACORUS.

Suréna, votre zèle a trop servi mon père
Pour m'en laisser attendre un devoir moins sincère;
Et, si près d'un hymen qui doit m'être assez doux,
Je mets ma confiance et mon espoir en vous.
Palmis avec raison de cet hymen murmure;
Mais je puis réparer ce qu'il lui fait d'injure;
Et vous n'ignorez pas qu'à former ces grands nœuds
Mes pareils ne sont point tout à fait maîtres d'eux.
Quand vous voudrez tous deux attacher vos tendresses,
Il est des rois pour elle, et pour vous des princesses,
Et je puis hautement vous engager ma foi
Que vous ne vous plaindrez du prince ni du roi.

SURÉNA.

Cessez de me traiter, seigneur, en mercenaire :
Je n'ai jamais servi par espoir de salaire;
La gloire m'en suffit, et le prix que reçoit....

PACORUS.

Je sais ce que je dois quand on fait ce qu'on doit,
Et si de l'accepter ce grand cœur vous dispense,
Le mien se satisfait alors qu'il récompense.
J'épouse une princesse en qui les doux accords
Des grâces de l'esprit avec celles du corps
Forment le plus brillant et plus noble assemblage
Qui puisse orner une âme et parer un visage.
Je n'en dis que ce mot; et vous savez assez
Quels en sont les attraits, vous qui la connoissez.
Cette princesse donc, si belle, si parfaite,
Je crains qu'elle n'ait pas ce que plus je souhaite,
Qu'elle manque d'amour, ou plutôt que ses vœux
N'aillent pas tout à fait du côté que je veux.

Vous qui l'avez tant vue, et qu'un devoir fidèle
A tenu si longtemps près de son père et d'elle,
Ne me déguisez point ce que dans cette cour
Sur de pareils soupçons vous auriez eu de jour.

SURÉNA.

Je la voyois, seigneur, mais pour gagner son père ;
C'étoit tout mon emploi, c'étoit ma seule affaire :
Et je croyois par elle être sûr de son choix :
Mais Rome et son intrigue eurent le plus de voix.
Du reste, ne prenant intérêt à m'instruire
Que de ce qui pouvoit vous servir ou vous nuire,
Comme je me bornois à remplir ce devoir,
Je puis n'avoir pas vu ce qu'un autre eût pu voir.
Si j'eusse pressenti que, la guerre achevée,
A l'honneur de vos feux elle étoit réservée,
J'aurois pris d'autres soins, et plus examiné ;
Mais j'ai suivi mon ordre, et n'ai point deviné.

PACORUS.

Quoi ! de ce que je crains vous n'auriez nulle idée ?
Par aucune ambassade on ne l'a demandée ?
Aucun prince auprès d'elle, aucun digne sujet
Par ses attachemens n'a marqué de projet ?
Car il vient quelquefois du milieu des provinces
Des sujets en nos cours qui valent bien des princes ;
Et par l'objet présent les sentimens émus
N'attendent pas toujours des rois qu'on n'a point vus

SURÉNA.

Durant tout mon séjour rien n'y blessoit ma vue ;
Je n'y rencontrois point de visite assidue,
Point de devoirs suspects, ni d'entretiens si doux
Que, si j'avois aimé, j'en dusse être jaloux.
Mais qui vous peut donner cette importune crainte,
Seigneur ?

PACORUS.

Plus je la vois, plus j'y vois de contrainte ;
Elle semble, aussitôt que j'ose en approcher,
Avoir je ne sais quoi qu'elle me veut cacher.
Non qu'elle ait jusqu'ici demandé de remise :
Mais ce n'est pas m'aimer, ce n'est qu'être soumise ;
Et, tout le bon accueil que j'en puis recevoir,
Tout ce que j'en obtiens ne part que du devoir.

SURÉNA.

N'en appréhendez rien. Encor toute étonnée,
Toute tremblante encore au seul nom d'hyménée,
Pleine de son pays, pleine de ses parens,
Il lui passe en l'esprit cent chagrins différens.

PACORUS.

Mais il semble, à la voir, que son chagrin s'applique
A braver par dépit l'allégresse publique;
Inquiète, rêveuse, insensible aux douceurs
Que par un plein succès l'amour verse en nos cœurs....

SURÉNA.

Tout cessera, seigneur, dès que sa foi reçue
Aura mis en vos mains la main qui vous est due;
Vous verrez ces chagrins détruits en moins d'un jour,
Et toute sa vertu devenir tout amour.

PACORUS.

C'est beaucoup hasarder que de prendre assurance
Sur une si légère et douteuse espérance.
Et qu'aura cet amour d'heureux, de singulier,
Qu'à son trop de vertu je devrai tout entier?
Qu'auroit-il de charmant, cet amour, s'il ne donne
Que ce qu'un triste hymen ne refuse à personne,
Esclave dédaigneux d'une odieuse loi
Qui n'est pour toute chaîne attaché qu'à sa foi?

Pour faire aimer ses lois, l'hymen ne doit en faire
Qu'afin d'autoriser la pudeur à se taire.
Il faut, pour rendre heureux, qu'il donne sans gêner,
Et prête un doux prétexte à qui veut tout donner.
Que sera-ce, grands dieux! si toute ma tendresse
Rencontre un souvenir plus cher à ma princesse,
Si le cœur pris ailleurs ne s'en arrache pas,
Si pour un autre objet il soupire en mes bras?
Il faut, il faut enfin m'éclaircir avec elle.

SURÉNA.

Seigneur, je l'aperçois; l'occasion est belle.
Mais si vous en tirez quelque éclaircissement
Qui donne à votre crainte un juste fondement,
Que ferez-vous?

PACORUS.

J'en doute; et, pour ne vous rien feindre,
Je crois l'aimer assez pour ne la pas contraindre.
Mais tel chagrin aussi pourroit me survenir,
Que je l'épouserois afin de la punir.
Un amant dédaigné souvent croit beaucoup faire
Quand il rompt le bonheur de ce qu'on lui préfère.
Mais elle approche. Allez, laissez-moi seul agir;
J'aurois peur devant vous d'avoir trop à rougir.

SCÈNE II. — PACORUS, EURYDICE.

PACORUS.

Quoi! madame, venir vous-même à ma rencontre!
Cet excès de bonté que votre cœur me montre....

####### EURYDICE.

J'allois chercher Palmis, que j'aime à consoler
Sur un malheur qui presse et ne peut reculer.

####### PACORUS.

Laissez-moi vous parler d'affaires plus pressées,
Et songez qu'il est temps de m'ouvrir vos pensées;
Vous vous abuseriez à les plus retenir.
Je vous aime, et demain l'hymen doit nous unir.
M'aimez-vous?

####### EURYDICE.

Oui, seigneur; et ma main vous est sûre.

####### PACORUS.

C'est peu que de la main, si le cœur en murmure.

####### EURYDICE.

Quel mal pourroit causer le murmure du mien,
S'il murmuroit si bas qu'aucun n'en apprît rien?

####### PACORUS.

Ah! madame, il me faut un aveu plus sincère.

####### EURYDICE.

Épousez-moi, seigneur, et laissez-moi me taire;
Un pareil doute offense, et cette liberté
S'attire quelquefois trop de sincérité.

####### PACORUS.

C'est ce que je demande, et qu'un mot sans contrainte
Justifie aujourd'hui mon espoir ou ma crainte.
Ah! si vous connoissiez ce que pour vous je sens....

####### EURYDICE.

Je ferois ce que font les cœurs obéissans,
Ce que veut mon devoir, ce qu'attend votre flamme,
Ce que je fais enfin.

####### PACORUS.

Vous feriez plus, madame;
Vous me feriez justice, et prendriez plaisir
A montrer que nos cœurs ne forment qu'un désir.
Vous me diriez sans cesse : « Oui, prince, je vous aime,
Mais d'une passion, comme la vôtre extrême;
Je sens le même feu, je fais les mêmes vœux,
Ce que vous souhaitez est tout ce que je veux;
Et cette illustre ardeur ne sera point contente,
Qu'un glorieux hymen n'ait rempli notre attente. »

####### EURYDICE.

Pour vous tenir, seigneur, un langage si doux,
Il faudroit qu'en amour j'en susse autant que vous.

####### PACORUS.

Le véritable amour, dès que le cœur soupire,
Instruit en un moment de tout ce qu'on doit dire.
Ce langage à ses feux n'est jamais importun

ACTE II, SCÈNE II.

Et, si vous l'ignorez, vous n'en sentez aucun.

EURYDICE.

Suppléez-y, seigneur, et dites-vous vous-même
Tout ce que sent un cœur dès le moment qu'il aime;
Faites-vous-en pour moi le charmant entretien :
J'avouerai tout, pourvu que je n'en dise rien.

PACORUS.

Ce langage est bien clair, et je l'entends sans peine.
Au défaut de l'amour, auriez-vous de la haine?
Je ne veux pas le croire, et des yeux si charmans....

EURYDICE.

Seigneur, sachez pour vous quels sont mes sentimens.
Si l'amitié vous plaît, si vous aimez l'estime,
A vous les refuser je croirois faire un crime;
Pour le cœur, si je puis vous le dire entre nous,
Je ne m'aperçois point qu'il soit encore à vous.

PACORUS.

Ai si donc ce traité qu'ont fait les deux couronnes....

EURYDICE.

S'il a pu l'une à l'autre engager nos personnes,
Au seul don de la main son droit est limité,
Et mon cœur avec vous n'a point fait de traité.
C'est sans vous le devoir que je fais mon possible
A le rendre pour vous plus tendre et plus sensible :
Je ne sais si le temps l'y pourra disposer;
Mais, qu'il le puisse ou non, vous pouvez m'épouser.

PACORUS.

Je le puis, je le dois, je le veux; mais, madame,
Dans ces tristes froideurs dont vous payez ma flamme,
Quelque autre amour plus fort....

EURYDICE.

Qu'osez-vous demander, rince?

PACORUS.

De mon bonheur ce qui doit décider.

EURYDICE.

st-ce un aveu qui puisse échapper à ma bouche?

PACORUS.

l est tout échappé, puisque ce mot vous touche.
i vous n'aviez du cœur fait ailleurs l'heureux don,
ous auriez moins de gêne à me dire que non;
t, pour me garantir de ce que j'appréhende,
a réponse avec joie eût suivi la demande.
adame, ce qu'on fait sans honte et sans remords
e coûte rien à dire, il n'y faut point d'efforts;
t sans que la rougeur au visage nous monte....

EURYDICE.
Ah! ce n'est point pour moi que je rougis de honte.
Si j'ai pu faire un choix, je l'ai fait assez beau
Pour m'en faire un honneur jusque dans le tombeau,
Et quand je l'avouerai, vous aurez lieu de croire
Que tout mon avenir en aimera la gloire.
Je rougis, mais pour vous qui m'osez demander
Ce qu'on doit avoir peine à se persuader;
Et je ne comprends point avec quelle prudence
Vous voulez qu'avec vous j'en fasse confidence,
Vous qui, près d'un hymen accepté par devoir,
Devriez sur ce point craindre de trop savoir.

PACORUS.
Mais il est fait, ce choix qu'on s'obstine à me taire,
Et qu'on cherche à me dire avec tant de mystère?

EURYDICE.
Je ne vous le dis point; mais, si vous m'y forcez,
Il vous en coûtera plus que vous ne pensez.

PACORUS.
Eh bien! madame, eh bien! sachons, quoi qu'il en coûte,
Quel est ce grand rival qu'il faut que je redoute.
Dites, est-ce un héros? est-ce un prince? est-ce un roi?

EURYDICE.
C'est ce que j'ai connu de plus digne de moi.

PACORUS.
Si le mérite est grand, l'estime est un peu forte.

EURYDICE.
Vous la pardonnerez à l'amour qui s'emporte :
Comme vous le forcez à se trop expliquer,
S'il manque de respect, vous l'en faites manquer.
Il est si naturel d'estimer ce qu'on aime,
Qu'on voudroit que partout on l'estimât de même;
Et la pente est si douce à vanter ce qu'il vaut,
Que jamais on ne craint de l'élever trop haut.

PACORUS.
C'est en dire beaucoup.

EURYDICE.
Apprenez davantage,
Et sachez que l'effort où mon devoir m'engage
Ne peut plus me réduire à vous donner demain
Ce qui vous étoit sûr, je veux dire ma main.
Ne vous la promettez qu'après que dans mon âme
Votre mérite aura dissipé cette flamme,
Et que mon cœur, charmé par des attraits plus doux,
Se sera répondu de n'aimer rien que vous.
Et ne me dites point que pour cet hyménée
C'est par mon propre aveu qu'on a pris la journée :

J'en sais la conséquence, et diffère à regret ;
Mais puisque vous m'avez arraché mon secret,
Il n'est ni roi, ni père, il n'est prière, empire,
Qu'au péril de cent morts mon cœur n'ose en dédire.
C'est ce qu'il n'est plus temps de vous dissimuler,
Seigneur ; et c'est le prix de m'avoir fait parler.

PACORUS.

A ces bontés, madame, ajoutez une grâce ;
Et du moins, attendant que cette ardeur se passe,
Apprenez-moi le nom de cet heureux amant
Qui sur tant de vertu règne si puissamment,
Par quelles qualités il a pu la surprendre.

EURYDICE.

Ne me pressez point tant, seigneur, de vous l'apprendre.
Si je vous l'avois dit....

PACORUS.
Achevons.

EURYDICE.
Dès demain
Rien ne m'empêcheroit de lui donner la main.

PACORUS.

Il est donc en ces lieux, madame ?

EURYDICE.
Il y peut être,
Seigneur, si déguisé qu'on ne le peut connoître.
Peut-être en domestique est-il auprès de moi ;
Peut-être s'est-il mis de la maison du roi ;
Peut-être chez vous-même il s'est réduit à feindre.
Craignez-le dans tous ceux que vous ne daignez craindre,
Dans tous les inconnus que vous aurez à voir ;
Et, plus que tout encor, craignez de trop savoir.
J'en dis trop ; il est temps que ce discours finisse.
A Palmis que je vois rendez plus de justice ;
Et puissent de nouveau ses attraits vous charmer
Jusqu'à ce que le temps m'apprenne à vous aimer !

SCÈNE III. — PACORUS, PALMIS.

PACORUS.

Madame, au nom des dieux, ne venez pas vous plaindre
On me donne sans vous assez de gens à craindre ;
Et je serois bientôt accablé de leurs coups,
N'étoit que pour asile on me renvoie à vous.
J'obéis, j'y reviens, madame ; et cette joie....

PALMIS.

Que n'y revenez-vous sans qu'on vous y renvoie !
Votre amour ne fait rien ni pour moi ni pour lui,

Si vous n'y revenez que par l'ordre d'autrui.
PACORUS.
N'est-ce rien que pour vous à cet ordre il défère?
PALMIS.
Non, ce n'est qu'un dépit qu'il cherche à satisfaire.
PACORUS.
Depuis quand le retour d'un cœur comme le mien
Fait-il si peu d'honneur qu'on ne le compte à rien?
PALMIS.
Depuis qu'il est honteux d'aimer un infidèle,
Que ce qu'un mépris chasse un coup d'œil le rappelle,
Et que les inconstans ne donnent point de cœurs
Sans être encor tout prêts de les porter ailleurs.
PACORUS.
Je le suis, je l'avoue, et mérite la honte
Que d'un retour suspect vous fassiez peu de compte.
Montrez-vous généreuse; et si mon changement
A changé votre amour en vif ressentiment,
Immolez un courroux si grand, si légitime,
A la juste pitié d'un si malheureux crime.
J'en suis assez puni sans que l'indignité....
PALMIS.
Seigneur, le crime est grand; mais j'ai de la bonté:
Je sais ce qu'à l'État ceux de votre naissance,
Tout maîtres qu'ils en sont, doivent d'obéissance:
Son intérêt chez eux l'emporte sur le leur,
Et du moment qu'il parle il fait taire le cœur.
PACORUS.
Non, madame, souffrez que je vous désabuse;
Je ne mérite point l'honneur de cette excuse:
Ma légèreté seule a fait ce nouveau choix;
Nulles raisons d'État ne m'en ont fait de lois;
Et pour traiter la paix avec tant d'avantage,
On ne m'a point forcé de m'en faire le gage:
J'ai pris plaisir à l'être, et plus mon crime est noir,
Plus l'oubli que j'en veux me fera vous devoir.
Tout mon cœur....
PALMIS.
   Entre amans qu'un changement sépare,
Le crime est oublié sitôt qu'on le répare;
Et, bien qu'il vous ait plu, seigneur, de me trahir,
Je le dis malgré moi, je ne vous puis haïr.
PACORUS.
Faites-moi grâce entière, et songez à me rendre
Ce qu'un amour si pur, ce qu'une ardeur si tendre....
PALMIS
Donnez-moi donc, seigneur, vous même quelque jour,

Quelque infaillible voie à fixer votre amour ;
Et s'il est un moyen....

PACORUS.

S'il en est ? Oui, madame,
Il en est de fixer tous les vœux de mon âme :
Et ce joug qu'à tous deux l'amour rendit si doux,
Si je ne m'y rattache, il ne tiendra qu'a vous.
Il est, pour m'arrêter sous un si digne empire,
Un office à me rendre, un secret à me dire.
La princesse aime ailleurs, je n'en puis plus douter,
Et doute quel rival s'en fait mieux écouter.
Vous êtes avec elle en trop d'intelligence
Pour n'en avoir pas eu toute la confidence :
Tirez-moi de ce doute, et recevez ma foi
Qu'autre que vous jamais ne régnera sur moi.

PALMIS.

Quel gage en est-ce, hélas ! qu'une foi si peu sûre ?
Le ciel la rendra-t-il moins sujette au parjure ?
Et ces liens si doux, que vous avez brisés,
A briser de nouveau seront-ils moins aisés ?
Si vous voulez, seigneur, rappeler mes tendresses,
Il me faut des effets, et non pas des promesses ;
Et cette foi n'a rien qui me puisse ébranler,
Quand la main seule a droit de me faire parler.

PACORUS.

La main seule en a droit ! Quand cent troubles m'agitent,
Que la haine, l'amour, l'honneur, me sollicitent,
Qu'à l'ardeur de punir je m'abandonne en vain,
Hélas ! suis-je en état de vous donner la main ?

PALMIS.

Et moi, sans cette main, seigneur, suis-je maîtresse
De ce que m'a daigné confier la princesse,
Du secret de son cœur ? Pour le tirer de moi,
Il me faut vous devoir plus que je ne lui doi,
Être un autre vous-même ; et le seul hyménée
Peut rompre le silence où je suis enchaînée.

PACORUS.

Ah ! vous ne m'aimez plus.

PALMIS.

Je voudrois le pouvoir :
Mais pour ne plus aimer que sert de le vouloir ?
J'ai pour vous trop d'amour, et je le sens renaître
Et plus tendre et plus fort qu'il n'a dû jamais être.
Mais si....

PACORUS.

Ne m'aimez plus, ou nommez ce rival.

PALMIS.

Me préserve le ciel de vous aimer si mal !

Ce seroit vous livrer à des guerres nouvelles,
Allumer entre vous des haines immortelles....
          PACORUS.
Que m'importe? et qu'aurai-je à redouter de lui,
Tant que je me verrai Suréna pour appui?
Quel qu'il soit, ce rival, il sera seul à plaindre :
Le vainqueur des Romains n'a point de rois à craindre.
          PALMIS.
Je le sais; mais, seigneur, qui vous peut engager
Aux soins de le punir et de vous en venger?
Quand son grand cœur charmé d'une belle princesse
En a su mériter l'estime et la tendresse,
Quel dieu, quel bon génie a dû lui révéler
Que le vôtre pour elle aimeroit à brûler?
A quel trait ce rival a-t-il dû le connoître,
Respecter de si loin des feux encore à naître,
Voir pour vous d'autres fers que ceux où vous viviez,
Et lire en vos destins plus que vous n'en saviez?
S'il a vu la conquête à ses vœux exposée,
S'il a trouvé du cœur la sympathie aisée,
S'être emparé d'un bien où vous n'aspiriez pas,
Est-ce avoir fait des vols et des assassinats?
          PACORUS.
Je le vois bien, madame, et vous et ce cher frère
Abondez en raisons pour cacher le mystère :
Je parle, promets, prie, et je n'avance rien.
Aussi votre intérêt est préférable au mien;
Rien n'est plus juste; mais....
          PALMIS.
                Seigneur....
          PACORUS.
                      Adieu, madame :
Je vous fais trop jouir des troubles de mon âme.
Le ciel se lassera de m'être rigoureux.
          PALMIS.
Seigneur, quand vous voudrez, il fera quatre heureux.

ACTE TROISIÈME.

SCÈNE I. — ORODE, SILLACE.

          SILLACE.
Je l'ai vu par votre ordre, et voulu par avance
Pénétrer le secret de son indifférence.
Il m'a paru, seigneur, si froid, si retenu....

Mais vous en jugerez quand il sera venu.
Cependant je dirai que cette retenue
Sent une âme de trouble et d'ennuis prévenue;
Que ce calme paroît assez prémédité
Pour ne répondre pas de sa tranquillité;
Que cette indifférence a de l'inquiétude,
Et que cette froideur marque un peu trop d'étude.

ORODE.

Qu'un tel calme, Sillace, a droit d'inquiéter
Un roi qui lui doit tant, qu'il ne peut s'acquitter!
Un service au-dessus de toute récompense
A force d'obliger tient presque lieu d'offense;
Il reproche en secret tout ce qu'il a d'éclat,
Il livre tout un cœur au dépit d'être ingrat.
Le plus zélé déplaît, le plus utile gêne,
Et l'excès de son poids fait pencher vers la haine.
Suréna de l'exil lui seul m'a rappelé;
Il m'a rendu lui seul ce qu'on m'avoit volé,
Mon sceptre; de Crassus il vient de me défaire :
Pour faire autant pour lui quel don puis-je lui faire?
Lui partager mon trône? Il seroit tout à lui
S'il n'avoit mieux aimé n'en être que l'appui.
Quand j'en pleurois la perte, il forçoit des murailles;
Quand j'invoquois mes dieux, il gagnoit des batailles.
J'en frémis, j'en rougis, je m'en indigne, et crains
Qu'il n'ose quelque jour s'en payer par ses mains;
Et, dans tout ce qu'il a de nom et de fortune,
Sa fortune me pèse, et son nom m'importune.
Qu'un monarque est heureux quand parmi ses sujets
Ses yeux n'ont point à voir de plus nobles objets,
Qu'au-dessus de sa gloire il n'y connoît personne,
Et qu'il est le plus digne enfin de sa couronne!

SILLACE.

Seigneur, pour vous tirer de ces perplexités,
La saine politique a deux extrémités.
Quoi qu'ait fait Suréna, quoi qu'il en faille attendre,
Ou faites-le périr, ou faites-en un gendre.
Puissant par sa fortune, et plus par son emploi,
S'il devient par l'hymen l'appui d'un autre roi,
Si, dans les différends que le ciel vous peut faire,
Une femme l'entraîne au parti de son père,
Que vous servira lors, seigneur, d'en murmurer?
Il faut, il faut le perdre, ou vous en assurer;
Il n'est point de milieu.

ORODE.

Ma pensée est la vôtre;
Mais s'il ne veut pas l'un, pourrai-je vouloir l'autre?

Pour prix de ses hauts faits, et de m'avoir fait roi,
Son trépas.... Ce mot seul me fait pâlir d'effroi;
Ne m'en parlez jamais : que tout l'État périsse
Avant que jusque-là ma vertu se ternisse,
Avant que je défére à ces raisons d'État
Qui nommeroient justice un si lâche attentat!

SILLACE.

Mais pourquoi lui donner les Romains en partage,
Quand sa gloire, seigneur, vous donnoit tant d'ombrage?
Pourquoi contre Artabase attacher vos emplois,
Et lui laisser matière à de plus grands exploits?

ORODE.

L'événement, Sillace, a trompé mon attente.
Je voyois des Romains la valeur éclatante;
Et, croyant leur défaite impossible sans moi,
Pour me la préparer, je fondis sur ce roi :
Je crus qu'il ne pourroit à la fois se défendre
Des fureurs de la guerre et de l'offre d'un gendre;
Et que par tant d'horreurs son peuple épouvanté
Lui feroit mieux goûter la douceur d'un traité;
Tandis que Suréna, mis aux Romains en butte,
Les tiendroit en balance, ou craindroit pour sa chute
Et me réserveroit la gloire d'achever,
Ou de le voir tombant, et de le relever.
Je réussis à l'un, et conclus l'alliance;
Mais Suréna vainqueur prévint mon espérance.
A peine d'Artabase eus-je signé la paix,
Que j'appris Crassus mort, et les Romains défaits.
Ainsi d'une si haute et si prompte victoire
J'emporte tout le fruit, et lui toute la gloire,
Et, beaucoup plus heureux que je n'aurois voulu,
Je me fais un malheur d'être trop absolu.
Je tiens toute l'Asie et l'Europe en alarmes,
Sans que rien s'en impute à l'effort de mes armes;
Et quand tous mes voisins tremblent pour leurs États,
Je ne les fais trembler que par un autre bras.
J'en tremble enfin moi-même, et pour remède unique,
Je n'y vois qu'une basse et dure politique,
Si Mandane, l'objet des vœux de tant de rois,
Se doit voir d'un sujet le rebut ou le choix.

SILLACE.

Le rebut! Vous craignez, seigneur, qu'il la refuse?

ORODE.

Et ne se peut-il pas qu'un autre amour l'amuse,
Et que, rempli qu'il est d'une juste fierté,
Il n'écoute son cœur plus que ma volonté?
Le voici; laissez-nous.

SCÈNE II. — ORODE, SURÉNA.

ORODE.
Suréna, vos services
Qui l'auroit osé croire?) ont pour moi des supplices,
J'en ai honte, et ne puis assez me consoler
De ne voir aucun don qui les puisse égaler.
Suppléez au défaut d'une reconnoissance
Dont vos propres exploits m'ont mis en impuissance;
Et s'il en est un prix dont vous fassiez état,
Donnez-moi les moyens d'être un peu moins ingrat.

SURÉNA.
Quand je vous ai servi, j'ai reçu mon salaire,
Seigneur, et n'ai rien fait qu'un sujet n'ait dû faire;
La gloire m'en demeure, et c'est l'unique prix
Que s'en est proposé le soin que j'en ai pris.
Si pourtant il vous plaît, seigneur, que j'en demande
De plus dignes d'un roi dont l'âme est toute grande,
La plus haute vertu peut faire de faux pas;
Si la mienne en fait un, daignez ne le voir pas;
Gardez-moi des bontés toujours prêtes d'éteindre
Le plus juste courroux que j'aurois lieu d'en craindre;
Et si....

ORODE.
Ma gratitude oseroit se borner
Au pardon d'un malheur qu'on ne peut deviner,
Qui n'arrivera point? et j'attendrois un crime,
Pour vous montrer le fond de toute mon estime?
Le ciel m'est plus propice, et m'en ouvre un moyen
Par l'heureuse union de votre sang au mien.
D'avoir tout fait pour moi ce sera le salaire.

SURÉNA.
J'en ai flatté longtemps un espoir téméraire;
Mais puisque enfin le prince....

ORODE.
Il aima votre sœur,
Et le bien de l'État lui dérobe son cœur;
La paix de l'Arménie à ce prix est jurée.
Mais l'injure aisément peut être réparée;
J'y sais des rois tout prêts : et pour vous, dès demain,
Mandane que j'attends vous donnera la main.
C'est tout ce qu'en la mienne ont mis les destinées
Qu'à force de hauts faits la vôtre a couronnées.

SURÉNA.
A cet excès d'honneur rien ne peut s'égaler :
Mais si vous me laissiez liberté d'en parler,
Je vous dirois, seigneur, que l'amour paternelle
Doit à cette princesse un trône digne d'elle;

Que l'inégalité de mon destin au sien
Ravaleroit son sang sans élever le mien ;
Qu'une telle union, quelque haut qu'on la mette,
Me laisse encor sujet, et la rendroit sujette ;
Et que de son hymen, malgré tous mes hauts faits,
Au lieu de rois à naître, il naîtroit des sujets.
De quel œil voulez-vous, seigneur, qu'elle me donne
Une main refusée à plus d'une couronne,
Et qu'un si digne objet des vœux de tant de rois
Descende par votre ordre à cet indigne choix ?
Que de mépris pour moi ! que de honte pour elle !
Non, seigneur, croyez-en un serviteur fidèle ;
Si votre sang du mien veut augmenter l'honneur,
Il y faut l'union du prince avec ma sœur.
Ne le mêlez, seigneur, au sang de vos ancêtres
Qu'afin que vos sujets en reçoivent des maîtres :
Vos Parthes dans la gloire ont trop longtemps vécu,
Pour attendre des rois du sang de leur vaincu.
Si vous ne le savez, tout le camp en murmure ;
Ce n'est qu'avec dépit que le peuple l'endure.
Quelles lois eût pu faire Artabase vainqueur
Plus rudes, disent-ils, même à des gens sans cœur ?
Je les fais taire. Mais, seigneur, à le bien prendre,
C'étoit moins l'attaquer que lui mener un gendre ;
Et si vous en aviez consulté leurs souhaits,
Vous auriez préféré la guerre à cette paix.

ORODE.

Est-ce dans le dessein de vous mettre à leur tête
Que vous me demandez ma grâce toute prête ?
Et de leurs vains souhaits vous font-ils le porteur
Pour faire Palmis reine avec plus de hauteur ?
Il n'est rien d'impossible à la valeur d'un homme
Qui rétablit son maître et triomphe de Rome :
Mais sous le ciel tout change, et les plus valeureux
N'ont jamais sûreté d'être toujours heureux.
J'ai donné ma parole ; elle est inviolable.
Le prince aime Eurydice autant qu'elle est aimable :
Et, s'il faut dire tout, je lui dois cet appui
Contre ce que Phradate osera contre lui.
Car tout ce qu'attenta contre moi Mitradate,
Pacorus le doit craindre à son tour de Phradate ;
Cet esprit turbulent, et jaloux du pouvoir,
Quoique son frère....

SURÉNA.

Il sait que je sais mon devoir
Et n'a pas oublié que dompter des rebelles,
Détrôner un tyran....

ACTE III, SCÈNE II.

ORODE.

Ces actions sont belles ;
Mais pour m'avoir remis en état de régner,
Rendent-elles pour vous ma fille à dédaigner ?

SURÉNA.

La dédaigner, seigneur, quand mon zèle fidèle
N'ose me regarder que comme indigne d'elle !
Osez me dispenser de ce que je vous doi ;
Et, pour la mériter, je cours me faire roi.
S'il n'est rien d'impossible à la valeur d'un homme
Qui rétablit son maître et triomphe de Rome,
Sur quels rois aisément ne pourrois-je emporter,
En faveur de Mandane, un sceptre à la doter ?
Prescrivez-moi, seigneur, vous-même une conquête
Dont en prenant sa main je couronne sa tête ;
Et vous direz après si c'est la dédaigner
Que de vouloir me perdre ou la faire régner.
Mais je suis né sujet, et j'aime trop à l'être
Pour hasarder mes jours que pour servir mon maître,
Et consentir jamais qu'un homme tel que moi
Souille par son hymen le pur sang de son roi.

ORODE.

Je n'examine point si ce respect déguise ;
Mais parlons une fois avec pleine franchise.
    Vous êtes mon sujet, mais un sujet si grand,
Que rien n'est malaisé quand son bras l'entreprend.
Vous possédez sous moi deux provinces entières
De peuples si hardis, de nations si fières,
Que sur tant de vassaux je n'ai d'autorité
Qu'autant que votre zèle a de fidélité ;
Ils vous ont jusqu'ici suivi comme fidèle,
Et, quand vous le voudrez, ils vous suivront rebelle ;
Vous avez tant de nom, que tous les rois voisins
Vous veulent, comme Orode, unir à leurs destins.
La victoire, chez vous passée en habitude,
Met jusque dans ses murs Rome en inquiétude :
Par gloire, ou pour braver au besoin mon courroux,
Vous traînez en tous lieux dix mille âmes à vous :
Le nombre est peu commun pour un train domestique ;
Et s'il faut qu'avec vous tout à fait je m'explique,
Je ne vous saurois croire assez en mon pouvoir,
Si les nœuds de l'hymen n'enchaînent le devoir.

SURÉNA.

Par quel crime, seigneur, ou par quelle imprudence
Ai-je pu mériter si peu de confiance ?
Si mon cœur, si mon bras pouvoit être gagné,

Mitradate et Crassus n'auroient rien épargné :
Tous les deux....
                    ORODE.
            Laissons là Crassus et Mitradate.
Suréna, j'aime à voir que votre gloire éclate;
Tout ce que je vous dois j'aime à le publier :
Mais, quand je m'en souviens, vous devez l'oublier.
Si le ciel par vos mains m'a rendu cet empire,
Je sais vous épargner la peine de le dire;
Et, s'il met votre zèle au-dessus du commun,
Je n'en suis point ingrat; craignez d'être importun
                    SURÉNA.
Je reviens à Palmis, seigneur. De mes hommages
Si les lois du devoir sont de trop foibles gages,
En est-il de plus sûrs, ou de plus fortes lois,
Qu'avoir une sœur reine et des neveux pour rois?
Mettez mon sang au trône, et n'en cherchez point d'autres,
Pour unir à tel point mes intérêts aux vôtres,
Que tout cet univers, que tout notre avenir
Ne trouve aucune voie à les en désunir.
                    ORODE.
Mais, Suréna, le puis-je après la foi donnée,
Au milieu des apprêts d'un si grand hyménée?
Et rendrai-je aux Romains qui voudroient me braver
Un ami que la paix vient de leur enlever?
Si le prince renonce au bonheur qu'il espère,
Que dira la princesse, et que fera son père?
                    SURÉNA.
Pour son père, seigneur, laissez-m'en le souci.
J'en réponds, et pourrois répondre d'elle aussi.
Malgré la triste paix que vous avez jurée,
Avec le prince même elle s'est déclarée;
Et, si je puis vous dire avec quels sentimens
Elle attend à demain l'effet de vos sermens,
Elle aime ailleurs.
                    ORODE.
            Et qui?
                    SURÉNA.
                    C'est ce qu'elle aime à taire :
Du reste son amour n'en fait aucun mystère,
Et cherche à reculer les effets d'un traité
Qui fait tant murmurer votre peuple irrité.
                    ORODE.
Est-ce au peuple, est-ce à vous, Suréna, de me dire
Pour lui donner des rois quel sang je dois élire?
Et, pour voir dans l'État tous mes ordres suivis,
Est-ce de mes sujets que je dois prendre avis?

Si le prince à Palmis veut rendre sa tendresse,
Je consens qu'il dédaigne à son tour la princesse;
Et nous verrons après quel remède apporter
A la division qui peut en résulter.
Pour vous, qui vous sentez indigne de ma fille,
Et craignez par respect d'entrer en ma famille,
Choisissez un parti qui soit digne de vous,
Et qui surtout n'ait rien à me rendre jaloux;
Mon âme avec chagrin sur ce point balancée
En veut, et dès demain, être débarrassée.

SURÉNA.

Seigneur, je n'aime rien.

ORODE.

Que vous aimiez ou non,
Faites un choix vous-même, ou souffrez-en le don.

SURÉNA.

Mais, si j'aime en tel lieu qu'il m'en faille avoir honte,
Du secret de mon cœur puis-je vous rendre compte?

ORODE.

A demain, Suréna; s'il se peut, dès ce jour,
Résolvons cet hymen avec ou sans amour.
Cependant allez voir la princesse Eurydice;
Sous les lois du devoir ramenez son caprice;
Et ne m'obligez point à faire à ses appas
Un compliment de roi qui ne lui plairoit pas.
Palmis vient par mon ordre, et je veux en apprendre
Dans vos prétentions la part qu'elle aime à prendre.

SCÈNE III. — ORODE, PALMIS.

ORODE.

Suréna m'a surpris, et je n'aurois pas dit
Qu'avec tant de valeur il eût eu tant d'esprit :
Mais moins on le prévoit, et plus cet esprit brille:
Il trouve des raisons à refuser ma fille,
Mais fortes, et qui même ont si bien succédé,
Que s'en disant indigne il m'a persuadé.
Savez-vous ce qu'il aime? Il est hors d'apparence
Qu'il fasse un tel refus sans quelque préférence,
Sans quelque objet charmant, dont l'adorable choix
Ferme tout son grand cœur au pur sang de ses rois.

PALMIS.

J'ai cru qu'il n'aimoit rien.

ORODE.

Il me l'a dit lui-même.
Mais la princesse avoue, et hautement, qu'elle aime:
Vous êtes son amie, et savez quel amant

Dans un cœur qu'elle doit règne si puissamment.
PALMIS.
Si la princesse en moi prend quelque confiance,
Seigneur, m'est-il permis d'en faire confidence?
Reçoit-on des secrets sans une forte loi?...
ORODE.
Je croyois qu'elle pût se rompre pour un roi,
Et veux bien toutefois qu'elle soit si sévère
Qu'en mon propre intérêt elle oblige à se taire :
Mais vous pouvez du moins me répondre de vous.
PALMIS.
Ah! pour mes sentimens, je vous les dirai tous.
J'aime ce que j'aimois, et n'ai point changé d'âme :
Je n'en fais point secret.
ORODE.
L'aimer encor, madame?
Ayez-en quelque honte, et parlez-en plus bas.
C'est foiblesse d'aimer qui ne vous aime pas.
PALMIS.
Non, seigneur : à son prince attacher sa tendresse,
C'est une grandeur d'âme et non une foiblesse ;
Et lui garder un cœur qu'il lui plut mériter
N'a rien d'assez honteux pour ne s'en point vanter.
J'en ferai toujours gloire ; et mon âme, charmée
De l'heureux souvenir de m'être vue aimée,
N'étouffera jamais l'éclat de ces beaux feux
Qu'alluma son mérite, et l'offre de ses vœux
ORODE.
Faites mieux, vengez-vous. Il est des rois, madame,
Plus dignes qu'un ingrat d'une si belle flamme.
PALMIS.
De ce que j'aime encor ce seroit m'éloigner,
Et me faire un exil sous ombre de régner.
Je veux toujours le voir, cet ingrat qui me tue,
Non pour le triste bien de jouir de sa vue ;
Cette fausse douceur est au-dessous de moi,
Et ne vaudra jamais que je néglige un roi.
Mais il est des plaisirs qu'une amante trahie
Goûte au milieu des maux qui lui coûtent la vie.
Je verrai l'infidèle inquiet, alarmé
D'un rival inconnu, mais ardemment aimé,
Rencontrer à mes yeux sa peine dans son crime,
Par les mains de l'hymen devenir ma victime,
Et ne me regarder, dans ce chagrin profond,
Que le remords en l'âme, et la rougeur au front.
De mes bontés pour lui l'impitoyable image,
Qu'imprimera l'amour sur mon pâle visage,

Insultera son cœur; et dans nos entretiens
Mes pleurs et mes soupirs rappelleront les siens,
Mais qui ne serviront qu'à lui faire connoître
Qu'il pouvoit être heureux et ne sauroit plus l'être;
Qu'à lui faire trop tard haïr son peu de foi,
Et, pour tout dire ensemble, avoir regret à moi.
  Voilà tout le bonheur où mon amour aspire;
Voilà contre un ingrat tout ce que je conspire;
Voilà tous les plaisirs que j'espère à le voir,
Et tous les sentimens que vous vouliez savoir.

                ORODE.

C'est bien traiter les rois en personnes communes
Qu'attacher à leur rang ces gênes importunes,
Comme si, pour vous plaire et les inquiéter,
Dans le trône avec eux l'amour pouvoit monter.
Il nous faut un hymen, pour nous donner des princes
Qui soient l'appui du sceptre et l'espoir des provinces;
C'est là qu'est notre force; et, dans nos grands destins,
Le manque de vengeurs enhardit les mutins.
Du reste, en ces grands nœuds l'État qui s'intéresse
Ferme l'œil aux attraits et l'âme à la tendresse:
La seule politique est ce qui nous émeut;
On la suit, et l'amour s'y mêle comme il peut:
S'il vient, on l'applaudit; s'il manque, on s'en console.
C'est dont vous pouvez croire un roi sur sa parole.
Nous ne sommes point faits pour devenir jaloux,
Ni pour être en souci si le cœur est à nous.
Ne vous repaissez plus de ces vaines chimères,
Qui ne font les plaisirs que des âmes vulgaires,
Madame; et, que le prince ait ou non à souffrir,
Acceptez un des rois que je puis vous offrir.

                PALMIS.

Pardonnez-moi, seigneur, si mon âme alarmée
Ne veut point de ces rois dont on n'est point aimée.
J'ai cru l'être du prince, et l'ai trouvé si doux,
Que le souvenir seul m'en plaît plus qu'un époux.

                ORODE.

N'en parlons plus, madame; et dites à ce frère
Qui vous est aussi cher que vous me seriez chère,
Que parmi ses respects il n'a que trop marqué....

                PALMIS.

Quoi, seigneur?

                ORODE.

         Avec lui je crois m'être expliqué.
Qu'il y pense, madame. Adieu.

              PALMIS, *seule*.

                Quel triste augure!

Et que ne me dit point cette menace obscure!
Sauvez ces deux amans, ô ciel! et détournez
Les soupçons que leurs feux peuvent avoir donnés.

ACTE QUATRIÈME.

SCÈNE I. — EURYDICE, ORMÈNE.

ORMÈNE.
Oui, votre intelligence à demi découverte
Met votre Suréna sur le bord de sa perte.
Je l'ai su de Sillace; et j'ai lieu de douter
Qu'il n'ait, s'il faut tout dire, ordre de l'arrêter.
EURYDICE.
On n'oseroit, Ormène; on n'oseroit.
ORMÈNE.
Madame,
Croyez-en un peu moins votre fermeté d'âme.
Un héros arrêté n'a que deux bras à lui,
Et souvent trop de gloire est un débile appui.
EURYDICE.
Je sais que le mérite est sujet à l'envie,
Que son chagrin s'attache à la plus belle vie.
Mais sur quelle apparence oses-tu présumer
Qu'on pourroit....
ORMÈNE.
Il vous aime, et s'en est fait aimer.
EURYDICE.
Qui l'a dit?
ORMÈNE.
Vous et lui, c'est son crime et le vôtre.
Il refuse Mandane, et n'en veut aucune autre;
On sait que vous aimez; on ignore l'amant:
Madame, tout cela parle trop clairement.
EURYDICE.
Ce sont de vains soupçons qu'avec moi tu hasardes.

SCÈNE II. — EURYDICE, PALMIS, ORMÈNE.

PALMIS.
Madame, à chaque porte on a posé des gardes;
Rien n'entre, rien ne sort, qu'avec ordre du roi.
EURYDICE.
Qu'importe? et quel sujet en prenez-vous d'effroi?
PALMIS.
Ou quelque grand orage à nous troubler s'apprête,

Ou l'on en veut, madame, à quelque grande tête :
Je tremble pour mon frère.
EURYDICE.
A quel propos trembler?
Un roi qui lui doit tout voudroit-il l'accabler?
PALMIS.
Vous le figurez-vous à tel point insensible,
Que de son alliance un refus si visible....
EURYDICE.
Un si rare service a su le prévenir
Qu'il doit récompenser avant que de punir.
PALMIS.
Il le doit; mais, après une pareille offense,
Il est rare qu'on songe à la reconnoissance,
Et par un tel mépris le service effacé
Ne tient plus d'yeux ouverts sur ce qui s'est passé.
EURYDICE.
Pour la sœur d'un héros, c'est être bien timide.
PALMIS.
L'amante a-t-elle droit d'être plus intrépide?
EURYDICE.
L'amante d'un héros aime à lui ressembler,
Et voit ainsi que lui ses périls sans trembler.
PALMIS.
Vous vous flattez, madame; elle a de la tendresse
Que leur idée étonne, et leur image blesse;
Et ce que dans sa perte elle prend d'intérêt
Ne sauroit sans désordre en attendre l'arrêt
Cette mâle vigueur de constance héroïque
N'est point une vertu dont le sexe se pique,
Ou, s'il peut jusque-là porter sa fermeté,
Ce qu'il appelle amour n'est qu'une dureté.
Si vous aimiez mon frère, on verroit quelque alarme;
Il vous échapperoit un soupir, une larme,
Qui marqueroit du moins un sentiment jaloux
Qu'une sœur se montrât plus sensible que vous.
Dieux! je donne l'exemple, et l'on s'en peut défendre!
Je le donne à des yeux qui ne daignent le prendre!
Auroit-on jamais cru qu'on pût voir quelque jour
Les nœuds du sang plus forts que les nœuds de l'amour?
Mais j'ai tort, et la perte est pour vous moins amère.
On recouvre un amant plus aisément qu'un frère;
Et si je perds celui que le ciel me donna,
Quand j'en recouvrerois, seroit-ce un Suréna?
EURYDICE.
Et si j'avois perdu cet amant qu'on menace,
Seroit-ce un Suréna qui rempliroit sa place?

Pensez-vous qu'exposée à de si rudes coups,
J'en soupire au dedans, et tremble moins que vous?
Mon intrépidité n'est qu'un effort de gloire,
Que, tout fier qu'il paroît, mon cœur n'en peut pas croire
Il est tendre, et ne rend ce tribut qu'à regret
Au juste et dur orgueil qu'il dément en secret.
Oui, s'il en faut parler avec une âme ouverte,
Je pense voir déjà l'appareil de sa perte,
De ce héros si cher; et ce mortel ennui
N'ose plus aspirer qu'à mourir avec lui.

PALMIS.

Avec moins de chaleur, vous pourriez bien plus faire
Acceptez mon amant pour conserver mon frère,
Madame; et puisque enfin il vous faut l'épouser,
Tâchez, par politique, à vous y disposer.

EURYDICE.

Mon amour est trop fort pour cette politique :
Tout entier on l'a vu, tout entier il s'explique;
Et le prince sait trop ce que j'ai dans le cœur,
Pour recevoir ma main comme un parfait bonheur.
J'aime ailleurs, et l'ai dit trop haut pour m'en dédire
Avant qu'en sa faveur tout cet amour expire.
C'est avoir trop parlé; mais, dût se perdre tout,
Je me tiendrai parole, et j'irai jusqu'au bout.

PALMIS.

Ainsi donc, vous voulez que ce héros périsse?

EURYDICE.

Pourroit-on en venir jusqu'à cette injustice?

PALMIS.

Madame, il répondra de toutes vos rigueurs,
Et du trop d'union où s'obstinent vos cœurs.
Rendez heureux le prince, il n'est plus sa victime.
Qu'il se donne à Mandane, il n'aura plus de crime.

EURYDICE.

Qu'il s'y donne, madame, et ne m'en dise rien
Ou, si son cœur encor peut dépendre du mien,
Qu'il attende à l'aimer que ma haine cessée
Vers l'amour de son frère ait tourné ma pensée.
Résolvez-le vous-même à me désobéir;
Forcez-moi, s'il se peut, moi-même à le haïr;
A force de raisons faites-m'en un rebelle;
Accablez-le de pleurs pour le rendre infidèle;
Par pitié, par tendresse, appliquez tous vos soins
A me mettre en état de l'aimer un peu moins :
J'achèverai le reste. A quelque point qu'on aime,
Quand le feu diminue, il s'éteint de lui-même.

ACTE IV, SCÈNE II. 139

PALMIS.
Le prince vient, madame, et n'a pas grand besoin,
Dans son amour pour vous, d'un odieux témoin :
Vous pourrez mieux sans moi flatter son espérance,
Mieux en notre faveur tourner sa déférence ;
Et ce que je prévois me fait assez souffrir,
Sans y joindre les vœux qu'il cherche à vous offrir.

SCÈNE III. — PACORUS, EURYDICE, ORMÈNE.

EURYDICE.
Est-ce pour moi, seigneur, qu'on fait garde à vos portes ?
Pour assurer ma fuite, ai-je ici des escortes ?
Ou si ce grand hymen, pour ses derniers apprêts...
PACORUS.
Madame, ainsi que vous, chacun a ses secrets.
Ceux que vous honorez de votre confidence
Observent par votre ordre un généreux silence.
Le roi suit votre exemple ; et, si c'est vous gêner,
Comme nous devinons, vous pouvez deviner.
EURYDICE.
Qui devine est souvent sujet à se méprendre.
PACORUS.
Si je devine mal, je sais à qui m'en prendre ;
Et comme votre amour n'est que trop évident,
Si je n'en sais l'objet, j'en sais le confident.
Il est le plus coupable : un amant peut se taire ;
Mais d'un sujet au roi, c'est crime qu'un mystère.
Qui connoît un obstacle au bonheur de l'État,
Tant qu'il le tient caché, commet un attentat.
Ainsi ce confident.... Vous m'entendez, madame,
Et je vois dans les yeux ce qui se passe en l'âme.
EURYDICE.
S'il a ma confidence, il a mon amitié ;
Et je lui dois, seigneur, du moins quelque pitié.
PACORUS.
Ce sentiment est juste, et même je veux croire
Qu'un cœur comme le vôtre a droit d'en faire gloire ;
Mais ce trouble, madame, et cette émotion
N'ont-ils rien de plus fort que la compassion ?
Et quand de ses périls l'ombre vous intéresse,
Qu'une pitié si prompte en sa faveur vous presse,
Un si cher confident ne fait-il point douter
De l'amant ou de lui qui les peut exciter ?
EURYDICE.
Qu'importe ? et quel besoin de les confondre ensemble,
Quand ce n'est que pour vous, après tout, que je tremble ?

PACORUS.
Quoi! vous me menacez vous-même à votre tour!
Et les emportemens de votre aveugle amour....
EURYDICE.
Je m'emporte et m'aveugle un peu moins qu'on ne pense.
Pour l'avouer vous-même, entrons en confidence.
  Seigneur, je vous regarde en qualité d'époux;
Ma main ne sauroit être et ne sera qu'à vous;
Mes vœux y sont déjà, tout mon cœur y veut être;
Dès que je le pourrai, je vous en ferai maître;
Et si pour s'y réduire il me fait différer,
Cet amant si chéri n'en peut rien espérer.
Je ne serai qu'à vous, qui que ce soit que j'aime,
A moins qu'à vous quitter vous m'obligiez vous-même :
Mais s'il faut que le temps m'apprenne à vous aimer,
Il ne me l'apprendra qu'à force d'estimer;
Et si vous me forcez à perdre cette estime,
Si votre impatience ose aller jusqu'au crime....
Vous m'entendez, seigneur, et c'est vous dire assez
D'où me viennent pour vous ces vœux intéressés.
J'ai part à votre gloire, et je tremble pour elle
Que vous ne la souilliez d'une tache éternelle,
Que le barbare éclat d'un indigne soupçon
Ne fasse à l'univers détester votre nom,
Et que vous ne veuilliez sortir d'inquiétude
Par une épouvantable et noire ingratitude.
Pourrois-je après cela vous conserver ma foi
Comme si vous étiez encor digne de moi,
Recevoir sans horreur l'offre d'une couronne
Toute fumante encor du sang qui vous la donne,
Et m'exposer en proie aux fureurs des Romains,
Quand pour les repousser vous n'aurez point de mains?
Si Crassus est défait, Rome n'est pas détruite;
D'autres ont ramassé les débris de sa fuite;
De nouveaux escadrons leur vont enfler le cœur;
Et vous avez besoin encor de son vainqueur.
  Voilà ce que pour vous craint une destinée
Qui se doit bientôt voir à la vôtre enchaînée,
Et deviendroit infâme à se vouloir unir
Qu'à des rois dont on puisse aimer le souvenir.
PACORUS.
Tout ce que vous craignez est en votre puissance,
Madame; il ne vous faut qu'un peu d'obéissance,
Qu'exécuter demain ce qu'un père a promis :
L'amant, le confident, n'auront plus d'ennemis.
C'est de quoi tout mon cœur, de nouveau, vous conjure,
Par les tendres respects d'une flamme si pure,

ACTE IV, SCÈNE III.

Ces assidus respects, qui, sans cesse bravés,
Ne peuvent obténir ce que vous me devez,
Par tout ce qu'a de rude un orgueil inflexible,
Par tous les maux que souffre....

EURYDICE.

Et moi, suis-je insensible?
Livre-t-on à mon cœur de moins rudes combats?
Seigneur, je suis aimée, et vous ne l'êtes pas.
Mon devoir vous prépare un assuré remède,
Quand il n'en peut souffrir au mal qui me possède;
Et pour finir le vôtre, il ne veut qu'un moment,
Quand il faut que le mien dure éternellement.

PACORUS.

Ce moment quelquefois est difficile à prendre,
Madame; et si le roi se lasse de l'attendre,
Pour venger le mépris de son autorité,
Songez à ce que peut un monarque irrité

EURYDICE.

Ma vie est en ses mains, et de son grand courage
Il peut montrer sur elle un glorieux ouvrage.

PACORUS.

Traitez-le mieux, de grâce, et ne vous alarmez
Que pour la sûreté de ce que vous aimez.
Le roi sait votre foible et le trouble que porte
Le péril d'un amant dans l'âme la plus forte.

EURYDICE.

C'est mon foible, il est vrai; mais, si j'ai de l'amour,
J'ai du cœur, et pourrois le mettre en son plein jour.
Ce grand roi cependant prend une aimable voie
Pour me faire accepter ses ordres avec joie!
Pensez-y mieux, de grâce; et songez qu'au besoin
Un pas hors du devoir nous peut mener bien loin.
Après ce premier pas, ce pas qui seul nous gêne,
L'amour rompt aisément le reste de sa chaîne;
Et, tyran à son tour du devoir méprisé,
Il s'applaudit longtemps du joug qu'il a brisé.

PACORUS.

Madame....

EURYDICE.

Après cela, seigneur, je me retire;
Et s'il vous reste encor quelque chose à me dire,
Pour éviter l'éclat d'un orgueil imprudent,
Je vous laisse achever avec mon confident.

SCÈNE IV. — PACORUS, SURÉNA.

PACORUS.

Suréna, je me plains, et j'ai lieu de me plaindre.

SURÉNA.

De moi, seigneur ?

PACORUS.

De vous. Il n'est plus temps de feindre :
Malgré tous vos détours on sait la vérité ;
Et j'attendois de vous plus de sincérité,
Moi qui mettois en vous ma confiance entière,
Et ne voulois souffrir aucune autre lumière.
L'amour dans sa prudence est toujours indiscret ;
A force de se taire il trahit son secret :
Le soin de le cacher découvre ce qu'il cache,
Et son silence dit tout ce qu'il craint qu'on sache.
Ne cachez plus le vôtre, il est connu de tous,
Et toute votre adresse a parlé contre vous.

SURÉNA.

Puisque vous vous plaignez, la plainte est légitime,
Seigneur : mais, après tout, j'ignore encor mon crime.

PACORUS.

Vous refusez Mandane avec tant de respect,
Qu'il est trop raisonné pour n'être point suspect.
Avant qu'on vous l'offrît vos raisons étoient prêtes,
Et jamais on n'a vu de refus plus honnêtes ;
Mais ces honnêtetés ne font pas moins rougir :
Il falloit tout promettre, et la laisser agir ;
Il falloit espérer de son orgueil sévère
Un juste désaveu des volontés d'un père,
Et l'aigrir par des vœux si froids, si mal conçus,
Qu'elle usurpât sur vous la gloire du refus.
Vous avez mieux aimé tenter un artifice
Qui pût mettre Palmis où doit être Eurydice,
En me donnant le change attirer mon courroux,
Et montrer quel objet vous réservez pour vous.
Mais vous auriez mieux fait d'appliquer tant d'adresse
A remettre au devoir l'esprit de la princesse :
Vous en avez eu l'ordre, et j'en suis plus haï.
C'est pour un bon sujet avoir bien obéi !

SURÉNA.

Je le vois bien, seigneur ; qu'on m'aime, qu'on vous aime,
Qu'on ne vous aime pas, que je n'aime pas même,
Tout m'est compté pour crime ; et je dois seul au roi
Répondre de Palmis, d'Eurydice et de moi :
Comme si je pouvois sur une âme enflammée
Ce qu'on me voit pouvoir sur tout un corps d'armée,

Et qu'un cœur ne fût pas plus pénible à tourner
Que les Romains à vaincre, ou qu'un sceptre à donner.
  Sans faire un nouveau crime, oserai-je vous dire
Que l'empire des cœurs n'est pas de votre empire,
Et que l'amour, jaloux de son autorité,
Ne reconnoît ni roi ni souveraineté?
Il hait tous les emplois où la force l'appelle;
Dès qu'on le violente, on en fait un rebelle :
Et je suis criminel de n'en pas triompher,
Quand vous-même, seigneur, ne pouvez l'étouffer!
Changez-en par votre ordre à tel point le caprice,
Qu'Eurydice vous aime, et Palmis vous haïsse,
Ou rendez votre cœur à vos lois si soumis
Qu'il dédaigne Eurydice, et retourne à Palmis.
Tout ce que vous pourrez ou sur vous ou sur elles
Rendra mes actions d'autant plus criminelles;
Mais sur elles, sur vous si vous ne pouvez rien,
Des crimes de l'amour ne faites plus le mien.

PACORUS.

Je pardonne à l'amour les crimes qu'il fait faire;
Mais je n'excuse point ceux qu'il s'obstine à taire,
Qui cachés avec soin se commettent longtemps,
Et tiennent près des rois de secrets mécontens.
Un sujet qui se voit le rival de son maître,
Quelque étude qu'il perde à ne le point paroître,
Ne pousse aucun soupir sans faire un attentat;
Et d'un crime d'amour il en fait un d'État.
Il a besoin de grâce, et surtout quand on l'aime
Jusqu'à se révolter contre le diadème,
Jusqu'à servir d'obstacle au bonheur général.

SURÉNA.

Oui : mais quand de son maître on lui fait un rival,
Qu'il aimoit le premier; qu'en dépit de sa flamme,
Il cède, aimé qu'il est, ce qu'adore son âme;
Qu'il renonce à l'espoir, dédit sa passion,
Est-il digne de grâce, ou de compassion?

PACORUS.

Qui cède ce qu'il aime est digne qu'on le loue :
Mais il ne cède rien quand on l'en désavoue;
Et les illusions d'un si faux compliment
Ne méritent qu'un long et vrai ressentiment.

SURÉNA.

Tout à l'heure, seigneur, vous me parliez de grâce,
Et déjà vous passez jusques à la menace!
La grâce est aux grands cœurs honteuse à recevoir;
La menace n'a rien qui les puisse émouvoir.
Tandis que hors des murs ma suite est dispersée,

Que la garde au dedans par Sillace est placée,
Que le peuple s'attend à me voir arrêter,
Si quelqu'un en a l'ordre, il peut l'exécuter.
Qu'on veuille mon épée, ou qu'on veuille ma tête,
Dites un mot, seigneur, et l'une et l'autre est prête.
Je n'ai goutte de sang qui ne soit à mon roi;
Et, si l'on m'ose perdre, il perdra plus que moi.
J'ai vécu pour ma gloire autant qu'il falloit vivre,
Et laisse un grand exemple à qui pourra me suivre;
Mais si vous me livrez à vos chagrins jaloux,
Je n'aurai pas peut-être assez vécu pour vous.

PACORUS.

Suréna, mes pareils n'aiment point ces manières.
Ce sont fausses vertus que des vertus si fières.
Après tant de hauts faits et d'exploits signalés,
Le roi ne peut douter de ce que vous valez;
Il ne veut point vous perdre : épargnez-vous la peine
D'attirer sa colère et mériter ma haine;
Donnez à vos égaux l'exemple d'obéir
Plutôt que d'un amour qui cherche à vous trahir.
Il sied bien aux grands cœurs de paroître intrépides,
De donner à l'orgueil plus qu'aux vertus solides;
Mais souvent ces grands cœurs n'en font que mieux leur cour
A paroître au besoin maîtres de leur amour.
Recevez cet avis d'une amitié fidèle.
Ce soir la reine arrive, et Mandane avec elle.
Je ne demande point le secret de vos feux;
Mais songez bien qu'un roi, quand il dit : « Je le veux.... »
Adieu. Ce mot suffit, et vous devez m'entendre.

SURÉNA.

Je fais plus, je prévois ce que j'en dois attendre;
Je l'attends sans frayeur; et, quel qu'en soit le cours,
J'aurai soin de ma gloire; ordonnez de mes jours.

ACTE CINQUIÈME.

SCÈNE I. — ORODE, EURYDICE.

ORODE.

Ne me l'avouez point; en cette conjoncture,
Le soupçon m'est plus doux que la vérité sûre;
L'obscurité m'en plaît, et j'aime à n'écouter
Que ce qui laisse encor liberté d'en douter.
Cependant par mon ordre on a mis garde aux portes,
Et d'un amant suspect dispersé les escortes,

De crainte qu'un aveugle et fol emportement
N'allât, et malgré vous, jusqu'à l'enlèvement.
La vertu la plus haute alors cède à la force;
Et pour deux cœurs unis l'amour a tant d'amorce,
Que le plus grand courroux qu'on voie y succéder
N'aspire qu'aux douceurs de se raccommoder.
Il n'est que trop aisé de juger quelle suite
Exigeroit de moi l'éclat de cette fuite;
Et pour n'en pas venir à ces extrémités,
Que vous l'aimiez ou non, j'ai pris mes sûretés.

EURYDICE.

A ces précautions je suis trop redevable;
Une prudence moindre en seroit incapable,
Seigneur : mais, dans le doute où votre esprit se plaît,
Si j'ose en ce héros prendre quelque intérêt,
Son sort est plus douteux que votre incertitude,
Et j'ai lieu plus que vous d'être en inquiétude.
Je ne vous réponds point sur cet enlèvement;
Mon devoir, ma fierté, tout en moi le dément.
La plus haute vertu peut céder à la force,
Je le sais; de l'amour je sais quelle est l'amorce :
Mais contre tous les deux l'orgueil peut secourir,
Et rien n'en est à craindre alors qu'on sait mourir.
Je ne serai qu'au prince.

ORODE.

       Oui : mais à quand, madame,
A quand cet heureux jour, que de toute son âme....

EURYDICE.

Il se verroit, seigneur, dès ce soir mon époux,
S'il n'eût point voulu voir dans mon cœur plus que vous :
Sa curiosité s'est trop embarrassée
D'un point dont il devoit éloigner sa pensée.
Il sait que j'aime ailleurs, et l'a voulu savoir;
Pour peine il attendra l'effort de mon devoir.

ORODE.

Les délais les plus longs, madame, ont quelque terme.

EURYDICE.

Le devoir vient à bout de l'amour le plus ferme;
Les grands cœurs ont vers lui des retours éclatans;
Et, quand on veut se vaincre, il y faut peu de temps.
Un jour y peut beaucoup, une heure y peut suffire,
Un de ces bons momens qu'un cœur n'ose en dédire;
S'il ne suit pas toujours nos souhaits et nos soins,
Il arrive souvent quand on l'attend le moins.
Mais je ne promets pas de m'y rendre facile,
Seigneur, tant que j'aurai l'âme si peu tranquille;
Et je ne livrerai mon cœur qu'à mes ennuis,

Tant qu'on me laissera dans l'alarme où je suis.
ORODE.
Le sort de Suréna vous met donc en alarme?
EURYDICE.
Je vois ce que pour tous ses vertus ont de charme,
Et puis craindre pour lui ce qu'on voit craindre à tous,
Ou d'un maître en colère ou d'un rival jaloux.
Ce n'est point toutefois l'amour qui m'intéresse,
C'est.... Je crains encor plus que ce mot ne vous blesse,
Et qu'il ne vaille mieux s'en tenir à l'amour,
Que d'en mettre, et sitôt, le vrai sujet au jour.
ORODE.
Non, madame, parlez, montrez toutes vos craintes.
Puis-je sans les connoître en guérir les atteintes,
Et, dans l'épaisse nuit où vous vous retranchez,
Choisir le vrai remède aux maux que vous cachez?
EURYDICE.
Mais si je vous disois que j'ai droit d'être en peine
Pour un trône où je dois un jour monter en reine;
Que perdre Suréna, c'est livrer aux Romains
Un sceptre que son bras a remis en vos mains;
Que c'est ressusciter l'orgueil de Mitradate,
Exposer avec vous Pacorus et Phradate;
Que je crains que sa mort, enlevant votre appui,
Vous renvoie à l'exil où vous seriez sans lui :
Seigneur, ce seroit être un peu trop téméraire.
J'ai dû le dire au prince, et je dois vous le taire;
J'en dois craindre un trop long et trop juste courroux;
Et l'amour trouvera plus de grâce chez vous.
ORODE.
Mais, madame, est-ce à vous d'être si politique?
Qui peut se taire ainsi, voyons comme il s'explique.
Si votre Suréna m'a rendu mes États,
Me les a-t-il rendus pour ne m'obéir pas?
Et trouvez-vous par là sa valeur bien fondée
A ne m'estimer plus son maître qu'en idée,
A vouloir qu'à ses lois j'obéisse à mon tour?
Ce discours iroit loin : revenons à l'amour,
Madame; et s'il est vrai qu'enfin....
EURYDICE.
Laissez-m'en faire,
Seigneur; je me vaincrai, j'y tâche, je l'espère;
J'ose dire encor plus, je m'en fais une loi;
Mais je veux que le temps en dépende de moi.
ORODE.
C'est bien parler en reine, et j'aime assez, madame,
L'impétuosité de cette grandeur d'âme;

Cette noble fierté que rien ne peut dompter
Remplira bien ce trône où vous devez monter.
Donnez-moi donc en reine un ordre que je suive.
 Phradate est arrivé, ce soir Mandane arrive;
Ils sauront quels respects a montrés pour sa main
Cet intrépide effroi de l'empire romain.
Mandane en rougira, le voyant auprès d'elle.
Phradate est violent, et prendra sa querelle.
Près d'un esprit si chaud et si fort emporté,
Suréna dans ma cour est-il en sûreté?
Puis-je vous en répondre, à moins qu'il se retire?
EURYDICE.
Bannir de votre cour l'honneur de votre empire!
Vous le pouvez, seigneur, et vous êtes son roi;
Mais je ne puis souffrir qu'il soit banni pour moi.
Car enfin les couleurs ne font rien à la chose;
Sous un prétexte faux je n'en suis pas moins cause;
Et qui craint pour Mandane un peu trop de rougeur
Ne craint pour Suréna que le fond de mon cœur.
Qu'il parte, il vous déplaît; faites-vous-en justice;
Punissez, exilez; il faut qu'il obéisse.
Pour remplir mes devoirs j'attendrai son retour,
Seigneur; et jusque-là point d'hymen ni d'amour.
ORODE.
Vous pourriez épouser le prince en sa présence?
EURYDICE.
Je ne sais : mais enfin je hais la violence.
ORODE.
Empêchez-la, madame, en vous donnant à nous;
Ou faites qu'à Mandane il s'offre pour époux.
Cet ordre exécuté, mon âme satisfaite
Pour ce héros si cher ne veut plus de retraite.
Qu'on le fasse venir. Modérez vos hauteurs :
L'orgueil n'est pas toujours la marque des grands cœurs.
Il me faut un hymen; choisissez l'un ou l'autre,
Ou lui dites adieu pour le moins jusqu'au vôtre.
EURYDICE.
Je sais tenir, seigneur, tout ce que je promets,
Et promettrois en vain de ne le voir jamais,
Moi qui sais que bientôt la guerre rallumée
Le rendra pour le moins nécessaire à l'armée.
ORODE.
Nous ferons voir, madame, en cette extrémité,
Comme il faut obéir à la nécessité.
Je vous laisse avec lui.

SCÈNE II. — EURYDICE, SURÉNA.

EURYDICE.

Seigneur, le roi condamne
Ma main à Pacorus, ou la vôtre à Mandane;
Le refus n'en sauroit demeurer impuni;
Il lui faut l'une ou l'autre, ou vous êtes banni.

SURÉNA.

Madame, ce refus n'est point vers lui mon crime:
Vous m'aimez: ce n'est point non plus ce qui l'anime.
Mon crime véritable est d'avoir aujourd'hui
Plus de nom que mon roi, plus de vertu que lui;
Et c'est de là que part cette secrète haine
Que le temps ne rendra que plus forte et plus pleine.
Plus on sert des ingrats, plus on s'en fait haïr :
Tout ce qu'on fait pour eux ne fait que nous trahir.
Mon visage l'offense, et ma gloire le blesse.
Jusqu'au fond de mon âme il cherche une bassesse,
Et tâche à s'ériger par l'offre ou par la peur,
De roi que je l'ai fait, en tyran de mon cœur;
Comme si par ses dons il pouvoit me séduire,
Ou qu'il pût m'accabler, et ne se point détruire.
Je lui dois en sujet tout mon sang, tout mon bien;
Mais, si je lui dois tout, mon cœur ne lui doit rien,
Et n'en reçoit de lois que comme autant d'outrages,
Comme autant d'attentats sur de plus doux hommages
Cependant pour jamais il faut nous séparer,
Madame.

EURYDICE.

Cet exil pourroit toujours durer?

SURÉNA.

En vain pour mes pareils leur vertu sollicite;
Jamais un envieux ne pardonne au mérite.
Cet exil toutefois n'est pas un long malheur;
Et je n'irai pas loin sans mourir de douleur.

EURYDICE.

Ah! craignez de m'en voir assez persuadée
Pour mourir avant vous de cette seule idée.
Vivez, si vous m'aimez.

SURÉNA.

Je vivrois pour savoir
Que vous aurez enfin rempli votre devoir,
Que d'un cœur tout à moi, que de votre personne
Pacorus sera maître, ou plutôt sa couronne?
Ce penser m'assassine, et je cours de ce pas
Beaucoup moins à l'exil, madame, qu'au trépas.

EURYDICE.

Que le ciel n'a-t-il mis en ma main et la vôtre,
Ou de n'être à personne, ou d'être l'un à l'autre!

SURÉNA.

Falloit-il que l'amour vît l'inégalité
Vous abandonner toute aux rigueurs d'un traité!

EURYDICE.

Cette inégalité me souffroit l'espérance.
Votre nom, vos vertus, valoient bien ma naissance,
Et Crassus a rendu plus digne encor de moi
Un héros dont le zèle a rétabli son roi.
Dans les maux où j'ai vu l'Arménie exposée,
Mon pays désolé m'a seul tyrannisée.
Esclave de l'État, victime de la paix,
Je m'étois répondu de vaincre mes souhaits,
Sans songer qu'un amour comme le nôtre extrême
S'y rend inexorable aux yeux de ce qu'on aime.
Pour le bonheur public j'ai promis : mais, hélas!
Quand j'ai promis, seigneur, je ne vous voyois pas.
Votre rencontre ici m'ayant fait voir ma faute,
Je diffère à donner le bien que je vous ôte;
Et l'unique bonheur que j'y puis espérer
C'est de toujours promettre et toujours différer.

SURÉNA.

Que je serois heureux!... Mais qu'osé-je vous dire?
L'indigne et vain bonheur où mon amour aspire!
Fermez les yeux aux maux où l'on me fait courir :
Songez à vivre heureuse, et me laissez mourir.
Un trône vous attend, le premier de la terre,
Un trône où l'on ne craint que l'éclat du tonnerre,
Qui règle le destin du reste des humains,
Et jusque dans leurs murs alarme les Romains.

EURYDICE.

'envisage ce trône et tous ses avantages,
Et je n'y vois partout, seigneur, que vos ouvrages;
a gloire ne me peint que celle de mes fers,
Et, dans ce qui m'attend, je vois ce que je perds.
Ah, seigneur!

SURÉNA.

Épargnez la douleur qui me presse;
e la ravalez point jusques à la tendresse;
t laissez-moi partir dans cette fermeté
Qui fait de tels jaloux, et qui m'a tant coûté.

EURYDICE.

artez, puisqu'il le faut, avec ce grand courage
Qui mérita mon cœur et donne tant d'ombrage.
e suivrai votre exemple, et vous n'aurez point lieu...

Mais j'aperçois Palmis qui vient vous dire adieu,
Et je puis, en dépit de tout ce qui me tue,
Quelques momens encor jouir de votre vue.

SCÈNE III. — EURYDICE, SURÉNA, PALMIS.

PALMIS.
On dit qu'on vous exile à moins que d'épouser,
Seigneur, ce que le roi daigne vous proposer.
SURÉNA.
Non; mais jusqu'à l'hymen que Pacorus souhaite
Il m'ordonne chez moi quelques jours de retraite.
PALMIS.
Et vous partez?
SURÉNA.
Je pars.
PALMIS.
Et, malgré son courroux
Vous avez sûreté d'aller jusque chez vous?
Vous êtes à couvert des périls dont menace
Les gens de votre sorte une telle disgrâce,
Et, s'il faut dire tout, sur de si longs chemins,
Il n'est point de poisons, il n'est point d'assassins?
SURÉNA.
Le roi n'a pas encore oublié mes services,
Pour commencer par moi de telles injustices;
Il est trop généreux pour perdre son appui.
PALMIS.
S'il l'est, tous vos jaloux le sont-ils comme lui?
Est-il aucun flatteur, seigneur, qui lui refuse
De lui prêter un crime et lui faire une excuse?
En est-il que l'espoir d'en faire mieux sa cour
N'expose sans scrupule à ces courroux d'un jour,
Ces courroux qu'on affecte alors qu'on désavoue
De lâches coups d'État dont en l'âme on se loue,
Et qu'une absence élude, attendant le moment
Qui laisse évanouir ce faux ressentiment?
SURÉNA.
Ces courroux affectés que l'artifice donne
Font souvent trop de bruit pour abuser personne.
Si ma mort plaît au roi, s'il la veut tôt ou tard,
J'aime mieux qu'elle soit un crime qu'un hasard;
Qu'aucun ne l'attribue à cette loi commune
Qu'impose la nature et règla la fortune;
Que son perfide auteur, bien qu'il cache sa main,
Devienne abominable à tout le genre humain;
Et qu'il en naisse enfin des haines immortelles

Qui de tous ses sujets lui fassent des rebelles

PALMIS.

Je veux que la vengeance aille à son plus haut point :
Les morts les mieux vengés ne ressuscitent point,
Et de tout l'univers la fureur éclatante
En consoleroit mal et la sœur et l'amante.

SURÉNA.

Que faire donc, ma sœur?

PALMIS.

Votre asile est ouvert.

SURÉNA.

Quel asile?

PALMIS.

L'hymen qui vous vient d'être offert.
Vos jours en sûreté dans les bras de Mandane,
Sans plus rien craindre....

SURÉNA.

Et c'est ma sœur qui m'y condamne !
C'est elle qui m'ordonne avec tranquillité
Aux yeux de ma princesse une infidélité !

PALMIS.

Lorsque d'aucun espoir notre ardeur n'est suivie,
Doit-on être fidèle aux dépens de sa vie?
Mais vous ne m'aidez point à le persuader,
Vous qui d'un seul regard pourriez tout décider,
Madame ! ses périls ont-ils de quoi vous plaire?

EURYDICE.

Je crois faire beaucoup, madame, de me taire;
Et tandis qu'à mes yeux vous donnez tout mon bien,
C'est tout ce que je puis que de ne dire rien.
Forcez-le, s'il se peut, au nœud que je déteste;
Je vous laisse en parler, dispensez-moi du reste :
Je n'y mets point d'obstacle, et mon esprit confus....
C'est m'expliquer assez; n'exigez rien de plus.

SURÉNA.

Quoi! vous vous figurez que l'heureux nom de gendre,
Si ma perte est jurée, a de quoi m'en défendre,
Quand, malgré la nature, en dépit de ses lois,
Le parricide a fait la moitié de nos rois,
Qu'un frère pour régner se baigne au sang d'un frère,
Qu'un fils impatient prévient la mort d'un père?
Notre Orode lui-même, où seroit-il sans moi?
Mitradate pour lui montroit-il plus de foi?
Croyez-vous Pacorus bien plus sûr de Phradate?
J'en connois mal le cœur, si bientôt il n'éclate,
Et si de ce haut rang que j'ai vu l'éblouir
Son père et son aîné peuvent longtemps jouir.

Je n'aurai plus de bras alors pour leur défense.
Car enfin mes refus ne font pas mon offense;
Mon vrai crime est ma gloire, et non pas mon amour :
Je l'ai dit, avec elle il croîtra chaque jour;
Plus je les servirai, plus je serai coupable,
Et, s'ils veulent ma mort, elle est inévitable.
Chaque instant que l'hymen pourroit la reculer
Ne les attacheroit qu'à mieux dissimuler;
Qu'à rendre, sous l'appât d'une amitié tranquille,
L'attentat plus secret, plus noir, et plus facile.
Ainsi, dans ce grand nœud chercher ma sûreté,
C'est inutilement faire une lâcheté,
Souiller en vain mon nom, et vouloir qu'on m'impute
D'avoir enseveli ma gloire sous ma chute.
Mais, dieux! se pourroit-il qu'ayant si bien servi,
Par l'ordre de mon roi le jour me fût ravi?
Non, non : c'est d'un bon œil qu'Orode me regarde;
Vous le voyez, ma sœur, je n'ai pas même un garde :
Je suis libre.

PALMIS.

Et j'en crains d'autant plus son courroux;
S'il vous faisoit garder, il répondroit de vous.
Mais pouvez-vous, seigneur, rejoindre votre suite?
Etes-vous libre assez pour choisir une fuite?
Garde-t-on chaque porte à moins d'un grand dessein?
Pour en rompre l'effet il ne faut qu'une main.
Par toute l'amitié que le sang doit attendre,
Par tout ce que l'amour a pour vous de plus tendre....

SURÉNA.

La tendresse n'est point de l'amour d'un héros;
Il est honteux pour lui d'écouter des sanglots;
Et, parmi la douceur des plus illustres flammes,
Un peu de dureté sied bien aux grandes âmes.

PALMIS.

Quoi! vous pourriez....

SURÉNA.

Adieu. Le trouble où je vous voi
Me fait vous craindre plus que je ne crains le roi.

SCÈNE IV. — EURYDICE, PALMIS.

PALMIS.

Il court à son trépas, et vous en serez cause,
A moins que votre amour à son départ s'oppose.
J'ai perdu mes soupirs, et j'y perdrois mes pas.
Mais il vous en croira, vous ne les perdrez pas.
Ne lui refusez point un mot qui le retienne,
Madame.

ACTE V, SCÈNE IV.

EURYDICE.
S'il périt, ma mort suivra la sienne.
PALMIS.
Je puis en dire autant; mais ce n'est pas assez.
Vous avez tant d'amour, madame, et balancez !
EURYDICE.
Est-ce le mal aimer que de le vouloir suivre?
PALMIS.
C'est un excès d'amour qui ne fait point revivre.
De quoi lui servira notre mortel ennui ?
De quoi nous servira de mourir après lui ?
EURYDICE.
Vous vous alarmez trop : le roi dans sa colère
Ne parle....
PALMIS.
Vous dit-il tout ce qu'il prétend faire ?
D'un trône où ce héros a su le replacer,
S'il en veut à ses jours, l'ose-t-il prononcer ?
Le pourroit-il sans honte? et pourriez-vous attendre
A prendre soin de lui qu'il soit trop tard d'en prendre?
N'y perdez aucun temps, partez : que tardez-vous ?
Peut-être en ce moment on le perce de coups ;
Peut-être....
EURYDICE.
Que d'horreurs vous me jetez dans l'âme !
PALMIS.
Quoi ! vous n'y courez pas !
EURYDICE.
Et le puis-je, madame ?
Donner ce qu'on adore à ce qu'on veut haïr,
Quel amour jusque-là put jamais se trahir ?
Savez-vous qu'à Mandane envoyer ce que j'aime,
C'est de ma propre main m'assassiner moi-même ?
PALMIS.
Savez-vous qu'il le faut, ou que vous le perdez ?

SCÈNE V. — EURYDICE, PALMIS, ORMÈNE.

EURYDICE.
Je n'y résiste plus, vous me le défendez.
Ormène vient à nous, et lui peut aller dire
Qu'il épouse.... Achevez tandis que je soupire.
PALMIS.
Elle vient tout en pleurs.
ORMÈNE.
Qu'il vous en va coûter !
Et que pour Suréna....

PALMIS.
L'a-t-on fait arrêter?
ORMÈNE.
A peine du palais il sortoit dans la rue,
Qu'une flèche a parti d'une main inconnue;
Deux autres l'ont suivie; et j'ai vu ce vainqueur,
Comme si toutes trois l'avoient atteint au cœur,
Dans un ruisseau de sang tomber mort sur la place.
EURYDICE.
Hélas!
ORMÈNE.
Songez à vous, la suite vous menace;
Et je pense avoir même entendu quelque voix
Nous crier qu'on apprît à dédaigner les rois.
PALMIS.
Prince ingrat! lâche roi! Que fais-tu du tonnerre,
Ciel, si tu daignes voir ce qu'on fait sur la terre?
Et pour qui gardes-tu tes carreaux embrasés,
Si de pareils tyrans n'en sont point écrasés?
Et vous, madame, vous dont l'amour inutile,
Dont l'intrépide orgueil paroît encor tranquille,
Vous qui, brûlant pour lui, sans vous déterminer,
Ne l'avez tant aimé que pour l'assassiner,
Allez d'un tel amour, allez voir tout l'ouvrage,
En recueillir le fruit, en goûter l'avantage.
Quoi! vous causez sa perte, et n'avez point de pleurs!
EURYDICE.
Non, je ne pleure point, madame, mais je meurs.
Ormène, soutiens-moi.
ORMÈNE.
Que dites-vous, madame?
EURYDICE.
Généreux Suréna, reçois toute mon âme.
ORMÈNE.
Emportons-la d'ici pour la mieux secourir.
PALMIS.
Suspendez ces douleurs qui pressent de mourir,
Grands dieux! et, dans les maux où vous m'avez plongée,
Ne souffrez point ma mort que je ne sois vengée!

FIN DE SURÉNA.

DISCOURS, LETTRES.

PREMIER DISCOURS.
DE L'UTILITÉ ET DES PARTIES
DU POËME DRAMATIQUE.

Bien que, selon Aristote, le seul but de la poésie dramatique soit de plaire aux spectateurs, et que la plupart de ces poëmes leur aient plu, je veux bien avouer toutefois que beaucoup d'entre eux n'ont pas atteint le but de l'art. « Il ne faut pas prétendre, dit ce philosophe, que ce genre de poésie nous donne toute sorte de plaisir, mais seulement celui qui lui est propre; » et, pour trouver ce plaisir qui lui est propre, et le donner aux spectateurs, il faut suivre les préceptes de l'art, et leur plaire selon ses règles. Il est constant qu'il y a des préceptes, puisqu'il y a un art; mais il n'est pas constant quels ils sont. On convient du nom sans convenir de la chose, et on s'accorde sur les paroles pour contester sur leur signification. Il faut observer l'unité d'action, de lieu et de jour, personne n'en doute; mais ce n'est pas une petite difficulté de savoir ce que c'est que cette unité d'action, et jusques où peut s'étendre cette unité de jour et de lieu. Il faut que le poëte traite son sujet selon le vraisemblable et le nécessaire; Aristote le dit, et tous ses interprètes répètent les mêmes mots, qui leur semblent si clairs et si intelligibles, qu'aucun d'eux n'a daigné nous dire, non plus que lui, ce que c'est que ce vraisemblable et ce nécessaire. Beaucoup même ont si peu considéré ce dernier, qui accompagne toujours l'autre chez ce philosophe, hormis une seule fois, où il parle de la comédie, qu'on en est venu jusqu'à établir une maxime très-fausse, *qu'il faut que le sujet d'une tragédie soit vraisemblable;* appliquant ainsi aux conditions du sujet la moitié de ce qu'il a dit de la manière de le traiter. Ce n'est pas qu'on ne puisse faire une tragédie d'un sujet purement vraisemblable; il en donne pour exemple *la Fleur d'Agathon*, où les noms et les choses étoient de pure invention, aussi bien qu'en la comédie : mais les grands sujets qui remuent fortement les passions, et en opposent l'impétuosité aux lois du devoir ou aux tendresses du sang, doivent toujours aller au delà du vraisemblable, et ne trouveroient aucune croyance parmi les auditeurs, s'ils n'étoient soutenus, ou par l'autorité de l'histoire qui persuade avec empire, ou par la préoccupation de l'opinion commune qui nous donne ces mêmes auditeurs déjà tout persuadés. Il n'est pas vraisemblable que Médée tue ses enfans, que Clytemnestre assassine son mari, qu'Oreste poignarde sa mère ; mais l'histoire le dit, et la représentation de ces grands crimes ne trouve point d'incrédules. Il n'est ni vrai ni vraisemblable qu'Andromède, exposée à un monstre marin, ait été garantie de ce péril par un cavalier volant qui avoit des ailes aux pieds : mais c'est une fiction que l'antiquité a reçue ; et, comme elle l'a transmise jusqu'à nous, personne ne s'en offense quand on la voit sur le théâtre. Il ne seroit pas permis toutefois d'inventer sur ces exemples. Ce que la vérité ou l'opinion fait accepter seroit rejeté, s'il n'avoit point d'autre fondement qu'une ressemblance à cette vérité ou à cette opinion. C'est pourquoi notre docteur dit que *les sujets viennent de la fortune*, qui fait arriver les choses, *et non de l'art*, qui les imagine. Elle est maîtresse des événemens, et le choix qu'elle nous donne de ceux qu'elle nous présente enveloppe une secrète défense d'entreprendre sur elle, et d'en produire sur la scène qui ne soient pas de sa façon. Aussi « les anciennes tragédies se sont arrêtées autour de peu de familles, parce qu'il étoit arrivé à peu de familles des choses dignes de la tragédie. » Les siècles suivans nous en ont assez fourni pour franchir ces bornes, et ne marcher plus sur les pas des Grecs : mais je ne pense pas qu'ils nous aient donné la liberté de nous écarter de leurs règles. Il faut, s'il se peut, nous accommoder avec elles, et les amener jusqu'à nous. Le retranchement que nous avons fait des chœurs nous oblige à remplir nos poëmes de plus d'épisodes qu'ils ne faisoient ; c'est quelque chose de plus, mais qui ne doit pas aller au delà de leurs maximes, bien qu'il aille au delà de leur pratique.

Il faut donc savoir quelles sont ces règles ; mais notre malheur est qu'Aristote, et Horace après lui, en ont écrit assez obscurément pour avoir besoin d'interprètes, et que ceux qui leur en ont voulu servir jusques ici ne les ont souvent expliqués qu'en grammairiens ou en philosophes. Comme ils avoient plus d'étude et de spéculation que d'expérience du théâtre, leur lecture nous peut rendre plus doctes, mais non pas nous donner beaucoup de lumières fort sûres pour y réussir.

Je hasarderai quelque chose sur cinquante ans de travail pour la scène, et en dirai mes pensées tout simplement, sans esprit de contestation qui m'engage à les soutenir, et sans prétendre que personne renonce en ma faveur à celles qu'il en aura conçues.

Ainsi ce que j'ai avancé dès l'entrée de ce discours, *que la poésie dramatique a pour but le seul plaisir des spectateurs*, n'est pas pour l'emporter opiniâtrément sur ceux qui pensent ennoblir l'art, en lui donnant pour objet de profiter aussi bien que de plaire. Cette dispute même seroit très-inutile, puisqu'il est impossible de plaire selon les règles, qu'il ne s'y rencontre beaucoup d'utilité. Il est vrai qu'Aristote, dans tout son *Traité de la Poétique*, n'a jamais employé ce mot une seule fois; qu'il attribue l'origine de la poésie au plaisir que nous prenons à voir imiter les actions des hommes; qu'il préfère la partie du poëme qui regarde le sujet à celle qui regarde les mœurs, parce que cette première contient ce qui agrée le plus, comme les *agnitions* et les *péripéties*; qu'il fait entrer, dans la définition de la tragédie, l'agrément du discours dont elle est composée; et qu'il l'estime enfin plus que le poëme épique, en ce qu'elle a de plus la décoration extérieure et la musique, qui délectent puissamment, et qu'étant plus courte et moins diffuse, le plaisir qu'on y prend est plus parfait : mais il n'est pas moins vrai qu'Horace nous apprend que nous ne saurions plaire à tout le monde, si nous n'y mêlons l'utile, et que les gens graves et sérieux, les vieillards et les amateurs de la vertu, s'y ennuieront, s'ils n'y trouvent rien à profiter.

Centuriæ seniorum agitant expertia frugis.

Ainsi, quoique l'utile n'y entre que sous la forme du délectable, il ne laisse pas d'y être nécessaire; et il vaut mieux examiner de quelle façon il y peut trouver sa place que d'agiter, comme je l'ai déjà dit, une question inutile touchant l'utilité de cette sorte de poëmes. J'estime donc qu'il s'y en peut rencontrer de quatre sortes.

La première consiste aux sentences et instructions morales qu'on y peut semer presque partout : mais il en faut user sobrement, les mettre rarement en discours généraux, ou ne les pousser guère loin, surtout quand on fait parler un homme passionné, ou qu'on lui fait répondre par un autre; car il ne doit avoir non plus de patience pour les entendre que de quiétude d'esprit pour les concevoir et les dire. Dans les délibérations d'État, où un homme d'importance consulté par un roi s'explique de sens rassis, ces sortes de discours trouvent lieu de plus d'étendue; mais enfin il est toujours bon de les réduire souvent de la thèse à l'hypothèse; et j'aime mieux faire dire à un acteur, *l'amour vous donne beaucoup d'inquiétudes*, que, *l'amour donne beaucoup d'inquiétudes aux esprits qu'il possède*.

Ce n'est pas que je voulusse entièrement bannir cette dernière façon de s'énoncer sur les maximes de la morale et de la politique. Tous mes poëmes demeureroient bien estropiés, si on en retranchoit ce que j'y en ai mêlé; mais, encore un coup, il ne les faut pas pousser loin sans les appliquer au particulier; autrement c'est un lieu commun, qui ne manque jamais d'ennuyer l'auditeur, parce qu'il fait languir l'action; et, quelque heureusement que réussisse cet étalage de moralités, il faut toujours craindre que ce ne soit un de ces ornemens ambitieux qu'Horace nous ordonne de retrancher.

J'avouerai toutefois que les discours généraux ont souvent grâce, quand celui qui les prononce et celui qui les écoute ont tous deux l'esprit assez tranquille pour se donner raisonnablement cette patience. Dans le quatrième acte de *Mélite*, la joie qu'elle a d'être aimée de Tircis lui fait souffrir sans chagrin la remontrance de sa nourrice, qui de son côté satisfait à cette démangeaison qu'Horace attribue aux vieilles gens, de faire des leçons aux jeunes; mais si elle savoit que Tircis la crût infidèle, et qu'il en fût au désespoir, comme elle l'apprend ensuite, elle n'en souffriroit pas quatre vers. Quelquefois même ces discours sont nécessaires pour appuyer des sentimens dont le raisonnement ne se peut fonder sur aucune des actions particulières de ceux dont on parle. Rodogune, au premier acte, ne sauroit justifier la défiance qu'elle a de Cléopatre que par le peu de sincérité qu'il y a d'ordinaire dans la réconciliation des grands après une offense signalée, parce que, depuis le traité de paix, cette reine n'a rien fait qui la doive rendre suspecte de cette haine qu'elle lui conserve dans le cœur. L'assurance que prend Mélisse, au quatrième de *la Suite du Menteur*, sur les premières protestations d'amour que lui fait Dorante, qu'elle n'a vu qu'une seule fois, ne se peut autoriser que sur la facilité et la promptitude que deux amans nés l'un pour l'autre ont à donner croyance à ce qu'ils s'entre-disent; et les douze vers qui expriment cette moralité en termes généraux ont tellement plu, que beaucoup de gens d'esprit n'ont pas dédaigné d'en charger leur mémoire. Vous en trouverez ici quelques autres de cette nature. La seule règle qu'on y peut établir, c'est qu'il les faut placer judicieusement, et surtout les mettre en la bouche de gens qui aient l'esprit sans embarras, et qui ne soient point emportés par la chaleur de l'action.

La seconde utilité du poëme dramatique se rencontre en la naïve peinture des vices et des vertus, qui ne manque jamais à faire son effet, quand elle est bien achevée, et que les traits en sont si reconnoissables, qu'on ne les peut confondre l'un dans l'autre, ni prendre le vice pour la vertu. Celle-ci se fait alors toujours aimer, quoique malheureuse; et celui-là se fait toujours haïr, bien que triomphant. Les anciens se sont fort souvent contentés de cette peinture, sans se mettre en peine de faire récompenser les bonnes actions, et punir les mauvaises : Clytemnestre et son adultère tuent Agamemnon impunément; Médée en fait autant de ses enfans, et Atrée de ceux de son frère Thyeste, qu'il lui fait manger. Il est vrai qu'à bien considérer ces actions, qu'ils choisissoient pour la catastrophe de leurs tragédies, c'étoient des criminels qu'ils faisoient punir, mais par des crimes plus grands que les leurs. Thyeste avoit abusé de la femme de son frère; mais la vengeance qu'il en pr~~~ quelque chose de plus affreux que ce premier crime. Jason étoit un perfide d'abandonner Médée, à qui il devoit tout; mais massacrer ses enfans à ses yeux est quelque chose de plus. Clytemnestre se plaignoit des concubines qu'Agamemnon ramenoit de Troie; mais il n'avoit point attenté sur sa vie, comme elle fait sur la sienne : et ces maîtres de l'art ont trouvé le crime de son fils Oreste, qui la tue pour venger son père, encore plus grand que le sien, puisqu'ils lui ont donné des Furies vengeresses pour le tourmenter, et n'en ont point donné à sa mère, qu'ils font jouir paisiblement avec son Égisthe du royaume d'un mari qu'elle avoit assassiné.

Notre théâtre souffre difficilement de pareils sujets. Le *Thyeste* de Sénèque n'y a pas été fort heureux : *Médée* y a trouvé plus de faveur; mais aussi, à le bien prendre, la perfidie de Jason et la violence du roi de Corinthe la font paroître si injustement opprimée, que l'auditeur entre aisément dans ses intérêts, et regarde sa vengeance comme une justice qu'elle se fait elle-même de ceux qui l'oppriment.

C'est cet intérêt qu'on aime à prendre pour les vertueux qui a obligé d'en venir à cette autre manière de finir le poëme dramatique par la punition des mauvaises actions et la récompense des bonnes, qui n'est pas un précepte de l'art, mais un usage que nous avons embrassé, dont chacun peut se départir à ses périls. Il étoit dès le temps d'Aristote, et peut-être qu'il ne plaisoit pas trop à ce philosophe, puisqu'il dit « qu'il n'a eu vogue que par l'imbécillité du jugement des spectateurs, et que ceux qui le pratiquent s'accommodent au goût du peuple, et écrivent selon les souhaits de leur auditoire. » En effet, il est certain que nous ne saurions voir un honnête homme sur notre théâtre sans lui souhaiter de la prospérité, et nous fâcher de ses infortunes. Cela fait que, quand il en demeure accablé, nous sortons avec chagrin, et remportons une espèce d'indignation contre l'auteur et les acteurs : mais quand l'événement remplit nos souhaits, et que la vertu y est couronnée, nous sortons avec pleine joie, et remportons une entière satisfaction et de l'ouvrage, et de ceux qui l'ont représenté. Le succès heureux de la vertu, en dépit des traverses et des périls, nous excite à l'embrasser; et le succès funeste du crime ou de l'injustice est capable de nous en augmenter l'horreur naturelle, par l'appréhension d'un pareil malheur.

C'est en cela que consiste la troisième utilité du théâtre, comme la quatrième en la purgation des passions par le moyen de la pitié et de la crainte. Mais, comme cette utilité est particulière à la tragédie, je m'expliquerai sur cet article au second volume, où je traiterai de la tragédie en particulier, et passe l'examen des parties qu'Aristote attribue au poëme dramatique

Je dis a l poëme dramatique en général, bien qu'en traitant cette matière il ne parle que de la tragédie ; parce que tout ce qu'il en dit convient aussi à la comédie, et que la différence de ces deux espèces de poëmes ne consiste qu'en la dignité des personnages, et des actions qu'ils imitent, et non pas en la façon de les imiter, ni aux choses qui servent à cette imitation.

Le poëme est composé de deux sortes de parties. Les unes sont appelées parties de quantité, ou d'extension ; et Aristote en nomme quatre : le prologue, l'épisode, l'exode, et le chœur. Les autres se peuvent nommer des parties intégrantes, qui se rencontrent dans chacune de ces premières pour former tout le corps avec elles. Ce philosophe y en trouve six : le sujet, les mœurs, les sentimens, la diction, la musique, et la décoration du théâtre. De ces six, il n'y a que le sujet dont la bonne constitution dépende proprement de l'art poétique ; les autres ont besoin d'autres arts subsidiaires : les mœurs, de la morale ; les sentimens, de la rhétorique ; la diction, de la grammaire ; et les deux autres parties ont chacune leur art, dont il n'est pas besoin que le poëte soit instruit, parce qu'il y peut faire suppléer par d'autres que lui, ce qui fait qu'Aristote ne les traite pas. Mais comme il faut qu'il exécute lui-même ce qui concerne les quatre premières, la connoissance des arts dont elles dépendent lui est absolument nécessaire, à moins qu'il ait reçu de la nature un sens commun assez fort et assez profond pour suppléer à ce défaut.

Les conditions du sujet sont diverses pour la tragédie et pour la comédie. Je ne toucherai à présent qu'à ce qui regarde cette dernière, qu'Aristote définit simplement *une imitation des personnes basses et fourbes*. Je ne puis m'empêcher de dire que cette définition ne me satisfait point ; et, puisque beaucoup de savans tiennent que son *Traité de la Poétique* n'est pas venu tout entier jusqu'à nous, je veux croire que dans ce que le temps nous en a dérobé il s'en rencontroit une plus achevée.

La poésie dramatique, selon lui, est une imitation des actions, et il s'arrête ici à la condition des personnes, sans dire quelles doivent être ces actions. Quoi qu'il en soit, cette définition avoit du rapport à l'usage de son temps, où l'on ne faisoit parler, dans la comédie, que des personnes d'une condition très-médiocre ; mais elle n'a pas une entière justesse pour le nôtre, où les rois mêmes y peuvent entrer, quand leurs actions ne sont point au-dessus d'elle. Lorsqu'on met sur la scène un simple intrique d'amour entre des rois, et qu'ils ne courent aucun péril, ni de leur vie, ni de leur État, je ne crois pas que, bien que les personnes soient illustres, l'action le soit assez pour s'élever jusques à la tragédie. Sa dignité demande quelque grand intérêt d'État, ou quelque passion plus noble et plus mâle que l'amour, telles que sont l'ambition ou la vengeance, et veut donner à craindre des malheurs plus grands que la perte d'une maîtresse. Il est à propos d'y mêler l'amour, parce qu'il a toujours beaucoup d'agrément, et peut servir de fondement à ces intérêts, et à ces autres passions dont je parle; mais il faut qu'il se contente du second rang dans le poëme, et leur laisse le premier.

Cette maxime semblera nouvelle d'abord; elle est toutefois de la pratique des anciens, chez qui nous ne voyons aucune tragédie où il n'y ait qu'un intérêt d'amour à démêler. Au contraire, ils l'en bannissoient souvent; et ceux qui voudront considérer les miennes, reconnoîtront qu'à leur exemple je ne lui ai jamais laissé y prendre le pas devant, et que dans *le Cid* même, qui est sans contredit la pièce la plus remplie d'amour que j'aie faite, le devoir de la naissance et le soin de l'honneur l'emportent sur toutes les tendresses qu'il inspire aux amans que j'y fais parler.

Je dirai plus. Bien qu'il y ait de grands intérêts d'État dans un poëme, et que le soin qu'une personne royale doit avoir de sa gloire fasse taire sa passion, comme en *Don Sanche*, s'il ne s'y rencontre point de péril de vie, de perte d'États, ou de bannissement, je ne pense pas qu'il ait droit de prendre un nom plus relevé que celui de comédie; mais, pour répondre aucunement à la dignité des personnes dont celui-là représente les actions, je me suis hasardé d'y ajouter l'épithète d'héroïque, pour le distinguer d'avec les comédies ordinaires. Cela est sans exemple parmi les anciens; mais aussi il est sans exemple parmi eux de mettre des rois sur le théâtre sans quelqu'un de ces grands périls. Nous ne devons pas nous attacher si servilement à leur imitation, que nous n'osions essayer quelque chose de nous-mêmes, quand cela ne renverse point les règles de l'art; ne fût-ce que pour mériter cette louange que donnoit Horace aux poëtes de son temps:

Nec minimum meruere decus, vestigia Græca
Ausi deserere;

et n'avoir point de part en ce honteux éloge:

O imitatores, servum pecus!

« Ce qui nous sert maintenant d'exemple, dit Tacite, a été autrefois sans exemple, et ce que nous faisons sans exemple en pourra servir un jour. »

La comédie diffère donc en cela de la tragédie, que celle-ci veut pour son sujet une action illustre, extraordinaire, sérieuse: celle-là s'arrête à une action commune et enjouée: celle-ci demande de grands périls pour ses héros; celle-là se contente de l'inquiétude et des déplaisirs de ceux à qui elle donne le premier rang parmi ses acteurs. Toutes les deux ont cela de commun, que cette action doit être complète et achevée; c'est-à-dire que dans l'événement qui la termine le spectateur doit être si bien instruit des sentimens de tous ceux qui y ont eu quelque part, qu'il sorte l'esprit en repos, et ne soit plus en doute de rien. Cinna conspire contre Auguste, sa conspiration est découverte, Auguste le fait arrêter. Si le poëme en demeuroit là, l'action ne seroit pas complète, parce que l'auditeur sortiroit dans l'incertitude de ce que cet empereur auroit ordonné de cet ingrat favori. Ptolomée craint que César, qui vient en Égypte, ne favorise sa sœur dont il est amoureux, et ne le force à lui rendre sa part du royaume, que son père lui a laissée par testament : pour attirer la faveur de son côté par un grand service, il lui immole Pompée; ce n'est pas assez, il faut voir comment César recevra ce grand sacrifice. Il arrive, il s'en fâche, il menace Ptolomée, il le veut obliger d'immoler les conseillers de cet attentat à cet illustre mort; ce roi, surpris de cette réception si peu attendue, se résout à prévenir César, et conspire contre lui, pour éviter, par sa perte, le malheur dont il se voit menacé. Ce n'est pas encore assez; il faut savoir ce qui réussira de cette conspiration. César en a l'avis, et Ptolomée, périssant dans un combat avec ses ministres, laisse Cléopatre en paisible possession du royaume dont elle demandoit la moitié, et César hors de péril; l'auditeur n'a plus rien à demander, et sort satisfait, parce que l'action est complète.

Je connois des gens d'esprit, et des plus savans en l'art poétique, qui m'imputent d'avoir négligé d'achever *le Cid*, et quelques autres de mes poëmes, parce que je n'y conclus pas précisément le mariage des premiers acteurs, et que je ne les envoie point marier au sortir du théâtre. A quoi il est aisé de répondre que le mariage n'est point un achèvement nécessaire pour la tragédie heureuse, ni même pour la comédie. Quant à la première, c'est le péril d'un héros qui la constitue; et lorsqu'il en est sorti, l'action est terminée. Bien qu'il ait de l'amour, il n'est point besoin qu'il parle d'épouser sa maîtresse quand la bienséance ne le permet pas; et il suffit d'en donner l'idée après en avoir levé tous les empêchemens, sans lui en faire déterminer le jour. Ce seroit une chose insupportable que Chimène en convînt avec Rodrigue dès le lendemain qu'il a tué son père, et Rodrigue seroit ridicule, s'il faisoit la moindre démonstration de le désirer. Je dis la même chose d'Antiochus. Il ne pourroit dire de douceurs à Rodogune qui ne fussent de mauvaise grâce, dans l'instant que sa mère se vient d'empoisonner à leurs yeux, et meurt dans la rage de n'avoir pu les faire périr avec elle. Pour la comédie, Aristote ne lui impose point d'autre devoir pour conclusion *que de rendre amis ceux qui étoient ennemis*. Ce qu'il faut entendre un peu plus généralement que les termes ne semblent porter, et l'étendre à la réconciliation de toute sorte de mauvaise intelligence; comme quand un fils rentre aux bonnes grâces d'un père qu'on a vu en colère contre lui pour ses débauches, ce qui est une fin assez ordinaire aux anciennes comédies; ou que deux amans, séparés par quelque fourbe qu'on leur a faite, ou par quelque pouvoir dominant, se réunissent par l'éclaircissement de cette fourbe, ou par le consentement de ceux qui y mettoient obstacle; ce qui arrive presque toujours dans les nôtres, qui n'ont que très-rarement une autre fin que des mariages. Nous devons toutefois prendre garde que ce consentement ne vienne pas par un simple changement de volonté, mais par un événement qui en fournisse l'occasion. Autrement il n'y auroit pas grand artifice au dénoûment d'une pièce, si, après l'avoir soutenue, durant quatre actes, sur l'autorité d'un père qui n'approuve point les inclinations amoureuses de son fils ou de sa fille, il y consentoit tout d'un coup au cinquième, par cette seule raison que c'est le cinquième, et que l'auteur n'oseroit en faire six. Il faut un effet considérable qui l'y oblige, comme si l'amant de sa fille lui sauvoit la vie en quelque rencontre où il fût près d'être assassiné par ses ennemis; ou que, par quelque accident inespéré, il fût reconnu pour être de plus grande condition, et mieux dans la fortune qu'il ne paroissoit.

Comme il est nécessaire que l'action soit complète, il faut aussi n'ajouter rien au delà; parce que, quand l'effet est arrivé, l'auditeur ne souhaite plus rien, et s'ennuie de tout le reste. Ainsi les sentimens de joie qu'ont deux amans qui se voient réunis après de longues traverses doivent être bien courts; et je ne sais pas quelle grâce a eue chez les Athéniens la contestation de Ménélas et de Teucer pour la sépulture d'Ajax, que Sophocle fait mourir au quatrième acte; mais je sais bien que, de notre temps, la dispute du même Ajax et d'Ulysse pour les armes d'Achille, après sa mort, lassa fort les oreilles, bien qu'elle partît d'une bonne main. Je ne puis déguiser même que j'ai peine encore à comprendre comment on a pu souffrir le cinquième acte de *Mélite* et de *la Veuve*. On n'y voit les premiers acteurs que réunis ensemble, et ils n'y ont plus d'intérêt qu'à savoir les auteurs de la fausseté ou de la violence qui les a séparés. Cependant ils en pouvoient être déjà instruits, si je l'eusse voulu, et semblent n'être plus sur le théâtre que pour servir de témoins au mariage de ceux du second ordre; ce qui fait languir toute cette fin, où ils n'ont point de part. Je n'ose attribuer le bonheur qu'eurent ces deux comédies à l'ignorance des préceptes, qui étoit assez générale en ce temps-là, d'autant que ces mêmes préceptes, bien ou mal observés, doivent faire leur effet, bon ou mauvais, sur ceux même qui, faute de les savoir, s'abandonnent au courant des sentimens naturels : mais je ne puis que je n'avoue du moins que la vieille habitude qu'on avoit alors à ne voir rien de mieux ordonné a été cause qu'on ne s'est point indigné contre ces défauts, et que la nouveauté d'un genre de comédie très-agréable, et qui jusque-là n'avoit point paru sur la scène, a fait qu'on a voulu trouver belles toutes les parties d'un corps qui plaisoit à la vue, bien qu'il n'eût pas toutes ses proportions dans leur justesse.

La comédie et la tragédie se ressemblent encore en ce que l'action qu'elles choisissent pour imiter « doit avoir une juste grandeur, c'est-à-dire qu'elle ne doit être, ni si petite qu'elle échappe à la vue comme un atome, ni si vaste qu'elle confonde la mémoire de l'auditeur et égare son imagination. » C'est ainsi qu'Aristote explique cette condition du poëme, et ajoute que « pour être d'une juste grandeur, elle doit avoir un commencement, un milieu, et une fin. » Ces termes sont si généraux, qu'ils semblent ne signifier rien; mais, à les bien entendre, ils excluent les actions momentanées qui n'ont point ces trois parties. Telle est peut-être la mort de la sœur d'Horace, qui se fait tout d'un coup sans aucune préparation dans les trois actes qui la précèdent; et je m'assure que si Cinna attendoit au cinquième à conspirer contre Auguste, et qu'il consumât les quatre autres en protestations d'amour à Émilie, ou en jalousies contre Maxime, cette conspiration surprenante feroit bien des révoltes dans les esprits, à qui ces quatre premiers auroient fait attendre tout autre chose.

Il faut donc qu'une action, pour être d'une juste grandeur, ait un commencement, un milieu et une fin. Cinna conspire contre Auguste, et rend compte de sa conspiration à Émilie, voilà le commencement; Maxime en fait avertir Auguste, voilà le milieu; Auguste lui pardonne, voilà la fin. Ainsi dans les comédies de ce premier volume, j'ai presque toujours établi deux amans en bonne intelligence; je les ai brouillés ensemble par quelque fourbe, et les ai réunis par l'éclaircissement de cette même fourbe qui les séparoit.

A ce que je viens de dire de la juste grandeur de l'action j'ajoute un mot touchant celle de sa représentation, que nous bornons d'ordinaire à un peu moins de deux heures. Quelques-uns réduisent le nombre des vers qu'on y récite à quinze cents, et veulent que les pièces de théâtre ne puissent aller jusqu'à dix-huit, sans laisser un chagrin capable de faire oublier les plus belles choses. J'ai été plus heureux que leur règle ne me le permet, en ayant donné pour l'ordinaire deux mille aux comédies, et un peu plus de dix-huit cents aux tragédies, sans avoir sujet de me plaindre que mon auditoire ait montré trop de chagrin pour cette longueur.

C'est assez parlé du sujet de la comédie, et des conditions qui lui sont nécessaires. La vraisemblance en est une dont je parlerai en un autre lieu; il y a, de plus, que les événemens en doivent toujours être heureux, ce qui n'est pas une obligation de la tragédie, où nous avons le choix de faire un changement de bonheur en malheur, ou de malheur en bonheur Cela n'a pas besoin de commentaire. Je viens à la seconde partie du poëme, qui sont les mœurs.

Aristote leur prescrit quatre conditions : « Qu'elles soient bonnes, convenables, semblables, et égales. » Ce sont des termes qu'il a si peu expliqués, qu'il nous laisse grand lieu de douter de ce qu'il veut dire.

Je ne puis comprendre comment on a voulu entendre par ce mot de *bonnes* qu'il faut qu'elles soient vertueuses. La plupart des poëmes, tant anciens que modernes, demeureroient en un pitoyable état, si l'on en retranchoit tout ce qui s'y rencontre de personnages méchans, ou vicieux, ou tachés de quelque foiblesse qui s'accorde mal avec la vertu. Horace a pris soin de décrire en général les mœurs de chaque âge, et leur attribue plus de défauts que de perfections ; et quand il nous prescrit de peindre Médée fière et indomptable, Ixion perfide, Achille emporté de colère, jusqu'à maintenir que les lois ne sont pas faites pour lui, et ne vouloir prendre droit que par les armes, il ne nous donne pas de grandes vertus à exprimer. Il faut donc trouver une bonté compatible avec ces sortes de mœurs ; et s'il m'est permis de dire mes conjectures sur ce qu'Aristote nous demande par là, je crois que c'est le caractère brillant et élevé d'une habitude vertueuse ou criminelle, selon qu'elle est propre et convenable à la personne qu'on introduit. Cléopatre, dans *Rodogune*, est très-méchante ; il n'y a point de parricide qui lui fasse horreur, pourvu qu'il la puisse conserver sur un trône qu'elle préfère à toutes choses, tant son attachement à la domination est violent ; mais tous ses crimes sont accompagnés d'une grandeur d'âme qui a quelque chose de si haut, qu'en même temps qu'on déteste ses actions on admire la source dont elles partent. J'ose dire la même chose du *Menteur*. Il est hors de doute que c'est une habitude vicieuse que de mentir ; mais il débite ses menteries avec une telle présence d'esprit et tant de vivacité, que cette imperfection a bonne grâce en sa personne, et fait confesser aux spectateurs que le talent de mentir ainsi est un vice dont les sots ne sont point capables. Pour troisième exemple, ceux qui voudront examiner la manière dont Horace décrit la colère d'Achille ne s'éloigneront pas de ma pensée. Elle a pour fondement un passage d'Aristote, qui suit d'assez près celui que je tâche d'expliquer. « La poésie, dit-il, est une imitation de gens meilleurs qu'ils n'ont été ; et comme les peintres font souvent des portraits flattés, qui sont plus beaux que l'original, et conservent toutefois la ressemblance, ainsi les poëtes, représentant des hommes colères ou fainéans, doivent tirer une haute idée de ces qualités qu'ils leur attribuent, en sorte qu'il s'y trouve un bel exemplaire d'équité ou de dureté ; et c'est ainsi qu'Homère a fait Achille bon. » Ce dernier mot est à remarquer, pour faire voir qu'Homère a donné aux emportemens de la colère d'Achille cette bonté nécessaire aux mœurs, que je fais consister en cette élévation de leur caractère, et dont Robortel parle ainsi : « Unum-« quodque genus per se supremos quosdam habet decoris gra-« dus, et absolutissimam recipit formam, non tamen degenerans « a sua natura et effigie pristina. »

Ce texte d'Aristote, que je viens de citer, peut faire de la peine, en ce qu'il porte « que les mœurs des hommes colères ou fainéans doivent être peintes dans un tel degré d'excellence, qu'il s'y rencontre un haut exemplaire d'équité ou de dureté. » Il y a du rapport de la dureté à la colère ; et c'est ce qu'attribue Horace à celle d'Achille en ce vers :

. . . . Iracundus, inexorabilis, acer.

Mais il n'y en a point de l'équité à la fainéantise, et je ne puis voir quelle part elle peut avoir en son caractère. C'est ce qui me fait douter si le mot grec ῥᾳθύμους a été rendu dans le sens d'Aristote par les interprètes latins que j'ai suivis. Pacius le tourne *desides;* Victorius, *inertes;* Hensius, *segnes;* et le mot de *fainéans*, dont je me suis servi pour le mettre en notre langue, répond assez à ces trois versions ; mais Castelvetro le rend en la sienne par celui de *mansueti, débonnaires*, ou *pleins de mansuétude;* et non-seulement ce mot a une opposition plus juste à celui de *colère*, mais aussi il s'accorderoit mieux avec cette habitude qu'Aristote appelle ἐπιεικείαν, dont il nous demande un bel exemplaire. Ces trois interprètes traduisent ce mot grec par celui d'*équité* ou de *probité*, qui répondroit mieux au *mansueti* de l'italien qu'à leurs *segnes*, *desides*, *inertes*, pourvu qu'on n'entendît par là qu'une bonté naturelle, qui ne se fâche que malaisément : mais j'aimerois mieux encore celui de *piacevolezza*, dont l'autre se sert pour l'exprimer en sa langue ; et je crois que, pour lui laisser sa force en la nôtre, on le pourroit tourner par celui de *condescendance*, ou *facilité équitable d'approuver, excuser, et supporter tout ce qui arrive*. Ce n'est pas que je me veuille faire juge entre de si grands hommes ; mais je ne puis dissimuler que la version italienne de ce passage me semble avoir quelque chose de plus juste que ces trois latines. Dans cette diversité d'interprétations chacun est en liberté de choisir, puisque même on a droit de les rejeter toutes, quand il s'en présente une nouvelle qui plaît davantage, et que les opinions des plus savans ne sont pas des lois pour nous.

Il me vient encore une autre conjecture, touchant ce qu'entend Aristote par cette bonté de mœurs qu'il leur impose pour première condition. C'est qu'elles doivent être vertueuses tant qu'il se peut, en sorte que nous n'exposions point de vicieux ou de criminels sur le théâtre, si le sujet que nous traitons n'en a besoin. Il donne lieu lui-même à cette pensée, lorsque, voulant marquer un exemple d'une faute contre cette règle, il se sert de celui de Ménélas dans l'*Oreste* d'Euripide, dont le défaut ne consiste pas en ce qu'il est injuste, mais en ce qu'il l'est sans nécessité.

Je trouve dans Castelvetro une troisième explication qui pourroit ne déplaire pas, qui est que cette bonté de mœurs ne regarde que le premier personnage, qui doit toujours se faire aimer, et par conséquent être vertueux, et non pas ceux qui le persécutent, ou le font périr; mais comme c'est restreindre à un seul ce qu'Aristote dit en général, j'aimerois mieux m'arrêter, pour l'intelligence de cette première condition, à cette élévation ou perfection de caractère dont j'ai parlé, qui peut convenir à tous ceux qui paroissent sur la scène; et je ne pourrois suivre cette dernière interprétation sans condamner *le Menteur*, dont l'habitude est vicieuse, bien qu'il tienne le premier rang dans la comédie qui porte ce titre.

En second lieu, les mœurs doivent être convenables. Cette condition est plus aisée à entendre que la première. Le poëte doit considérer l'âge, la dignité, la naissance, l'emploi, et le pays de ceux qu'il introduit : il faut qu'il sache ce qu'on doit à sa patrie, à ses parens, à ses amis, à son roi; quel est l'office d'un magistrat, ou d'un général d'armée, afin qu'il puisse y conformer ceux qu'il veut faire aimer aux spectateurs, et en éloigner ceux qu'il leur veut faire haïr; car c'est une maxime infaillible que, pour bien réussir, il faut intéresser l'auditoire pour les premiers acteurs. Il est bon de remarquer encore que ce qu'Horace dit des mœurs de chaque âge n'est pas une règle dont on ne se puisse dispenser sans scrupule. Il fait les jeunes gens prodigues et les vieillards avares : le contraire arrive tous les jours sans merveille; mais il ne faut pas que l'un agisse à la manière de l'autre, bien qu'il ait quelquefois des habitudes et des passions qui conviendroient mieux à l'autre. C'est le propre d'un jeune homme d'être amoureux, et non pas d'un vieillard; cela n'empêche pas qu'un vieillard ne le devienne : les exemples en sont assez souvent devant nos yeux; mais il passeroit pour fou s'il vouloit faire l'amour en jeune homme, et s'il prétendoit se faire aimer par les bonnes qualités de sa personne. Il peut espérer qu'on l'écoutera, mais cette espérance doit être fondée sur son bien, ou sur sa qualité, et non pas sur ses mérites; et ses prétentions ne peuvent être raisonnables, s'il ne croit avoir affaire à une âme assez intéressée pour déférer tout à l'éclat des richesses, ou à l'ambition du rang.

La qualité de *semblables*, qu'Aristote demande aux mœurs, regarde particulièrement les personnes que l'histoire ou la fable nous fait connoître, et qu'il faut toujours peindre telles que nous les y trouvons. C'est ce que veut dire Horace par ce vers :

> Sit Medea ferox invictaque....

Qui peindroit Ulysse en grand guerrier, ou Achille en grand

discoureur, ou Médée en femme fort soumise, s'exposeroit à la risée publique. Ainsi ces deux qualités, dont quelques interprètes ont beaucoup de peine à trouver la différence qu'Aristote veut qui soit entre elles, sans la désigner, s'accorderont aisément, pourvu qu'on les sépare, et qu'on donne celle de *convenables* aux personnes imaginées, qui n'ont jamais eu d'être que dans l'esprit du poëte, en réservant l'autre pour celles qui sont connues par l'histoire ou par la fable; comme je le viens de dire.

Il reste à parler de l'*égalité*, qui nous oblige à conserver jusqu'à la fin à nos personnages les mœurs que nous leur avons données au commencement :

Servetur ad imum
Qualis ab incepto processerit, et sibi constet.

L'inégalité y peut toutefois entrer sans défaut, non-seulement quand nous introduisons des personnes d'un esprit léger et inégal, mais encore lorsqu'en conservant l'égalité au dedans, nous donnons l'inégalité au dehors, selon l'occasion. Telle est celle de Chimène, du côté de l'amour ; elle aime toujours fortement Rodrigue dans son cœur ; mais cet amour agit autrement en la présence du roi, autrement en celle de l'infante, et autrement en celle de Rodrigue ; et c'est ce qu'Aristote appelle des mœurs inégalement égales.

Il se présente une difficulté à éclaircir sur cette matière, touchant ce qu'entend Aristote, lorsqu'il dit « que la tragédie se peut faire sans mœurs, et que la plupart de celles des modernes de son temps n'en ont point. » Le sens de ce passage est assez malaisé à concevoir, vu que, selon lui-même, c'est par les mœurs qu'un homme est méchant ou homme de bien, spirituel ou stupide, timide ou hardi, constant ou irrésolu, bon ou mauvais politique, et qu'il est impossible qu'on en mette aucun sur le théâtre qui ne soit bon ou méchant, et qu'il n'ait quelqu'une de ces autres qualités. Pour accorder ces deux sentimens qui semblent opposés l'un à l'autre, j'ai remarqué que ce philosophe dit ensuite que « si un poëte a fait de belles narrations morales et des discours bien sentencieux, il n'a fait encore rien par là qui concerne la tragédie. » Cela m'a fait considérer que les mœurs ne sont pas seulement le principe des actions, mais aussi du raisonnement. Un homme de bien agit et raisonne en homme de bien, un méchant agit et raisonne en méchant, et l'un et l'autre étalent diverses maximes de morale suivant cette diverse habitude. C'est donc de ces maximes, que cette habitude produit, que la tragédie peut se passer, et non pas de l'habitude même, puisqu'elle est le principe des actions, et que les actions sont l'âme de la tragédie, où l'on ne doit parler qu'en agissant et pour agir. Ainsi, pour expliquer ce passage d'Aristote par l'autre, nous pouvons dire que, quand il parle d'une tragédie sans mœurs, il entend une tragédie où les acteurs énoncent simplement leurs sentimens, ou ne les appuient que sur des raisonnemens tirés du fait, comme Cléopatre, dans le second acte de *Rodogune*, et non pas sur des maximes de morale ou de politique, comme Rodogune, dans son premier acte. Car, je le répète encore, faire un poëme de théâtre où aucun des acteurs ne soit ni bon ni méchant, prudent ni imprudent, cela est absolument impossible.

Après les mœurs viennent les sentimens, par où l'acteur fait connoître ce qu'il veut ou ne veut pas, en quoi il peut se contenter d'un simple témoignage de ce qu'il se propose de faire, sans le fortifier de raisonnemens moraux, comme je le viens de dire. Cette partie a besoin de la rhétorique pour peindre les passions et les troubles de l'esprit, pour consulter, délibérer, exagérer ou exténuer; mais il y a cette différence pour ce regard entre le poëte dramatique et l'orateur, que celui-ci peut étaler son art, et le rendre remarquable avec pleine liberté, et que l'autre doit le cacher avec soin, parce que ce n'est jamais lui qui parle, et que ceux qu'il fait parler ne sont pas des orateurs.

La diction dépend de la grammaire. Aristote lui attribue les figures, que nous ne laissons pas d'appeler communément figures de rhétorique. Je n'ai rien à dire là-dessus, sinon que le langage doit être net, les figures placées à propos et diversifiées, et la versification aisée et élevée au-dessus de la prose, mais non pas jusqu'à l'enflure du poëme épique, puisque ceux que le poëte fait parler ne sont pas des poëtes.

Le retranchement que nous avons fait des chœurs a retranché la musique de nos poëmes. Une chanson y a quelquefois bonne grâce, et dans les pièces de machines cet ornement est redevenu nécessaire pour remplir les oreilles de l'auditeur pendant que les machines descendent.

La décoration du théâtre a besoin de trois arts pour la rendre belle, de la peinture, de l'architecture, et de la perspective. Aristote prétend que cette partie, non plus que la précédente, ne regarde pas le poëte; et comme il ne la traite point, je me dispenserai d'en dire plus qu'il ne m'en a appris.

Pour achever ce discours, je n'ai plus qu'à parler des parties de quantité, qui sont le prologue, l'épisode, l'exode, et le chœur. Le prologue est *ce qui se récite avant le premier chant du chœur;* l'épisode, *ce qui se récite entre les chants du chœur;* et l'exode, *ce qui se récite après le dernier chant du chœur.* Voilà tout ce que nous en dit Aristote, qui nous marque plutôt la situation de ces parties, et l'ordre qu'elles ont entre elles dans la représentation, que la part de l'action qu'elles doivent contenir. Ainsi, pour les appliquer à notre usage, le prologue est notre premier acte, l'épisode fait les trois suivans, et l'exode le dernier.

Je dis que le prologue est ce qui se récite devant le premier chant du chœur, bien que la version ordinaire porte, *devant la première entrée du chœur*, ce qui nous embarrasseroit fort, vu que, dans beaucoup de tragédies grecques, le chœur parle le premier ; et ainsi elles manqueroient de cette partie, ce qu'Aristote n'eût pas manqué de remarquer. Pour m'enhardir à changer ce terme, afin de lever la difficulté, j'ai considéré qu'encore que le mot grec πάροδος, dont se sert ici ce philosophe, signifie communément l'entrée en un chemin ou place publique, qui étoit le lieu ordinaire où nos anciens faisoient parler leurs acteurs, en cet endroit toutefois il ne peut signifier que le premier chant du chœur. C'est ce qu'il m'apprend lui-même un peu après en disant que le πάροδος du chœur est la première chose que dit tout le chœur ensemble. Or, quand le chœur entier disoit quelque chose, il chantoit ; et quand il parloit sans chanter, il n'y avoit qu'un de ceux dont il étoit composé qui parlât au nom de tous. La raison en est que le chœur tenoit alors lieu d'acteur, et que ce qu'il disoit servoit à l'action, et devoit par conséquent être entendu ; ce qui n'eût pas été possible, si tous ceux qui le composoient, et qui étoient quelquefois jusqu'au nombre de cinquante, eussent parlé ou chanté tous à la fois. Il faut donc rejeter ce premier πάροδος du chœur, qui est la borne du prologue, à la première fois qu'il demeuroit seul sur le théâtre, et chantoit : jusque-là il n'y étoit introduit que parlant avec un acteur par une seule bouche ; ou s'il y demeuroit seul sans chanter, il se séparoit en deux demi-chœurs, qui ne parloient non plus chacun de leur côté que par un seul organe, afin que l'auditeur pût entendre ce qu'ils disoient, et s'instruire de ce qu'il falloit qu'il apprît pour l'intelligence de l'action.

Je réduis ce prologue à notre premier acte, suivant l'intention d'Aristote ; et, pour suppléer en quelque façon à ce qu'il ne nous a pas dit, ou que les années nous ont dérobé de son livre, je dirai qu'il doit contenir les semences de tout ce qui doit arriver, tant pour l'action principale que pour les épisodiques ; en sorte qu'il n'entre aucun acteur dans les actes suivans qui ne soit connu par ce premier, ou du moins appelé par quelqu'un qui y aura été introduit. Cette maxime est nouvelle et assez sévère, et je ne l'ai pas toujours gardée ; mais j'estime qu'elle sert beaucoup à fonder une véritable unité d'action, par la liaison de toutes celles qui concurrent dans le poëme. Les anciens s'en sont fort écartés, particulièrement dans les agnitions, pour lesquelles ils se sont presque toujours servis de gens qui survenoient par hasard au cinquième acte, et ne seroient arrivés qu'au dixième, si la pièce en eût eu dix. Tel est ce vieillard de Corinthe dans l'*OEdipe* de Sophocle et de Sénèque, où il semble tomber des nues par miracle, en un temps où les acteurs ne sauroient plus par où en prendre, ni quelle posture tenir, s'il arrivoit une heure plus tard. Je ne l'ai introduit qu'au cinquième acte non plus qu'eux ; mais j'ai préparé sa venue dès le premier, en faisant dire à Œdipe qu'il attend dans le jour la nouvelle de la mort de son père. Ainsi dans *la Veuve*, bien que Célidan ne paroisse qu'au troisième, il y est amené par Alcidon qui est du premier. Il n'en est pas de même des Maures dans *le Cid*, pour lesquels il n'y a aucune préparation au premier acte. Le plaideur de Poitiers, dans *le Menteur*, avoit le même défaut ; mais j'ai trouvé le moyen d'y remédier en cette édition, où le dénoûment se trouve préparé par Philiste, et non plus par lui.

Je voudrois donc que le premier acte contînt le fondement de toutes les actions, et fermât la porte à tout ce qu'on voudroit introduire d'ailleurs dans le reste du poëme. Encore que souvent il ne donne pas toutes les lumières nécessaires pour l'entière intelligence du sujet, et que tous les acteurs n'y paroissent pas, il suffit qu'on y parle d'eux, ou que ceux qu'on y fait paroître aient besoin de les aller chercher pour venir à bout de leurs intentions. Ce que je dis ne se doit entendre que des personnages qui agissent dans la pièce par quelque propre intérêt considérable, ou qui apportent une nouvelle importante qui produit un notable effet. Un domestique qui n'agit que par l'ordre de son maître, un confident qui reçoit le secret de son ami, et le plaint dans son malheur ; un père qui ne se montre que pour consentir ou contredire le mariage de ses enfans ; une femme qui console et conseille son mari ; en un mot, tous ces gens sans action n'ont point besoin d'être insinués au premier acte ; et quand je n'y aurois point parlé de Livie, dans *Cinna*, j'aurois pu la faire entrer au quatrième, sans pécher contre cette règle. Mais je souhaiterois qu'on l'observât inviolablement quand on fait concurrer deux actions différentes, bien qu'ensuite elles se mêlent ensemble. La conspiration de Cinna, et la consultation d'Auguste avec lui et Maxime, n'ont aucune liaison entre elles, et ne font que concurrer d'abord, bien que le résultat de l'une produise de beaux effets pour l'autre, et soit cause que Maxime en fait découvrir le secret à cet empereur. Il a été besoin d'en donner l'idée dès le premier acte, où Auguste mande Cinna et Maxime. On n'en sait pas la cause ; mais enfin il les mande, et cela suffit pour faire une surprise très-agréable, de le voir délibérer s'il quittera l'empire ou non, avec deux hommes qui ont conspiré contre lui. Cette surprise auroit perdu la moitié de ses grâces s'il ne les eût point mandés dès le premier acte, ou si on n'y eût point connu Maxime pour un des chefs de ce grand dessein. Dans *Don Sanche*, le choix que la reine de Castille doit faire d'un mari, et le rappel de celle d'Aragon dans ses États, sont deux choses tout à fait différentes : aussi sont-elles proposées toutes deux au premier acte; et quand on introduit deux sortes d'amour il ne faut jamais y manquer.

Ce premier acte s'appeloit prologue du temps d'Aristote, et communément on y faisoit l'ouverture du sujet, pour instruire le spectateur de tout ce qui s'étoit passé avant le commencement de l'action qu'on alloit représenter, et de tout ce qu'il falloit qu'il sût pour comprendre ce qu'il alloit voir. La manière de donner cette intelligence a changé suivant les temps. Euripide en a usé assez grossièrement, en introduisant tantôt un dieu dans une machine, par qui les spectateurs recevoient cet éclaircissement, et tantôt un de ses principaux personnages qui les en instruisoit lui-même; comme dans son *Iphigénie*, et dans son *Hélène*, où ces deux héroïnes racontent d'abord toute leur histoire, et l'apprennent à l'auditeur, sans avoir aucun acteur avec elles à qui adresser leur discours.

Ce n'est pas que je veuille dire que quand un acteur parle seul, il ne puisse instruire l'auditeur de beaucoup de choses; mais il faut que ce soit par les sentimens d'une passion qui l'agite, et non pas par une simple narration. Le monologue d'Émilie, qui ouvre le théâtre dans *Cinna*, fait assez connoître qu'Auguste a fait mourir son père, et que pour venger sa mort elle engage son amant à conspirer contre lui; mais c'est par le trouble et la crainte que le péril où elle expose Cinna jette dans son âme, que nous en avons la connoissance. Surtout le poëte se doit souvenir que, quand un acteur est seul sur le théâtre, il est présumé ne faire que s'entretenir en lui-même, et ne parle qu'afin que le spectateur sache de quoi il s'entretient, et à quoi il pense. Ainsi ce seroit une faute insupportable si un autre acteur apprenoit par là ses secrets. On excuse cela dans une passion si violente, qu'elle force d'éclater, bien qu'on n'ait personne à qui la faire entendre; et je ne le voudrois pas condamner en un autre, mais j'aurois de la peine à me le souffrir.

Plaute a cru remédier à ce désordre d'Euripide en introduisant un prologue détaché, qui se récitoit par un personnage qui n'avoit quelquefois autre nom que celui de prologue, et n'étoit point du tout du corps de la pièce. Aussi ne parloit-il qu'aux spectateurs pour les instruire de ce qui avoit précédé, et amener le sujet jusques au premier acte, où commençoit l'action.

Térence, qui est venu depuis lui, a gardé ces prologues, et en a changé la matière. Il les a employés à faire son apologie contre ses envieux, et, pour ouvrir son sujet, il a introduit une nouvelle sorte de personnages, qu'on a appelés protatiques, parce qu'ils ne paroissent que dans la protase, où se doit faire la proposition et l'ouverture du sujet. Ils en écoutoient l'histoire, qui leur étoit racontée par un autre acteur; et, par ce récit qu'on leur en faisoit, l'auditeur demeuroit instruit de ce qu'il devoit savoir, touchant les intérêts des premiers acteurs, avant qu'ils parussent sur le théâtre. Tels sont Sosie, dans son *Andrienne*, et Davus, dans son *Phormion*, qu'on ne revoit plus après la narration, et qui ne servent qu'à l'écouter. Cette méthode est fort artificieuse ; mais je voudrois, pour sa perfection, que ces mêmes personnages servissent encore à quelque autre chose dans la pièce, et qu'ils y fussent introduits par quelqu'autre occasion que celle d'écouter ce récit. Pollux, dans *Médée* est de cette nature. Il passe par Corinthe en allant au mariage de sa sœur, et s'étonne d'y rencontrer Jason qu'il croyoit en Thessalie ; il apprend de lui sa fortune et son divorce avec Médée, pour épouser Créuse, qu'il aide ensuite à sauver des mains d'Egée, qui l'avoit fait enlever, et raisonne avec le roi sur la défiance qu'il doit avoir des présens de Médée. Toutes les pièces n'ont pas besoin de ces éclaircissemens, et par conséquent on se peut passer souvent de ces personnages, dont Térence ne s'est servi que ces deux fois dans les six comédies que nous avons de lui.

Notre siècle a inventé une autre espèce de prologue pour les pièces de machines, qui ne touche point au sujet, et n'est qu'une louange adroite du prince, devant qui ces poëmes doivent être représentés. Dans l'*Andromède*, Melpomène emprunte au soleil ses rayons pour éclairer son théâtre en faveur du roi, pour qui elle a préparé un spectacle magnifique. Le prologue de *la Toison d'or*, sur le mariage de Sa Majesté et la paix avec l'Espagne, a quelque chose encore de plus éclatant. Ces prologues doivent avoir beaucoup d'invention ; et je ne pense pas qu'on y puisse raisonnablement introduire que des dieux imaginaires de l'antiquité, qui ne laissent pas toutefois de parler des choses de notre temps, par une fiction poétique, qui fait un grand accommodement de théâtre.

L'épisode, selon Aristote, en cet endroit, sont nos trois actes du milieu ; mais, comme il applique ce nom ailleurs aux actions qui sont hors de la principale, et qui lui servent d'un ornement dont elle se pourroit passer, je dirai que, bien que ces trois actes s'appellent épisode, ce n'est pas à dire qu'ils ne soient composés que d'épisodes. La consultation d'Auguste au second de *Cinna*, les remords de cet ingrat, ce qu'il en découvre à Émilie, et l'effort que fait Maxime pour persuader à cet objet de son amour caché de s'enfuir avec lui, ne sont que des épisodes ; mais l'avis que fait donner Maxime par Euphorbe à l'empereur, les irrésolutions de ce prince, et les conseils de Livie, sont de l'action principale ; et, dans *Héraclius*, ces trois actes ont plus d'action principale que d'épisodes. Ces épisodes sont de deux sortes, et peuvent être composés des actions particulières des principaux acteurs, dont toutefois l'action principale pourroit se passer, ou des intérêts des seconds amans qu'on introduit, et qu'on appelle communément des personnages épisodiques. Les uns et les autres doivent avoir leur fondement dans le premier acte, et être attachés à l'action principale, c'est-à-dire y servir de quelque chose; et particulièrement ces personnages épisodiques doivent s'embarrasser si bien avec les premiers, qu'un seul intrique brouille les uns et les autres. Aristote blâme fort les épisodes détachés, et dit « que les mauvais poëtes en font par ignorance, et les bons en faveur des comédiens pour leur donner de l'emploi. » L'infante du *Cid* est de ce nombre, et on la pourra condamner, ou lui faire grâce par ce texte d'Aristote, suivant le rang qu'on voudra me donner parmi nos modernes.

Je ne dirai rien de l'exode, qui n'est autre chose que notre cinquième acte. Je pense en avoir expliqué le principal emploi, quand j'ai dit que l'action du poëme dramatique doit être complète. Je n'y ajouterai que ce mot : qu'il faut, s'il se peut, lui réserver toute la catastrophe, et même la reculer vers la fin, autant qu'il est possible. Plus on la diffère, plus les esprits demeurent suspendus, et l'impatience qu'ils ont de savoir de quel côté elle tournera est cause qu'ils la reçoivent avec plus de plaisir : ce qui n'arrive pas quand elle commence avec cet acte. L'auditeur qui la sait trop tôt n'a plus de curiosité; et son attention languit durant tout le reste, qui ne lui apprend rien de nouveau. Le contraire s'est vu dans *la Mariamne*[1], dont la mort, bien qu'arrivée dans l'intervalle qui sépare le quatrième acte du cinquième, n'a pas empêché que les déplaisirs d'Hérode, qui occupent tout ce dernier, n'aient plu extraordinairement; mais je ne conseillerois à personne de s'assurer sur cet exemple. Il ne se fait pas des miracles tous les jours; et, quoique son auteur eût bien mérité ce beau succès par le grand effort d'esprit qu'il avoit fait à peindre les désespoirs de ce monarque, peut-être que l'excellence de l'acteur, qui en soutenoit le personnage, y contribuoit beaucoup.

Voilà ce qui m'est venu en pensée touchant le but, les utilités, et les parties du poëme dramatique. Quelques personnes de condition, qui peuvent tout sur moi, ont voulu que je donnasse mes sentimens au public sur les règles d'un art qu'il y a si longtemps que je pratique assez heureusement. Pour observer quelque ordre, j'ai séparé les principales matières en trois discours. Dans le premier, j'ai traité de l'utilité et des parties du poëme dramatique; je parle au second des conditions particulières de la tragédie, des qualités des personnes et des événemens qui lui peuvent fournir de sujet, et de la manière de le traiter selon le vraisemblable ou le nécessaire. Je m'explique dans le troisième sur les trois unités, d'action, de jour, et de lieu.

Cette entreprise méritoit une longue et très-exacte étude de tous les poëmes qui nous restent de l'antiquité, et de tous ceux

---

1. De Tristan.

qui ont commenté les traités qu'Aristote et Horace ont faits de l'art poétique, ou qui en ont écrit en particulier : mais je n'ai pu me résoudre à en prendre le loisir; et je m'assure que beaucoup de mes lecteurs me pardonneront aisément cette paresse, et ne seront pas fâchés que je donne à des productions nouvelles le temps qu'il m'eût fallu consumer à des remarques sur celles des autres siècles. J'y fais quelques courses et y prends des exemples quand ma mémoire m'en peut fournir. Je n'en cherche de modernes que chez moi, tant parce que je connois mieux mes ouvrages que ceux des autres, et en suis plus le maître, que parce que je ne veux pas m'exposer au péril de déplaire à ceux que je reprendrois en quelque chose, ou que je ne louerois pas assez en ce qu'ils ont fait d'excellent. J'écris sans ambition et sans esprit de contestation; je l'ai déjà dit. Je tâche de suivre toujours le sentiment d'Aristote dans les matières qu'il a traitées; et, comme peut-être je l'entends à ma mode, je ne suis point jaloux qu'un autre l'entende à la sienne. Le commentaire dont je m'y sers le plus est l'expérience du théâtre et les réflexions sur ce que j'ai vu y plaire ou déplaire. J'ai pris pour m'expliquer un style simple, et me contente d'une expression nue de mes opinions, bonnes ou mauvaises, sans y chercher aucun enrichissement d'éloquence. Il me suffit de me faire entendre. Je ne prétends pas qu'on admire ici ma façon d'écrire, et ne fais point de scrupule de m'y servir souvent des mêmes termes, ne fût-ce que pour épargner le temps d'en chercher d'autres, dont peut-être la variété ne diroit pas si justement ce que je veux dire. J'ajoute à ces trois discours généraux l'examen de chacun de mes poëmes en particulier, afin de voir en quoi ils s'écartent ou se conforment aux règles que j'établis. Je n'en dissimulerai point les défauts, et en revanche je me donnerai la liberté de remarquer ce que j'y trouverai de moins imparfait. Balzac accorde ce privilége à une certaine espèce de gens, et soutient qu'ils peuvent dire d'eux-mêmes par franchise ce que d'autres diroient par vanité. Je ne sais si j'en suis; mais je veux avoir assez bonne opinion de moi pour n'en désespérer pas.

SECOND DISCOURS.

DE LA TRAGÉDIE

ET DES MOYENS DE LA TRAITER SELON LE VRAISEMBLABLE OU LE NÉCESSAIRE.

Outre les trois utilités du poëme dramatique dont j'ai parlé dans le discours précédent, la tragédie a celle-ci de particulière *que par la pitié et la crainte elle purge de semblables passions.*

Ce sont les termes dont Aristote se sert dans sa définition, et qui nous apprennent deux choses : l'une, qu'elle excite la pitié et la crainte; l'autre, que par leur moyen elle purge de semblables passions. Il explique la première assez au long, mais il ne dit pas un mot de la dernière; et de toutes les conditions qu'il emploie en cette définition, c'est la seule qu'il n'éclaircit point. Il témoigne toutefois dans le dernier chapitre de ses *Politiques* un dessein d'en parler fort au long dans ce traité, et c'est ce qui fait que la plupart de ses interprètes veulent que nous ne l'ayons pas entier, parce que nous n'y voyons rien du tout sur cette matière. Quoi qu'il en puisse être, je crois qu'il est à propos de parler de ce qu'il a dit, avant que de faire effort pour deviner ce qu'il a voulu dire. Les maximes qu'il établit pour l'un pourront nous conduire à quelques conjectures pour l'autre, et sur la certitude de ce qui nous demeure, nous pourrons fonder une opinion probable de ce qui n'est point venu jusqu'à nous.

« Nous avons pitié, dit-il, de ceux que nous voyons souffrir un malheur qu'ils ne méritent pas, et nous craignons qu'il ne nous en arrive un pareil, quand nous le voyons souffrir à nos semblables. » Ainsi la pitié embrasse l'intérêt de la personne que nous voyons souffrir, la crainte qui la suit regarde le nôtre, et ce passage seul nous donne assez d'ouverture pour trouver la manière dont se fait la purgation des passions dans la tragédie. La pitié d'un malheur où nous voyons tomber nos semblables nous porte à la crainte d'un pareil pour nous; cette crainte, au désir de l'éviter; et ce désir, à purger, modérer, rectifier, et même déraciner en nous la passion qui plonge à nos yeux dans ce malheur les personnes que nous plaignons, par cette raison commune, mais naturelle et indubitable, que pour éviter l'effet il faut retrancher la cause. Cette explication ne plaira pas à ceux qui s'attachent aux commentateurs de ce philosophe. Ils se gênent sur ce passage, et s'accordent si peu l'un avec l'autre, que Paul Beny marque jusqu'à douze ou quinze opinions diverses, qu'il réfute avant que de nous donner la sienne. Elle est conforme à celle-ci pour le raisonnement, mais elle diffère en ce point, qu'elle n'en applique l'effet qu'aux rois et aux princes, peut-être par cette raison que la tragédie ne peut nous faire craindre que les maux que nous voyons arriver à nos semblables, et que, n'en faisant arriver qu'à des rois et à des princes, cette crainte ne peut faire l'effet que sur des gens de cette condition. Mais sans doute il a entendu trop littéralement ce mot de *nos semblables*, et n'a pas assez considéré qu'il n'y avoit point de rois à Athènes, où se représentoient les poëmes dont Aristote tire ses exemples, et sur lesquels il forme ses règles. Ce philosophe n'avoit garde d'avoir cette pensée qu'il lui attribue, et n'eût pas employé dans la définition de la tragédie une chose dont l'effet pût arriver si rarement, et dont l'utilité se fût restreinte à si peu de personnes. Il est vrai qu'on n'introduit d'ordinaire que des rois pour premiers acteurs dans la tragédie, et que les auditeurs n'ont point de sceptres par où leur ressembler, afin d'avoir lieu de craindre les malheurs qui leur arrivent : mais ces rois sont hommes comme les auditeurs, et tombent dans ces malheurs par l'emportement des passions dont les auditeurs sont capables. Ils prêtent même un raisonnement aisé à faire du plus grand au moindre; et le spectateur peut concevoir avec facilité que si un roi, pour trop s'abandonner à l'ambition, à l'amour, à la haine, à la vengeance, tombe dans un malheur si grand qu'il lui fait pitié, à plus forte raison lui qui n'est qu'un homme du commun doit tenir la bride à de telles passions, de peur qu'elles ne l'abîment dans un pareil malheur. Outre que ce n'est pas une nécessité de ne mettre que les infortunes des rois sur le théâtre. Celles des autres hommes y trouveroient place, s'il leur en arrivoit d'assez illustres et d'assez extraordinaires pour la mériter, et que l'histoire prît assez de soin d'eux pour nous les apprendre. Scédase n'étoit qu'un paysan de Leuctres; et je ne tiendrois pas la sienne indigne d'y paroître, si la pureté de notre scène pouvoit souffrir qu'on y parlât du violement effectif de ses deux filles, après que l'idée de la prostitution n'y a pu être soufferte dans la personne d'une sainte qui en fut garantie.

Pour nous faciliter les moyens de faire naître cette pitié et cette crainte, où Aristote semble nous obliger, il nous aide à choisir les personnes et les événemens qui peuvent exciter l'une et l'autre. Sur quoi je suppose, ce qui est très-véritable, que notre auditoire n'est composé ni de méchans, ni de saints, mais de gens d'une probité commune, et qui ne sont pas si sévèrement retranchés dans l'exacte vertu, qu'ils ne soient susceptibles des passions, et capables des périls où elles engagent ceux qui leur défèrent trop. Cela supposé, examinons ceux que ce philosophe exclut de la tragédie, pour en venir avec lui à ceux dans lesquels il fait consister sa perfection.

En premier lieu, il ne veut point « qu'un homme fort vertueux y tombe de la félicité dans le malheur, » et soutient que « cela ne produit ni pitié, ni crainte, parce que c'est un événement tout à fait injuste. » Quelques interprètes poussent la force de ce mot grec μιαρόν, qu'il fait servir d'épithète à cet événement, jusqu'à le rendre par celui d'*abominable* ; à quoi j'ajoute qu'un tel succès excite plus d'indignation et de haine contre celui qui fait souffrir, que de pitié pour celui qui souffre, et qu'ainsi ce sentiment, qui n'est pas le propre de la tragédie, à moins que d'être bien ménagé, peut étouffer celui qu'elle doit produire, et laisser l'auditeur mécontent par la colère qu'il remporte, et qui se mêle à la compassion, qui lui plairoit s'il la remportoit seule.

Il ne veut pas non plus « qu'un méchant homme passe du

malheur à la félicité, parce que non-seulement il ne peut naître d'un tel succès aucune pitié, ni crainte, mais il ne peut pas même nous toucher par ce sentiment naturel de joie dont nous remplit la prospérité d'un premier acteur, à qui notre faveur s'attache. » La chute d'un méchant dans le malheur a de quoi nous plaire par l'aversion que nous prenons pour lui ; mais comme ce n'est qu'une juste punition, elle ne nous fait point de pitié, et ne nous imprime aucune crainte, d'autant que nous ne sommes pas si méchans que lui, pour être capables de ses crimes, et en appréhender une aussi funeste issue.

Il reste donc à trouver un milieu entre ces deux extrémités, par le choix d'un homme qui ne soit ni tout à fait bon, ni tout à fait méchant, et qui, par une faute, ou foiblesse humaine, tombe dans un malheur qu'il ne mérite pas. Aristote en donne pour exemples Œdipe et Thyeste, en quoi véritablement je ne comprends point sa pensée. Le premier me semble ne faire aucune faute, bien qu'il tue son père, parce qu'il ne le connoit pas, et qu'il ne fait que disputer le chemin en homme de cœur contre un inconnu qui l'attaque avec avantage. Néanmoins, comme la signification du mot grec ἁμάρτημα peut s'étendre à une simple erreur de méconnoissance, telle qu'étoit la sienne, admettons-le avec ce philosophe, bien que je ne puisse voir quelle passion il nous donne à purger, ni de quoi nous pouvons nous corriger sur son exemple. Mais pour Thyeste, je n'y puis découvrir cette probité commune, ni cette faute sans crime qui le plonge dans son malheur. Si nous le regardons avant la tragédie qui porte son nom, c'est un incestueux qui abuse de la femme de son frère : si nous le considérons dans la tragédie, c'est un homme de bonne foi qui s'assure sur la parole de son frère, avec qui il s'est réconcilié. En ce premier état il est très-criminel ; en ce dernier, très-homme de bien. Si nous attribuons son malheur à son inceste, c'est un crime dont l'auditoire n'est point capable, et la pitié qu'il prendra de lui n'ira point jusqu'à cette crainte qui purge, parce qu'il ne lui ressemble point. Si nous imputons son désastre à sa bonne foi, quelque crainte pourra suivre la pitié que nous en aurons ; mais elle ne purgera qu'une facilité de confiance sur la parole d'un ennemi réconcilié, qui est plutôt une qualité d'honnête homme qu'une vicieuse habitude ; et cette purgation ne fera que bannir la sincérité des reconciliations. J'avoue donc avec franchise que je n'entends point l'application de cet exemple.

J'avouerai plus. Si la purgation des passions se fait dans la tragédie, je tiens qu'elle se doit faire de la manière que je l'explique, mais je doute si elle s'y fait jamais, et dans celles-là même qui ont les conditions que demande Aristote. Elles se rencontrent dans *le Cid*, et en ont causé le grand succès : Rodrigue et Chimène y ont cette probité sujette aux passions, et ces passions font leur malheur, puisqu'ils ne sont malheureux qu'autant qu'ils sont passionnés l'un pour l'autre. Ils tombent dans l'infélicité par cette foiblesse humaine dont nous sommes capables comme eux; leur malheur fait pitié, cela est constant, et il en a coûté assez de larmes aux spectateurs pour ne le point contester. Cette pitié nous doit donner une crainte de tomber dans un pareil malheur, et purger en nous ce trop d'amour qui cause leur infortune, et nous les fait plaindre; mais je ne sais si elle nous la donne, ni si elle le purge; et j'ai bien peur que le raisonnement d'Aristote sur ce point ne soit qu'une belle idée, qui n'ait jamais son effet dans la vérité. Je m'en rapporte à ceux qui en ont vu les représentations : ils peuvent en demander compte au secret de leur cœur, et repasser sur ce qui les a touchés au théâtre, pour reconnoître s'ils en sont venus par là jusqu'à cette crainte réfléchie, et si elle a rectifié en eux la passion qui a causé la disgrâce qu'ils ont plainte. Un des interprètes d'Aristote veut qu'il n'ait parlé de cette purgation des passions dans la tragédie que parce qu'il écrivoit après Platon, qui bannit les poëtes tragiques de sa république, parce qu'ils les remuent trop fortement. Comme il écrivoit pour le contredire, et montrer qu'il n'est pas à propos de les bannir des États bien policés, il a voulu trouver cette utilité dans ces agitations de l'âme, pour les rendre recommandables par la raison même sur qui l'autre se fonde pour les bannir. Le fruit qui peut naître des impressions que fait la force de l'exemple lui manquoit : la punition des méchantes actions, et la récompense des bonnes, n'étoient pas de l'usage de son siècle, comme nous les avons rendues de celui du nôtre; et n'y pouvant trouver une utilité solide, hors celle des sentences et des discours didactiques, dont la tragédie se peut passer selon son avis, il en a substitué une qui peut-être n'est qu'imaginaire. Du moins, si pour la produire il faut les conditions qu'il demande, elles se rencontrent si rarement, que Robortel ne les trouve que dans le seul *OEdipe*, et soutient que ce philosophe ne nous les prescrit pas comme si nécessaires que leur manquement rende un ouvrage défectueux, mais seulement comme des idées de la perfection des tragédies. Notre siècle les a vues dans *le Cid*, mais je ne sais s'il les a vues en beaucoup d'autres; et, si nous voulons rejeter un coup d'œil sur cette règle, nous avouerons que le succès a justifié beaucoup de pièces où elle n'est pas observée.

L'exclusion des personnes tout à fait vertueuses qui tombent dans le malheur bannit les martyrs de notre théâtre. Polyeucte y a réussi contre cette maxime, et Héraclius et Nicomède y ont plu, bien qu'ils n'impriment que de la pitié, et ne nous donnent rien à craindre, ni aucune passion à purger, puisque nous les y voyons opprimés et près de périr, sans aucune faute de leur part dont nous puissions nous corriger sur leur exemple.

Le malheur d'un homme fort méchant n'excite ni pitié, ni

crainte, parce qu'il n'est pas digne de la première, et que les spectateurs ne sont pas méchans comme lui pour concevoir l'autre à la vue de sa punition. Mais il seroit à propos de mettre quelque distinction entre les crimes; il en est dont les honnêtes gens sont capables par une violence de passion, dont le mauvais succès peut faire effet dans l'âme de l'auditeur. Un honnête homme ne va pas voler au coin d'un bois, ni faire un assassinat de sang-froid; mais, s'il est bien amoureux, il peut faire une supercherie à son rival, il peut s'emporter de colère et tuer dans un premier mouvement, et l'ambition le peut engager dans un crime ou dans une action blâmable. Il est peu de mères qui voulussent assassiner ou empoisonner leurs enfans de peur de leur rendre leur bien, comme Cléopatre dans *Rodogune;* mais il en est assez qui prennent goût à en jouir, et ne s'en dessaisissent qu'à regret et le plus tard qu'il leur est possible. Bien qu'elles ne soient pas capables d'une action si noire et si dénaturée que celle de cette reine de Syrie, elles ont en elles quelque teinture du principe qui l'y porta; et la vue de la juste punition qu'elle en reçoit leur peut faire craindre, non pas un pareil malheur, mais une infortune proportionnée à ce qu'elles sont capables de commettre. Il en est ainsi de quelques autres crimes qui ne sont pas de la portée de nos auditeurs. Le lecteur en pourra faire l'examen et l'application sur cet exemple.

Cependant, quelque difficulté qu'il y ait à trouver cette purgation effective et sensible des passions par le moyen de la pitié et de la crainte, il est aisé de nous accommoder avec Aristote. Nous n'avons qu'à dire que, par cette façon de s'énoncer, il n'a pas entendu que ces deux moyens y servissent toujours ensemble; et qu'il suffit, selon lui, de l'un des deux pour faire cette purgation, avec cette différence toutefois que la pitié n'y peut arriver sans la crainte, et que la crainte peut y parvenir sans la pitié. La mort du comte n'en fait aucune dans *le Cid*, et peut toutefois mieux purger en nous cette sorte d'orgueil envieux de la gloire d'autrui, que toute la compassion que nous avons de Rodrigue et de Chimène ne purge les attachemens de ce violent amour qui les rend à plaindre l'un et l'autre. L'auditeur peut avoir de la commisération pour Antiochus, pour Nicomède, pour Héraclius; mais s'il en demeure là, et qu'il ne puisse craindre de tomber dans un pareil malheur, il ne guérira d'aucune passion. Au contraire, il n'en a point pour Cléopatre, ni pour Prusias, ni pour Phocas; mais la crainte d'une infortune semblable ou approchante peut purger en une mère l'opiniâtreté à ne se point dessaisir du bien de ses enfans, en un mari le trop de déférence à une seconde femme au préjudice de ceux de son premier lit, en tout le monde l'avidité d'usurper le bien ou la dignité d'autrui par la violence; et tout cela proportionnément à la condition d'un chacun et à ce qu'il est capable d'entreprendre. Les déplaisirs et les irrésolutions d'Auguste dans *Cinna* peuvent faire ce dernier effet par la pitié et la crainte jointes ensemble; mais, comme je l'ai déjà dit, il n'arrive pas toujours que ceux que nous plaignons soient malheureux par leur faute. Quand ils sont innocens, la pitié que nous en prenons ne produit aucune crainte; et, si nous en concevons quelqu'une qui purge nos passions, c'est par le moyen d'une autre personne que de celle qui nous fait pitié, et nous la devons toute à la force de l'exemple.

Cette explication se trouvera autorisée par Aristote même, si nous voulons bien peser la raison qu'il rend de l'exclusion de ces événemens qu'il désapprouve dans la tragédie. Il ne dit jamais : « Celui-là n'y est pas propre, parce qu'il n'excite que la pitié et ne fait point naître de crainte; et cet autre n'y est pas supportable, parce qu'il n'excite que de la crainte et ne fait point naître de pitié; mais il les rebute, parce, dit-il, qu'ils n'excitent ni pitié ni crainte; » et nous donne à connoître par là que c'est par le manque de l'une et de l'autre qu'ils ne lui plaisent pas, et que, s'ils produisoient l'une des deux, il ne leur refuseroit point son suffrage. L'exemple d'Œdipe qu'il allègue me confirme dans cette pensée. Si nous l'en croyons, il a toutes les conditions requises en la tragédie; néanmoins son malheur n'excite que de la pitié, et je ne pense pas qu'à le voir représenter, aucun de ceux qui le plaignent s'avise de craindre de tuer son père ou d'épouser sa mère. Si sa représentation nous peut imprimer quelque crainte, et que cette crainte soit capable de purger en nous quelque inclination blâmable ou vicieuse, elle y purgera la curiosité de savoir l'avenir, et nous empêchera d'avoir recours à des prédictions, qui ne servent d'ordinaire qu'à nous faire choir dans le malheur qu'on nous prédit par les soins mêmes que nous prenons de l'éviter; puisqu'il est certain qu'il n'eût jamais tué son père, ni épousé sa mère, si son père et sa mère, à qui l'oracle avoit prédit que cela arriveroit, ne l'eussent fait exposer de peur que cela n'arrivât. Ainsi, non-seulement ce seront Laïus et Jocaste qui feront naître cette crainte, mais elle ne naîtra que de l'image d'une faute qu'ils ont faite quarante ans avant l'action qu'on représente, et ne s'imprimera en nous que par un autre acteur que le premier, et par une action hors de la tragédie.

Pour recueillir ce discours, avant que de passer à une autre matière, établissons pour maxime que la perfection de la tragédie consiste bien à exciter de la pitié et de la crainte par le moyen d'un premier acteur, comme peut faire Rodrigue dans *le Cid*, et Placide dans *Théodore*, mais que cela n'est pas d'une nécessité si absolue qu'on ne se puisse servir de divers personnages pour faire naître ces deux sentimens, comme dans *Rodogune;* et même ne porter l'auditeur qu'à l'un des deux, comme dans *Polyeucte*, dont la représentation n'imprime que de la pitié sans aucune crainte [1]. Cela posé, trouvons quelque modération à la rigueur de ces règles du philosophe, ou du moins quelque favorable interprétation, pour n'être pas obligés de condamner beaucoup de poëmes que nous avons vus réussir sur nos théâtres.

Il ne veut point qu'un homme tout à fait innocent tombe dans l'infortune, parce que, cela étant abominable, il excite plus d'indignation contre celui qui le persécute que de pitié pour son malheur; il ne veut pas non plus qu'un très-méchant y tombe, parce qu'il ne peut donner de pitié par un malheur qu'il mérite, ni en faire craindre un pareil à des spectateurs qui ne lui ressemblent pas : mais quand ces deux raisons cessent, en sorte qu'un homme de bien qui souffre excite plus de pitié pour lui que d'indignation contre celui qui le fait souffrir, ou que la punition d'un grand crime peut corriger en nous quelque imperfection qui a du rapport avec lui, j'estime qu'il ne faut point faire de difficulté d'exposer sur la scène des hommes très-vertueux ou très-méchans dans le malheur. En voici deux ou trois manières, que peut-être Aristote n'a su prévoir, parce qu'on n'en voyoit pas d'exemples sur les théâtres de son temps.

La première est, quand un homme très-vertueux est persécuté par un très-méchant, et qu'il échappe du péril où le méchant demeure enveloppé, comme dans *Rodogune* et dans *Héraclius*, qu'on n'auroit pu souffrir si Antiochus et Rodogune eussent péri dans la première, et Héraclius, Pulchérie, et Martian, dans l'autre, et que Cléopatre et Phocas y eussent triomphé. Leur malheur y donne une pitié qui n'est point étouffée par l'aversion qu'on a pour ceux qui les tyrannisent, parce qu'on espère toujours que quelque heureuse révolution les empêchera de succomber; et, bien que les crimes de Phocas et de Cléopatre soient trop grands pour faire craindre l'auditeur d'en commettre de pareils, leur funeste issue peut faire sur lui les effets dont j'ai déjà parlé. Il peut arriver d'ailleurs qu'un homme très-vertueux soit persécuté, et périsse même par les ordres d'un autre, qui ne soit pas assez méchant pour attirer trop d'indignation sur lui, et qui montre plus de foiblesse que de crime dans la persécution qu'il lui fait. Si Félix fait périr son gendre Polyeucte, ce n'est pas par cette haine enragée contre les chrétiens qui nous le rendroit exécrable, mais seulement par une lâche timidité qui n'ose le sauver en présence de Sévère, dont il craint la haine et la vengeance après les mépris qu'il en a faits durant son peu de fortune. On prend bien quelque aversion pour lui, on désapprouve sa manière d'agir; mais cette aversion ne l'emporte pas sur la pitié qu'on a de Polyeucte, et n'empêche pas que sa con-

---

1. *Phrase supprimée* : « Je ne dis pas la même chose de la crainte sans la pitié, parce que je n'en sais point d'exemple, et n'en conçois point d'idée que je puisse croire agréable. »

version miraculeuse, à la fin de la pièce, ne le réconcilie pleinement avec l'auditoire. On peut dire la même chose de Prusias dans *Nicomède*, et de Valens dans *Théodore*. L'un maltraite son fils, bien que très-vertueux; et l'autre est cause de la perte du sien, qui ne l'est pas moins : mais tous les deux n'ont que des foiblesses qui ne vont point jusques au crime; et, loin d'exciter une indignation qui étouffe la pitié qu'on a pour ces fils généreux, la lâcheté de leur abaissement sous des puissances qu'ils redoutent, et qu'ils devroient braver pour bien agir, fait qu'on a quelque compassion d'eux-mêmes et de leur honteuse politique.

Pour nous faciliter les moyens d'exciter cette pitié, qui fait de si beaux effets sur nos théâtres, Aristote nous donne une lumière. « Toute action, dit-il, se passe, ou entre des amis, ou entre des ennemis, ou entre des gens indifférens l'un pour l'autre. Qu'un ennemi tue ou veuille tuer son ennemi, cela ne produit aucune commisération, sinon en tant qu'on s'émeut d'apprendre ou de voir la mort d'un homme, quel qu'il soit. Qu'un indifférent tue un indifférent, cela ne touche guère davantage, d'autant qu'il n'excite aucun combat dans l'âme de celui qui fait l'action; mais quand les choses arrivent entre des gens que la naissance ou l'affection attache aux intérêts l'un de l'autre, comme alors qu'un mari tue ou est prêt de tuer sa femme, une mère ses enfans, un frère sa sœur; c'est ce qui convient merveilleusement à la tragédie. » La raison en est claire. Les oppositions des sentimens de la nature aux emportemens de la passion, ou à la sévérité du devoir, forment de puissantes agitations, qui sont reçues de l'auditeur avec plaisir; et il se porte aisément à plaindre un malheureux opprimé ou poursuivi par une personne qui devroit s'intéresser à sa conservation, et qui quelquefois ne poursuit sa perte qu'avec déplaisir, ou du moins avec répugnance. Horace et Curiace ne seroient point à plaindre, s'ils n'étoient point amis et beaux-frères; ni Rodrigue, s'il étoit poursuivi par un autre que par sa maîtresse; et le malheur d'Antiochus toucheroit beaucoup moins, si un autre que sa mère lui demandoit le sang de sa maîtresse, ou qu'un autre que sa maîtresse lui demandât celui de sa mère; ou si, après la mort de son frère, qui lui donne sujet de craindre un pareil attentat sur sa personne, il avoit à se défier d'autres que de sa mère et de sa maîtresse.

C'est donc un grand avantage, pour exciter la commisération, que la proximité du sang, et les liaisons d'amour ou d'amitié entre le persécutant et le persécuté, le poursuivant et le poursuivi, celui qui fait souffrir et celui qui souffre; mais il y a quelque apparence que cette condition n'est pas d'une nécessité plus absolue que celle dont je viens de parler, et qu'elle ne regarde que les **tragédies parfaites**, non plus que celle-là. Du moins les anciens ne l'ont pas toujours observée; je ne la vois point dans l'*Ajax* de Sophocle, ni dans son *Philoctète;* et qui voudra parcourir ce qui nous reste d'Eschyle et d'Euripide y pourra rencontrer quelques exemples à joindre à ceux-ci. Quand je dis que ces deux conditions ne sont que pour les tragédies parfaites, je n'entends pas dire que celles où elles ne se rencontrent point soient imparfaites : ce seroit les rendre d'une nécessité absolue, et me contredire moi-même. Mais, par ce mot de tragédies parfaites, j'entends celles du genre le plus sublime et le plus touchant; en sorte que celles qui manquent de l'une de ces deux conditions, ou de toutes les deux, pourvu qu'elles soient régulières, à cela près, ne laissent pas d'être parfaites en leur genre, bien qu'elles demeurent dans un rang moins élevé, et n'approchent pas de la beauté et de l'éclat des autres, si elles n'en empruntent de la pompe des vers, ou de la magnificence du spectacle, ou de quelque autre agrément qui vienne d'ailleurs que du sujet.

Dans ces actions tragiques, qui se passent entre proches, il faut considérer si celui qui veut faire périr l'autre le connoît, ou ne le connoît pas, et s'il achève, ou n'achève pas. La diverse combinaison de ces deux manières d'agir forme quatre sortes de tragédies, à qui notre philosophe attribue divers degrés de perfection. « On connoît celui qu'on veut perdre, et on le fait périr en effet, comme Médée tue ses enfans, Clytemnestre son mari, Oreste sa mère; » et la moindre espèce est celle-là. « On le fait périr sans le connoître, et on le reconnoît avec déplaisir après l'avoir perdu; et cela, dit-il, ou avant la tragédie, comme Œdipe, ou dans la tragédie, comme l'*Alcméon* d'Astydamas, et Télégonus dans *Ulysse blessé*, » qui sont deux pièces que le temps n'a pas laissées venir jusqu'à nous; et cette seconde espèce a quelque chose de plus élevé, selon lui, que la première. La troisième est dans le haut degré d'excellence, « quand on est prêt de faire périr un de ses proches sans le connoître, et qu'on le reconnoît assez tôt pour le sauver, comme Iphigénie reconnoît Oreste pour son frère, lorsqu'elle devoit le sacrifier à Diane, et s'enfuit avec lui. » Il en cite encore deux autres exemples, de Mérope dans *Cresphonte*, et de Hellé, dont nous ne connoissons ni l'un ni l'autre. Il condamne entièrement la quatrième espèce de ceux qui connoissent, entreprennent et n'achèvent pas, qu'il dit *avoir quelque chose de méchant, et rien de tragique*, et en donne pour exemple Hémon qui tire l'épée contre son père dans l'*Antigone*, et ne s'en sert que pour se tuer lui-même. Mais si cette condamnation n'étoit modifiée, elle s'étendroit un peu loin, et enveloperoit non-seulement *le Cid*, mais *Cinna*, *Rodogune*, *Héraclius*, et *Nicomède*.

Disons donc qu'elle ne doit s'entendre que de ceux qui connoissent la personne qu'ils veulent perdre, et s'en dédisent par un simple changement de volonté, sans aucun événement notable qui les y oblige, et sans aucun manque de pouvoir de leur part. J'ai déjà marqué cette sorte de dénoûment pour vicieux; mais quand ils y font de leur côté tout ce qu'ils peuvent, et qu'ils sont empêchés d'en venir à l'effet par quelque puissance supérieure, ou par quelque changement de fortune qui les fait périr eux-mêmes, ou les réduit sous le pouvoir de ceux qu'ils vouloient perdre, il est hors de doute que cela fait une tragédie d'un genre peut-être plus sublime que les trois qu'Aristote avoue; et que, s'il n'en a point parlé, c'est qu'il n'en voyoit point d'exemples sur les théâtres de son temps, où ce n'étoit pas la mode de sauver les bons par la perte des méchans, à moins que de les souiller eux-mêmes de quelque crime, comme Électre, qui se délivre d'oppression par la mort de sa mère, où elle encourage son frère et lui en facilite les moyens.

L'action de Chimène n'est donc pas défectueuse pour ne perdre pas Rodrigue après l'avoir entrepris, puisqu'elle y fait son possible, et que tout ce qu'elle peut obtenir de la justice de son roi, c'est un combat où la victoire de ce déplorable amant lui impose silence. Cinna et son Émilie ne pèchent point contre la règle en ne perdant point Auguste, puisque la conspiration découverte les en met dans l'impuissance, et qu'il faudroit qu'ils n'eussent aucune teinture d'humanité, si une clémence si peu attendue ne dissipoit toute leur haine. Qu'épargne Cléopatre pour perdre Rodogune? Qu'oublie Phocas pour se défaire d'Héraclius? Et si Prusias demeuroit le maître, Nicomède n'iroit-il pas servir d'otage à Rome, ce qui lui seroit un plus rude supplice que la mort? Les deux premiers reçoivent la peine de leurs crimes, et succombent dans leurs entreprises sans s'en dédire; et ce dernier est forcé de reconnoître son injustice après que le soulèvement de son peuple, et la générosité de ce fils qu'il vouloit agrandir aux dépens de son aîné, ne lui permettent plus de la faire réussir.

Ce n'est pas démentir Aristote que de l'expliquer ainsi favorablement, pour trouver dans cette quatrième manière d'agir qu'il rebute une espèce de nouvelle tragédie plus belle que les trois qu'il recommande, et qu'il leur eût sans doute préférée, s'il l'eût connue. C'est faire honneur à notre siècle, sans rien retrancher de l'autorité de ce philosophe; mais je ne sais comment faire pour lui conserver cette autorité, et renverser l'ordre de la préférence qu'il établit entre ces trois espèces. Cependant je pense être bien fondé sur l'expérience à douter si celle qu'il estime la moindre des trois n'est point la plus belle, et si celle qu'il tient la plus belle n'est point la moindre : la raison est que celle-ci ne peut exciter de pitié. Un père y veut perdre son fils sans le connoître, et ne le regarde que comme indifférent, et peut-être comme ennemi : soit qu'il passe pour l'un ou pour l'autre, son péril n'est digne d'aucune commisération, selon Aristote même, et ne fait naître en l'auditeur qu'un certain mouvement de trépidation intérieure, qui le porte à craindre que ce fils ne périsse avant que l'erreur soit découverte, et à souhaiter qu'elle se découvre assez tôt pour l'empêcher de périr; ce qui part de l'intérêt qu'on ne manque jamais à prendre dans la fortune d'un homme assez vertueux pour se faire aimer; et, quand cette reconnoissance arrive, elle ne produit qu'un sentiment de conjouissance, de voir arriver la chose comme on le souhaitoit.

Quand elle ne se fait qu'après la mort de l'inconnu, la compassion qu'excitent les déplaisirs de celui qui le fait périr ne peut avoir grande étendue, puisqu'elle est reculée et renfermée dans la catastrophe; mais lorsqu'on agit à visage découvert, et qu'on sait à qui on en veut, le combat des passions contre la nature, ou du devoir contre l'amour, occupe la meilleure partie du poëme; et de là naissent les grandes et fortes émotions qui renouvellent à tous momens et redoublent la commisération. Pour justifier ce raisonnement par l'expérience, nous voyons que Chimène et Antiochus en excitent beaucoup plus que ne fait Œdipe de sa personne. Je dis de sa personne, parce que le poëme entier en excite peut-être autant que *le Cid* ou que *Rodogune;* mais il en doit une partie à Dircé, et ce qu'elle en fait naître n'est qu'une pitié empruntée d'un épisode.

Je sais que l'*agnition* est un grand ornement dans les tragédies : Aristote le dit; mais il est certain qu'elle a ses incommodités. Les Italiens l'affectent en la plupart de leurs poëmes, et perdent quelquefois, par l'attachement qu'ils y ont, beaucoup d'occasions de sentimens pathétiques qui auroient des beautés plus considérables. Cela se voit manifestement en *la Mort de Crispe*, faite par un de leurs plus beaux esprits, Jean-Baptiste Ghirardelli, et imprimée à Rome en l'année 1653. Il n'a pas manqué d'y cacher sa naissance à Constantin, et d'en faire seulement un grand capitaine, qu'il ne reconnoît pour son fils qu'après qu'il l'a fait mourir. Toute cette pièce est si pleine d'esprit et de beaux sentimens, qu'elle eut assez d'éclat pour obliger à écrire contre son auteur, et à la censurer sitôt qu'elle parut. Mais combien cette naissance cachée sans besoin, et contre la vérité d'une histoire connue, lui a-t-elle dérobé de choses plus belles que les brillans dont il a semé cet ouvrage! les ressentimens, le trouble, l'irrésolution et les déplaisirs de Constantin auroient été bien autres à prononcer un arrêt de mort contre son fils que contre un soldat de fortune. L'injustice de sa préoccupation auroit été bien plus sensible à Crispe de la part d'un père que de la part d'un maître; et la qualité de fils, augmentant la grandeur du crime qu'on lui imposoit, eût en même temps augmenté la douleur d'en voir un père persuadé : Fauste même auroit eu plus de combats intérieurs pour entreprendre un inceste que pour se résoudre à un adultère ; ses remords en auroient été plus animés, et ses désespoirs plus violens. L'auteur a renoncé à tous ces avantages pour avoir dédaigné de traiter ce sujet comme l'a traité de notre temps le P. Stéphonius, jésuite, et comme nos anciens ont traité celui d'*Hippolyte*; et, pour avoir cru l'élever d'un étage plus haut selon la pensée d'Aristote, je ne sais s'il ne l'a point fait tomber au-dessous de ceux que je viens de nommer.

Il y a grande apparence que ce qu'a dit ce philosophe de ces divers degrés de perfection pour la tragédie avoit une entière justesse de son temps, et en la présence de ses compatriotes; je n'en veux point douter : mais aussi je ne puis m'empêcher de dire que le goût de notre siècle n'est point celui du sien sur cette préférence d'une espèce à l'autre, ou du moins que ce qui plaisoit au dernier point à ses Athéniens ne plaît pas également à nos François ; et je ne sais point d'autre moyen de trouver mes doutes supportables, et de demeurer tout ensemble dans la vénération que nous devons à tout ce qu'il a écrit de la poétique.

Avant de quitter cette matière, examinons son sentiment sur deux questions touchant ces sujets entre des personnes proches : l'une, si le poëte les peut inventer ; l'autre, s'il ne peut rien changer en ce qu'il tire de l'histoire ou de la fable.

Pour la première, il est indubitable que les anciens en prenoient si peu de liberté, qu'ils arrêtoient leurs tragédies autour de peu de familles, parce que ces sortes d'actions étoient arrivées en peu de familles ; ce qui fait dire à ce philosophe que la fortune leur fournissoit des sujets, et non pas l'art. Je pense l'avoir dit en l'autre discours. Il semble toutefois qu'il en accorde un plein pouvoir aux poëtes par ces paroles : *Ils doivent bien user de ce qui est reçu, ou inventer eux-mêmes*. Ces termes décideroient la question, s'ils n'étoient point si généraux ; mais, comme il a posé trois espèces de tragédie, selon les divers temps de connoître et les diverses façons d'agir, nous pouvons faire une revue sur toutes les trois, pour juger s'il n'est point à propos d'y faire quelque distinction qui resserre cette liberté. J'en dirai mon avis d'autant plus hardiment, qu'on ne pourra m'imputer de contredire Aristote, pourvu que je la laisse entière à quelqu'une des trois.

J'estime donc, en premier lieu, qu'en celles où l'on se propose de faire périr quelqu'un que l'on connoît, soit qu'on achève, soit qu'on soit empêché d'achever, il n'y a aucune liberté d'inventer la principale action, mais qu'elle doit être tirée de l'histoire ou de la fable. Ces entreprises contre des proches ont toujours quelque chose de si criminel et de si contraire à la nature, qu'elles ne sont pas croyables, à moins que d'être appuyées sur l'une ou sur l'autre ; et jamais elles n'ont cette vraisemblance sans laquelle ce qu'on invente ne peut être de mise.

Je n'ose décider si absolument de la seconde espèce. Qu'un homme prenne querelle avec un autre, et que, l'ayant tué, il vienne à le reconnoître pour son père ou pour son frère, et en tombe au désespoir, cela n'a rien que de vraisemblable, et par conséquent on le peut inventer; mais d'ailleurs cette circonstance de tuer son père ou son frère, sans le connoître, est si extraordinaire et si éclatante, qu'on a quelque droit de dire que l'histoire n'ose manquer à s'en souvenir, quand elle arrive entre des personnes illustres, et de refuser toute croyance à de tels événemens, quand elle ne les marque point. Le théâtre ancien ne nous en fournit aucun exemple qu'*OEdipe* ; et je ne me souviens point d'en avoir vu aucun autre chez nos historiens. Je sais que cet événement sent plus la fable que l'histoire, et que par conséquent il peut avoir été inventé, ou en tout, ou en partie; mais la fable et l'histoire de l'antiquité sont si mêlées ensemble, que, pour n'être pas en péril d'en faire un faux discernement, nous leur donnons une égale autorité sur nos théâtres. Il suffit que nous n'inventions pas ce qui de soi n'est point vraisemblable, et qu'étant inventé de longue main, il soit devenu si bien de la connoissance de l'auditeur, qu'il ne s'effarouche point à le voir sur la scène. Toute la métamorphose d'Ovide est manifestement d'invention; on peut en tirer des sujets de tragédie, mais non pas inventer sur ce modèle, si ce n'est des épisodes de même trempe : la raison en est que, bien que nous ne devions rien inventer que de vraisemblable, et que ces sujets fabuleux, comme Andromède et Phaéthon, ne le soient point du tout, inventer des épisodes, ce n'est pas tant inventer qu'ajouter à ce qui est déjà inventé; et ces épisodes trouvent une espèce de vraisemblance dans leur rapport avec l'action principale; en sorte qu'on peut dire que, supposé que cela se soit pu faire il s'est pu faire comme le poëte le décrit.

De tels épisodes toutefois ne seroient pas propres à un sujet historique, ou de pure invention, parce qu'ils manqueroient de rapport avec l'action principale, et seroient moins vraisemblables qu'elle. Les apparitions de Vénus et d'Éole ont eu bonne grâce dans *Andromède;* mais, si j'avois fait descendre Jupiter pour réconcilier Nicomède avec son père, ou Mercure pour révéler à Auguste la conspiration de Cinna, j'aurois fait révolter tout mon auditoire, et cette merveille auroit détruit toute la croyance que le reste de l'action auroit obtenue. Ces dénoûmens par des dieux de machines sont fort fréquens chez les Grecs, dans des tragédies qui paroissent historiques, et qui sont vraisemblables, à cela près : aussi Aristote ne les condamne pas tout à fait, et se contente de leur préférer ceux qui viennent du sujet. Je ne sais ce qu'en décidoient les Athéniens, qui étoient leurs juges ; mais les deux exemples que je viens de citer montrent suffisamment qu'il seroit dangereux pour nous de les imiter en cette sorte de licence. On me dira que ces apparitions n'ont garde de nous plaire, parce que nous en savons manifestement la fausseté, et qu'elles choquent notre religion ; ce qui n'arrivoit pas chez les Grecs : j'avoue qu'il faut s'accommoder aux mœurs de l'auditeur, et, à plus forte raison, à sa croyance ; mais aussi doit-on m'accorder que nous avons du moins autant de foi pour l'apparition des anges et des saints que les anciens en avoient pour celle de leur Apollon et de leur Mercure : cependant qu'auroit-on dit, si, pour démêler Héraclius d'avec Martian, après la mort de Phocas, je me fusse servi d'un ange? Ce poëme est entre des chrétiens, et cette apparition y auroit eu autant de justesse que celle des dieux de l'antiquité dans ceux des Grecs ; c'eût été néanmoins un secret infaillible de rendre celui-là ridicule, et il ne faut qu'avoir un peu de sens commun pour en demeurer d'accord. Qu'on me permette donc de dire avec Tacite : « Non omnia apud priores meliora, sed nostra quoque ætas multa laudis et artium imitanda posteris tulit. »

Je reviens aux tragédies de cette seconde espèce, où l'on ne connoît un père ou un fils qu'après l'avoir fait périr ; et, pour conclure en deux mots après cette digression, je ne condamnerai jamais personne pour en avoir inventé ; mais je ne me le permettrai jamais.

Celles de la troisième espèce ne reçoivent aucune difficulté : non-seulement on les peut inventer, puisque tout y est vraisemblable, et suit le train commun des affections naturelles, mais je doute même si ce ne seroit point les bannir du théâtre que d'obliger les poëtes à en prendre les sujets dans l'histoire. Nous n'en voyons point de cette nature chez les Grecs, qui n'aient la mine d'avoir été inventés par leurs auteurs : il se peut faire que la fable leur en ait prêté quelques-uns. Je n'ai pas les yeux assez pénétrans pour percer de si épaisses obscurités, et déterminer si l'*Iphigénie in Tauris* est de l'invention d'Euripide, comme son *Hélène* et son *Ion*, ou s'il l'a prise d'un autre ; mais je crois pouvoir dire qu'il est très-malaisé d'en trouver dans l'histoire, soit que de tels événemens n'arrivent que très-rarement, soit qu'ils n'aient pas assez d'éclat pour y mériter une place : celui de Thésée, reconnu par le roi d'Athènes, son père, sur le point qu'il l'alloit faire périr, est le seul dont il me souvienne. Quoi qu'il en soit, ceux qui aiment à les mettre sur la scène peuvent les inventer sans crainte de la censure : ils pourront produire par là quelque agréable suspension dans l'esprit de l'auditeur ; mais il ne faut pas qu'ils se promettent de lui tirer beaucoup de larmes.

L'autre question, s'il est permis de changer quelque chose aux sujets qu'on emprunte de l'histoire ou de la fable, semble décidée en termes assez formels par Aristote, lorsqu'il dit « qu'il ne faut point changer les sujets reçus, et que Clytemnestre ne doit point être tuée par un autre qu'Oreste, ni Éryphile par un autre qu'Alcméon. » Cette décision peut toutefois recevoir quelque distinction et quelque tempérament. Il est constant que les circonstances, ou, si vous l'aimez mieux, les moyens de parvenir à l'action, demeurent en notre pouvoir : l'histoire souvent ne les marque pas, ou en rapporte si peu, qu'il est besoin d'y suppléer pour remplir le poëme; et même il y a quelque apparence de présumer que la mémoire de l'auditeur qui les aura lues autrefois ne s'y sera pas si fort attachée qu'il s'aperçoive assez du changement que nous y aurons fait, pour nous accuser de mensonge; ce qu'il ne manqueroit pas de faire s'il voyoit que nous changeassions l'action principale. Cette falsification seroit cause qu'il n'ajouteroit aucune foi à tout le reste; comme au contraire il croit aisément tout ce reste quand il le voit servir d'acheminement à l'effet qu'il sait véritable, et dont l'histoire lui a laissé une plus forte impression. L'exemple de la mort de Clytemnestre peut servir de preuve à ce que je viens d'avancer; Sophocle et Euripide l'ont traitée tous deux, mais chacun avec un nœud et un dénoûment tout à fait différens l'un de l'autre; et c'est cette différence qui empêche que ce ne soit la même pièce, bien que ce soit le même sujet, dont ils ont conservé l'action principale. Il faut donc la conserver comme eux; mais il faut examiner en même temps si elle n'est point si cruelle ou si difficile à représenter qu'elle puisse diminuer quelque chose de la croyance que l'auditeur doit à l'histoire, et qu'il veut bien donner à la fable en se mettant à la place de ceux qui l'ont prise pour une vérité. Lorsque cet inconvénient est à craindre, il est bon de cacher l'événement à la vue, et de le faire savoir par un récit qui frappe moins que le spectacle, et nous impose plus aisément.

C'est par cette raison qu'Horace ne veut pas que Médée tue ses enfans, ni qu'Atrée fasse rôtir ceux de Thyeste à la vue du peuple. L'horreur de ces actions engendre une répugnance à les croire, aussi bien que la métamorphose de Progné en oiseau et de Cadmus en serpent, dont la représentation, presque impossible, excite la même incrédulité quand on la hasarde aux yeux du spectateur :

Quodcumque ostendis mihi sic, incredulus odi.

Je passe plus outre : et, pour exténuer ou retrancher cette horreur dangereuse d'une action historique, je voudrois la faire arriver sans la participation du premier acteur, pour qui nous devons toujours ménager la faveur de l'auditoire. Après que Cléopatre eut tué Séleucus, elle présenta du poison à son autre fils Antiochus, à son retour de la chasse; et ce prince, soupçonnant ce qui en étoit, la contraignit de le prendre, et la força à s'empoisonner. Si j'eusse fait voir cette action sans y rien changer, c'eût été punir un parricide par un autre parricide ; on eût pris aversion pour Antiochus, et il a été bien plus doux de faire qu'elle-même, voyant que sa haine et sa noire perfidie alloient être découvertes, s'empoisonne dans son désespoir, à dessein d'envelopper ses deux amans dans sa perte, en leur ôtant tout sujet de défiance. Cela fait deux effets. La punition de cette impitoyable mère laisse un plus fort exemple, puisqu'elle devient un effet de la justice du ciel, et non pas de la vengeance des hommes ; d'autre côté, Antiochus ne perd rien de la compassion et de l'amitié qu'on avoit pour lui, qui redoublent plutôt qu'elles ne diminuent : et enfin l'action historique s'y trouve conservée malgré ce changement, puisque Cléopatre périt par le même poison qu'elle présente à Antiochus.

Phocas étoit un tyran, et sa mort n'étoit pas un crime ; cependant il a été sans doute plus à propos de la faire arriver par la main d'Exupère que par celle d'Héraclius. C'est un soin que nous devons prendre de préserver nos héros du crime tant qu'il se peut, et les exempter même de tremper leurs mains dans le sang, si ce n'est en un juste combat. J'ai beaucoup osé dans Nicomède : Prusias son père l'avoit voulu faire assassiner dans son armée : sur l'avis qu'il en eut par les assassins mêmes, il entra dans son royaume, s'en empara, et réduisit ce malheureux père à se cacher dans une caverne, où il le fit assassiner lui-même. Je n'ai pas poussé l'histoire jusque-là ; et, après l'avoir peint trop vertueux pour l'engager dans un parricide, j'ai cru que je pouvois me contenter de le rendre maître de la vie de ceux qui le persécutoient, sans le faire passer plus avant.

Je ne saurois dissimuler une délicatesse que j'ai sur la mort de Clytemnestre, qu'Aristote nous propose pour exemple des actions qui ne doivent point être changées : je veux bien avec lui qu'elle ne meure que de la main de son fils Oreste ; mais je ne puis souffrir chez Sophocle que ce fils la poignarde de dessein formé cependant qu'elle est à genoux devant lui, et le conjure de lui laisser la vie. Je ne puis même pardonner à Électre, qui passe pour une vertueuse opprimée dans le reste de la pièce, l'inhumanité dont elle encourage son frère à ce parricide. C'est un fils qui venge son père, mais c'est sur sa mère qu'il le venge. Séleucus et Antiochus avoient droit d'en faire autant dans *Rodogune*, mais je n'ai osé leur en donner la moindre pensée : aussi notre maxime de faire aimer nos principaux acteurs n'étoit pas de l'usage des anciens ; et ces républicains avoient une si forte haine des rois, qu'ils voyoient avec plaisir des crimes dans les plus innocens de leur race. Pour rectifier ce sujet à notre mode, il faudroit qu'Oreste n'eût dessein que contre Égisthe, qu'un reste de tendresse respectueuse pour sa mère lui en fît remettre la punition aux dieux ; que cette reine s'opiniâtrât à la protection de son adultère, et qu'elle se mît entre son fils et lui si malheureusement qu'elle reçût le coup que ce prince voudroit porter à cet assassin de son père : ainsi elle mourroit de la main de son fils, comme le veut Aristote, sans que la barbarie d'Oreste nous fît horreur, comme dans Sophocle, ni que son action méritât des furies vengeresses pour le tourmenter, puisqu'il demeureroit innocent.

Le même Aristote nous autorise à en user de cette manière, lorsqu'il nous apprend que « le poëte n'est pas obligé de traiter les choses comme elles se sont passées, mais comme elles ont pu ou dû se passer, selon le vraisemblable ou le nécessaire. » Il répète souvent ces derniers mots, et ne les explique jamais : je tâcherai d'y suppléer au moins mal qu'il me sera possible, et j'espère qu'on me pardonnera si je m'abuse.

Je dis donc premièrement que cette liberté qu'il nous laisse d'embellir les actions historiques par des inventions vraisemblables n'emporte aucune défense de nous écarter du vraisemblable dans le besoin. C'est un privilége qu'il nous donne, et non pas une servitude qu'il nous impose : cela est clair par ses paroles mêmes. Si nous pouvons traiter les choses selon le vraisemblable ou selon le nécessaire, nous pouvons quitter le vraisemblable pour suivre le nécessaire; et cette alternative met en notre choix de nous servir de celui des deux que nous jugerons le plus à propos.

Cette liberté du poëte se trouve encore en termes plus formels dans le xv⁰ chapitre, qui contient les excuses ou plutôt les justifications dont il se peut servir contre la censure : « Il faut, dit-il, qu'il suive un de ces trois moyens de traiter les choses, et qu'il les représente ou comme elles ont été, ou comme on dit qu'elles ont été, ou comme elles ont dû être : » par où il lui donne le choix, ou de la vérité historique, ou de l'opinion commune sur quoi la fable est fondée, ou de la vraisemblance. Il ajoute ensuite : « Si on le reprend de ce qu'il n'a pas écrit les choses dans la vérité, qu'il réponde qu'il les a écrites comme elles ont dû être; si on lui impute de n'avoir fait ni l'un ni l'autre, qu'il se défende sur ce qu'en publie l'opinion commune, comme en ce qu'on raconte des dieux, dont la plus grande partie n'a rien de véritable. » Et un peu plus bas : « Quelquefois ce n'est pas le meilleur qu'elles se soient passées de la manière qu'il les décrit; néanmoins elles se sont passées effectivement de cette manière, » et par conséquent il est hors de faute. Ce dernier passage montre que nous ne sommes point obligés de nous écarter de la vérité pour donner une meilleure forme aux actions de la tragédie par les ornemens de la vraisemblance, et le montre d'autant plus fortement, qu'il demeure pour constant, par le second de ces trois passages, que l'opinion commune suffit pour nous justifier quand nous n'avons pas pour nous la vérité, et que nous pourrions faire quelque chose de mieux que ce que nous faisons, si nous recherchions les beautés de cette vraisemblance. Nous courons par là quelques risques d'un plus foible succès; mais nous ne péchons que contre le soin que nous devons avoir de notre gloire, et non pas contre les règles du théâtre.

Je fais une seconde remarque sur ces termes de *vraisemblable* et de *nécessaire*, dont l'ordre se trouve quelquefois renversé chez ce philosophe, qui tantôt dit, *selon le nécessaire ou le vraisemblable*, et tantôt *selon le vraisemblable ou le nécessaire*. D'où je tire une conséquence qu'il y a des occasions où il faut préférer le vraisemblable au nécessaire, et d'autres où il faut préférer le nécessaire au vraisemblable. La raison en est que ce qu'on emploie le dernier dans les propositions alternatives y est placé comme pis aller, dont il faut se contenter quand on ne peut arriver à l'autre, et qu'on doit faire effort pour le premier avant que de se réduire au second, où l'on n'a droit de recourir qu'au défaut de ce premier.

Pour éclaircir cette préférence mutuelle du vraisemblable au nécessaire, et du nécessaire au vraisemblable, il faut distinguer deux choses dans les actions qui composent la tragédie. La première consiste en ces actions mêmes, accompagnées des inséparables circonstances du temps et du lieu; et l'autre en la liaison qu'elles ont ensemble, qui les fait naître l'une de l'autre. En la première, le vraisemblable est à préférer au nécessaire; et le nécessaire au vraisemblable, dans la seconde.

Il faut placer les actions où il est plus facile et mieux séant qu'elles arrivent, et les faire arriver dans un loisir raisonnable, sans les presser extraordinairement, si la nécessité de les renfermer dans un lieu et dans un jour ne nous y oblige. J'ai déjà fait voir en l'autre discours que, pour conserver l'unité de lieu, nous faisons parler souvent des personnes dans une place publique, qui vraisemblablement s'entretiendroient dans une chambre; et je m'assure que si on racontoit dans un roman ce que je fais arriver dans *le Cid*, dans *Polyeucte*, dans *Pompée*, ou dans *le Menteur*, on lui donneroit un peu plus d'un jour pour l'étendue de sa durée. L'obéissance que nous devons aux règles de l'unité de jour et de lieu nous dispense alors du vraisemblable, bien qu'elle ne nous permette pas l'impossible; mais nous ne tombons pas toujours dans cette nécessité; et *la Suivante*, *Cinna*, *Théodore*, et *Nicomède*, n'ont point eu besoin de s'écarter de la vraisemblance à l'égard du temps, comme ces autres poëmes.

Cette réduction de la tragédie au roman est la pierre de touche pour démêler les actions nécessaires d'avec les vraisemblables. Nous sommes gênés au théâtre par le lieu, par le temps, et par les incommodités de la représentation, qui nous empêchent d'exposer à la vue beaucoup de personnages tout à la fois, de peur que les uns ne demeurent sans action, ou ne troublent celle des autres. Le roman n'a aucune de ces contraintes : il donne aux actions qu'il décrit tout le loisir qu'il leur faut pour arriver; il place ceux qu'il fait parler, agir ou rêver, dans une chambre, dans une forêt, en place publique, selon qu'il est plus à propos pour leur action particulière; il a pour cela tout un palais, toute une ville, tout un royaume, toute la terre, où les promener; et s'il fait arriver ou raconter quelque chose en présence de trente personnes, il en peut décrire les divers sentimens l'un après l'autre. C'est pourquoi il n'a jamais aucune liberté de se départir de la vraisemblance, parce qu'il n'a jamais aucune raison ni excuse légitime pour s'en écarter.

Comme le théâtre ne nous laisse pas tant de facilité de réduire tout dans le vraisemblable, parce qu'il ne nous fait rien savoir que par des gens qu'il expose à la vue de l'auditeur en peu de temps, il nous en dispense aussi plus aisément. On peut soutenir que ce n'est pas tant nous en dispenser, que nous permettre une vraisemblance plus large; mais puisque Aristote nous autorise à y traiter les choses selon le nécessaire, j'aime mieux dire que tout ce qui s'y passe d'une autre façon qu'il ne se passeroit dans un roman n'a point de vraisemblance, à le bien prendre, et se doit ranger entre les actions nécessaires.

L'*Horace* en peut fournir quelques exemples : l'unité de lieu y est exacte, tout s'y passe dans une salle. Mais si on en faisoit un roman avec les mêmes particularités de scène en scène que j'y ai employées, feroit-on tout passer dans cette salle? A la fin du premier acte, Curiace et Camille sa maîtresse vont rejoindre le reste de la famille, qui doit être dans un autre appartement; entre les deux actes, ils y reçoivent la nouvelle de l'élection des trois Horaces; à l'ouverture du second, Curiace paroît dans cette même salle pour l'en congratuler : dans le roman, il auroit fait cette congratulation au même lieu où l'on en reçoit la nouvelle, en présence de toute la famille, et il n'est point vraisemblable qu'ils s'écartent eux deux pour cette conjouissance; mais il est nécessaire pour le théâtre : et, à moins que cela, les sentimens des trois Horaces, de leur père, de Curiace, et de Sabine, se fussent présentés à faire paroître tous à la fois. Le roman, qui ne fait rien voir, en fût aisément venu à bout : mais sur la scène il a fallu les séparer, pour y mettre quelque ordre, et les prendre l'un après l'autre, en commençant par ces deux-ci que j'ai été forcé de ramener dans cette salle sans vraisemblance. Cela passé, le reste de l'acte est tout à fait vraisemblable, et n'a rien qu'on fût obligé de faire arriver d'une autre manière dans le roman. A la fin de cet acte, Sabine et Camille, outrées de déplaisir, se retirent de cette salle avec un emportement de douleur, qui vraisemblablement va renfermer leurs larmes dans leur chambre, où le roman les feroit demeurer et y recevoir la nouvelle du combat. Cependant, par la nécessité de les faire voir aux spectateurs, Sabine quitte sa chambre au commencement du troisième acte, et revient entretenir ses douloureuses inquiétudes dans cette salle, où Camille la vient trouver. Cela fait, le reste de cet acte est vraisemblable comme en l'autre; et, si vous voulez examiner avec cette rigueur les premières scènes des deux derniers, vous trouverez peut-être la même chose, et que le roman placeroit ses personnages ailleurs qu'en cette salle, s'ils en étoient une fois sortis, comme ils en sortent à la fin de chaque acte.

Ces exemples peuvent suffire pour expliquer comme on peut traiter une action selon le nécessaire, quand on ne la peut traiter selon le vraisemblable, qu'on doit toujours préférer au nécessaire lorsqu'on ne regarde que les actions en elles-mêmes.

Il n'en va pas ainsi de leur liaison qui les fait naître l'une et l'autre : le nécessaire y est à préférer au vraisemblable, non que cette liaison ne doive toujours être vraisemblable, mais parce qu'elle est beaucoup meilleure quand elle est vraisemblable et nécessaire tout ensemble. La raison en est aisée à concevoir. Lorsqu'elle n'est que vraisemblable sans être nécessaire, le poëme s'en peut passer, et elle n'y est pas de grande importance; mais quand elle est vraisemblable et nécessaire, elle devient une partie essentielle du poëme, qui ne peut subsister sans elle. Vous trouverez dans *Cinna* des exemples de ces deux sortes de liaisons; j'appelle ainsi la manière dont une action est produite par l'autre. Sa conspiration contre Auguste est causée nécessairement par l'amour qu'il a pour Émilie, parce qu'il la veut épouser, et qu'elle ne veut se donner à lui qu'à cette condition. De ces deux actions, l'une est vraie, l'autre est vraisemblable, et leur liaison est nécessaire. La bonté d'Auguste donne des remords et de l'irrésolution à Cinna : ces remords et cette irrésolution ne sont causés que vraisemblablement par cette bonté, et n'ont qu'une liaison vraisemblable avec elle, parce que Cinna pouvoit demeurer dans la fermeté et arriver à son but, qui est d'épouser Émilie. Il la consulte dans cette irrésolution : cette consultation n'est que vraisemblable, mais elle est un effet nécessaire de son amour, parce que, s'il eût rompu la conjuration sans son aveu, il ne fût jamais arrivé à ce but qu'il s'étoit proposé; et par conséquent voilà une liaison nécessaire entre deux actions vraisemblables, ou, si vous l'aimez mieux, une production nécessaire d'une action vraisemblable ar une autre pareillement vraisemblable.

Avant que d'en venir aux définitions et divisions du vraisemlable et du nécessaire, je fais encore une réflexion sur les acions qui composent la tragédie, et trouve que nous pouvons y n faire entrer de trois sortes, selon que nous le jugeons à propos : es unes suivent l'histoire, les autres ajoutent à l'histoire. les troisièmes falsifient l'histoire. Les premières sont vraies, les secondes quelquefois vraisemblables et quelquefois nécessaires, et es dernières doivent toujours être nécessaires.

Lorsqu'elles sont vraies, il ne faut point se mettre en peine de a vraisemblance, elles n'ont pas besoin de son secours. « Tout ce qui s'est fait manifestement s'est pu faire, dit Aristote, parce que, s'il ne s'étoit pu faire, il ne se seroit pas fait. » Ce que nous ajoutons à l'histoire, comme il n'est pas appuyé de son autorité, n'a pas cette prérogative. « Nous avons une pente naturelle, ajoute ce philosophe, à croire que ce qui ne s'est point fait n'a pu encore se faire; » et c'est pourquoi ce que nous inventons a besoin de la vraisemblance la plus exacte qu'il est possible pour le rendre croyable.

A bien peser ces deux passages, je crois ne m'éloigner point de sa pensée quand j'ose dire, pour définir le vraisemblable, que c'est « une chose manifestement possible dans la bienséance, et qui n'est ni manifestement vraie ni manifestement fausse. » On en peut faire deux divisions, l'une en vraisemblable général et particulier, l'autre en ordinaire et extraordinaire.

Le vraisemblable général est ce que peut faire et qu'il est à propos que fasse un roi, un général d'armée, un amant, un ambitieux, etc. Le particulier est ce qu'a pu ou dû faire Alexandre, César, Alcibiade, compatible avec ce que l'histoire nous apprend de ses actions. Ainsi, tout ce qui choque l'histoire sort de cette vraisemblance, parce qu'il est manifestement faux; et il n'est pas vraisemblable que César, après la bataille de Pharsale, se soit remis en bonne intelligence avec Pompée, ou Auguste avec Antoine après celle d'Actium, bien qu'à parler en termes généraux il soit vraisemblable que, dans une guerre civile, après une grande bataille, les chefs des partis contraires se réconcilient, principalement lorsqu'ils sont généreux l'un et l'autre.

Cette fausseté manifeste, qui détruit la vraisemblance, se peut rencontrer même dans les pièces qui sont toutes d'invention : on n'y peut falsifier l'histoire, puisqu'elle n'y a aucune part; mais il y a des circonstances, des temps et des lieux qui peuvent convaincre un auteur de fausseté quand il prend mal ses mesures. Si j'introduisois un roi de France ou d'Espagne sous un nom imaginaire, et que je choisisse pour le temps de mon action un siècle dont l'histoire eût marqué les véritables rois de ces deux royaumes, la fausseté seroit toute visible; et c'en seroit une encore plus palpable si je plaçois Rome à deux lieues de Paris, afin qu'on pût y aller et revenir en un même jour. Il y a des choses sur qui le poëte n'a jamais aucun droit: il peut prendre quelque licence sur l'histoire, en tant qu'elle regarde les actions des particuliers, comme celle de César ou d'Auguste, et leur attribuer des actions qu'ils n'ont pas faites, ou les faire arriver d'une autre manière qu'ils ne les ont faites;

mais il ne peut pas renverser la chronologie pour faire vivre Alexandre du temps de César, et moins encore changer la situation des lieux, ou les noms des royaumes, des provinces, des villes, des montagnes, et des fleuves remarquables. La raison est que ces provinces, ces montagnes, ces rivières, sont des choses permanentes. Ce que nous savons de leur situation étoit dès le commencement du monde; nous devons présumer qu'il n'y a point eu de changement, à moins que l'histoire ne le marque; et la géographie nous en apprend tous les noms anciens et modernes. Ainsi un homme seroit ridicule d'imaginer que, du temps d'Abraham, Paris fût au pied des Alpes, ou que la Seine traversât l'Espagne, et de mêler de pareilles grotesques dans une pièce d'invention. Mais l'histoire est des choses qui passent, et qui, succédant les unes aux autres, n'ont que chacune un moment pour leur durée, dont il en échappe beaucoup à la connoissance de ceux qui l'écrivent : aussi n'en peut-on montrer aucune qui contienne tout ce qui s'est passé dans les lieux dont elle parle, ni tout ce qu'ont fait ceux dont elle décrit la vie. Je n'en excepte pas même les *Commentaires* de César, qui écrivoit sa propre histoire, et devoit la savoir tout entière. Nous savons quels pays arrosoient le Rhône et la Seine avant qu'il vînt dans les Gaules; mais nous ne savons que fort peu de chose, et peut-être rien du tout, de ce qui s'y est passé avant sa venue. Ainsi nous pouvons bien y placer des actions que nous feignons arrivées avant ce temps-là, mais non pas, sous ce prétexte de fiction poétique et d'éloignement des temps, y changer la distance naturelle d'un lieu à l'autre. C'est de cette façon que Barclay en a usé dans son *Argénis*, où il ne nomme aucune ville ni fleuve de Sicile, ni de nos provinces, que par des noms véritables, bien que ceux de toutes les personnes qu'il y met sur le tapis soient entièrement de son invention aussi bien que leurs actions.

Aristote semble plus indulgent sur cet article, puisqu'il «trouve le poëte excusable quand il pèche contre un autre art que le sien, comme contre la médecine ou contre l'astrologie.» A quoi je réponds « qu'il ne l'excuse que sous cette condition qu'il arrive par là au but de son art, auquel il n'auroit pu arriver autrement : encore avoue-t-il qu'il pèche en ce cas, et qu'il est meilleur de ne pécher point du tout.» Pour moi, s'il faut recevoir cette excuse, je ferois distinction entre les arts qu'il peut ignorer sans honte, parce qu'il lui arrive rarement des occasions d'en parler sur son théâtre, tels que sont la médecine et l'astrologie que je viens de nommer, et les arts sans la connoissance desquels, ou en tout ou en partie, il ne sauroit établir de justesse dans aucune pièce, tels que sont la géographie et la chronologie. Comme il ne sauroit représenter aucune action sans la placer en quelque lieu et en quelque temps, il est inexcusable s'il fait paroître de l'ignorance dans le choix de ce lieu et de ce temps où il la place.

Je viens à l'autre division du vraisemblable en ordinaire et extraordinaire : l'ordinaire est une action qui arrive plus souvent, ou du moins aussi souvent que sa contraire ; l'extraordinaire est une action qui arrive, à la vérité, moins souvent que sa contraire, mais qui ne laisse pas d'avoir sa possibilité assez aisée pour n'aller point jusqu'au miracle, ni jusqu'à ces événemens singuliers qui servent de matière aux tragédies sanglantes par l'appui qu'ils ont de l'histoire ou de l'opinion commune, et qui ne se peuvent tirer en exemple que pour les épisodes de la pièce dont ils font le corps, parce qu'ils ne sont pas croyables à moins que d'avoir cet appui. Aristote donne deux idées ou exemples généraux de ce vraisemblable extraordinaire : l'un d'un homme subtil et adroit qui se trouve trompé par un moins subtil que lui ; l'autre d'un foible qui se bat contre un plus fort que lui et en demeure victorieux, ce qui surtout ne manque jamais à être bien reçu quand la cause du plus simple ou du plus foible est la plus équitable. Il semble alors que la justice du ciel ait présidé au succès, qui trouve d'ailleurs une croyance d'autant plus facile qu'il répond aux souhaits de l'auditoire qui s'intéresse toujours pour ceux dont le procédé est le meilleur. Ainsi la victoire du Cid contre le comte se trouveroit dans la vraisemblance extraordinaire quand elle ne seroit pas vraie. « Il est vraisemblable, dit notre docteur, que beaucoup de choses arrivent contre le vraisemblable ; » et, puisqu'il avoue par là que ces effets extraordinaires arrivent contre la vraisemblance, j'aimerois mieux les nommer simplement croyables, et les ranger sous le nécessaire, attendu qu'on ne s'en doit jamais servir sans nécessité.

On peut m'objecter que le même philosophe dit « qu'au regard de la poésie on doit préférer l'impossible croyable au possible incroyable, » et conclure de là que j'ai peu de raison d'exiger du vraisemblable, par la définition que j'en ai faite, qu'il soit manifestement possible pour être croyable, puisque, selon Aristote, il y a des choses impossibles qui sont croyables.

Pour résoudre cette difficulté, et trouver de quelle nature est cet impossible croyable dont il ne donne aucun exemple, je réponds qu'il y a des choses impossibles en elles-mêmes qui paroissent aisément possibles, et par conséquent croyables quand on les envisage d'une autre manière. Telles sont toutes celles où nous falsifions l'histoire. Il est impossible qu'elles se soient passées comme nous les représentons, puisqu'elles se sont passées autrement, et qu'il n'est pas au pouvoir de Dieu même de rien changer au passé ; mais elles paroissent manifestement possibles quand elles sont dans la vraisemblance générale, pourvu qu'on les regarde détachées de l'histoire, et qu'on veuille oublier pour quelque temps ce qu'elle dit de contraire à ce que nous inventons. Tout ce qui se passe dans *Nicomède* est impossible, puisque l'histoire porte qu'il fit mourir son père sans le voir, et que ses frères du second lit étoient en otage à Rome lorsqu'il s'empara du royaume. Tout ce qui arrive dans *Héraclius* ne l'est pas moins, puisqu'il n'étoit pas fils de Maurice, et que, bien loin de passer pour celui de Phocas et être nourri comme tel chez ce tyran, il vint fondre sur lui à force ouverte des bords de l'Afrique, dont il étoit gouverneur, et ne le vit peut-être jamais. On ne prend point néanmoins pour incroyables les incidens de ces deux tragédies; et ceux qui savent le désaveu qu'en fait l'histoire la mettent aisément à quartier pour se plaire à leur représentation, parce qu'ils sont dans la vraisemblance générale, bien qu'ils manquent de la particulière.

Tout ce que la fable nous dit de ses dieux et de ses métamorphoses est encore impossible, et ne laisse pas d'être croyable par l'opinion commune, et par cette vieille traditive qui nous a accoutumés à en ouïr parler. Nous avons droit d'inventer même sur ce modèle, et de joindre des incidens également impossibles à ceux que ces anciennes erreurs nous prêtent. L'auditeur n'est point trompé dans son attente quand le titre du poëme le prépare à n'y rien voir que d'impossible en effet : il y trouve tout croyable; et cette première supposition faite qu'il est des dieux, et qu'ils prennent intérêt et font commerce avec les hommes, à quoi il vient tout résolu, il n'a aucune difficulté à se persuader du reste.

Après avoir tâché d'éclaircir ce que c'est que le vraisemblable, il est temps que je hasarde une définition du nécessaire dont Aristote parle tant, et qui seul nous peut autoriser à changer l'histoire et à nous écarter de la vraisemblance. Je dis donc que le nécessaire, en ce qui regarde la poésie, n'est autre chose que *le besoin du poëte pour arriver à son but ou pour y faire arriver ses acteurs.* Cette définition a son fondement sur les diverses acceptions du mot grec ἀναγκαῖον, qui ne signifie pas toujours ce qui est absolument nécessaire, mais aussi quelquefois ce qui est seulement utile à parvenir à quelque chose.

Le but des acteurs est divers, selon les divers desseins que la variété des sujets leur donne. Un amant a celui de posséder sa maîtresse; un ambitieux, de s'emparer d'une couronne; un homme offensé, de se venger; et ainsi des autres : les choses qu'ils ont besoin de faire pour y arriver constituent ce nécessaire, qu'il faut préférer au vraisemblable, ou, pour parler plus juste, qu'il faut ajouter au vraisemblable dans la liaison des actions, et leur dépendance l'une de l'autre. Je pense m'être déjà assez expliqué là-dessus; je n'en dirai pas davantage.

Le but du poëte est de plaire selon les règles de son art : pour plaire il a besoin quelquefois de rehausser l'éclat des belles actions et d'exténuer l'horreur des funestes; ce sont des nécessités d'embellissement où il peut bien choquer la vraisemblance particulière par quelque altération de l'histoire, mais non pas se dispenser de la générale, que rarement, et pour des choses qui soient de la dernière beauté, et si brillantes, qu'elles éblouissent : surtout il ne doit jamais les pousser au delà de la vraisemblance extraordinaire, parce que ces ornements qu'il ajoute de son invention ne sont pas d'une nécessité absolue, et qu'il fait mieux de s'en passer tout à fait que d'en parer son poëme contre toute sorte de vraisemblance. Pour plaire selon les règles de son art, il a besoin de renfermer son action dans l'unité de jour et de lieu; et, comme cela est d'une nécessité absolue et indispensable, il lui est beaucoup plus permis sur ces deux articles que sur celui des embellissemens.

Il est si malaisé qu'il se rencontre dans l'histoire ni dans l'imagination des hommes quantité de ces événements illustres et dignes de la tragédie, dont les délibérations et leurs effets puissent arriver en un même lieu et en un même jour, sans faire un peu de violence à l'ordre commun des choses, que je ne puis croire cette sorte de violence tout à fait condamnable, pourvu qu'elle n'aille pas jusqu'à l'impossible : il est de beaux sujets où on ne la peut éviter; et un auteur scrupuleux se priveroit d'une belle occasion de gloire, et le public de beaucoup de satisfaction s'il n'osoit s'enhardir à les mettre sur le théâtre, de peur de se voir forcé à les faire aller plus vite que la vraisemblance ne le permet. Je lui donnerois, en ce cas, un conseil que peut-être il trouveroit salutaire : c'est de ne marquer aucun temps préfix dans son poëme, ni aucun lieu déterminé où il pose ses acteurs. L'imagination de l'auditeur auroit plus de liberté de se laisser aller au courant de l'action, si elle n'étoit point fixée par ces marques; et il pourroit ne s'apercevoir pas de cette précipitation, si elles ne l'en faisoient souvenir, et n'y appliquoient son esprit malgré lui. Je me suis toujours repenti d'avoir fait dire au roi, dans *le Cid*, qu'il vouloit que Rodrigue se délassât une heure ou deux après la défaite des Maures avant que de combattre don Sanche : je l'avois fait pour montrer que la pièce étoit dans les vingt-quatre heures; et cela n'a servi qu'à avertir les spectateurs de la contrainte avec laquelle je l'y ai réduite. Si j'avois fait résoudre ce combat sans en désigner l'heure, peut-être n'y auroit-on pas pris garde.

Je ne pense pas que, dans la comédie, le poëte ait cette liberté de dresser son action, par la nécessité de la réduire dans l'unité de jour. Aristote veut que toutes les actions qu'il y fait entrer soient vraisemblables, et n'ajoute point ce mot, *ou nécessaires*, comme pour la tragédie. Aussi la différence est assez grande entre les actions de l'une et celles de l'autre : celles de la comédie partent de personnes communes, et ne consistent qu'en in trigues d'amour et en fourberies, qui se développent si aisément en un jour, qu'assez souvent chez Plaute et chez Térence, le temps de leur durée excède à peine celui de leur représentation: mais, dans la tragédie, les affaires publiques sont mêlées d'ordinaire avec les intérêts particuliers des personnes illustres qu'on y fait paroître; il y entre des batailles, des prises de villes, de grands périls, des révolutions d'États; et tout cela va malaisément avec la promptitude que la règle nous oblige de donner à ce qui se passe sur la scène.

Si vous me demandez jusqu'où peut s'étendre cette liberté qu'a le poëte d'aller contre la vérité et contre la vraisemblance par la considération du besoin qu'il en a, j'aurai de la peine à vous faire une réponse précise. J'ai fait voir qu'il y a des choses sur qui nous n'avons aucun droit; et, pour celles où ce privilége peut avoir lieu, il doit être plus ou moins resserré, selon que les sujets sont plus ou moins connus. Il m'étoit beaucoup moins permis dans *Horace* et dans *Pompée*, dont les histoires ne sont ignorées de personne, que dans *Rodogune* et dans *Nicomède*, dont peu de gens savoient les noms avant que je les eusse mis sur le théâtre. La seule mesure qu'on y peut prendre, c'est que tout ce qu'on y ajoute à l'histoire, et tous les changemens qu'on y apporte, ne soient jamais plus incroyables que ce qu'on en conserve dans le même poëme. C'est ainsi qu'il faut entendre ce vers d'Horace touchant les fictions d'ornement :

Ficta voluptatis causa sint proxima veris;

et non pas en porter la signification jusqu'à celles qui peuvent trouver quelque exemple dans l'histoire ou dans la fable, hors du sujet qu'on traite. Le même Horace décide la question, autant qu'on la peut décider, par cet autre vers avec lequel je finis ce discours :

Dabiturque licentia sumpta pudenter.

Servons-nous-en donc avec retenue, mais sans scrupule; et, s'il se peut, ne nous en servons point du tout : il vaut mieux n'avoir point besoin de grâce que d'en recevoir.

TROISIÈME DISCOURS.

DES TROIS UNITÉS

D'ACTION, DE JOUR, ET DE LIEU.

Les deux discours précédens et l'examen de mes pièces de théâtre, que contiennent mes deux premiers volumes, m'ont fourni tant d'occasions d'expliquer ma pensée sur ces matières, qu'il m'en resteroit peu de chose à dire, si je me défendois absolument de répéter.

Je tiens donc, et je l'ai déjà dit, que l'unité d'action consiste, dans la comédie, en l'unité d'intrigue, ou d'obstacle aux desseins des principaux acteurs, et en l'unité de péril dans la tragédie, soit que son héros y succombe, soit qu'il en sorte. Ce n'est pas que je prétende qu'on ne puisse admettre plusieurs périls dans l'une, et plusieurs intrigues ou obstacles dans l'autre, pourvu que de l'un on tombe nécessairement dans l'autre; car alors la sortie du premier péril ne rend point l'action complète, puisqu'elle en attire un second; et l'éclaircissement d'un intrigue ne met point les acteurs en repos, puisqu'il les embarrasse dans un nouveau. Ma mémoire ne me fournit point d'exemples anciens de cette multiplicité de périls attachés l'un à l'autre qui ne détruit point l'unité d'action; mais j'en ai marqué la duplicité indépendante pour un défaut dans *Horace* et dans *Théodore*, dont il n'est point besoin que le premier tue sa sœur au sortir de sa victoire, ni que l'autre s'offre au martyre après avoir echappé à la prostitution; et je me trompe fort si la mort de Polyxène et celle d'Astyanax, dans *la Troade* de Sénèque, ne font la même irrégularité.

En second lieu, ce mot d'unité d'action ne veut pas dire que la tragédie n'en doive faire voir qu'une sur le théâtre. Celle que le poëte choisit pour son sujet doit avoir un commencement, un milieu et une fin; et ces trois parties non-seulement sont autant d'actions qui aboutissent à la principale, mais en outre chacune d'elles en peut contenir plusieurs avec la même subordination. Il n'y doit avoir qu'une action complète, qui laisse l'esprit de l'auditeur dans le calme; mais elle ne peut le devenir que par plusieurs autres imparfaites qui lui servent d'acheminement, et tiennent cet auditeur dans une agréable suspension. C'est ce qu'il faut pratiquer à la fin de chaque acte pour rendre l'action continue. Il n'est pas besoin qu'on sache précisément tout ce que font les acteurs durant les intervalles qui les séparent, ni même qu'ils agissent lorsqu'ils ne paroissent point sur le théâtre; mais il est nécessaire que chaque acte laisse une attente de quelque chose qui se doive faire dans celui qui le suit.

Si vous me demandiez ce que fait Cléopatre dans *Rodogune*, depuis qu'elle a quitté ses deux fils au second acte jusqu'à ce qu'elle rejoigne Antiochus au quatrième, je serois bien empêché à vous le dire, et je ne crois pas être obligé à en rendre compte; mais la fin de ce second prépare à voir un effort de l'amitié des deux frères pour régner, et dérober Rodogune à la haine envenimée de leur mère; on en voit l'effet dans le troisième, dont la fin prépare encore à voir un autre effort d'Antiochus pour regagner ces deux ennemies l'une après l'autre, et à ce que fait Séleucus dans le quatrième, qui oblige cette mère dénaturée à résoudre et faire attendre ce qu'elle tâche d'exécuter au cinquième.

Dans *le Menteur*, tout l'intervalle du troisième au quatrième vraisemblablement se consume à dormir par tous les acteurs; leur repos n'empêche pas toutefois la continuité d'action entre ces deux actes, parce que ce troisième n'en a point de complète : Dorante le finit par le dessein de chercher les moyens de regagner l'esprit de Lucrèce; et, dès le commencement de l'autre, il se présente pour tâcher de parler à quelqu'un de ses gens, et prendre l'occasion de l'entretenir elle-même si elle se montre.

Quand je dis qu'il n'est pas besoin de rendre compte de ce que font les acteurs pendant qu'ils n'occupent point la scène, je n'entends pas dire qu'il ne soit quelquefois fort à propos de le rendre, mais seulement qu'on n'y est pas obligé; et qu'il n'en faut prendre le soin que quand ce qui s'est fait derrière le théâtre sert à l'intelligence de ce qui doit se faire devant les spectateurs. Ainsi je ne dis rien de ce qu'a fait Cléopatre depuis le second acte jusqu'au quatrième, parce que, durant tout ce temps-là, elle a pu ne rien faire d'important pour l'action principale que je prépare : mais je fais connoître, dès le premier vers du cinquième, qu'elle a employé tout l'intervalle d'entre ces deux derniers à tuer Séleucus, parce que cette mort fait une partie de l'action. C'est ce qui me donne lieu de remarquer que le poëte n'est pas tenu d'exposer à la vue toutes les actions particulières qui amènent à la principale : il doit choisir celles qui lui sont les plus avantageuses à faire voir, soit par la beauté du spectacle, soit par l'éclat et la véhémence des passions qu'elles produisent, soit par quelque autre agrément qui leur soit attaché, et cacher les autres derrière la scène, pour les faire connoître au spectateur, ou par une narration, ou par quelque autre adresse de l'art; surtout il doit se souvenir que les unes et les autres doivent avoir une telle liaison ensemble, que les dernières soient produites par celles qui les précèdent, et que toutes aient leur source dans la protase que doit fermer le premier acte. Cette règle, que j'ai établie dès le premier discours, bien qu'elle soit nouvelle, et contre l'usage des anciens, a son fondement sur deux passages d'Aristote; en voici le premier : « Il y a grande différence, dit-il, entre les événemens qui viennent les uns après les autres, et ceux qui viennent les uns à cause des autres. » Les Maures viennent dans *le Cid* après la mort du comte, et non pas à cause de la mort du comte; et le pêcheur vient dans *Don Sanche* après qu'on soupçonne Carlos d'être le prince d'Aragon, et non pas à cause qu'on l'en soupçonne; ainsi tous les deux sont condamnables. Le second passage est encore plus formel, et porte en termes exprès, « que tout ce qui se passe dans la tragédie doit arriver nécessairement ou vraisemblablement de ce qui l'a précédé. »

La liaison des scènes qui unit toutes les actions particulières de chaque acte l'une avec l'autre, et dont j'ai parlé en l'examen de *la Suivante*, est un grand ornement dans un poëme, et qui sert beaucoup à former une continuité d'action par la continuité de la représentation; mais enfin ce n'est qu'un ornement et non pas une règle. Les anciens ne s'y sont pas toujours assujettis, bien que la plupart de leurs actes ne soient chargés que de deux ou trois scènes; ce qui la rendoit bien plus facile pour eux que pour nous, qui leur en donnons quelquefois jusqu'à neuf ou dix. Je ne rapporterai que deux exemples du mépris qu'ils en ont fait : l'un est de Sophocle dans l'*Ajax*, dont le monologue, avant que de se tuer, n'a aucune liaison avec la scène qui le précède, ni avec celle qui le suit; l'autre est du troisième acte de *l'Eunuque* de Térence, où celle d'Antiphon seul n'a aucune communication avec Chrémès et Pithias, qui sortent du théâtre quand il y entre. Les savans de notre siècle, qui les ont pris pour modèles dans les tragédies qu'ils nous ont laissées, ont encore plus négligé cette liaison qu'eux; et il ne faut que jeter l'œil sur celles de Buchanan, de Grotius et de Heinsius, dont j'ai parlé dans l'examen de *Polyeucte*, pour en demeurer d'accord. Nous y avons tellement accoutumé nos spectateurs, qu'ils ne sauroient plus voir une scène détachée sans la marquer pour un défaut : l'œil et l'oreille même s'en scandalisent avant que l'esprit y ait pu faire de réflexion. Le quatrième acte de *Cinna* demeure au-dessous des autres par ce manquement; et ce qui n'étoit point une règle autrefois l'est devenu maintenant par l'assiduité de la pratique.

J'ai parlé de trois sortes de liaisons dans cet examen de *la Suivante*; j'ai montré aversion pour celles de bruit, indulgence pour celles de vue, estime pour celles de présence et de discours; et, dans ces dernières, j'ai confondu deux choses qui méritent d'être séparées. Celles qui sont de présence et de discours ensemble ont sans doute toute l'excellence dont elles sont capables; mais il en est de discours sans présence, et de présence sans discours, qui ne sont pas dans le même degré. Un acteur qui parle à un autre d'un lieu caché, sans se montrer, fait une liaison de discours sans présence, qui ne laisse pas d'être fort bonne; mais cela arrive fort rarement. Un homme qui demeure sur le théâtre, seulement pour entendre ce que diront ceux qu'il y voit entrer, fait une liaison de présence sans discours, qui souvent a mauvaise grâce, et tombe dans une affectation mendiée, plutôt pour remplir ce nouvel usage qui passe en précepte, que pour aucun besoin qu'en puisse avoir le sujet. Ainsi, dans le troisième acte de *Pompée*, Achorée, après avoir rendu compte à Charmion de la réception que César a faite au roi quand il lui a présenté la tête de ce héros, demeure sur le théâtre, où il voit venir l'un et l'autre, seulement pour entendre ce qu'ils diront, et le rapporter à Cléopatre. Ammon fait la même chose au quatrième d'*Andromède*, en faveur de Phinée, qui se retire à la vue du roi et de toute sa cour qu'il voit arriver. Ces personnages qui deviennent muets lient assez mal les scènes, où ils ont si peu de part qu'ils n'y sont comptés pour rien. Autre chose est quand ils se tiennent cachés pour s'instruire de quelque secret d'importance par le moyen de ceux qui parlent, et qui croient n'être entendus de personne; car alors l'intérêt qu'ils ont à ce qui se dit, joint à une curiosité raisonnable d'apprendre ce qu'ils ne peuvent savoir d'ailleurs, leur donne grande part en l'action, malgré leur silence : mais, en ces deux exemples, Ammon et Achorée mêlent une présence si froide aux scènes qu'ils écoutent, qu'à ne rien déguiser, quelque couleur que je leur donne pour leur servir de prétexte, ils ne s'arrêtent que pour les lier avec celles qui les précèdent, tant l'une et l'autre pièce s'en peut aisément passer.

Bien que l'action du poëme dramatique doive avoir son unité, il y faut considérer deux parties : le nœud et le dénoûment. « Le nœud est composé, selon Aristote, en partie de ce qui s'est passé hors du théâtre avant le commencement de l'action qu'on y décrit, et en partie de ce qui s'y passe; le reste appartient au dénoûment. Le changement d'une fortune en l'autre fait la séparation de ces deux parties. Tout ce qui le précède est de la première; et ce changement avec ce qui le suit regarde l'autre. » Le nœud dépend entièrement du choix et de l'imagination industrieuse du poëte; et l'on n'y peut donner de règle, sinon qu'il y doit ranger toutes choses selon le vraisemblable ou le nécessaire, dont j'ai parlé dans le second discours; à quoi j'ajoute un conseil, de s'embarrasser, le moins qu'il lui est possible, de choses arrivées avant l'action qui se représente. Ces narrations importunent d'ordinaire, parce qu'elles ne sont pas attendues, et qu'elles gênent l'esprit de l'auditeur, qui est obligé de charger sa mémoire de ce qui s'est fait dix ou douze ans auparavant, pour comprendre ce qu'il voit représenter : mais celles qui se font des choses qui arrivent et se passent derrière le théâtre, depuis l'action commencée, font toujours un meilleur effet, parce qu'elles sont attendues avec quelque curiosité, et font partie de cette action qui se représente. Une des raisons qui donne tant d'illustres suffrages à *Cinna* pour le mettre au-dessus de ce que j'ai fait, c'est qu'il n'y a aucune narration du passé, celle qu'il fait de sa conspiration à Émilie étant plutôt un ornement qui chatouille l'esprit des spectateurs qu'une instruction nécessaire de particularités qu'ils doivent savoir et imprimer dans leur mémoire pour l'intelligence de la suite : Émilie leur fait assez connoître, dans les deux premières scènes, qu'il conspiroit contre Auguste en sa faveur; et quand Cinna lui diroit tout simplement que les conjurés sont prêts au lendemain, il avanceroit autant pour l'action que par les cent vers qu'il emploie à lui rendre compte, et de ce qu'il leur a dit, et de la manière dont ils l'ont reçu. Il y a des intrigues qui commencent dès la naissance du héros, comme celui d'*Héraclius;* mais ces grands efforts d'imagination en demandent un extraordinaire à l'attention du spectateur, et l'empêchent souvent de prendre un plaisir entier aux premières représentations, tant ils le fatiguent!

Dans le dénoûment je trouve deux choses à éviter, le simple changement de volonté, et la machine. Il n'y a pas grand artifice à finir un poëme, quand celui qui a fait obstacle au dessein des premiers acteurs, durant quatre actes, en désiste au cinquième, sans aucun événement notable qui l'y oblige : j'en ai parlé au premier discours, et n'y ajouterai rien ici. La machine n'a pas plus d'adresse quand elle ne sert qu'à faire descendre un dieu pour accommoder toutes choses, sur le point que les acteurs ne savent plus comment les terminer. C'est ainsi qu'Apollon agit dans *Oreste :* ce prince et son ami Pylade, accusés par Tyndare et Ménélas de la mort de Clytemnestre, et condamnés à leur poursuite, se saisissent d'Hélène et d'Hermione : ils tuent ou croient tuer la première, et menacent d'en faire autant de l'autre, si on ne révoque l'arrêt prononcé contre eux. Pour apaiser ces troubles, Euripide ne cherche point d'autre finesse que de faire descendre Apollon du ciel, qui, d'autorité absolue, ordonne qu'Oreste épouse Hermione, et Pylade Électre; et de peur que la mort d'Hélène n'y servît d'obstacle, n'y ayant pas d'apparence qu'Hermione épousât Oreste qui venoit de tuer sa mère, il leur apprend qu'elle n'est pas morte, et qu'il l'a dérobée à leurs coups, et enlevée au ciel dans l'instant qu'ils pensoient la tuer. Cette sorte de machine est entièrement hors de propos, n'ayant aucun fondement sur le reste de la pièce, et fait un dénoûment vicieux. Mais je trouve un peu de rigueur au sentiment d'Aristote, qui met en même rang le char dont Médée se sert pour s'enfuir de Corinthe après la vengeance qu'elle a prise de Créon: il me semble que c'en est un assez grand fondement que de l'avoir faite magicienne, et d'en avoir rapporté dans le poëme des actions autant au-dessus des forces de la nature que celle-là. Après ce qu'elle a fait pour Jason à Colchos, après qu'elle a rajeuni son père Éson depuis son retour, après qu'elle a attaché des feux invisibles au présent qu'elle a fait à Créuse, ce char volant n'est point hors de la vraisemblance; et ce poëme n'a pas besoin d'autre préparation pour cet effet extraordinaire. Sénèque lui en donne une par ce vers, que Médée dit à sa nourrice :

Tuum quoque ipsa corpus hinc mecum aveham ;

et moi, par celui-ci qu'elle dit à Égée :

Je vous suivrai demain par un chemin nouveau

Ainsi la condamnation d'Euripide, qui ne s'y est servi d'aucune précaution, peut être juste, et ne retomber ni sur Sénèque, ni sur moi; et je n'ai point besoin de contredire Aristote pour me justifier sur cet article.

De l'action je passe aux actes, qui en doivent contenir chacun une portion, mais non pas si égale qu'on n'en réserve plus pour le dernier que pour les autres, et qu'on n'en puisse moins donner au premier qu'aux autres. On peut même ne faire aucune autre chose dans ce premier que peindre les mœurs des personnages, et marquer à quel point ils en sont de l'histoire qu'on va représenter. Aristote n'en prescrit point le nombre; Horace le borne à cinq; et, bien qu'il défende d'y en mettre moins, les Espagnols s'opiniâtrent à l'arrêter à trois, et les Italiens font souvent la même chose. Les Grecs les distinguoient par le chant du chœur, et, comme je trouve lieu de croire qu'en quelques-uns de leurs poëmes ils le faisoient chanter plus de quatre fois, je ne voudrois pas répondre qu'ils ne les poussassent jamais au delà de cinq. Cette manière de les distinguer étoit plus incommode que la nôtre : car, ou l'on prêtoit attention à ce que chantoit le chœur, ou l'on n'y en prêtoit point; si l'on y en prêtoit, l'esprit de l'auditeur étoit trop tendu, et n'avoit aucun moment pour se délasser; si l'on n'y en prêtoit point, son attention étoit trop dissipée par la longueur du chant, et, lorsqu'un autre acte commençoit, il avoit besoin d'un effort de mémoire pour rappeler en son imagination ce qu'il avoit déjà vu, et en quel point l'action étoit demeurée. Nos violons n'ont aucune de ces deux incommodités; l'esprit de l'auditeur se relâche durant qu'ils jouent, et réfléchit même sur ce qu'il a vu, pour le louer ou le blâmer, suivant qu'il lui a plu ou déplu; et le peu qu'on les laisse jouer lui en laisse les idées si récentes, que, quand les acteurs reviennent, il n'a point besoin de se faire d'effort pour rappeler et renouer son attention.

Le nombre des scènes dans chaque acte ne reçoit aucune règle: mais, comme tout l'acte doit avoir une certaine quantité de vers, qui proportionne sa durée à celle des autres, on y peut mettre plus ou moins de scènes, selon qu'elles sont plus ou moins longues, pour employer le temps que tout l'acte ensemble doit consumer. Il faut, s'il se peut, y rendre raison de l'entrée et de la sortie de chaque acteur; surtout pour la sortie, je tiens cette règle indispensable, et il n'y a rien de si mauvaise grâce qu'un acteur qui se retire du théâtre seulement parce qu'il n'a plus de vers à dire.

Je ne serois pas si rigoureux pour les entrées. L'auditeur attend l'acteur; et, bien que le théâtre représente la chambre ou le cabinet de celui qui parle, il ne peut toutefois s'y montrer qu'il ne vienne de derrière la tapisserie, et il n'est pas toujours aisé de rendre raison de ce qu'il vient de faire en ville avant que de rentrer chez lui puisque même quelquefois il est vraisemblable qu'il n'en est pas sorti. Je n'ai vu personne se scandaliser de voir Émilie commencer *Cinna* sans dire pourquoi elle vient dans sa chambre : elle est présumée y être avant que la pièce commence, et ce n'est que la nécessité de la représentation qui la fait sortir derrière le théâtre pour y venir. Ainsi je dispenserois volontiers de cette rigueur toutes les premières scènes de chaque acte, mais on pas les autres, parce qu'un acteur occupant une fois le théâtre, aucun n'y doit entrer qui n'ait sujet de parler à lui, ou du moins qui n'ait lieu de prendre l'occasion quand elle s'offre. Surtout, lorsqu'un acteur entre deux fois dans un acte, soit dans la comédie, soit dans la tragédie, il doit absolument, ou faire juger qu'il reviendra bientôt quand il sort la première fois, comme Horace dans le second acte, et Julie dans le troisième de la même pièce, ou donner raison en rentrant pourquoi il revient sitôt.

Aristote veut que la tragédie bien faite soit belle et capable de plaire sans le secours des comédiens, et hors de la représentation. Pour faciliter ce plaisir au lecteur, il ne faut non plus gêner son esprit que celui du spectateur, parce que l'effort qu'il est obligé de se faire pour la concevoir et se la représenter lui-même dans son esprit diminue la satisfaction qu'il en doit recevoir. Ainsi, je serois d'avis que le poëte prît grand soin de marquer à la marge les menues actions qui ne méritent pas qu'il en charge ses vers, et qui leur ôteroient même quelque chose de leur dignité, s'il se ravaloit à les exprimer. Le comédien y supplée aisément sur le théâtre ; mais sur le livre on seroit assez souvent réduit à deviner, et quelquefois même on pourroit deviner mal, à moins que d'être instruit par là de ces petites choses. J'avoue que ce n'est pas l'usage des anciens ; mais il faut m'avouer aussi que, faute de l'avoir pratiqué, ils nous laissent beaucoup d'obscurités dans leurs poëmes, qu'il n'y a que les maîtres de l'art qui puissent développer ; encore ne sais-je s'ils en viennent à bout toutes les fois qu'ils se l'imaginent. Si nous nous assujettissions à suivre entièrement leur méthode, il ne faudroit mettre aucune distinction d'actes ni de scènes, non plus que les Grecs. Ce manque est souvent cause que je ne sais combien il y a d'actes dans leurs pièces, ni si à la fin d'un acte un acteur se retire pour laisser chanter le chœur, ou s'il demeure sans action cependant qu'il chante, parce que ni eux ni leurs interprètes n'ont daigné nous en donner un mot d'avis à la marge.

Nous avons encore une autre raison particulière de ne pas négliger ce petit secours comme ils ont fait : c'est que l'impression met nos pièces entre les mains des comédiens qui courent les provinces, que nous ne pouvons avertir que par là de ce qu'ils ont à faire, et qui feroient d'étranges contre-temps, si nous ne leur aidions par ces notes. Ils se trouveroient bien embarrassés au cinquième acte des pièces qui finissent heureusement, et où nous rassemblons tous les acteurs sur notre théâtre ; ce que ne faisoient pas les anciens : ils diroient souvent à l'un ce qui s'adresse à l'autre, principalement quand il faut que le même acteur parle à trois ou quatre l'un après l'autre. Quand il y a quelque commandement à faire à l'oreille, comme celui de Cléopatre à Laonice pour lui aller querir du poison, il faudroit un aparté pour l'exprimer en vers, si l'on se vouloit passer de ces avis en marge ; et l'un me semble beaucoup plus insupportable que les autres, qui nous donnent le vrai et unique moyen de faire, suivant le sentiment d'Aristote, que la tragédie soit aussi belle à la lecture qu'à la représentation, en rendant facile à l'imagination du lecteur tout ce que le théâtre présente à la vue des spectateurs.

La règle de l'unité de jour a son fondement sur ce mot d'Aristote, « que la tragédie doit renfermer la durée de son action dans un tour du soleil, ou tâcher de ne le passer pas de beaucoup. » Ces paroles donnent lieu à cette dispute fameuse, si elles doivent être entendues d'un jour naturel de vingt-quatre heures, ou d'un jour artificiel de douze ; ce sont deux opinions dont chacune a des partisans considérables : et pour moi, je trouve qu'il y a des sujets si malaisés à renfermer en si peu de temps, que non-seulement je leur accorderois les vingt-quatre heures entières, mais je me servirois même de la licence que donne ce philosophe de les excéder un peu, et les pousserois sans scrupule jusqu'à trente. Nous avons une maxime en droit qu'il faut élargir la faveur, et restreindre les rigueurs, *odia restringenda, favores ampliandi ;* et je trouve qu'un auteur est assez gêné par cette contrainte, qui a forcé quelques-uns de nos anciens d'aller jusqu'à l'impossible. Euripide, dans *les Suppliantes*, fait partir Thésée d'Athènes avec une armée, donner une bataille devant les murs de Thèbes, qui en étoient éloignés de douze ou quinze lieues, et revenir victorieux en l'acte suivant ; et depuis qu'il est parti jusqu'à l'arrivée du messager qui vient faire le récit de sa victoire, Ethra et le chœur n'ont que trente-six vers à dire. C'est assez bien employer un temps si court. Eschyle fait revenir Agamemnon de Troie avec une vitesse encore tout autre. Il étoit demeuré d'accord avec Clytemnestre sa femme que, sitôt que cette ville seroit prise, il le lui feroit savoir par des flambeaux disposés de montagne en montagne, dont le second s'allumeroit incontinent à la vue du premier, le troisième à la vue du second, et ainsi du reste ; et par ce moyen elle devoit apprendre cette grande nouvelle dès la même nuit : cependant à peine l'a-t-elle apprise par ces flambeaux allumés, qu'Agamemnon arrive, dont il faut que le navire, quoique battu d'une tempête, si j'ai bonne mémoire, ait été aussi vite que l'œil à découvrir ces lumières. *Le Cid* et *Pompée*, où les actions sont un peu précipitées, sont bien éloignés de cette licence ; et, s'ils forcent la vraisemblance commune en quelque chose, du moins ils ne vont point jusqu'à de telles impossibilités.

Beaucoup déclament contre cette règle, qu'ils nomment tyrannique, et auroient raison, si elle n'étoit fondée que sur l'autorité d'Aristote ; mais ce qui la doit faire accepter, c'est la raison naturelle qui lui sert d'appui. Le poëme dramatique est une imitation, ou, pour en mieux parler, un portrait des actions des hommes ; et il est hors de doute que les portraits sont d'autant plus excellens qu'ils ressemblent mieux à l'original. La représentation dure deux heures, et ressembleroit parfaitement, si l'action qu'elle représente n'en demandoit pas davantage pour sa réalité. Ainsi ne nous arrêtons point ni aux douze, ni aux vingt-quatre heures ; mais resserrons l'action du poëme dans la moindre durée qu'il nous sera possible, afin que sa représentation ressemble mieux et soit plus parfaite. Ne donnons, s'il se peut, à l'une que les deux heures que l'autre remplit : je ne crois pas que *Rodogune* en demande guère davantage, et peut-être qu'elles suffiroient pour *Cinna*. Si nous ne pouvons la renfermer dans ces deux heures, prenons-en quatre, six, dix, mais ne passons pas de beaucoup les vingt-quatre heures, de peur de tomber dans le déréglement, et de réduire tellement le portrait en petit, qu'il n'ait plus ses dimensions proportionnées, et ne soit qu'imperfection.

Surtout je voudrois laisser cette durée à l'imagination des auditeurs, et ne déterminer jamais le temps qu'elle emporte, si le sujet n'en avoit besoin, principalement quand la vraisemblance y est un peu forcée, comme au *Cid*, parce qu'alors cela ne sert qu'à les avertir de cette précipitation. Lors même que rien n'est violenté dans un poëme par la nécessité d'obéir à cette règle, qu'est-il besoin de marquer à l'ouverture du théâtre que le soleil se lève, qu'il est midi au troisième acte, et qu'il se couche à la fin du dernier ? C'est une affectation qui ne fait qu'importuner ; il suffit d'établir la possibilité de la chose dans le temps où on la renferme, et qu'on le puisse trouver aisément, si on y veut prendre garde, sans y appliquer l'esprit malgré soi. Dans les actions mêmes qui n'ont point plus de durée que la représentation, cela seroit de mauvaise grâce si l'on marquoit d'acte en acte qu'il s'est passé une demi-heure de l'un à l'autre.

Je répète ce que j'ai dit ailleurs, que, quand nous prenons un temps plus long, comme de dix heures, je voudrois que les huit qu'il faut perdre se consumassent dans les intervalles des actes, et que chacun d'eux n'eût en son particulier que ce que la représentation en consume, principalement lorsqu'il y a liaison de scènes perpétuelle ; car cette liaison ne souffre point de vide entre deux scènes. J'estime toutefois que le cinquième, par un privilége particulier, a quelque droit de presser un peu le temps, en sorte que la part de l'action qu'il représente en tienne davantage qu'il n'en faut pour sa représentation. La raison en est que le spectateur est alors dans l'impatience de voir la fin, et que, quand elle dépend d'acteurs qui sont sortis du théâtre, tout l'entretien qu'on donne à ceux qui y demeurent en attendant de leurs nouvelles ne fait que languir, et semble demeurer sans action. Il est hors de doute que, depuis que Phocas est sorti au cinquième d'*Héraclius* jusqu'à ce qu'Amyntas vienne raconter sa mort, il faut plus de temps pour ce qui se fait derrière le théâtre que pour le récit des vers qu'Héraclius, Martian, et Pulchérie, emploient à plaindre leur malheur. Prusias et Flaminius, dans celui de *Nicomède*, n'ont pas tout le loisir dont ils auroient besoin pour se rejoindre sur la mer, consulter ensemble, et revenir à la défense de la reine; et le Cid n'en a pas assez pour se battre contre don Sanche durant l'entretien de l'infante avec Léonore et de Chimène avec Elvire. Je l'ai bien vu, et n'ai point fait de scrupule de cette précipitation, dont peut-être on trouveroit plusieurs exemples chez les anciens; mais ma paresse, dont j'ai déjà parlé, me fera contenter de celui-ci, qui est de Térence dans *l'Andrienne*. Simon y fait entrer Pamphile son fils chez Glycère, pour en faire sortir le vieillard Criton, et s'éclaircir avec lui de la naissance de sa maîtresse, qui se trouve fille de Chrémès. Pamphile y entre, parle à Criton, le prie de le servir, revient avec lui; et durant cette entrée, cette prière, et cette sortie, Simon et Chrémès, qui demeurent sur le théâtre, ne disent que chacun un vers, qui ne sauroit donner tout au plus à Pamphile que le loisir de demander où est Criton, et non pas de parler à lui, et lui dire les raisons qui le doivent porter à découvrir en sa faveur ce qu'il sait de la naissance de cette inconnue.

Quand la fin de l'action dépend d'acteurs qui n'ont point quitté le théâtre, et ne font point attendre de leurs nouvelles, comme dans *Cinna* et dans *Rodogune*, le cinquième acte n'a pas besoin de ce privilége, parce qu'alors toute l'action est en vue; ce qui n'arrive pas quand il s'en passe une partie derrière le théâtre depuis qu'il est commencé. Les autres actes ne méritent point la même grâce. S'il ne s'y trouve pas assez de temps pour y faire entrer un acteur qui en est sorti, ou pour faire savoir ce qu'il a fait depuis cette sortie, on peut attendre à en rendre compte en l'acte suivant; et le violon, qui les distingue l'un de l'autre, en peut consumer autant qu'il en est besoin; mais dans le cinquième, il n'y a point de remise · l'attention est épuisée, et il faut finir.

Je ne puis oublier que, bien qu'il nous faille réduire toute l'action tragique en un jour, cela n'empêche pas que la tragédie ne fasse connoître par narration, ou par quelque autre manière plus artificieuse, ce qu'a fait son héros en plusieurs années, puisqu'il y en a dont le nœud consiste en l'obscurité de sa naissance qu'il faut éclaircir, comme *OEdipe*. Je ne répéterai point que, moins on se charge d'actions passées, plus on a l'auditeur propice, par le peu de gêne qu'on lui donne en lui rendant toutes les choses présentes, sans demander aucune réflexion à sa mémoire que pour ce qu'il a vu : mais je ne puis oublier que c'est un grand ornement pour un poëme que le choix d'un jour illustre et attendu depuis quelque temps. Il ne s'en présente pas toujours des occasions; et, dans tout ce que j'ai fait jusqu'ici, vous n'en trouverez de cette nature que quatre : celui d'*Horace*, où deux peuples devoient décider de leur empire par une bataille; celui de *Rodogune*, d'*Andromède*, et de *Don Sanche*. Dans *Rodogune*, c'est un jour choisi par deux souverains pour l'effet d'un traité de paix entre leurs couronnes ennemies, pour une entière réconciliation de deux rivales par un mariage, et pour l'éclaircissement d'un secret de plus de vingt ans, touchant le droit d'aînesse entre deux princes gémeaux, dont dépend le royaume, et le succès de leur amour. Celui d'*Andromède* et celui de *Don Sanche* ne sont pas de moindre considération; mais, comme je le viens de dire, les occasions ne s'en offrent pas souvent; et, dans le reste de mes ouvrages, je n'ai pu choisir des jours remarquables que par ce que le hasard y fait arriver, et non pas par l'emploi où l'ordre public les ait destinés de longue main.

Quant à l'unité de lieu, je n'en trouve aucun précepte ni dans Aristote ni dans Horace : c'est ce qui porte quelques-uns à croire que la règle ne s'en est établie qu'en conséquence de l'unité du jour, et à se persuader ensuite qu'on le peut étendre jusques où un homme peut aller et revenir en vingt-quatre heures. Cette opinion est un peu licencieuse; et, si l'on faisoit aller un acteur en poste, les deux côtés du théâtre pourroient représenter Paris et Rouen. Je souhaiterois, pour ne point gêner du tout le spectateur, que ce qu'on fait représenter devant lui en deux heures se pût passer en effet en deux heures, et que ce qu'on lui fait voir sur un théâtre, qui ne change point, pût s'arrêter dans une chambre ou dans une salle, suivant le choix qu'on en auroit fait : mais souvent cela est si malaisé, pour ne pas dire impossible, qu'il faut de nécessité trouver quelque élargissement pour le lieu, comme pour le temps. Je l'ai fait voir exact dans *Horace*, dans *Polyeucte* et dans *Pompée*; mais il faut, pour cela, ou n'introduire qu'une femme, comme dans *Polyeucte*, ou que les deux qu'on introduit aient tant d'amitié l'une pour l'autre, et des intérêts si conjoints, qu'elles puissent être toujours ensemble, comme dans l'*Horace*, ou qu'il leur puisse arriver comme dans *Pompée*, où l'empressement de la curiosité naturelle fait sortir de leurs appartemens Cléopatre au second acte, et Cornélie au cinquième, pour aller jusque dans la grande salle du palais du roi au-devant des nouvelles qu'elles attendent. Il n'en va pas de même dans *Rodogune;* Cléopatre et elle ont des intérêts trop divers pour expliquer leurs plus secrètes pensées en même lieu. Je pourrois en dire ce que j'ai dit de *Cinna*, où en général tout se passe dans Rome, et en particulier moitié dans le cabinet d'Auguste, et moitié chez Émilie. Suivant cet ordre, le premier acte de cette tragédie seroit dans l'antichambre de Rodogune, le second dans la chambre de Cléopatre, le troisième dans celle de Rodogune : mais si le quatrième peut commencer chez cette princesse, il n'y peut achever, et ce que Cléopatre y dit à ses deux fils l'un après l'autre y seroit mal placé. Le cinquième a besoin d'une salle d'audience où un grand peuple puisse être présent. La même chose se rencontre dans *Héraclius*. Le premier acte seroit fort bien dans le cabinet de Phocas, et le second chez Léontine; mais si le troisième commence chez Pulchérie, il n'y peut achever, et il est hors d'apparence que Phocas délibère dans l'appartement de cette princesse de la perte de son frère.

Nos anciens, qui faisoient parler leurs rois en place publique, donnoient assez aisément l'unité rigoureuse de lieu à leurs tragédies. Sophocle toutefois ne l'a pas observée dans son *Ajax*, qui sort du théâtre afin de chercher un lieu écarté pour se tuer, et s'y tue à la vue du peuple; ce qui fait juger aisément que celui où il se tue n'est pas le même que celui d'où on l'a vu sortir, puisqu'il n'en est sorti que pour en choisir un autre.

Nous ne prenons pas la même liberté de tirer les rois et les princesses de leurs appartemens; et, comme souvent la différence et l'opposition des intérêts de ceux qui sont logés dans le même palais ne souffrent pas qu'ils fassent leurs confidences et ouvrent leurs secrets en même chambre, il nous faut chercher quelque autre accommodement pour l'unité de lieu, si nous la voulons conserver dans tous nos poëmes : autrement il faudroit prononcer contre beaucoup de ceux que nous voyons réussir avec éclat.

Je tiens donc qu'il faut chercher cette unité exacte autant qu'il est possible; mais, comme elle ne s'accommode pas avec toute sorte de sujets, j'accorderois très-volontiers que ce qu'on feroit passer en une seule ville auroit l'unité de lieu. Ce n'est pas que je voulusse que le théâtre représentât cette ville tout entière, cela seroit un peu trop vaste, mais seulement deux ou trois lieux particuliers enfermés dans l'enclos de ses murailles. Ainsi la scène de *Cinna* ne sort point de Rome, et est tantôt l'appartement d'Auguste dans son palais, et tantôt la maison d'Émilie. *Le Menteur* a les Tuileries et la place Royale dans Paris; et *la Suite* fait voir la prison et le logis de Mélisse dans Lyon. *Le Cid* multiplie encore davantage les lieux particuliers sans quitter Séville; et, comme la liaison de scènes n'y est pas gardée, le théâtre, dès le premier acte, est la maison de Chimène, l'appartement de l'infante dans le palais du roi, et la place publique; le second y ajoute la chambre du roi : et sans doute il y a quelque excès dans cette licence. Pour rectifier en quelque façon cette duplicité de lieu quand elle est inévitable, je voudrois qu'on fît deux choses : l'une, que jamais on ne changeât dans le même acte, mais seulement de l'un à l'autre, comme il se fait dans les trois premiers de *Cinna;* l'autre, que ces deux lieux n'eussent point besoin de diverses décorations, et qu'aucun des deux ne fût jamais nommé, mais seulement le lieu général où tous les deux sont compris, comme Paris, Rome, Lyon, Constantinople, etc. Cela aideroit à tromper l'auditeur, qui, ne voyant rien qui lui marquât la diversité des lieux, ne s'en apercevroit pas, à moins d'une réflexion malicieuse et critique, dont il y en a peu qui soient capables, la plupart s'attachant avec chaleur à l'action qu'ils voient représenter. Le plaisir qu'ils y prennent est cause qu'ils n'en veulent pas chercher le peu de justesse pour s'en dégoûter; et ils ne le reconnoissent que par force, quand il est trop visible, comme dans *le Menteur* et *la Suite*, où les différentes décorations font reconnoître cette duplicité de lieu, malgré qu'on en ait.

Mais comme les personnes qui ont des intérêts opposés ne peuvent pas vraisemblablement expliquer leurs secrets en même place, et qu'ils sont quelquefois introduits dans le même acte avec liaison de scènes qui emporte nécessairement cette unité, il faut trouver un moyen qui la rende compatible avec cette contradiction qu'y forme la vraisemblance rigoureuse, et voir comment pourra subsister le quatrième acte de *Rodogune*, et le troisième d'*Héraclius*, où j'ai déjà marqué cette répugnance du côté des deux personnes ennemies qui parlent en l'un et en l'autre. Les jurisconsultes admettent des fictions de droit; et je voudrois, à leur exemple, introduire des fictions de théâtre, pour établir un lieu théâtral qui ne seroit ni l'appartement de Cléopatre, ni celui de Rodogune dans la pièce qui porte ce titre, ni celui de Phocas, de Léontine, ou de Pulchérie dans *Héraclius*, mais une salle sur laquelle ouvrent ces divers appartemens, à qui j'attribuerois deux priviléges : l'un, que chacun de ceux qui y parleroient fût présumé y parler avec le même secret que s'il étoit dans sa chambre; l'autre, qu'au lieu que dans l'ordre commun il est quelquefois de la bienséance que ceux qui occupent le théâtre aillent trouver ceux qui sont dans leur cabinet pour parler à eux, ceux-ci pussent les venir trouver sur le théâtre, sans choquer cette bienséance, afin de conserver l'unité de lieu et la liaison des scènes. Ainsi Rodogune, dans le premier acte, vient trouver Laonice, qu'elle devroit mander pour parler à elle; et, dans le quatrième, Cléopatre vient trouver Antiochus au même lieu où il vient de fléchir Rodogune, bien que, dans l'exacte vraisemblance, ce prince devroit aller chercher sa mère dans son cabinet, puisqu'elle hait trop cette princesse pour venir parler à lui dans son appartment, où la première scène fixeroit le reste de cet acte, si l'on n'apportoit ce tempérament, dont j'ai parlé, à la rigoureuse unité de lieu.

Beaucoup de mes pièces en manqueront si l'on ne veut point admettre cette modération, dont je me contenterai toujours à 'avenir, quand je ne pourrai satisfaire à la dernière rigueur de la règle. Je n'ai pu y en réduire que trois, *Horace*, *Polyeucte* et *Pompée*. Si je me donne trop d'indulgence dans les autres, j'en aurai encore davantage pour ceux dont je verrai réussir les ouvrages sur la scène avec quelque apparence de régularité. Il est facile aux spéculatifs d'être sévères : mais s'ils vouloient donner dix ou douze poëmes de cette nature au public, ils élargiroient peut-être les règles encore plus que je ne fais, sitôt qu'ils auroient reconnu par l'expérience quelle contrainte apporte leur exactitude, et combien de belles choses elle bannit de notre théâtre. Quoi qu'il en soit, voilà mes opinions, ou, si vous voulez, mes hérésies touchant les principaux points de l'art; et je ne sais point mieux accorder les règles anciennes avec les agrémens modernes. Je ne doute point qu'il ne soit aisé d'en trouver de meilleurs moyens, et je serai tout prêt de les suivre lorsqu'on les aura mis en pratique aussi heureusement qu'on y a vu les miens.

DISCOURS A L'ACADÉMIE[1].

MESSIEURS,

S'il est vrai que ce soit un avantage pour dépeindre les passions que de les ressentir, et que l'esprit trouve avec plus de facilité des couleurs pour ce qui le touche que pour les idées qu'il emprunte de son imagination, j'avoue qu'il faut que je condamne tous les applaudissemens qu'ont reçus jusqu'ici mes ouvrages, et que c'est injustement qu'on m'attribue quelque adresse à décrire les mouvemens de l'âme, puisque, dans la joie la plus sensible dont je sois capable, je ne trouve point de paroles qui vous en puissent faire concevoir la moindre partie. Ainsi je vois ma réputation prête à être détruite par la gloire même qui la devoit achever, puisqu'elle me jette dans la nécessité de vous montrer mon foible, prenant possession des

---

1. Corneille fut reçu à l'Académie le 22 janvier 1647, à la place de Maynard, mort l'année précédente.

grâces qu'il vous a plu me faire : je ne me dois regarder que comme un de ces indignes mignons de la fortune que son caprice n'élève au plus haut de la roue, sans aucun mérite, que pour mettre plus en vue les taches de la fange dont elle les a tirés. Et certes, voyant cette honte inévitable dans l'honneur que je reçois, j'aurois de la peine à m'en consoler, si je ne considérois que vous rappellerez aisément en votre mémoire ce que vous savez mieux que moi, que la joie n'est qu'un épanouissement du cœur; et, si j'ose me servir d'un terme dont la dévotion s'est saisie, une certaine liquéfaction intérieure, qui, s'épanchant dans l'homme tout entier, relâche toutes les puissances de son âme; de sorte qu'au lieu que les autres passions y excitent des orages et des tempêtes dont les éclats sortent au dehors avec impétuosité et violence, celle-ci n'y produit qu'une langueur qui tient quelque chose de l'extase, et qui, se contentant de se mêler et de se rendre visible dans tous les traits extérieurs, laisse l'esprit dans l'impuissance de l'exprimer. C'est ce qu'ont bien reconnu nos grands maîtres du théâtre, qui n'ont jamais amené leurs héros jusqu'à la félicité qu'ils leur ont fait espérer, qu'ils ne se soient arrêtés là tout aussitôt, sans faire des efforts inutiles à représenter leur satisfaction, dont ils savoient bien qu'ils ne pouvoient venir à bout.

Vous êtes trop équitables pour exiger de leur écolier une chose dont leurs exemples n'ont pu l'instruire; et vous aurez même assez de bonté pour suppléer à ce défaut, et juger de la grandeur de ma joie par celle de l'honneur que vous m'avez fait en me donnant une place dans votre illustre compagnie. Et véritablement, messieurs, quand je n'aurois pas une connoissance particulière du mérite de ceux qui la composent, quand je n'aurois pas tous les jours entre les mains les admirables chefs-d'œuvre qui partent des vôtres, quand je ne saurois enfin autre chose de vous, sinon que vous êtes le choix de ce grand génie qui n'a fait que des miracles, feu M. le cardinal de Richelieu, je serois l'homme du monde le plus dépourvu de sens commun, si je n'avois pas pour vous une estime et une vénération toujours extraordinaires, quand je vois que de la même main dont ce grand homme sapoit les fondemens de la monarchie d'Espagne, il a daigné jeter ceux de votre établissement, et confier à vos soins la pureté d'une langue qu'il vouloit faire entendre et dominer par toute l'Europe. Vous m'avez fait part de cette gloire, et j'en tire encore cet avantage, qu'il est impossible que de vos savantes assemblées, où vous me faites l'honneur de me recevoir, je ne remporte les belles teintures et les parfaites connoissances, qui, donnant une meilleure forme à ces heureux talens dont la nature m'a favorisé, mettront en un plus haut degré ma réputation, et feront remarquer aux plus grossiers, même dans la continuation de mes petits travaux.

combien il s'y sera coulé du vôtre, et quels nouveaux ornemens le bonheur de votre communication y aura semés. Oserai-je vous dire toutefois, messieurs, parmi cet excès d'honneur et ces avantages infaillibles, que ce n'est pas de vous que j'attends ni les plus grands honneurs ni les plus grands avantages? Vous vous étonnerez sans doute d'une civilité si étrange; mais, bien loin de vous en offenser, vous demeurerez d'accord avec moi de cette vérité, quand je vous aurai nommé Mgr le chancelier, et que je vous aurai dit que c'est de lui que j'espère et ces honneurs et ces avantages dont je vous parle, puisqu'il a bien voulu être le protecteur d'un corps si fameux, et qu'on peut dire en quelque sorte n'être que d'esprit : en devenir un des membres, c'est devenir en même temps une de ses créatures; et puisque, par l'entrée que vous m'y donnez, je trouve et plus d'occasions et plus de facilité de lui rendre mes devoirs plus souvent, j'ai quelque droit de me promettre qu'étant illuminé de plus près, je pourrai répandre à l'avenir dans tous mes ouvrages avec plus d'éclat et de vigueur les lumières que j'aurai reçues de sa présence. Comme c'est un bien que je devrai entièrement à la faveur de vos suffrages, je vous conjure de croire que je ne manquerai jamais de reconnoissance envers ceux qui me l'ont procuré, et qu'encore qu'il soit très-vrai que vous ne pourriez donner cette place à personne qui se sentît plus incapable de la remplir, il n'est pas moins vrai que vous ne la pouviez donner à personne, ni qui l'eût plus ardemment souhaitée, ni qui s'en tînt votre redevable en un plus haut point, ni qui eût enfin plus de passion de contribuer de tous ses soins et de toutes ses forces au service d'une compagnie si célèbre. à qui j'aurai des obligations éternelles de m'avoir fait tant d'honneurs sans les mériter.

PRÉFACE

DE L'ÉDITION DES ŒUVRES DE CORNEILLE.

PARIS, 1654.

AU LECTEUR.

C'est contre mon inclination que mes libraires vous font ce présent, et j'aurois été plus aise de la suppression entière de la plus grande partie de ces poëmes, que d'en voir renouveler la mémoire par ce recueil. Ce n'est pas qu'ils n'aient tous eu des succès assez heureux pour ne me repentir pas de les avoir faits; mais il y a une si notable différence d'eux à ceux qui les ont suivis, que je ne puis voir cette inégalité sans quelque sorte de confusion. Et certes j'aurois laissé périr entièrement ceux-ci, si je n'eusse reconnu que le bruit qu'ont fait les derniers obligeoit déjà quelques curieux à la recherche des autres, et pourroit être cause qu'un imprimeur, faisant sans mon aveu ce que je ne voulois pas consentir, ajouteroit mille fautes aux miennes. J'ai donc cru qu'il valoit mieux, et pour votre contentement et pour ma réputation, y jeter un coup d'œil, non pas pour les corriger entièrement (il eût été besoin de les refaire presque *en* entiers), mais du moins pour en ôter ce qu'il y a de plus insupportable. Je vous les donne dans l'ordre que je les ai composés, et vous avouerai franchement que pour les vers, outre la foiblesse d'un homme qui commençoit à en faire, il est malaisé qu'ils ne sentent la province où je suis né. Comme Dieu m'a fait naître *mauvais courtisan*, j'ai trouvé dans la cour plus de louanges que de bienfaits, et plus d'estime que d'établissement. Ainsi étant demeuré *provincial*, ce n'est pas merveille si mon élocution en conserve quelquefois le caractère.

Pour la conduite je me dédirois de peu de chose si j'avois à les refaire. Je ne m'étendrai point à vous spécifier quelles règles j'y ai observées : ceux qui s'y connoissent s'en apercevront aisément, et de pareils discours ne font qu'importuner les savans, embarrasser les foibles, et étourdir les ignorans.

AU LECTEUR[1].

Vous pourrez trouver quelque chose d'étrange aux innovations en l'orthographe que j'ai hasardées ici, et je veux bien vous en rendre raison. L'usage de notre langue est à présent si épandu par toute l'Europe, principalement vers le nord, qu'on y voit peu d'États où elles ne soit connue; c'est ce qui m'a fait croire qu'il ne seroit pas mal à propos d'en faciliter la prononciation aux étrangers, qui s'y trouvent souvent embarrassées par les divers sons qu'elle donne quelquefois aux mêmes lettres. Les

1. Cet avertissement commence ainsi dans l'édition de 1663 :
« Ces deux volumes contiennent autant de pièces de théâtre que les trois que vous avez vus ci-devant imprimés in-8 ; ils sont réglés à douze chacun, et les autres à huit. *Sertorius* et *Sophonisbe* ne s'y joindront point, qu'il n'y en ait assez pour faire un troisième de cette impression, ou un quatrième de l'autre. Cependant, comme il ne peut entrer en celle-ci que deux des trois discours qui ont servi de préfaces à la précédente, et que, dans ces trois discours, j'ai tâché d'expliquer ma pensée touchant les plus curieuses et les plus importantes questions de l'art poétique, cet ouvrage de mes réflexions demeureroit imparfait, si j'en retranchois le troisième; et c'est ce qui me fait vous le donner ensuite du second volume, attendant qu'on le puisse reporter au-devant de celui qui le suivra, sitôt qu'il pourra être complet. Vous trouverez quelque chose, etc. »

Hollandois m'ont frayé le chemin, et donné ouverture à y mettre distinction par de différens caractères, que jusqu'ici nos imprimeurs ont employés indifféremment. Ils ont séparé les *i* et les *u* consonnes d'avec les *i* et les *u* voyelles, en se servant toujours de l'*j* et de l'*v* pour les premières, et laissant l'*i* et l'*u* pour les autres, qui, jusqu'à ces derniers temps, avoient été confondus. Ainsi la prononciation de ces deux lettres ne peut être douteuse dans les impressions où l'on garde le même ordre qu'en celle-ci. Leur exemple m'a enhardi à passer plus avant. J'ai vu quatre prononciations différentes dans nos ſ, et trois dans nos *e*; et j'ai cherché les moyens d'en ôter toutes les ambiguïtés, ou par des caractères différens, ou par des règles générales, avec quelques exceptions. Je ne sais si j'y aurai réussi; mais si cette ébauche ne déplaît pas, elle pourra donner jour à faire un travail plus achevé sur cette matière, et peut-être que ce ne sera pas rendre un petit service à notre langue et au public.

Nous prononçons l'ſ de quatre diverses manières : tantôt nous l'aspirons, comme en ces mots : *peſte, chaſte;* tantôt elle allonge la syllabe, comme en ceux-ci : *paſte, teſte;* tantôt elle ne fait aucun son, comme à *esblouir, esbranler, il estoit;* et tantôt elle se prononce comme un *z*, comme à *préſider, préſumer*. Nous n'avons que deux différens caractères, ſ et *s*, pour ces quatre différentes prononciations. Il faut donc établir quelques maximes générales pour faire les distinctions entières. Cette lettre se rencontre au commencement des mots, ou au milieu, ou à la fin. Au commencement elle aspire toujours : *ſoi, ſien, ſauver, ſuborner;* à la fin, elle n'a presque point de son, et ne fait qu'allonger tant soit peu la syllabe, quand le mot qui suit se commence par une consonne; et quand il commence par une voyelle, elle se détache de celui qu'elle finit pour se joindre avec elle, et se prononce toujours comme un *z*, soit qu'elle soit précédée par une consonne, ou par une voyelle.

Dans le milieu du mot, elle est ou entre deux voyelles, ou après une consonne, ou avant une consonne. Entre deux voyelles, elle passe toujours pour *z*, et après une consonne elle aspire toujours; et cette différence se remarque entre les verbes composés qui viennent de la même racine. On prononce *prézumer, rézister;* mais on ne prononce pas *conzumer* ni *perzister*. Ces règles n'ont aucune exception, et j'ai abandonné en ces rencontres le choix des caractères à l'imprimeur, pour se servir du grand ou du petit, selon qu'ils se sont le mieux accommodés avec les lettres qui les joignent. Mais je n'en ai pas fait de même quand l'ſ est avant une consonne dans le milieu du mot, et je n'ai pu souffrir que ces trois mots, *reſte, tempeſte, vous eſtes,* fussent écrits l'un comme l'autre, ayant des prononciations si différentes. J'ai réservé la petite *s* pour celle où la syllabe est aspirée, la grande pour celle où elle est simplement allongée, et j'ai supprimée entièrement au troisième mot, où elle ne fait point de son, la marquant seulement par un accent sur la lettre qui la précède. J'ai donc fait orthographier ainsi les mots suivans et leurs semblables : *peste, funeste, chaste, résiste, espoir, tempeſte, haste, teſtes, vous étes, il étoit, éblouir, écouter, épargner, arréter.* Ce dernier verbe ne laisse pas d'avoir quelques temps dans sa conjugaison où il faut lui rendre l'ſ, parce qu'elle allonge la syllabe; comme à l'impératif *arreſte*, qui rime bien avec *teſte;* mais à l'infinitif, et en quelques autres temps où elle ne fait pas cet effet, il est bon de la supprimer, et d'écrire, *j'arrétois, j'ai arrété, j'arréterai, nous arrétons*, etc.

Quant à l'*e*, nous en avons de trois sortes : l'*e* féminin, qui se rencontre toujours ou seul, ou en diphthongue, dans toutes les dernières syllabes de nos mots qui ont la terminaison féminine, et qui fait si peu de son, que cette syllabe n'est jamais comptée à rien à la fin de nos vers féminins, qui en ont toujours une plus que les autres; l'*e* masculin, qui se prononce comme dans la langue latine; et un troisième *e* qui ne va jamais sans l'*s*, qui lui donne un son élevé qui se prononce à bouche ouverte, en ces mots : *succes, acces, expres.* Or, comme ce seroit une grande confusion que ces trois *e* en ces trois mots : *aſpres, verite* et *apres*, qui ont une prononciation si différente, eussent un caractère pareil, il est aisé d'y remédier par ces trois sortes d'*e* que nous donne l'imprimerie : *e, é, è*, qu'on peut nommer l'*e* simple, l'*é* aigu et l'*è* grave. Le premier servira pour nos terminaisons féminines, le second pour les latines, et le troisième pour les élevées; et nous écrirons ainsi ces trois mots et leurs pareils: *aſpres, verité, après*, ce que nous étendrons à *succès, excès, procès*, qu'on avoit jusqu'ici écrit avec l'*é* aigu, comme les terminaisons latines, quoique le son en soit fort différent. Il est vrai que les imprimeurs y avoient mis quelque différence, en ce que cette terminaison n'étant jamais sans ſ, quand il s'en rencontroit une après un *é* latin, ils la changeoient en *z*, et ne la faisoient précéder que par un *e* simple. Ils impriment *veritez, deïtez, dignitez*, et non pas *verités, deïtés, dignités;* et j'ai conservé cette orthographe : mais pour éviter toute sorte de confusion entre le son des mots qui ont l'*e* latin sans ſ, comme *verité*, et ceux qui ont la prononciation élevée, comme *succès*, j'ai cru à propos de me servir de différens caractères, puisque nous en avons, et donner l'*è* grave à ceux de cette dernière espèce. Nos deux articles pluriels, *les* et *des*, ont le même son, quoique écrits avec l'*e* simple : il est si malaisé de les prononcer autrement, que je n'ai pas cru qu'il fût besoin d'y rien changer. Je dis la même chose de l'*e* devant deux *ll*, qui prend le son aussi élevé en ces mots : *belle, fidelle, rebelle*, etc., qu'en ceux-ci *ſuccès, excès;* mais comme cela arrive toujours quand il se rencontre avant ces deux *ll*, il suffit d'en faire cette remarque sans changement de caractère. Le même cas arrive devant la simple *l*, à la fin du mot *mortel*, *appel*, *criminel*, et non pas au milieu, comme en ces mots : *celer*, *chanceler*, où l'*e* avant cette *l* garde le son de l'*e* féminin.

Il est bon aussi de remarquer qu'on ne se sert d'ordinaire de l'*é* aigu qu'à la fin du mot, ou quand on supprime l'*ſ* qui le suit, comme à *établir*, *étonner*. Cependant il se rencontre souvent au milieu des mots avec le même son, bien qu'on ne l'écrive qu'avec un *e* simple ; comme en ce mot *ſeverité*, qu'il faudroit écrire *ſévérité*, pour le faire prononcer exactement ; et je l'ai fait observer dans cette impression, bien que je n'aie pas gardé le même ordre dans celle qui s'est faite in-folio.

La double *ll* dont je viens de parler à l'occasion de l'*e* a aussi deux prononciations en notre langue : l'une, sèche et simple, qui suit l'orthographe ; l'autre, molle, qui semble y joindre une *h*. Nous n'avons point de différens caractères à les distinguer ; mais on en peut donner cette règle infaillible : Toutes les fois qu'il n'y a point d'*i* avant les deux *ll*, la prononciation ne prend point cette mollesse. En voici des exemples dans les quatre autres voyelles : *baller*, *rebeller*, *coller*, *annuller*. Toutes les fois qu'il y a un *i* avant les deux *ll*, soit seul, soit en diphthongue, la prononciation y ajoute une *h*. On écrit *bailler*, *éveiller*, *briller*, *chatouiller*, *cueillir*, et on prononce *baillher*, *éveillher*, *brillher*, *chatouillher*, *cueillhir*. Il faut excepter de cette règle tous les mots qui viennent du latin, et qui ont deux *ll* dans cette langue ; comme *ville*, *mille*, *tranquille*, *imbécille*, *distille*, *illustre*, *illégitime*, *illicite*, etc. ; je dis qui ont deux *ll* en latin, parce que les mots de *fille* et *famille* en viennent, et se prononcent avec cette mollesse des autres, qui ont l'*i* devant les deux *ll*, et n'en viennent pas ; mais ce qui fait cette différence, c'est qu'ils ne tiennent pas les deux *ll* des mots latins *filia* et *familia*, qui n'en ont qu'une, mais purement de notre langue. Cette règle et cette exception sont générales et assurées. Quelques modernes, pour ôter toute l'ambiguïté de cette prononciation, ont écrit les mots qui se prononcent sans la mollesse de l'*h* avec une *l* simple, en cette manière : *tranquile*, *imbécile*, *distile*; et cette orthographe pourroit s'accommoder dans les trois voyelles *a*, *o*, *u*, pour écrire simplement *baler*, *affoler*, *annuler*; mais elle ne s'accommoderoit point du tout avec l'*e*, et on auroit de la peine à prononcer *fidelle* et *belle*, si on écrivoit *fidele* et *bele*; l'*i* même, sur lequel ils ont pris ce droit, ne le pourroit pas souffrir toujours, et particulièrement en ces mots *ville*, *mille*, dont le premier, si on le réduisoit à une *l* simple, se confondroit avec *vile*, qui a une signification tout autre.

Il y auroit encore quantité de remarques à faire sur les différentes manières que nous avons de prononcer quelques lettres en notre langue; mais je n'entreprends pas de faire un traité entier de l'orthographe et de la prononciation, et me contente de vous avoir donné ce mot d'avis touchant ce que j'ai innové ici. Comme les imprimeurs ont eu de la peine à s'y accoutumer, ils n'auront pas suivi ce nouvel ordre si ponctuellement qu'il ne s'y soit coulé bien des fautes; vous me ferez la grâce d'y suppléer.

LETTRES.

I. A ROTROU.

Rouen, ce 14 juillet 1637.

La raison, mon cher ami, n'a point d'empire ni sur les fous ni sur les sots; et voilà tout juste pourquoi elle est d'usage quelque peu parmi les gens sensés. Leur suffrage et le vôtre, qui est ce que je souhaite le plus, ne me permet pas d'éprouver aucune peine des extravagances que débitent les premiers. L'envie peut aller, si elle veut, se joindre à eux, sans que j'en aie aucun souci.

Le *Cid* doit être jugé par l'Académie; et si ce jugement, tel qu'il soit, se fait sans partialité, je n'aurai pas à me plaindre d'une entreprise dont l'intention m'honore. Mais je vous avoue, mon ami, que je dois peu compter sur la justice de l'aréopage placé sous l'influence de celui qui les a faits ce qu'ils sont. Ne croyez pas que MM. Chapelain et Sirmond se dédisent; ils sont trop près du maître. Au surplus, je m'inquiète peu de toutes ces choses.

M. Jourdy m'a raconté les plus belles choses de ce qu'il a vu à Dreux. J'aurois l'intention d'aller voir votre belle famille, mais je ne l'espère pas de sitôt.

Je suis occupé d'une nouvelle pièce que je veux vous montrer, et qui est bien loin d'être terminée...

II. A M. D'ARGENSON.

A Rouen, ce 18 de mai 1646.

Monsieur,

Votre lettre m'a surpris de deux façons : l'une, par les témoignages de votre souvenir, que je n'avois garde d'attendre, sachant bien que je ne les méritois pas; l'autre, par l'honneur que vous faites à nos muses, je ne dirai pas de leur donner vos loisirs, car je sais que vous n'en avez point, mais de dérober quelques heures aux grandes affaires qui vous accablent, pour vous délasser en leur conversation. Trouvez donc bon que je vous remercie très-humblement du premier, et me réjouisse infiniment de l'autre. Ce n'est pas vous que j'en dois congratuler; c'est le Parnasse entier, que vous élevez au dernier point de sa gloire, par la dignité des choses dont vous faites voir qu'il est capable. Il est trop vrai que communément la poésie ne trouve pas bien ses grâces dans les matières de dévotion; mais j'avois toujours cru que ce défaut provenoit plutôt du peu d'application de notre esprit que de sa propre insuffisance, et m'étois persuadé que d'autant plus que les passions pour Dieu sont plus élevées et plus justes que celles qu'on prend pour les créatures, d'autant plus un esprit qui en seroit bien touché pourroit faire des pensées plus hardies et plus enflammées en ce genre d'écrire. Je m'étois fortifié dans ce sentiment par la nature de la poésie même, qui a les passions pour son principal objet, n'étant pas vraisemblable que l'excellence de leur principe les doive faire languir. Mais qu'on puisse apprivoiser avec elle la partie la plus sublime et la plus farouche de la théologie, mettre saint Thomas en rimes, et trouver des termes éloquens et mesurés pour exprimer des idées que l'esprit a peine à concevoir que par abstraction, et en captivant ses sens qui ne le peuvent souffrir sans répugnance et sans rébellion, c'est ce que je ne me serois jamais imaginé faisable, et dont toutefois vous venez de me détromper.

Pour vous en dire mon sentiment en particulier, je vous confesse que cet échantillon m'a jeté dans une admiration si haute, que je ne rencontre point de paroles pour m'expliquer là-dessus qui me satisfassent. Tout ce que je vous puis dire sincèrement, c'est que vous me laissez dans une impatience d'en voir d'autres fragmens, puisque votre peu de loisir nous défend d'en espérer autre chose. Je m'y promets des ornemens d'autant plus grands, que, vous étant débarrassé dans celui-ci de tout ce qu'il y a de plus épineux dans ce grand dessein, vous allez tomber dans de vastes campagnes, où la poésie, étant en pleine liberté, trouve lieu de se parer de tous ses ornemens, et de nous étaler toutes ses grâces. Cependant, pour ce premier chapitre que vous m'avez envoyé, je ne puis que souscrire à tout ce que vous en aura dit M. de Balzac. Comme il a des connoissances très-achevées, et une franchise incorruptible, je sais qu'il vous en aura dit la vérité, et tout ensemble d'excellentes choses. Il n'appartient qu'à lui de trouver des termes dignes des vertus et des perfections qui sont hors du commun. Vous vous pouvez reposer sur son témoignage, qui a été autrefois le plus ferme appui du *Cid* au milieu de sa persécution, et dont, avec une générosité qui lui est toute particulière, il a fait une illustre apologie, en faisant des complimens à son persécuteur.

Je n'ajouterai donc rien à ce que je sais qu'il vous en a dit, et me défendrai seulement, pour achever cette lettre, des civilités par où vous commencez la vôtre. Je veux bien croire que

Cinna et *Polyeucte* ont été assez heureux pour vous divertir; mais je ne m'abuserai jamais jusqu'à m'imaginer qu'ils aient pu servir de quelque modèle ou à la force de vos vers, ou à la piété de vos sentimens. J'en rappelle derechef à M. de Balzac; je ne doute aucunement qu'il ne soutienne avec moi que le plan de ce merveilleux ouvrage est dressé par un génie tout à vous, et qui, n'empruntant rien de personne, se doit nommer à très-juste titre αὐτοδίδακτος. J'espérerai que vous m'honorerez non-seulement de ce que vous ajouterez à ce grand coup d'essai, mais aussi de cette paraphrase de Jérémie, dont vous vous défiez injustement, puisque M. de Balzac est pour elle. Je vous la demande avec passion, et demeure de tout mon cœur,

Monsieur,
Votre très-humble et très-obéissant serviteur
CORNEILLE.

III. POUR M. DUBUISSON.

De Nemours, le 25 août 1649

Monsieur,

Vous recevrez le livre de M. Dubé, mon parent et allié, qu'il vous envoie avec les protestations d'employer ses soins pour Mme de Hanelay, ainsi qu'il m'a écrit. Pour moi, je n'ai rien à vous envoyer que la continuation de mes affections à votre service, qui ne sont pas si bien écrites ici que dans mon cœur, car je suis plus de cœur que de bouche,

Monsieur,
Votre très-humble serviteur,
CORNEILLE.

IV. A M. L'ABBÉ DE PURE.

A Rouen, ce 12 de mars 1659.

Monsieur,

Quelque pleine satisfaction que vous ayez reçue de la nouvelle représentation d'*OEdipe*, je puis vous assurer qu'elle n'égale point celle que j'ai eue à lire votre lettre, soit que je la regarde comme un gage de votre amitié, soit que je la considère comme une pièce d'éloquence remplie des plus belles et des plus nobles expressions que la langue puisse souffrir. En vérité, monsieur, quelque approbation qu'ait emportée notre nouvelle Jocaste, elle n'a point fait faire tant de ha! ha! dans l'Hôtel de Bourgogne que votre lettre dans mon cabinet : mon frère et moi les avons redoublés à toutes les lignes, et y avons trouvé de continuels sujets d'admiration. Je suis ravi que Mlle de Beauchâteau ait si bien réussi; votre lettre n'est pas la seule que j'en ai vue' on a mandé du Marais à mon frère qu'elle avoit étouffé les applaudissemens qu'on donnoit à ses compagnes, pour attirer tout à elle; et M. Floridor me confirme tout ce que vous m'en vez mandé. Je n'en suis point surpris, et il n'est rien arrivé que je ne lui aie prédit à elle-même, en lui disant adieu, quand je sus l'étude qu'elle faisoit de ce rôle. Je souhaite seulement pouvoir trouver un sujet assez beau pour la faire paroître dans toute sa force; je crois qu'elle prendroit bien autant de soin pour faire réussir un original qu'elle en a fait à remplir la place de la malade. Je suis marri de la difficulté que rencontre M. Bois.... A ne vous rien celer, je ne suis point fâché de n'être point à Paris en ce rencontre où je me verrois dans la nécessité de désobliger un des deux. Le poste où est son opposant est si considérable, que je crains pour lui qu'il ne fasse revenir bien des voix. Je souhaite d'apprendre bientôt qu'il se soit relâché, et que notre ami ait eu ce qu'il demande, avec l'agrément de tout le monde. Je suis de tout mon cœur,

Monsieur,

Votre très-humble et très-affectionné serviteur,

CORNEILLE.

V. AU MÊME.

A Rouen, ce 25 d'août 1660.

Monsieur,

Un petit séjour aux champs, et un peu d'indisposition en la ville, m'ont empêché de vous remercier plus tôt du dernier présent que vous m'avez fait. Je ne suis pas assez récent de mon latin pour me vanter d'entendre tous les mots choisis dont vous avez semé cet ouvrage; mais je me connois assez en ce genre de poésie pour assurer qu'il y a des strophes dignes d'Horace. Il y en a quelques-unes où vous avez un peu trop négligé le tour du vers, qui n'a pas assez de facilité; mais, à tout prendre, c'est un très-beau travail, et un dessein tout à fait beau de vous écarter de la route des autres. Si vous l'eussiez exécuté en françois, il auroit eu une vogue merveilleuse. Le latin lui ôtera sans doute quelque chose; il est si recherché qu'il n'est pas intelligible à ceux qui n'y savent que le plain-chant; il m'échappe en quelques lieux, et je m'assure que quelques-uns des lecteurs en sauront encore moins que moi. Cependant trouvez bon que je vous rende de très-humbles grâces, et de l'exemplaire que vous m'en avez envoyé, et de la manière dont vous y avez parlé de moi.

Je suis à la fin d'un travail fort pénible sur une matière fort délicate. J'ai traité en trois préfaces les principales questions de l'art poétique sur mes trois volumes de comédies. J'y ai fait quelques explications nouvelles d'Aristote, et avancé quelques propositions et quelques maximes inconnues à nos anciens. J'y réfute celles sur lesquelles l'Académie a fondé la condamnation du *Cid*, et ne suis pas d'accord avec M. d'Aubignac de tout le bien même qu'il a dit de moi. Quand cela paroîtra, je ne doute point qu'il ne donne matière aux critiques : prenez un peu ma protection. Ma première préface examine si l'utilité ou le plaisir est le but de la poésie dramatique; de quelle utilité elle est capable, et quelles en sont les parties, tant intégrales, comme le sujet et les mœurs, que de quantité, comme le prologue, l'épisode et l'exode. Dans la seconde, je traite des conditions du sujet de la belle tragédie; de quelle qualité doivent être les incidens qui la composent, et les personnes qu'on y introduit, afin d'exciter la pitié et la crainte ; comment se fait la purgation des passions par cette pitié et cette crainte, et des moyens de traiter les choses selon le vraisemblable ou le nécessaire. Je parle, en la troisième, des trois unités : d'action, de jour et de lieu. Je crois qu'après cela il n'y a plus guère de question d'importance à remuer, et que ce qui reste n'est que la broderie qu'y peuvent ajouter la rhétorique, la morale et la politique.

En ne pensant vous faire qu'un remercîment, je vous rends insensiblement compte de mon dessein. L'exécution en demandoit une plus longue étude que mon loisir n'a pu permettre. Vous n'y trouverez pas grande élocution ni grande doctrine; mais, avec tout cela, j'avoue que ces trois préfaces m'ont plus coûté que n'auroient fait trois pièces de théâtre. J'oubliois à vous dire que je ne prends d'exemples modernes que chez moi, et, bien que je contredise quelquefois M. d'Aubignac et MM. de l'Académie, je ne les nomme jamais, et ne parle non plus d'eux que s'ils n'avoient point parlé de moi. J'y fais aussi une censure de chacun de mes poëmes en particulier, et je ne m'épargne pas. Derechef, préparez-vous à être de mes protecteurs, et croyez que je suis toujours,

Monsieur,

Votre très-humble et très-obéissant serviteur,

CORNEILLE.

VI. AU MÊME.

A Rouen, ce 3 de novembre 1661.

Monsieur,

A quoi pensez-vous de me donner une joie imparfaite, et de me rendre compte de la moitié d'une pièce si rare, pour m'en faire attendre en vain l'achèvement! Pensez-vous que ce que vous me mandez de trois actes ne me rende pas curieux, voire impatient de savoir des nouvelles de ceux qui restent? C'est ce qui a différé ma réponse, et la prière que j'ai à vous faire de ne vous contenter pas du bruit que les comédiens font de mes deux actes, mais d'en juger vous-même et m'en mander votre sentiment, tandis qu'il y a encore lieu à la correction. J'ai prié Mlle Desœillets, qui en est saisie, de vous les montrer quand vous voudrez; et cependant je veux bien vous prévenir un peu en ma faveur, et vous dire que, si le reste suit du même art, je ne crois pas avoir rien écrit de mieux. Mes deux héroïnes ont le même caractère de vouloir épouser par ambition un homme pour qui elles n'ont aucun amour, et le dire à lui-même; et toutefois je crois que cette ressemblance se trouvera si diversifiée par la manière de l'exprimer, que beaucoup ne l'y apercevront pas. Elles s'offrent toutes deux à lui sans blesser la pudeur du sexe ni démentir la fierté de leur rang. Les vers en sont assez forts et assez nettoyés, et la nouveauté de ce caractère pourra ne déplaire pas, si elle est bien soutenue par le reste de l'action. Je vous ai déjà parlé de l'une qui étoit femme de Pompée. Sylla le força de la répudier pour épouser Emilia, fille de sa femme et d'Émilius Scaurus, son premier mari. Plutarque et Appius la nomment Antistie, fille du préteur Antistius. Un évêque espagnol, nommé Joannes Gerundensis, la nomme Aristie, et son père Aristius. Je ne doute point qu'il ne se méprenne; mais à cause que le mot est plus doux, je m'en suis servi, et vous en demande votre avis et celui de nos savans amis. Aristie a plus de douceur, mais il sent plus le roman. Antistie est plus dur aux oreilles, mais il sent plus l'histoire et a plus de majesté. *Quid juris?* J'espère dans trois ou quatre jours avoir achevé le troisième acte. J'y fais un entretien de Pompée avec Sertorius que les deux premiers actes préparent assez, mais je ne sais si on en pourra souffrir la longueur. Il est de deux cent cinquante-deux vers. Il me semble que deux hommes belliqueux, généraux de deux armées ennemies, ne peuvent achever en deux mots une conférence si longtemps attendue. On a souffert Cinna et Maxime, qui en ont consumé davantage à consulter avec Auguste. Les vers de ceux-ci me semblent bien aussi forts et plus pointilleux, ce qui aide souvent au théâtre, où les picoteries soutiennent et réveillent l'attention de l'auditeur. Mon autre héroïne n'est pas si historique qu'Aristie, mais elle ne laisse pas d'avoir son fondement en l'histoire. Je la fais fille de ce Viriatus qui défit tant de fois les Romains en Espagne, et fut enfin défait douze ou quinze ans avant la venue de Sertorius, qui fut particulièrement assisté par les Lusitaniens, qui étoient les compatriotes de ce grand capitaine, que j'en fais roi, bien que l'histoire n'en fasse qu'un chef de brigands, qui enfin combattit en corps d'armée. J'ai plus besoin de grâce pour Sylla, qui mourut et se démit de sa puissance avant la mort de Sertorius; mais sa vie est d'un tel ornement à mon ouvrage pour justifier les armes de Sertorius, que je ne puis m'empêcher de le ressusciter. Mon auteur moderne, Joannes Gerundensis, le fait vivre après Sertorius; mais il se trompe aussi bien qu'au nom d'Aristie. Je ne demande point votre avis sur ce dernier point, car quand ce seroit une faute, je me la pardonne, *ignosco egomet mi.* Adieu, notre ami; aimez-moi toujours, s'il vous plaît, et me tenez pour

Votre très-humble et très-obéissant serviteur,
CORNEILLE.

VII. AU MÊME.

A Rouen, ce 25 d'avril 1662.

Monsieur,

L'estime et l'amitié que j'ai depuis quelque temps pour Mlle Marotte me fait vous avoir une obligation très-singulière de la joie que vous m'avez donnée en m'apprenant son succès et les merveilles de son début. Je l'avois vue ici représenter Amalasonte, et en avois conçu une assez haute opinion pour en dire beaucoup de bien à M. de Guise quand il fut question, vers la mi-carême, de la faire entrer au Marais; mais ce que vous m'en mandez passe mes plus douces espérances, et va si loin, que mes amis, à qui j'ai fait part de votre lettre, veulent la lui communiquer, malgré que vous en aviez un peu le cœur navré quand vous m'avez écrit. Puisque MM. Boyer et Quinault sont convaincus de son mérite, je vous conjure de les obliger à me montrer bon exemple; car, outre que je serai bien aise d'avoir quelquefois mon tour à l'Hôtel, ainsi qu'eux, et que je ne puis manquer d'amitié à la reine Viriate, à qui j'ai tant d'obligation, le déménagement que je prépare pour me transporter à Paris me donne tant d'affaires, que je ne sais si j'aurai assez de liberté d'esprit pour mettre quelque chose cette année sur le théâtre. Ainsi, si ces messieurs ne les secourent, ainsi que moi, il n'y a pas d'apparence que le Marais se rétablisse; et quand la machine, qui est aux abois, sera tout à fait défunte, je trouve que ce théâtre ne sera pas en bonne posture. Je ne renonce pas aux acteurs qui le soutiennent; mais aussi je ne veux point tourner le dos tout à fait à MM. de l'Hôtel, dont je n'ai aucun lieu de me plaindre, et où il n'y a rien à craindre quand une pièce est bonne. Ils aspirent tous à y entrer, et ils ne sont pas assez injustes pour exiger de moi un attachement qu'ils ne me voudroient pas promettre. Quelques-uns, à ce qu'on m'a dit, ont pensé passer au Palais-Royal. Je ne sais pas ce qui les a retenus au Marais; mais je sais bien que ce n'a pas été pour l'amour de moi qu'ils y sont demeurés. J'appris hier que le pauvre Magnon[1] est mort de ses blessures. Je le plains, et suis de tout mon cœur,

Monsieur,

Votre très-humble et très-obéissant serviteur,
CORNEILLE.

---

1. Auteur tragique obscur, qui fut assassiné à Paris en 1662.

VIII. A M. DE SAINT-ÉVREMOND.

1666,

Monsieur,

L'obligation que je vous ai est d'une nature à ne pouvoir jamais vous en remercier dignement; et, dans la confusion où je suis, je m'obstinerois encore dans le silence, si je n'avois peur qu'il ne passât auprès de vous pour ingratitude. Bien que les suffrages de l'importance du vôtre vous doivent toujours être très-précieux, il y a des conjonctures qui en augmentent infiniment le prix. Vous m'honorez de votre estime en un temps où il semble qu'il y ait un parti fait pour ne m'en laisser aucune. Vous me soutenez, quand on se persuade qu'on m'a battu; et vous me consolez glorieusement de la délicatesse de notre siècle, quand vous daignez m'attribuer le bon goût de l'antiquité. C'est un merveilleux avantage pour un homme qui ne peut douter que la postérité ne veuille bien s'en rapporter à vous. Aussi je vous avoue, après cela, que je pense avoir quelque droit de traiter de ridicules ces vains trophées qu'on établit sur les débris imaginaires des miens, et de regarder avec pitié ces opiniâtres entêtemens qu'on avoit pour les anciens héros refondus à notre mode.

Me voulez-vous bien permettre d'ajouter ici que vous m'avez pris par mon foible, et que ma *Sophonisbe*, pour qui vous montrez tant de tendresse, a la meilleure part de la mienne? Que vous flattez agréablement mes sentimens, quand vous confirmez ce que j'ai avancé touchant la part que l'amour doit avoir dans les belles tragédies, et la fidélité avec laquelle nous devons conserver à ces vieux illustres ces caractères de leur temps, de leur nation et de leur humeur! J'ai cru jusqu'ici que l'amour étoit une passion trop chargée de foiblesse pour être la dominante dans une pièce héroïque; j'aime qu'elle y serve d'ornement, et non pas de corps, et que les grandes âmes ne la laissent agir qu'autant qu'elle est compatible avec de plus nobles impressions. Nos doucereux et nos enjoués sont de contraire avis; mais vous vous déclarez du mien : n'est-ce pas assez pour vous en être redevable au dernier point, et me dire toute ma vie,

Monsieur,

Votre très-humble et très-obéissant serviteur,

CORNEILLE.

IX. A COLBERT.

Monsieur,

Dans le malheur qui m'accable, depuis quatre ans, de n'avoir plus de part aux gratifications dont Sa Majesté honore les gens de lettres, je ne puis avoir un plus juste et plus favorable recours qu'à vous, Monseigneur, à qui je suis entièrement redevable de celle que j'y avois. Je ne l'ai jamais méritée, mais, du moins, j'ai tâché à ne m'en rendre pas tout à fait indigne par l'emploi que j'en ai fait. Je ne l'ai point appliquée à mes besoins particuliers, mais à entretenir deux fils dans les armées de Sa Majesté, dont l'un a été tué pour son service au siége de Grave, l'autre sert depuis quatorze ans, et est maintenant capitaine de chevau-légers. Ainsi, Monseigneur, le retranchement de cette faveur, à laquelle vous m'aviez accoutumé, ne peut qu'il ne me soit sensible au dernier point, non pour mon intérêt domestique, bien que ce soit le seul avantage que j'aie reçu de cinquante années de travail, mais parce que c'étoit une glorieuse marque de l'estime qu'il a plu au roi faire du talent que Dieu m'a donné, et que cette disgrâce me met hors d'état de faire encore longtemps subsister ce fils dans le service où il a consumé la plupart de mon peu de bien pour remplir avec honneur le poste qu'il y occupe. J'ose espérer, Monseigneur, que vous aurez la bonté de me rendre votre protection, et de ne pas laisser détruire votre ouvrage. Que si je suis assez malheureux pour me tromper dans cette espérance, et demeurer exclu de ces grâces qui me sont si précieuses et si nécessaires, je vous demande cette justice de croire que la continuation de cette mauvaise influence n'affoiblira en aucune manière ni mon zèle pour le service du roi, ni les sentimens de reconnoissance que je vous dois par le passé, et que, jusqu'au dernier soupir, je ferai gloire d'être, avec toute la passion et le respect possible,

Monseigneur,

Votre très-humble, très-obéissant et très-obligé serviteur,

CORNEILLE.

FIN DES ŒUVRES DE P. CORNEILLE.

ŒUVRES CHOISIES

DE

TH. CORNEILLE

ARIANE[1].

TRAGÉDIE.

1672.

PERSONNAGES.

ŒNARUS, roi de Naxe.
THÉSÉE, fils d'Égée, roi d'Athènes.
PIRITHOÜS, fils d'Ixion, roi des Lapithes.
ARIANE, fille de Minos, roi de Crète.
PHÈDRE, sœur d'Ariane.
NÉRINE, confidente d'Ariane.
ARCAS, Naxian, confident d'Œnarus.

La scène est dans l'île de Naxe.

ACTE PREMIER.

SCÈNE I. — ŒNARUS, ARCAS.

ŒNARUS.

Je le confesse, Arcas, ma foiblesse redouble;
Je ne puis voir ici Pirithoüs sans trouble.
Quelques maux où ma flamme ait dû me préparer,
C'étoit toujours beaucoup que les voir différer.
La princesse avoit beau m'étaler sa constance,
Son hymen reculé flattoit mon espérance;
Et si Thésée avoit et son cœur et sa foi,
Contre elle, contre lui, le temps étoit pour moi.
De ce foible secours Pirithoüs me prive;
Par lui de mon malheur l'instant fatal arrive.
Cet ami, si longtemps de Thésée attendu,
Pour partager sa joie en ces lieux s'est rendu;
Il vient être témoin du bonheur de sa flamme.
Ainsi plus de remise; il faut m'arracher l'âme,
Et me soumettre enfin au tourment sans égal
De voir tout ce que j'aime au pouvoir d'un rival.

---

[1]. *Ariane* eut un succès prodigieux et balança beaucoup la réputation de *Bajazet* de Racine, qu'on jouait en même temps, quoique assurément *Ariane* n'approche pas de *Bajazet*; mais le sujet était heureux. (*Voltaire.*)

ARCAS.

Ariane vous charme, et sans doute elle est belle;
Mais, seigneur, quand l'amour vous a parlé pour elle,
Avez-vous ignoré que déjà d'autres feux
La mettoient hors d'état de répondre à vos vœux?
Sitôt que dans cette île, où les vents la poussèrent,
Aux yeux de votre cour ses beautés éclatèrent,
Vous sûtes que Thésée avoit par son secours
Du labyrinthe en Crète évité les détours,
Et, que, pour reconnoître un amour si fidèle,
Vainqueur du Minotaure, il fuyoit avec elle.
Quel espoir vous laissoient des nœuds si bien formés?
Ils étoient l'un de l'autre également charmés:
Chacun d'eux l'avouoit; et vous-même en cette île,
Contre le fier Minos leur promettant asile,
Vous les pressiez d'abord d'avancer l'heureux jour
Qui devoit par l'hymen couronner leur amour.

ŒNARUS.

Que n'ont-ils pu me croire! ils m'auroient vu sans peine
Consentir à ces nœuds dont l'image me gêne.
Quoique alors Ariane eût les mêmes appas,
On résiste aisément quand on n'espère pas;
Et du moins je n'eusse eu, pour sauver ma franchise,
Qu'à vaincre de mes sens la première surprise.
Mais si mon triste cœur à l'amour s'est rendu,
Thésée en est la cause, et lui seul m'a perdu.
Sans songer quels honneurs l'attendent dans Athènes,
Ici depuis trois mois il languit dans ses chaînes;
Et quoi que dans l'hymen il dût trouver d'appas,
Pirithoüs absent, il ne les goûtoit pas.
Pour en choisir le jour il a fallu l'attendre.
C'est beaucoup d'amitié pour un amour si tendre.
Ces délais démentoient un cœur bien enflammé.
Et qui n'auroit pas cru qu'il n'auroit point aimé?
Voilà sur quoi mon âme, à l'espoir enhardie,
S'est peut-être en secret un peu trop applaudie.
Les plus charmans objets qui brillent dans ma cour
Sembloient chercher Thésée, et briguer son amour.
Il rendoit quelques soins à Mégiste, à Cyane;
Tout cela me flattoit du côté d'Ariane;
Et j'allois quelquefois jusqu'à m'imaginer
Qu'il dédaignoit un bien qu'il n'osoit me donner.

ARCAS.

Dans l'étroite amitié qui depuis tant d'années
De deux amis si chers unit les destinées,
Il n'est pas surprenant que, malgré de beaux feux
Thésée ait jusqu'ici refusé d'être heureux;

C'est de quoi mieux goûter le fruit de sa victoire,
Qu'avoir Pirithoüs pour témoin de sa gloire.
Mais, seigneur, Ariane a-t-elle en son amant
Blâmé pour un ami ce trop d'empressement?
En avez-vous trouvé plus d'accès auprès d'elle?

ŒNARUS.

C'est là ma peine, Arcas : Ariane est fidèle.
Mes languissans regards, mes inquiets soupirs,
N'ont que trop de ma flamme expliqué les désirs.
C'étoit peu; j'ai parlé. Mais pour l'heureux Thésée
D'un feu si violent son âme est embrasée,
Qu'elle a toujours depuis appliqué tous ses soins
A fuir l'occasion de me voir sans témoins.
Phèdre sa sœur, qui sait les peines que j'endure,
Soulage en m'écoutant ma funeste aventure;
Et comme il ne faut rien pour flatter un amant,
Je m'obstine par elle, et chéris mon tourment.

ARCAS.

Avec un tel secours vous êtes moins à plaindre.
Mais Phèdre est sans amour, et d'un mérite à craindre
Vous la voyez souvent; et j'admire, seigneur,
Que sa beauté n'ait rien qui touche votre cœur.

ŒNARUS.

Vois par là de l'amour le bizarre caprice.
Phèdre dans sa beauté n'a rien qui n'éblouisse;
Les charmes de sa sœur sont à peine aussi doux;
Je n'ai qu'à dire un mot pour en être l'époux :
Cependant, quoique aimable, et peut-être plus belle,
Je la vois, je lui parle, et ne sens rien pour elle.
Non, ce n'est ni par choix, ni par raison d'aimer,
Qu'en voyant ce qui plaît on se laisse enflammer :
D'un aveugle penchant le charme imperceptible
Frappe, saisit, entraîne, et rend un cœur sensible;
Et par une secrète et nécessaire loi,
On se livre à l'amour sans qu'on sache pourquoi.
Je l'éprouve au supplice où le ciel me condamne.
Tout me parle pour Phèdre, et tout contre Ariane;
Et, quoi que sur le choix ma raison ait de jour,
L'une a ma seule estime, et l'autre mon amour.

ARCAS.

Mais d'un pareil amour n'êtes-vous pas le maître?
Qui peut tout ose tout.

ŒNARUS.

Que me fais-tu connoître?
L'ayant reçue ici, j'aurois la lâcheté
De violer les droits de l'hospitalité!
Quand je m'y résoudrois, quel espoir pour ma flamme?

En la tyrannisant toucherois-je son âme?
Thésée est un héros fameux par tant d'exploits,
Qu'auprès d'elle en mérite il efface les rois.
Son cœur est tout à lui, j'en connois la constance.
Et nous ferions en vain agir la violence.
Ainsi par mon respect, au défaut d'être aimé,
Méritons jusqu'au bout de m'en voir estimé.
Par d'illustres efforts les grands cœurs se connoissent;
Et malgré mon amour.... Mais les princes paroissent.

SCÈNE II. — ŒNARUS, THÉSÉE, PIRITHOÜS, ARCAS.

ŒNARUS.
Enfin voici ce jour si longtemps attendu :
Pirithoüs dans Naxe à Thésée est rendu;
Et quand un heureux sort permet qu'il le revoie,
Il n'est pas malaisé de juger de sa joie.
Après un tel bonheur rien ne manque à sa foi.

PIRITHOÜS.
Cette joie est encor plus sensible pour moi,
Seigneur; et plus Thésée a pendant mon absence
D'un destin rigoureux souffert la violence,
Plus c'est pour ma tendresse un aimable transport
D'embrasser un ami dont j'ai pleuré la mort.
Qui l'eût cru, que du sort le choix illégitime
L'ayant au Minotaure envoyé pour victime,
Il dût, par un triomphe à jamais glorieux,
Affranchir son pays d'un tribut odieux?
Sur le bruit qui rendoit ces nouvelles certaines,
L'espoir de son retour m'attira dans Athènes;
Et par un ordre exprès ce fut là que je sus
Qu'il attendoit ici son cher Pirithoüs.
Soudain je vole à Naxe, où de sa renommée
Mon âme à le revoir est d'autant plus charmée,
Que, tout comblé qu'il est des faveurs d'un grand roi,
Même zèle toujours l'intéresse pour moi.

ŒNARUS.
Que Thésée est heureux! Tandis qu'il peut attendre
Tous les biens que promet l'amitié la plus tendre,
Du plus parfait amour les favorables nœuds
N'ont rien qu'un bel objet n'abandonne à ses vœux.

THÉSÉE.
Il ne faut pas juger sur ce qu'on voit paroître,
Seigneur : on n'est heureux qu'autant qu'on le croit être
Vous m'accablez de biens; et quand je vous dois tant,
Ne pouvant m'acquitter, je ne vis point content.

ACTE I, SCÈNE II.

ŒNARUS.

Ce que j'ai fait pour vous vaut peu que l'on y pense.
Mais si j'en attendois quelque reconnoissance,
Prince, me dussiez-vous et la vie et l'honneur
Il seroit un moyen....

THÉSÉE.

Quel? achevez, Seigneur
J'offre tout; et déjà mon cœur cède à la joie
De penser....

ŒNARUS.

Vous voulez en vain que je le croie.
Cessez d'avoir pour moi des soins trop empressés;
Il vous en coûteroit plus que vous ne pensez.

THÉSÉE.

Doutez-vous de mon zèle? et....

ŒNARUS.

Non; je me condamne.
Aimez Pirithoüs, possédez Ariane.
Un ami si parfait.... de si charmans appas....
J'en dis trop. C'est à vous à ne m'entendre pas.
Ma gloire le veut, prince, et je vous le demande.

SCÈNE III. — PIRITHOÜS, THÉSÉE.

PIRITHOÜS.

Je ne sais si le roi ne veut pas qu'on l'entende,
Mais au nom d'Ariane un peu trop de chaleur
Me fait craindre pour vous le trouble de son cœur.
Songez-y. S'il falloit qu'épris d'amour pour elle....

THÉSÉE.

Sa passion est forte, et ne m'est pas nouvelle;
Je la sus dès l'instant qu'il s'en laissa charmer :
Mais ce n'est pas un mal qui me doive alarmer.

PIRITHOÜS.

Il est vrai qu'Ariane auroit lieu de se plaindre,
Si, chéri sans réserve, elle vous voyoit craindre.
Je viens de lui parler, et je ne vis jamais
Pour un illustre amant de plus ardens souhaits.
C'est un amour pour vous si fort, si pur, si tendre,
Que, quoi que pour vous plaire il fallût entreprendre,
Son cœur, de cette gloire uniquement charmé....

THÉSÉE.

Hélas! et que ne puis-je en être moins aimé!
Je ne me verrois pas dans l'état déplorable
Où me réduit sans cesse un amour qui m'accable.
Un amour qui ne montre à mes sens désolés....
Le puis-je dire?

PIRITHOÜS.
O dieux! est-ce vous qui parlez?
Ariane en beauté partout si renommée,
Aimant avec excès, ne seroit point aimée!
Vous seriez insensible à de si doux appas!
THÉSÉE.
Ils ont de quoi toucher; je ne l'ignore pas :
Ma raison, qui toujours s'intéresse pour elle,
Me dit qu'elle est aimable, et mes yeux qu'elle est belle.
L'amour sur leur rapport tâche de m'ébranler.
Mais, quand le cœur se tait, l'amour a beau parler;
Pour engager ce cœur les amorces sont vaines,
S'il ne court de lui-même au-devant de ses chaînes,
Et ne confond d'abord, par ses doux embarras,
Tous les raisonnemens d'aimer ou n'aimer pas.
PIRITHOÜS.
Mais vous souvenez-vous que, pour sauver Thésée,
La fidèle Ariane à tout s'est exposée?
Par là du labyrinthe heureusement tiré....
THÉSÉE.
Il est vrai; tout sans elle étoit désespéré :
Du succès attendu son adresse suivie,
Malgré le sort jaloux, m'a conservé la vie;
Je la dois à ses soins. Mais par quelle rigueur
Vouloir que je la paye aux dépens de mon cœur?
Ce n'est pas qu'en secret l'ardeur d'un si beau zèle
Contre ma dureté n'ait combattu pour elle :
Touché de son amour, confus de son éclat,
Je me suis reproché mille fois d'être ingrat;
Mille fois j'ai rougi de ce que j'ose faire.
Mais mon ingratitude est un mal nécessaire :
Et l'on s'efforce en vain par d'assidus combats
A disposer d'un cœur qui ne se donne pas.
PIRITHOÜS.
Votre mérite est grand, et peut l'avoir charmée;
Mais quand elle vous aime elle se croit aimée.
Ainsi vos vœux d'abord auront flatté sa foi,
Et vous aurez juré....
THÉSÉE.
Qui n'eût fait comme moi?
Pour me suivre Ariane abandonnoit son père;
Je lui devois la vie; elle avoit de quoi plaire;
Mon cœur sans passion me laissoit présumer
Qu'il prendroit, à mon choix, l'habitude d'aimer.
Par là ce qu'il donnoit à la reconnoissance
De l'amour auprès d'elle eut l'entière apparence.
Pour payer ce qu'au sien je voyois être dû,

ACTE I, SCÈNE III.

Mille devoirs.... Hélas! c'est ce qui m'a perdu.
Je les rendois d'un air à me tromper moi-même,
A croire que déjà ma flamme étoit extrême,
Lorsqu'un trouble secret me fit apercevoir
Que souvent, pour aimer, c'est peu que le vouloir.
Phèdre à mes yeux surpris à toute heure exposée....

PIRITHOÜS.
Quoi! la sœur d'Ariane a fait changer Thésée?

THÉSÉE.
Oui, je l'aime; et telle est cette brûlante ardeur,
Qu'il n'est rien qui la puisse arracher de mon cœur.
Sa beauté, pour qui seule en secret je soupire,
M'a fait voir de l'amour jusqu'où s'étend l'empire;
Je l'ai connu par elle, et ne m'en sens charmé
Que depuis que je l'aime et que j'en suis aimé.

PIRITHOÜS.
Elle vous aime?

THÉSÉE.
Autant que je le puis attendre
Dans l'intérêt du sang qu'une sœur lui fait prendre.
Comme depuis longtemps l'amitié qui les joint
Forme entre elles des nœuds que l'amour ne rompt point
Elle a quelquefois peine à contraindre son âme
De laisser sans scrupule agir toute sa flamme;
Et voudroit, pour montrer ce qu'elle sent pour moi
Qu'Ariane eût cessé de prétendre à ma foi
Cependant, pour ôter toute la défiance
Qu'auroit donné le cours de notre intelligence,
Naxe a peu de beautés pour qui des soins rendus
Ne me semblent coûter quelques soupirs perdus :
Cyane, Églé, Mégiste, ont part à cet hommage.
Ariane le voit, et n'en prend point d'ombrage;
Rien n'alarme son cœur : tant ce que je lui doi
Contre ma trahison lui répond de ma foi!

PIRITHOÜS.
Ces devoirs partagés ont trop d'indifférence
Pour vous faire aisément soupçonner d'inconstance.
Mais, quand depuis trois mois vous m'avez attendu,
Ne vous déclarant point qu'avez-vous prétendu?

THÉSÉE.
Flatter l'espoir du roi, donner temps à sa flamme
De pouvoir, malgré lui, tyranniser son âme,
Gagner l'esprit de Phèdre, et me débarrasser
D'un hymen dont peut-être on m'auroit fait presser.

PIRITHOÜS.
Mais me voici dans Naxe; et, quoi qu'on puisse faire,

Votre infidélité ne sauroit plus se taire.
Quel prétexte auriez-vous encore à différer?
THÉSÉE.
Je me suis trop contraint, il faut me déclarer.
Quoi que doive Ariane en ressentir de peine,
Il faut lui découvrir que son hymen me gêne,
Et, pour punir mon crime et se venger de moi,
La porter, s'il se peut, à faire choix du roi.
Vous seul, car de quel front lui confesser moi-même
Qu'en moi c'est un ingrat, un parjure qu'elle aime?...
Non, vous lui peindrez mieux l'embarras de mon cœur.
Parlez; mais gardez bien de lui nommer sa sœur.
Savoir qu'une rivale ait mon âme charmée,
La chercher, la trouver dans une sœur aimée,
Ce seroit un supplice, après mon changement,
A faire tout oser à son ressentiment.
Ménagez sa douleur pour la rendre plus lente :
Avouez-lui l'amour, mais cachez-lui l'amante.
Sur qui que ses soupçons puissent ailleurs tomber,
Phèdre à sa défiance est seule à dérober.
PIRITHOÜS.
Je ferai ce qu'il faut; mais comme je condamne
Votre ingrate conduite au regard d'Ariane,
N'attendez point de moi que pour vous dégager
Je lui parle du feu qui vous porte à changer.
C'est un aveu honteux qu'un autre lui peut faire.
Cependant, mon secours vous étant nécessaire,
Si sur l'hymen du roi je puis être écouté,
J'appuierai le projet dont je vous vois flatté.
Phèdre vient, je vous laisse.
THÉSÉE.
O trop charmante vue!

SCÈNE IV. — THÉSÉE, PHÈDRE.

THÉSÉE.
Eh bien, à quoi, madame, êtes-vous résolue?
Je n'ai plus de prétexte à cacher mon secret.
Ne verrez-vous jamais mon amour qu'à regret?
Et quand Pirithoüs, que je feignois d'attendre,
Me contraint à l'éclat qu'il m'a fallu suspendre,
M'aimerez-vous si peu, que, pour le retarder,
Vous me disiez encor que c'est trop hasarder?
PHÈDRE.
Vous pouvez là-dessus vous répondre vous-même.
Prince, je vous l'ai dit, il est vrai, je vous aime;
Et, quand d'un cœur bien né la gloire est le secours

L'avoir dit une fois, c'est le dire toujours.
Je n'examine point si je pouvois sans blâme
Au feu qui m'a surprise abandonner mon âme;
Peut-être à m'en défendre aurois-je trouvé jour :
Mais il entre souvent du destin dans l'amour;
Et, dût-il m'en coûter un éternel martyre,
Le destin l'a voulu, c'est à moi d'y souscrire.
J'aime donc; mais, malgré l'appât flatteur et doux
Des tendres sentimens qui me parlent pour vous,
Je ne puis oublier qu'Ariane exilée
S'est, pour vos intérêts, elle-même immolée;
Qu'aucun amour jamais n'eut tant de fermeté;
Qu'ayant tout fait pour vous, elle a tout mérité;
Et plus l'instant approche où cette infortunée,
Après un long espoir, doit être abandonnée,
Plus un secret remords trouve à me reprocher
Que je lui vole un bien qui lui coûte si cher.
Vous lui devez ce cœur dont vous m'offrez l'hommage;
Vous lui devez la foi que votre amour m'engage;
Vous lui devez ces vœux que déjà tant de fois....

THÉSÉE.

Ah! ne me parlez plus de ce que je lui dois.
Pour elle contre vous qu'ai-je oublié de faire?
Quels efforts! J'ai tâché de l'aimer pour vous plaire;
C'est mon crime, et peut-être il m'en faudroit haïr;
Mais vous m'en donniez l'ordre, il falloit obéir.
Il falloit me la peindre aimable, jeune et belle,
Voir son pays quitté, mes jours sauvés par elle :
C'étoit de quoi sans doute assujettir mes vœux
A n'aimer qu'à lui plaire, à m'en tenir heureux.
Mais son mérite en vain sembloit fixer ma flamme;
Un tendre souvenir frappoit soudain mon âme:
Dès le moindre retour vers un charme si doux,
Je cédois au penchant qui m'entraîne vers vous,
Et sentois dissiper par cette ardeur nouvelle
Tous les projets d'amour que j'avois faits pour elle.

PHÈDRE.

J'aurois de ces combats affranchi votre cœur,
Si j'eusse eu pour rivale une autre qu'une sœur;
Mais trahir l'amitié dont on la voit sans cesse....
Non, Thésée; elle m'aime avec trop de tendresse.
D'un supplice si rude il faut la garantir;
Sans doute elle en mourroit, je n'y puis consentir
Rendez-lui votre amour, cet amour qui sans elle
Auroit peut-être dû me demeurer fidèle;
Cet amour qui toujours trop propre à me charmer
N'ose

ARIANE.

THÉSÉE.

Apprenez-moi donc à ne vous plus aimer,
A briser ces liens où mon âme asservie
A mis tout ce qui fait le bonheur de ma vie.
Ces feux dont ma raison ne sauroit triompher,
Apprenez-moi comment on les peut étouffer,
Comment on peut du cœur bannir la chère image....
Mais à quel sentiment ma passion m'engage!
Si la douceur d'aimer a pour vous quelque appas,
Me pourriez-vous apprendre à ne vous aimer pas?

PHÈDRE.

Il en est un moyen que ma gloire envisage :
Il faut de votre cœur arracher cette image.
Ma vue étant pour vous un mal contagieux,
Pour dégager ce cœur commencez par les yeux.
Fuyez de mes regards la trop flatteuse amorce;
Plus vous les souffrirez, plus ils auront de force.
Ce n'est qu'en s'éloignant qu'on pare de tels coups
Si le triomphe est rude, il est digne de vous.
Il est beau d'étouffer ce qui peut trop nous plaire;
D'immoler à sa gloire....

THÉSÉE.

Et le pourriez-vous faire?
Ces traits qu'en votre cœur mon amour a tracés,
Quand vous me verrez moins, seront-ils effacés?
Oublierez-vous sitôt cet ardent sacrifice?

PHÈDRE.

Cruel! pourquoi vouloir accroître mon supplice?
M'accable-t-il si peu qu'il y faille ajouter
Les plaintes d'un amour que je n'ose écouter?
Puisque mon fier devoir le condamne à se taire,
Laissez-moi me cacher que vous m'avez su plaire :
Laissez-moi déguiser à mes chagrins jaloux
Qu'il n'est point d'heur pour moi, point de repos sans vous.
C'est trop : déjà mon cœur, à ma gloire infidèle,
De mes sens mutinés suit le parti rebelle;
Il se trouble, il s'emporte; et dès que je vous voi,
Ma tremblante vertu ne répond plus de moi.

THÉSÉE.

Ah! puisqu'en ma faveur l'amour fait ce miracle,
Oubliez qu'une sœur y voudra mettre obstacle.
Pourquoi, pour l'épargner, trahir un si beau feu?

PHÈDRE.

Mais sur quoi vous flatter d'obtenir son aveu?
Sachant que vous m'aimez....

THÉSÉE.

C'est ce qu'il lui faut taire

Sa fuite de Minos allume la colère :
Pour s'en mettre à couvert elle a besoin d'appui.
Le roi l'aime ; faisons qu'elle s'attache à lui,
Et qu'acceptant sa main au défaut de la mienne,
Elle souffre en ces lieux qu'un trône la soutienne
Quand un nouvel amour, par l'hymen établi,
M'aura par l'habitude attiré son oubli,
Qu'elle verra pour moi son mépris nécessaire,
Nous pourrons de nos feux découvrir le mystère.
Mais, prêt à la porter à ce grand changement,
J'ai besoin de vous voir enhardir un amant ;
De voir que dans vos yeux, quand ce projet me flatte,
En faveur de l'amour un peu de joie éclate ;
Que, contre vos frayeurs rassurant votre esprit,
Elle efface....

PHÈDRE.

Allez, prince ; on vous aime, il suffit.
Peut-être que sur moi la crainte a trop d'empire.
Suivez ce qu'en secret votre cœur vous inspire ;
Et de quoi que le mien puisse encor s'alarmer,
N'écoutez que l'amour, si vous savez aimer.

ACTE SECOND.

SCÈNE I. — ARIANE, NÉRINE.

NÉRINE.

Le roi de ce refus eût eu lieu de se plaindre,
Madame ; vous devez un moment vous contraindre ;
Et, quoiqu'en l'écoutant vous ne puissiez douter
Que c'est son amour seul qu'il vous faut écouter,
Votre hymen, dont enfin l'heureux moment s'avance,
Semble vous obliger à cette complaisance.
Il vous perd, et la plainte a de quoi soulager.

ARIANE.

Je sais qu'avec le roi j'ai tout à ménager ;
J'aurois tort de l'aigrir. L'asile qu'il nous prête
Contre la violence assure ma retraite.
D'ailleurs, tant de respect accompagne ses vœux,
Que souvent j'ai regret qu'il ne puisse être heureux.
Mais quand d'un premier feu l'âme toute occupée
Ne trouve de douceur qu'aux traits qui l'ont frappée,
C'est un sujet d'ennui qui ne peut s'exprimer,
Qu'un amant qu'on néglige, et qui parle d'aimer
Pour m'en rendre la peine à souffrir plus aisée,

Tandis que le roi vient, parle-moi de Thésée :
Peins-moi bien quel honneur je reçois de sa foi ;
Peins-moi bien tout l'amour dont il brûle pour moi ;
Offres-en à mes yeux la plus sensible image.

NÉRINE.

Je crois que de son cœur vous avez tout l'hommage ;
Mais au point que de lui je vois vos sens charmés,
C'est beaucoup s'il vous aime autant que vous l'aimez.

ARIANE.

Et puis-je trop l'aimer, quand, tout brillant de gloire,
Mille fameux exploits l'offrent à ma mémoire ?
De cent monstres par lui l'univers dégagé
Se voit d'un mauvais sang heureusement purgé.
Combien, ainsi qu'Hercule, a-t-il pris de victimes !
Combien vengé de morts ! combien puni de crimes !
Procuste et Cercyon, la terreur des humains,
N'ont-ils pas succombé sous ses vaillantes mains ?
Ce n'est point le vanter que ce qu'on m'entend dire ;
Tout le monde le sait, tout le monde l'admire :
Mais c'est peu ; je voudrois que tout ce que je voi
S'en entretînt sans cesse, en parlât comme moi.
J'aime Phèdre ; tu sais combien elle m'est chère :
Si quelque chose en elle a de quoi me déplaire,
C'est de voir son esprit, de froideur combattu,
Négliger entre nous de louer sa vertu.
Quand je dis qu'il s'acquiert une gloire immortelle,
Elle applaudit, m'approuve : et qui feroit moins qu'elle ?
Mais enfin d'elle-même on ne l'entend jamais
De ce charmant héros élever les hauts faits :
Il faut en leur faveur expliquer son silence.

NÉRINE.

Je ne m'étonne point de cette indifférence :
N'ayant jamais aimé, son cœur ne conçoit pas...

ARIANE.

Elle évite peut-être un cruel embarras.
L'amour n'a bien souvent qu'une douceur trompeuse :
Mais vivre indifférente, est-ce une vie heureuse ?

NÉRINE.

Apprenez-le du roi, qui, de vous trop charmé,
Ne souffriroit pas tant s'il n'avoit point aimé.

SCÈNE II. — ŒNARUS, ARIANE, NÉRINE.

ŒNARUS.

Ne vous offensez point, princesse incomparable,
Si, prêt à succomber au malheur qui m'accable,
Pour la dernière fois j'ai tâché d'obtenir

La triste liberté de vous entretenir.
Je la demande entière; et, quoi que puisse dire
Ce feu qui malgré vous prend sur moi trop d'empire,
Vous pouvez sans scrupule en voir mon cœur atteint,
Quand, pour prix de mes maux, je ne veux qu'être plaint.

ARIANE.

Je connois tout l'amour dont votre âme est éprise.
Son excès m'a souvent causé de la surprise;
Et vous ne direz rien que mon cœur interdit
Pour vous-même avant vous ne se soit déjà dit.
Tant d'ardeur méritoit que ce cœur, plus sensible
A l'offre de vos vœux, ne fût pas inflexible,
Que d'un si noble hommage il se trouvât charmé;
Mais, quand je vous ai vu, Thésée étoit aimé :
Vous savez son mérite, et le prix qu'il me coûte.
Après cela, seigneur, parlez, je vous écoute.

ŒNARUS.

Thésée a du mérite, et, je l'ai dit cent fois,
Votre amour eût eu peine à faire un plus beau choix.
Partout sa gloire éclate; on l'estime, on l'honore.
Il vous aime, ou plutôt, madame, il vous adore;
Vous le dire à toute heure est son soin le plus doux :
Et qui pourroit moins faire étant aimé de vous?
Après cette justice à sa flamme rendue,
La mienne par pitié sera-t-elle entendue?
Je ne vous redis point que tous mes sens ravis
Cédèrent à l'amour sitôt que je vous vis :
Vous l'avez déjà su par l'aveu téméraire
Que de ma passion j'osai d'abord vous faire.
Il fallut, pour cesser de vous être suspect,
Ne vous en parler plus : je l'ai fait par respect.
Pour ne vous aigrir pas, d'un rigoureux silence
Je me suis imposé la dure violence;
Et s'il m'est échappé d'en soupirer tout bas,
C'etoit bien m'en punir que ne m'écouter pas.
Tant de rigueur n'a pu diminuer ma flamme.
Pour vous voir sans pitié, je n'ai point changé d'âme
J'ai souffert, j'ai langui, d'amour tout consumé,
Madame, et tout cela sans espoir d'être aimé;
Par vos seuls intérêts vous m'avez été chère :
J'ai regardé l'amour sans chercher le salaire;
Et même, en ce funeste et dernier entretien,
Prêt peut-être à mourir, je ne demande rien.
Rendez Thésée heureux; vous l'aimez; il vous aime :
Mais songez, en plaignant mon infortune extrême.
Que vos bienfaits n'ont point sollicité ma foi;
Que vous n'avez rien fait, rien hasardé pour moi,

Et que, lorsque mon cœur dispose de ma vie,
C'est sans vous la devoir qu'il vous la sacrifie.
Pour prix du pur amour qui le fait soupirer,
S'il étoit quelque grâce où je pusse aspirer,
Je vous demanderois, pour flatter mon martyre,
Qu'au moins quand je vous perds vous daignassiez me dire,
Que, sans ce premier feu pour vous si plein d'appas,
J'aurois pu par mes soins ne vous déplaire pas.
Pour adoucir les maux où votre hymen m'expose,
Ce que j'ose exiger sans doute est peu de chose;
Mais un mot favorable, un sincère soupir,
Est tout pour qui ne veut que l'entendre, et mourir.

ARIANE.

Seigneur, tant de vertu dans votre amour éclate,
Qu'il faut vous l'avouer, je ne suis point ingrate.
Mon cœur se sent touché de ce que je vous doi,
Et voudroit être à vous s'il pouvoit être à moi :
Mais il perdroit le prix dont vous le croyez être,
Si l'infidélité vous en rendoit le maître.
Thésée y règne seul, et s'y trouve adoré.
Dès la première fois je vous l'ai déclaré;
Dès la première fois....

ŒNARUS.

   C'en est assez, madame;
Thésée a mérité que vous payiez sa flamme.
Pour lui Pirithoüs arrivé dans ma cour
Va presser votre hymen; choisissez-en le jour.
S'il faut que je donne ordre à l'apprêt nécessaire,
Parlez; il me suffit que ce sera vous plaire :
J'exécuterai tout. Peut-être il seroit mieux
De vouloir épargner ce supplice à mes yeux.
Que doit faire le coup, si l'image me tue !
Mais je me priverois par là de votre vue.
C'est ce qui peut surtout aigrir mon désespoir;
Et j'aime mieux mourir que cesser de vous voir.

SCÈNE III. — ŒNARUS, THÉSÉE, ARIANE, NÉRINE.

ŒNARUS.

Prince, mon trouble parle; et, quand je voudrois taire
Le supplice où m'expose un destin trop contraire,
De mes yeux interdits la confuse langueur
Trahiroit malgré moi le secret de mon cœur.
J'aime; et de cet amour dont j'adore les charmes
La princesse est l'objet. N'en prenez point d'alarmes :
Au point de votre hymen vous en faire l'aveu,
C'est vous montrer assez ce qu'est un si beau feu.

De tous ses mouvemens ma raison me rend maître.
L'effort est grand, sans doute; on en souffre; et peut-être
Un rival tel que moi, par sa vertu trahi,
Mérite d'être plaint, et non d'être haï.
C'est tout ce qu'il prétend pour prix de sa victoire,
Ce malheureux rival qui s'immole à sa gloire.
Vos soupçons auroient pu faire outrage à ma foi,
S'ils s'étoient avec vous expliqués avant moi :
C'est en les prévenant que je me justifie.
Ne considérez point le malheur de ma vie.
L'hymen depuis longtemps attire tous vos vœux;
J'y consens, dès demain vous pouvez être heureux.
Pirithoüs présent n'y laisse plus d'obstacle;
Ma cour, qui vous honore, attend ce grand spectacle
Ordonnez-en la pompe; et, dans un sort si doux,
Quoi que j'aie à souffrir, ne regardez que vous.
Adieu, madame.

SCÈNE IV. — THÉSÉE, ARIANE, NÉRINE

THÉSÉE.
Il faut l'avouer à sa gloire,
Sa vertu va plus loin que je n'aurois pu croire.
Au bonheur d'un rival lui-même consentir!

ARIANE.
L'honneur à cet effort a dû l'assujettir.
Qu'eût-il fait? Il sait trop que mon amour extrême,
En s'attachant à vous, n'a cherché que vous-même;
Et qu'ayant tout quitté pour vous prouver ma foi,
Mille trônes offerts ne pourroient rien sur moi.

THÉSÉE.
Tant d'amour me confond; et plus je vois, madame,
Que je dois....

ARIANE.
Apprenez un projet de ma flamme.
Pour m'attacher à vous par de plus fermes nœuds,
J'ai dans Pirithoüs trouvé ce que je veux.
Vous l'aimez chèrement; il faut que l'hyménée
De ma sœur avec lui joigne la destinée,
Et que nous partagions ce que pour les grands cœurs
L'amour et l'amitié font naître de douceurs.
Ma sœur a du mérite; elle est aimable et belle,
Suit mes conseils en tout, et je vous réponds d'elle.
Voyez Pirithoüs, et tâchez d'obtenir
Que par elle avec nous il consente à s'unir.

THÉSÉE.
L'offre de cet hymen rendra sa joie extrême :

Mais, madame, le roi.... Vous savez qu'il vous aime.
S'il faut....
ARIANE.
Je vous entends : le roi trop combattu
Peut laisser à l'amour séduire sa vertu.
Cet inquiet souci ne sauroit me déplaire;
Et, pour le dissiper, je sais ce qu'il faut faire.
THÉSÉE.
C'en est trop.... Mon cœur.... Dieux!
ARIANE.
Que ce trouble m'est doux
Ce qu'il vous fait sentir, je me le dis pour vous.
Je me dis....
THÉSÉE.
Plût aux dieux! vous sauriez la contrainte....
ARIANE.
Encore un coup, perdez cette jalouse crainte :
J'en connois le remède; et, si l'on m'ose aimer,
Vous n'aurez pas longtemps à vous en alarmer.
THÉSÉE.
Minos peut vous poursuivre, et si de sa vengeance....
ARIANE.
Et n'ai-je pas en vous une sûre défense?
THÉSÉE.
Elle est sûre, il est vrai; mais....
ARIANE.
Achevez.
THÉSÉE.
J'attends....
ARIANE.
Ce désordre me gêne, et dure trop longtemps.
Expliquez-vous enfin.
THÉSÉE.
Je le veux, et ne l'ose;
A mes propres souhaits moi-même je m'oppose;
Je poursuis un aveu que je crains d'obtenir.
Il faut parler pourtant : c'est trop me retenir.
Vous m'aimez, et peut-être une plus digne flamme
N'a jamais eu de quoi toucher une grande âme.
Tout mon sang auroit peine à m'acquitter vers vous;
Et cependant le sort, de ma gloire jaloux,
Par une tyrannie à vos désirs funeste....
Adieu : Pirithoüs vous peut dire le reste.
Sans l'amour qui du roi vous soumet les États,
Je vous conseillerois de ne l'apprendre pas.

ACTE II, SCÈNE V.

SCÈNE V. — ARIANE, PIRITHOÜS, NÉRINE.

ARIANE.
Quel est ce grand secret, prince? et par quel mystère
Vouloir me l'expliquer, et tout à coup se taire?

PIRITHOÜS.
Ne me demandez rien : il sort tout interdit,
Madame; et par son trouble il vous en a trop dit.

ARIANE.
Je vous comprends tous deux. Vous arrivez d'Athènes :
Du sang dont je suis née on n'y veut point de reines;
Et le peuple indigné refuse à ce héros
D'admettre dans son lit la fille de Minos.
Qu'après la mort d'Égée il soit toujours le même,
Qu'il m'ôte, s'il le peut, l'honneur du rang suprême :
Trône, sceptre, grandeurs, sont des biens superflus;
Thésée étant à moi, je ne veux rien de plus.
Son amour paye assez ce que le mien me coûte;
Le reste est peu de chose.

PIRITHOÜS.
  Il vous aime, sans doute.
Et comment pourroit-il avoir le cœur si bas
Que tenir tout de vous, et ne vous aimer pas?
Mais, madame, ce n'est que des âmes communes
Que l'amour s'autorise à régler les fortunes.
Qu'Athènes se déclare ou pour ou contre vous,
Vous avez de Minos à craindre le courroux;
Et l'hymen seul du roi peut sans incertitude
Vous ôter là-dessus tout lieu d'inquiétude.
Il vous aime; et de vous Naxe prenant la loi
Calmera....

ARIANE.
  Vous voulez que j'épouse le roi?
Certes, l'avis est rare! et, si j'ose vous croire,
Un noble changement me va combler de gloire!
Me connoissez-vous bien?

PIRITHOÜS.
  Les moindres lâchetés
Sont pour votre grand cœur des crimes détestés;
Vous avez pour la gloire une ardeur sans pareille
Mais, madame, je sais ce que je vous conseille;
Et si vous me croyez, quels que soient mes avis,
Vous vous trouverez bien de les avoir suivis.

ARIANE.
Qui? moi les suivre? moi qui voudrois pour Thésée
A cent et cent périls voir ma vie exposée?
Dieux! quel étonnement seroit au sien égal,

S'il savoit qu'un ami parlât pour son rival,
S'il savoit qu'il voulût lui ravir ce qu'il aime!
PIRITHOÜS.
Vous le consulterez; n'en croyez que lui-même
ARIANE.
Quoi! si l'offre d'un trône avoit pu m'éblouir,
Je lui demanderois si je dois le trahir,
Si je dois l'exposer au plus cruel martyre
Qu'un amant....
PIRITHOÜS.
Je n'ai dit que ce que j'ai dû dire.
Vous y penserez mieux, et peut-être qu'un jour
Vous prendrez un peu moins le parti de l'amour.
Adieu, madame.
ARIANE.
Il dit ce qu'il faut qu'il me dise!
Demeurez. Avec moi c'est en vain qu'on déguise :
Vous en avez trop dit pour ne me pas tirer
D'un doute dont mon cœur commence à soupirer.
J'en tremble, et c'est pour moi la plus sensible atteinte
Éclaircissez ce doute, et dissipez ma crainte :
Autrement je croirai qu'une nouvelle ardeur
Rend Thésée infidèle, et me vole son cœur;
Que pour un autre objet, sans souci de sa gloire....
PIRITHOÜS.
Je me tais; c'est à vous à voir ce qu'il faut croire.
ARIANE.
Ce qu'il faut croire! ah, dieux! vous me désespérez.
Je verrois à mes vœux d'autres vœux préférés!
Thésée à me quitter.... Mais quel soupçon j'écoute!
Non, non, Pirithoüs, on vous trompe, sans doute.
Il m'aime; et s'il m'en faut séparer quelque jour,
Je pleurerai sa mort, et non pas son amour.
PIRITHOÜS.
Souvent ce qui nous plaît, par une erreur fatale....
ARIANE.
Parlez plus clairement : ai-je quelque rivale?
Thésée a-t-il changé? viole-t-il sa foi?
PIRITHOÜS.
Mon silence déjà s'est expliqué pour moi;
Par là je vous dis tout. Vos ennuis me font peine;
Mais quand leur seul remède est de vous faire reine,
N'oubliez point qu'à Naxe on veut vous couronner;
C'est le meilleur conseil qu'on vous puisse donner.
Ma présence commence à vous être importune
Je me retire.

ACTE II, SCÈNE VI.

SCÈNE VI. — ARIANE, NÉRINE.

ARIANE.
As-tu conçu mon infortune?
Il n'en faut point douter, je suis trahie. Hélas!
Nérine!
NÉRINE.
  Je vous plains.
ARIANE.
    Qui ne me plaindroit pas?
Tu le sais, tu l'as vu, j'ai tout fait pour Thésée;
Seule à son mauvais sort je me suis opposée :
Et quand je me dois tout promettre de sa foi,
Thésée a de l'amour pour une autre que moi!
Une autre passion dans son cœur a pu naître!
J'ai mal ouï, Nérine, et cela ne peut être.
Ce seroit trahir tout, raison, gloire, équité.
Thésée a trop de cœur pour tant de lâcheté,
Pour croire qu'à ma mort son injustice aspire.
NÉRINE.
Pirithoüs ne dit que ce qu'il lui fait dire :
Et quand il a voulu l'attendre si longtemps,
Ce n'étoit qu'un prétexte à ses feux inconstans;
Il nourrissoit dès lors l'ardeur qui le domine.
ARIANE.
Ah! que me fais-tu voir, trop cruelle Nérine?
Sur le gouffre des maux qui me vont abîmer,
Pourquoi m'ouvrir les yeux quand je les veux fermer?
Hélas! il est donc vrai que mon âme abusée
N'adoroit qu'un ingrat en adorant Thésée!
Dieux, contre un tel ennui soutenez ma raison;
Elle cède à l'horreur de cette trahison :
Je la sens qui déjà.... Mais quand elle s'égare,
Pourquoi la regretter, cette raison barbare,
Qui ne peut plus servir qu'à me faire mieux voir
Le sujet de ma rage et de mon désespoir?
Quoi! Nérine, pour prix de l'amour le plus tendre....

SCÈNE VII. — ARIANE, PHÈDRE, NÉRINE.

ARIANE.
Ah! ma sœur, savez-vous ce qu'on vient de m'apprendre?
Vous avez cru Thésée un héros tout parfait;
Vous l'estimiez, sans doute; et qui ne l'eût pas fait?
N'attendez plus de foi, plus d'honneur : tout chancelle,
Tout doit être suspect; Thésée est infidèle

PHÈDRE.

Quoi! Thésée....

ARIANE.
Oui, ma sœur, après ce qu'il me doit,
Me quitter est le prix que ma flamme en reçoit ;
Il me trahit. Au point que sa foi violée
Doit avoir irrité mon âme désolée,
J'ai honte, en vous contant l'excès de mes malheurs,
Que mon ressentiment s'exhale par mes pleurs.
Son sang devroit payer la douleur qui me presse.
C'est là, ma sœur, c'est là, sans pitié, sans tendresse
Comme après un forfait si noir, si peu commun,
On traite les ingrats ; et Thésée en est un.
Mais quoi qu'à ma vengeance un fier dépit suggère,
Mon amour est encor plus fort que ma colère.
Ma main tremble ; et, malgré son parjure odieux,
Je vois toujours en lui ce que j'aime le mieux.

PHÈDRE.
Un revers si cruel vous rend sans doute à plaindre ;
Et vous voyant souffrir ce qu'on n'a pas dû craindre,
On conçoit aisément jusqu'où le désespoir....

ARIANE.
Ah! qu'on est éloigné de le bien concevoir !
Pour pénétrer l'horreur du tourment de mon âme,
Il faudroit qu'on sentît même ardeur, même flamme,
Qu'avec même tendresse on eût donné sa foi :
Et personne jamais n'a tant aimé que moi.
Se peut-il qu'un héros d'une vertu sublime
Souille ainsi.... Quelquefois le remords suit le crime.
Si le sien lui faisoit sentir ces durs combats....
Ma sœur, au nom des dieux, ne m'abandonnez pas ;
Je sais que vous m'aimez, et vous le devez faire.
Vous m'avez dès l'enfance été toujours si chère,
Que cette inébranlable et fidèle amitié
Mérite bien de vous au moins quelque pitié.
Allez trouver.... hélas! dirai-je mon parjure ?
Peignez-lui bien l'excès du tourment que j'endure :
Prenez, pour l'arracher à son nouveau penchant,
Ce que les plus grands maux offrent de plus touchant.
Dites-lui qu'à son feu j'immolerois ma vie,
S'il pouvoit vivre heureux après m'avoir trahie.
D'un juste et long remords avancez-lui les coups.
Enfin, ma sœur, enfin, je n'espère qu'en vous.
Le ciel m'inspira bien, quand par l'amour séduite
Je vous fis malgré vous accompagner ma fuite :
Il semble que dès lors il me faisoit prévoir
Le funeste besoin que j'en devois avoir

ACTE II, SCÈNE VI.

Sans vous, à mes malheurs où chercher du remède ?
PHÈDRE.
Je vais mander Thésée ; et si son cœur ne cède,
Madame, en lui parlant, vous devez présumer....
ARIANE.
Hélas ! et plût au ciel que vous sussiez aimer,
Que vous pussiez savoir, par votre expérience,
Jusqu'où d'un fort amour s'étend la violence !
Pour émouvoir l'ingrat, pour fléchir sa rigueur,
Vous trouveriez bien mieux le chemin de son cœur ;
Vous auriez plus d'adresse à lui faire l'image
De mes confus transports de douleur et de rage :
Tous les traits en seroient plus vivement tracés.
N'importe ; essayez tout : parlez, priez, pressez.
Au défaut de l'amour, puisqu'il n'a pu vous plaire,
Votre amitié pour moi fera ce qu'il faut faire.
Allez, ma sœur ; courez empêcher mon trépas.
Toi, viens, suis-moi, Nérine, et ne me quitte pas.

ACTE TROISIÈME.

SCÈNE I. — PIRITHOÜS, PHÈDRE.

PIRITHOÜS.
Ce seroit perdre temps, il ne faut plus prétendre
Que rien touche Thésée, et le force à se rendre.
J'admire encor, madame, avec quelle vertu
Vous avez de nouveau si longtemps combattu.
Par son manque de foi, contre vous-même armée,
Vous avez fait paroître une sœur opprimée,
Vous avez essayé par un tendre retour
De ramener son cœur vers son premier amour ;
Et prière, et menace, et fierté de courage,
Tout vient pour le fléchir d'être mis en usage.
Mais, sur ce changement qui semble vous gêner,
L'ingratitude en vain vous le fait condamner :
Vos yeux rendent pour lui ce crime nécessaire ;
Et s'il cède aux remords quelquefois pour vous plaire,
Quoi que vous ait promis ce repentir confus,
Sitôt qu'il vous regarde il ne s'en souvient plus
PHÈDRE.
Les dieux me sont témoins que de son injustice
Je souffre malgré moi qu'il me rende complice
Ce qu'il doit à ma sœur méritoit que sa foi

Se fît de l'aimer seule une sévère loi ;
Et quand des longs ennuis où ce refus l'expose
Par ma facilité je me trouve la cause,
Il n'est peine, supplice, où, pour l'en garantir,
La pitié de ses maux ne me fît consentir.
L'amour que j'ai pour lui me noircit peu vers elle
Je l'ai pris sans songer à le rendre infidèle ;
Ou plutôt j'ai senti tout mon cœur s'enflammer
Avant que de savoir si je voulois aimer.
Mais si ce feu trop prompt n'eut rien de volontaire
Il dépendoit de moi de parler, ou me taire.
J'ai parlé, c'est mon crime ; et Thésée applaudi
A l'infidélité par là s'est enhardi.
Ah ! qu'on se défend mal auprès de ce qu'on aim
Ses regards m'expliquoient sa passion extrême ;
Les miens à la flatter s'échappoient malgré moi :
N'étoit-ce pas assez pour corrompre sa foi ?
J'eus beau vouloir régler son âme trop charmée,
Il fallut voir sa flamme, et souffrir d'être aimée ;
J'en craignis le péril, il me sut éblouir.
Que de foiblesse ! Il faut l'empêcher d'en jouir,
Combattre incessamment son infidèle audace.
Allez, Pirithoüs ; revoyez-le, de grâce :
De peur qu'en mon amour il prenne trop d'appui,
Otez-lui tout espoir que je puisse être à lui.
J'ai déjà beaucoup dit, dites-lui plus encore.

PIRITHOÜS.

Nous avancerions peu, madame ; il vous adore :
Et quand, pour l'étonner à force de refus,
Vous vous obstineriez à ne l'écouter plus,
Son âme toute à vous n'en seroit pas plus prête
A suivre d'autres lois, et changer de conquête.
Quoique le coup soit rude, achevons de frapper.
Pour servir Ariane, il faut la détromper,
Il faut lui faire voir qu'une flamme nouvelle
Ayant détruit l'amour que Thésée eut pour elle,
Sa sûreté l'oblige à ne pas dédaigner
La gloire d'un hymen qui la fera régner.
Le roi l'aime, et son trône est pour elle un asile.

PHÈDRE.

Quoi ! je la trahirois, elle qui, trop facile,
Trop aveugle à m'aimer, se confie à ma foi
Pour toucher un amant qui la quitte pour moi !
Et quand elle sauroit que par mes foibles charmes,
Pour lui percer le cœur, j'aurois prêté des armes.
Je pourrois à ses yeux lâchement exposer
Les criminels appas qui la font mépriser !

Je pourrois soutenir le sensible reproche
Qu'un trop juste courroux....
           PIRITHOÜS.
                    Voyez qu'elle s'approche.
Parlons : son intérêt nous oblige à bannir
Tout l'espoir que son feu tâche d'entretenir.

SCÈNE II. — ARIANE, PIRITHOÜS, PHÈDRE, NÉRINE

           ARIANE.
Eh bien ! ma sœur, Thésée est-il inexorable?
N'avez-vous pu surprendre un soupir favorable?
Et quand au repentir on le porte à céder,
Croit-il que mon amour ose trop demander?
           PHÈDRE.
Madame, j'ai tout fait pour ébranler son âme;
J'ai peint son changement lâche, odieux, infâme.
Pirithoüs lui-même est témoin des efforts
Par où j'ai cru pouvoir le contraindre au remords.
Il connoît et son crime et son ingratitude;
Il s'en hait; il en sent la peine la plus rude;
Ses ennuis de vos maux égalent la rigueur :
Mais l'amour en tyran dispose de son cœur;
Et le destin, plus fort que sa reconnoissance,
Malgré ce qu'il vous doit, l'entraîne à l'inconstance.
           ARIANE.
Quelle excuse ! et pour moi qu'il rend peu de combat !
Il hait l'ingratitude, et se plaît d'être ingrat !
Puisqu'en sa dureté son lâche cœur demeure,
Ma sœur, il ne sait point qu'il faudra que j'en meure;
Vous avez oublié de bien marquer l'horreur
Du fatal désespoir qui règne dans mon cœur;
Vous avez oublié, pour bien peindre ma rage,
D'assembler tous les maux dont on connoît l'image :
Il y seroit sensible, et ne pourroit souffrir
Que qui sauva ses jours fût forcée à mourir.
           PHÈDRE.
Si vous saviez pour vous ce qu'a fait ma tendresse,
Vous soupçonneriez moins....
           ARIANE.
                    J'ai tort, je le confesse;
Mais, dans un mal sous qui la constance est à bout,
On s'égare, on s'emporte, et l'on s'en prend à tout.
           PIRITHOÜS.
Madame, de ces maux à qui la raison cède,
Le temps, qui calme tout, est l'unique remède;
C'est par lui seul....

ARIANE.
Les coups n'en sont guère importans,
Quand on peut se résoudre à s'en remettre au temps.
Thésée est insensible à l'ennui qui me touche!
Il y consent! Je veux l'apprendre de sa bouche.
Je l'attendrai, ma sœur; qu'il vienne.
PIRITHOÜS.
Je crains bien
Que vous ne vous plaigniez de ce triste entretien.
Voir un ingrat qu'on aime, et le voir inflexible,
C'est de tous les ennuis l'ennui le plus sensible.
Vous en souffririez trop; et pour peu de souci....
ARIANE.
Allez, ma sœur, de grâce, et l'envoyez ici.

SCÈNE III. — ARIANE, PIRITHOÜS, NÉRINE

PIRITHOÜS.
Par ce que je vous dis, ne croyez pas, madame,
Que je veuille applaudir à sa nouvelle flamme.
Sachant ce qu'il devoit au généreux amour
Qui vous fit tout oser pour lui sauver le jour,
Je partageai dès lors l'heureuse destinée
Qu'à ses vœux les plus doux offroit votre hyménée;
Et je venois ici, plein de ressentiment,
Rendre grâce à l'amante, en embrassant l'amant.
Jugez de ma surprise à le voir infidèle,
A voir que vers une autre une autre ardeur l'appelle,
Et qu'il ne m'attendoit que pour vous annoncer
L'injustice où l'amour se plaît à le forcer.
ARIANE.
Et ne devois-je pas, quoi qu'il me fît entendre,
Pénétrer les raisons qui vous faisoient attendre,
Et juger qu'en un cœur épris d'un feu constant,
L'amour à l'amitié ne défère pas tant?
Ah! quand il est ardent, qu'aisément il s'abuse!
Il croit ce qu'il souhaite, et prend tout pour excuse.
Si Thésée avoit peu de ces empressemens
Qu'une sensible ardeur inspire aux vrais amans,
Je croyois que son âme, au-dessus du vulgaire,
Dédaignoit de l'amour la conduite ordinaire,
Et qu'en sa passion garder tant de repos,
C'étoit suivre en aimant la route des héros.
Je faisois plus; j'allois jusqu'à voir sans alarmes
Que des beautés de Naxe il estimât les charmes;
Et ne pouvois penser qu'ayant reçu sa foi
Quelques vœux égarés pussent rien contre moi.

Mais enfin, puisque rien pour lui n'est plus à taire,
Quel est ce rare objet que son choix me préfère?
PIRITHOÜS.
C'est ce que de son cœur je ne puis arracher.
ARIANE.
Ma colère est suspecte, il faut me le cacher.
PIRITHOÜS.
J'ignore ce qu'il craint; mais, lorsqu'il vous outrage,
Sachez que d'un grand roi vous recevez l'hommage :
Il vous offre son trône; et, malgré le destin,
Votre malheur par là trouve une heureuse fin.
Tout vous porte, madame, à ce grand hyménée.
Pourriez-vous demeurer errante, abandonnée?
Déjà la Crète cherche à se venger de vous;
Et Minos....
ARIANE.
J'en crains peu le plus ardent courroux.
Qu'il s'arme contre moi, que j'en sois poursuivie;
Sans ce que j'aime, hélas! que faire de la vie?
Aux décrets de mon sort achevons d'obéir.
Thésée avec le ciel conspire à me trahir :
Rompre un si grand projet, ce seroit lui déplaire.
L'ingrat veut que je meure, il faut le satisfaire,
Et lui laisser sentir, pour double châtiment,
Le remords de ma perte et de son changement.
PIRITHOÜS.
Le voici qui paroît. N'épargnez rien, madame,
Pour rentrer dans vos droits, pour regagner son âme
Et si l'espoir en vain s'obstine à vous flatter,
Songez ce qu'offre un trône à qui peut y monter.

SCÈNE IV. — ARIANE, THÉSÉE, NÉRINE.

ARIANE.
Approchez-vous, Thésée, et perdez cette crainte.
Pourquoi dans vos regards marquer tant de contrainte,
Et m'aborder ainsi, quand rien ne vous confond,
Le trouble dans les yeux, et la rougeur au front?
Un héros tel que vous, à qui la gloire est chère,
Quoi qu'il fasse, ne fait que ce qu'il voit à faire;
Et si ce qu'on m'a dit a quelque vérité,
Vous cessez de m'aimer, je l'aurai mérité.
Le changement est grand, mais il est légitime,
Je le crois : seulement apprenez-moi mon crime
Et d'où vient qu'exposée à de si rudes coups,
Ariane n'est plus ce qu'elle fut pour vous.

THÉSÉE.
Ah! pourquoi le penser? Elle est toujours la même;
Même zèle toujours suit mon respect extrême;
Et le temps dans mon cœur n'affoiblira jamais
Le pressant souvenir de ses rares bienfaits :
M'en acquitter vers elle est ma plus forte envie.
Oui, madame, ordonnez de mon sang, de ma vie :
Si la fin vous en plaît, le sort me sera doux
Par qui j'obtiendrai l'heur de la perdre pour vous.

ARIANE.
Si quand je vous connus la fin eût pu m'en plaire,
Le destin la vouloit, je l'aurois laissé faire.
Par moi, par mon amour, le labyrinthe ouvert
Vous fit fuir le trépas à vos regards offert :
Et quand à votre foi cet amour s'abandonne,
Des sermens de respect sont le prix qu'on lui donne !
Par ce soin de vos jours qui m'a fait tout quitter,
N'aspirois-je à rien plus qu'à me voir respecter?
Un service pareil veut un autre salaire.
C'est le cœur, le cœur seul, qui peut y satisfaire :
Il a seul pour mes vœux ce qui peut les borner;
C'est lui seul....

THÉSÉE.
Je voudrois vous le pouvoir donner :
Mais ce cœur, malgré moi, vit sous un autre empire :
Je le sens à regret; je rougis à le dire;
Et quand je plains vos feux par ma flamme déçus,
Je hais mon injustice, et ne puis rien de plus.

ARIANE.
Tu ne peux rien de plus! Qu'aurois-tu fait, parjure,
Si, quand tu vins du monstre éprouver l'aventure,
Abandonnant ta vie à ta seule valeur,
Je me fusse arrêtée à plaindre ton malheur?
Pour mériter ce cœur qui pouvoit seul me plaire,
Si j'ai peu fait pour toi, que falloit-il plus faire?
Et que s'est-il offert que je pusse tenter,
Qu'en ta faveur ma flamme ait craint d'exécuter?
Pour te sauver le jour dont ta rigueur me prive,
Ai-je pris à regret le nom de fugitive?
La mer, les vents, l'exil, ont-ils pu m'étonner?
Te suivre, c'étoit plus que me voir couronner.
Fatigues, peines, maux, j'aimois tout par leur cause.
Dis-moi que non, ingrat, si ta lâcheté l'ose;
Et, désavouant tout, éblouis-moi si bien,
Que je puisse penser que tu ne me dois rien.

THÉSÉE.
Comment désavouer ce que l'honneur me presse

De voir, d'examiner, de me dire sans cesse?
Si, par mon changement, je trompe votre choix,
C'est sans rien oublier de ce que je vous dois.
Ainsi joignez au nom de traître et de parjure
Tout l'éclat que produit la plus sanglante injure :
Ce que vous me direz n'aura point la rigueur
Des reproches secrets qui déchirent mon cœur.
Mais pourquoi, m'accusant, redoubler ces atteintes?
Madame, croyez-moi, je ne vaux pas vos plaintes.
L'oubli, l'indifférence, et vos plus fiers mépris
De mon manque de foi doivent être le prix.
A monter sur le trône un grand roi vous invite;
Vengez-vous, en l'aimant, d'un lâche qui vous quitte.
Quoi qu'aujourd'hui pour moi l'inconstance ait de doux
Vous perdant pour jamais je perdrai plus que vous.

ARIANE.

Quelle perte, grands dieux! quand elle est volontaire!
Périsse tout, s'il faut cesser de t'être chère!
Qu'ai-je à faire du trône et de la main d'un roi?
De l'univers entier je ne voulois que toi.
Pour toi, pour m'attacher à ta seule personne,
J'ai tout abandonné, repos, gloire, couronne;
Et quand ces mêmes biens ici me sont offerts,
Que je puis en jouir, c'est toi seul que je perds!
Pour voir leur impuissance à réparer ta perte,
Je te suis; mène-moi dans quelque île déserte,
Où, renonçant à tout, je me laisse charmer
De l'unique douceur de te voir, de t'aimer :
Là, possédant ton cœur, ma gloire est sans seconde;
Ce cœur me sera plus que l'empire du monde.
Point de ressentiment de ton crime passé;
Tu n'as qu'à dire un mot, ce crime est effacé.
C'en est fait, tu le vois, je n'ai plus de colère.

THÉSÉE.

Un si beau feu m'accable, il devroit seul me plaire;
Mais telle est de l'amour la tyrannique ardeur....

ARIANE.

Va, tu me répondras des transports de mon cœur :
Si ma flamme sur toi n'avoit qu'un foible empire,
Si tu la dédaignois, il falloit me le dire,
Et ne pas m'engager, par un trompeur espoir,
A te laisser sur moi prendre tant de pouvoir.
C'est là surtout, c'est là ce qui souille ta gloire :
Tu t'es plu sans m'aimer à me le faire croire;
Tes indignes sermens sur mon crédule esprit....

THÉSÉE.

Quand je vous les ai faits, j'ai cru ce que j'ai dit;

Je partois glorieux d'être votre conquête :
Mais enfin, dans ces lieux poussé par la tempête,
J'ai trop vu ce qu'à voir me convioit l'amour;
J'ai trop....

ARIANE.

Naxe te change! Ah! funeste séjour!
Dans Naxe, tu le sais, un roi, grand, magnanime,
Pour moi, dès qu'il me vit, prit une tendre estime
Il soumit à mes vœux et son trône et sa foi :
Quoi qu'il ait pu m'offrir, ai-je fait comme toi?
Si tu n'es point touché de ma douleur extrême,
Rends-moi ton cœur, ingrat, par pitié de toi-même.
Je ne demande point quelle est cette beauté
Qui semble te contraindre à l'infidélité :
Si tu crois quelque honte à la faire connoître,
Ton secret est à toi; mais, qui qu'elle puisse être,
Pour gagner ton estime et mériter ta foi,
Peut-être elle n'a pas plus de charmes que moi.
Elle n'a pas du moins cette ardeur toute pure
Qui m'a fait pour te suivre étouffer la nature;
Ces beaux feux qui, volant d'abord à ton secours,
Pour te sauver la vie ont exposé mes jours;
Et si de mon amour ce tendre sacrifice
De ta légèreté ne rompt point l'injustice,
Pour ce nouvel objet, ne lui devant pas tant,
Par où présumes-tu pouvoir être constant?
A peine son hymen aura payé ta flamme,
Qu'un violent remords viendra saisir ton âme :
Tu ne pourras plus voir ton crime sans effroi;
Et qui sait ce qu'alors tu sentiras pour moi?
Qui sait par quel retour ton ardeur refroidie
Te fera détester ta lâche perfidie?
Tu verras de mes feux les transports éclatans;
Tu les regretteras; il ne sera plus temps.
Ne précipite rien; quelque amour qui t'appelle,
Prends conseil de ta gloire avant qu'être infidèle.
Vois Ariane en pleurs : Ariane autrefois,
Toute aimable à tes yeux, méritoit bien ton choix :
Elle n'a point changé, d'où vient que ton cœur change?

THÉSÉE.

Par un amour forcé qui sous ses lois me range.
Je le crois comme vous, le ciel est juste; un jour
Vous me verrez puni de ce perfide amour :
Mais à sa violence il faut que ma foi cède.
Je vous l'ai déjà dit, c'est un mal sans remède.

ARIANE.

Ah! c'est trop; puisque rien ne te sauroit toucher,

Parjure, oublie un feu qui dut t'être si cher.
Je ne demande plus que ta lâcheté cesse,
Je rougis d'avoir pu m'en souffrir la bassesse :
Tire-moi seulement d'un séjour odieux,
Où tout me désespère, où tout blesse mes yeux,
Et, pour faciliter ta coupable entreprise,
Remène-moi, barbare, aux lieux où tu m'as prise
La Crète, où pour toi seul je me suis fait haïr,
Me plaira mieux que Naxe, où tu m'oses trahir.

THÉSÉE.

Vous remener en Crète ! Oubliez-vous, madame,
Ce qu'est pour vous un père, et quel courroux l'enflamme ?
Songez-vous quels ennuis vous y sont apprêtés ?

ARIANE.

Laisse-les-moi souffrir, je les ai mérités;
Mais de ton faux amour les feintes concertées,
Tes noires trahisons, les ai-je méritées ?
Et ce qu'en ta faveur il m'a plu d'immoler
Te rend-il cette foi que tu veux violer ?
Vaine et fausse pitié ! quand ma mort peut te plaire,
Tu crains pour moi les maux que j'ai voulu me faire,
Ces maux qu'ont tant hâtés mes plus tendres souhaits;
Et tu ne trembles point de ceux que tu me fais !
N'espère pas pourtant éviter le supplice
Que toujours après soi fait suivre l'injustice.
Tu romps ce que l'amour forma de plus beau nœud;
Tu m'arraches le cœur. J'en mourrai; tu le veux :
Mais, quitte des ennuis où m'enchaîne la vie,
Crois déjà, crois me voir, de ma douleur suivie,
Dans le fond de ton âme armer, pour te punir,
Ce qu'a de plus funeste un fatal souvenir,
Et te dire d'un ton et d'un regard sévère :
« J'ai tout fait, tout osé pour t'aimer, pour te plaire;
J'ai trahi mon pays, et mon père, et mon roi :
Cependant vois le prix, ingrat, que j'en reçoi ! »

THÉSÉE.

Ah ! si mon changement doit causer votre perte,
Frappez, prenez ma vie, elle vous est offerte;
Prévenez par ce coup le forfait odieux
Qu'un amour trop aveugle....

ARIANE.

Ote-toi de mes yeux :
De ta constance ailleurs va montrer les mérites;
Je ne veux pas avoir l'affront que tu me quittes.

THÉSÉE.

Madame....

ARIANE.
Ote-toi, dis-je, et me laisse en pouvoir
De te haïr autant que je le crois devoir.

SCÈNE V. — ARIANE, NÉRINE.

ARIANE.
Il sort, Nérine. Hélas !
NÉRINE.
Qu'auroit fait sa présence,
Qu'accroître de vos maux la triste violence?
ARIANE.
M'avoir ainsi quittée, et partout me trahir !
NÉRINE.
Vous l'avez commandé.
ARIANE.
Devoit-il obéir?
NÉRINE.
Que vouliez-vous qu'il fît? vous pressiez sa retraite.
ARIANE.
Qu'il sût en s'emportant ce que l'amour souhaite,
Et qu'à mon désespoir souffrant un libre cours
Il s'entendît chasser, et demeurât toujours.
Quoique sa trahison et m'accable et me tue,
Au moins j'aurois joui du plaisir de sa vue;
Mais il ne sauroit plus souffrir la mienne. Ah dieux !
As-tu vu quelle joie a paru dans ses yeux,
Combien il est sorti satisfait de ma haine?
Que de mépris !
NÉRINE.
Son crime auprès de vous le gêne,
Madame; et, n'ayant point d'excuse à vous donner,
S'il vous fuit, j'y vois peu de quoi vous étonner :
Il s'épargne une peine à peu d'autres égale.
ARIANE.
M'en voir trahie ! Il faut découvrir ma rivale.
Examine avec moi. De toute cette cour,
Qui crois-tu la plus propre à donner de l'amour?
Est-ce Mégiste, Églé, qui le rend infidèle?
De tout ce qu'il y voit Cyane est la plus belle :
Il lui parle souvent; mais, pour m'ôter sa foi,
Doit-elle être à ses yeux plus aimable que moi?
Vains et foibles appas qui m'aviez trop flattée,
Voilà votre pouvoir, un lâche m'a quittée !
Mais si d'un autre amour il se laisse éblouir,
Peut-être il n'aura pas la douceur d'en jouir :
Il verra ce que c'est que de me percer l'âme.
Allons, Nérine, allons; je suis amante et femme

Il veut ma mort, j'y cours ; mais, avant que mourir,
Je ne sais qui des deux aura plus à souffrir.

ACTE QUATRIÈME.

SCÈNE I. — ŒNARUS, PHÈDRE.

ŒNARUS.
Un si grand changement ne peut trop me surprendre ;
J'en ai la certitude, et ne le puis comprendre,
Après ce pur amour dont il suivoit la loi,
Thésée à ce qu'il aime ose manquer de foi !
Dans la rigueur du coup je ne vois qu'avec crainte
Ce qu'au cœur d'Ariane il doit porter d'atteinte.
J'en tremble ; et si tantôt, lui peignant mon amour,
Je voulois être plaint, je la plains à son tour.
Perdre un bien qui jamais ne permit d'espérance
N'est qu'un mal dont le temps calme la violence ;
Mais voir un bel espoir tout à coup avorter
Passe tous les malheurs qu'on ait à redouter :
C'est du courroux du ciel la plus funeste preuve.

PHÈDRE.
Ariane, seigneur, en fait la triste épreuve ;
Et si de ses ennuis vous n'arrêtez le cours,
J'ignore, pour le rompre, où chercher du secours.
Son cœur est accablé d'une douleur mortelle.

ŒNARUS.
Vous ne savez que trop l'amour que j'ai pour elle ;
Il veut, il offre tout : mais, hélas ! je crains bien
Que cet amour ne parle, et qu'il n'obtienne rien.
Si Thésée a changé, j'en serai responsable :
C'est dans ma cour qu'il trouve un autre objet aimable ;
Et sans doute on voudra que je sois le garant
De l'hommage inconnu que sa flamme lui rend.

PHÈDRE.
Je doute qu'Ariane, encor que méprisée,
Veuille par votre hymen se venger de Thésée ;
Et si ce changement vous permet d'espérer,
Il ne faut pas, seigneur, vous y trop assurer.
Mais quoi qu'elle résolve après la perfidie
Qui doit tenir pour lui sa flamme refroidie,
Qu'elle accepte vos vœux, ou refuse vos soins,
La gloire vous oblige à ne l'aimer pas moins.
Vous lui pouvez toujours servir d'appui fidèle,
Et c'est ce que je viens vous demander pour elle :

Si la Crète, vous force à d'injustes combats,
Au courroux de Minos ne l'abandonnez pas ;
Vous savez les périls où sa fuite l'expose.
ŒNARUS.
Ah ! pour l'en garantir il n'est rien que je n'ose,
Madame : et vous verrez mon trône trébucher,
Avant que je néglige un intérêt si cher.
Plût aux dieux que ce soin la tînt seule inquiète !
PHÈDRE.
Voyez dans quels ennuis ce changement la jette :
Son visage vous parle, et sa triste langueur
Vous fait lire en ses yeux ce que souffre son cœur.

SCÈNE II. — ŒNARUS, ARIANE, PHÈDRE, NÉRINE.
ŒNARUS.
Madame, je ne sais si l'ennui qui vous touche
Doit m'ouvrir pour vous plaindre ou me fermer la bouche :
Après les sentimens que j'ai fait voir pour vous,
Je dois, quoi qui vous blesse, en partager les coups.
Mais si j'ose assurer que, jusqu'au fond de l'âme,
Je sens le changement qui trompe votre flamme,
Que je le mets au rang des plus noirs attentats,
J'aime, il m'ôte un rival, vous ne me croirez pas.
Il est certain pourtant, et le ciel qui m'écoute
M'en sera le témoin si votre cœur en doute,
Que si de tout mon sang je pouvois racheter
Ce que....
ARIANE.
Cessez, seigneur, de me le protester.
S'il dépendoit de vous de me rendre Thésée,
La gloire y trouveroit votre âme disposée ;
Je le crois de ce cœur qui sut tout m'immoler
Aussi veux-je avec vous ne rien dissimuler.

J'aimai, seigneur ; après mon infortune extrême,
Il me seroit honteux de dire encor que j'aime.
Ce n'est pas que le cœur qu'un vrai mérite émeut
Cesse d'être sensible au moment qu'il le veut.
Le mien fut à Thésée, et je l'en croyois digne :
Ses vertus à mes yeux étoient d'un prix insigne ;
Rien ne brilloit en lui que de grand, de parfait ;
Il feignoit de m'aimer, je l'aimois en effet ;
Et comme d'une foi qui sert à me confondre
Ce qu'il doit à ma flamme eut lieu de me répondre,
Malgré l'ingratitude ordinaire aux amans,
D'autres que moi peut-être auroient cru ses sermens.
Je m'immolois entière à l'ardeur d'un pur zèle ;

Cet effort valoit bien qu'il fût toujours fidèle.
Sa perfidie enfin n'a plus rien de secret,
Il la fait éclater, je la vois à regret.
C'est d'abord un ennui qui ronge, qui dévore;
J'en ai déjà souffert, j'en puis souffrir encore :
Mais quand à n'aimer plus un grand cœur se résout,
Le vouloir, c'est assez pour en venir à bout.
Quoi qu'un pareil triomphe ait de dur, de funeste,
On s'arrache à soi-même, et le temps fait le reste.
 Voilà l'état, seigneur, où ma triste raison
A mis enfin mon âme après sa trahison.
Vous avez su tantôt, par un aveu sincère,
Que sans lui votre amour eût eu de quoi me plaire;
Et que mon cœur, touché du respect de vos feux,
S'il ne m'eût pas aimée, eût accepté vos vœux.
Puisqu'il me rend à moi, je vous tiendrai parole;
Mais après ce qu'il faut que ma gloire s'immole,
Étouffant un amour et si tendre et si doux,
Je ne vous réponds pas d'en prendre autant pour vous.
Ce sont des traits de feu que le temps seul imprime.
J'ai pour votre vertu la plus parfaite estime;
Et, pour être en état de remplir votre espoir,
Cette estime suffit à qui sait son devoir.

ŒNARUS.
Ah! pour la mériter, si le plus pur hommage....

ARIANE.
Seigneur, dispensez-moi d'en ouïr davantage.
J'ai tous les sens encor de trouble embarrassés :
Ma main dépend de vous, ce vous doit être assez;
Mais, pour vous la donner, j'avouerai ma foiblesse,
J'ai besoin qu'un ingrat par son hymen m'en presse.
Tant que je le verrois en pouvoir d'être à moi,
Je prétendrois en vain disposer de ma foi :
Un feu bien allumé ne s'éteint qu'avec peine.
Le parjure Thésée a mérité ma haine;
Mon cœur veut être à vous, et ne peut mieux choisir :
Mais s'il me voit, me parle, il peut s'en ressaisir.
L'amour par le remords aisément se désarme :
Il ne faut quelquefois qu'un soupir, qu'une larme,
Et, du plus fier courroux quoi qu'on se soit promis,
On ne tient pas longtemps contre un amant soumis.
Ce sont vos intérêts. Que, sans m'en vouloir croire,
Thésée à ses désirs abandonne sa gloire :
Dès que d'un autre objet je le verrai l'époux,
Si vous m'aimez encor, seigneur, je suis à vous.
Mon cœur de votre hymen se fait un heur suprême,
Et c'est ce que je veux lui déclarer moi-même.

Qu'on le fasse venir; allez, Nérine. Ainsi,
De mon cœur, de ma foi, n'ayez aucun souci :
Après ce que j'ai dit, vous en êtes le maître.
ŒNARUS.
Ah! madame, par où puis-je assez reconnoître....
ARIANE.
Seigneur, un peu de trêve; en l'état où je suis,
J'ai comblé votre espoir, c'est tout ce que je puis.

SCÈNE III. — ARIANE, PHÈDRE.

PHÈDRE.
Ce retour me surprend. Tantôt contre Thésée
Du plus ardent courroux vous étiez embrasée,
Et déjà la raison a calmé ce transport?
ARIANE.
Que ferois-je, ma sœur? c'est un arrêt du sort.
Thésée a résolu d'achever son parjure;
Il veut me voir souffrir; je me tais, et j'endure.
PHÈDRE.
Mais vous, répondez-vous d'oublier aisément
Ce que sa passion eut pour vous de charmant?
D'avoir à d'autres vœux un cœur si peu contraire,
Que....
ARIANE.
Je n'ai rien promis que je ne veuille faire.
Qu'il s'engage à l'hymen, j'épouserai le roi.
PHÈDRE.
Quoi! par votre aveu même il donnera sa foi?
Et lorsque son amour a tant reçu du vôtre,
Vous le verrez sans peine entre les bras d'une autre?
ARIANE.
Entre les bras d'une autre! Avant ce coup, ma sœur,
J'aime, je suis trahie, on connoîtra mon cœur.
Tant de périls bravés, tant d'amour, tant de zèle,
M'auront fait mériter les soins d'un infidèle!
A ma honte partout ma flamme aura fait bruit,
Et ma lâche rivale en cueillera le fruit!
J'y donnerai bon ordre. Il faut, pour la connoître,
Empêcher, s'il se peut, ma fureur de paroître :
Moins l'amour outragé fait voir d'emportement,
Plus, quand le coup approche, il frappe sûrement.
C'est par là qu'affectant une douleur aisée,
Je feins de consentir à l'hymen de Thésée;
A savoir son secret j'intéresse le roi.
Pour l'apprendre, ma sœur, travaillez avec moi;
Car je ne doute pas qu'une amitié sincère

ACTE IV, SCÈNE III.

Contre sa trahison n'arme votre colère,
Que vous ne ressentiez tout ce que sent mon cœur

PHÈDRE.
Madame, vous savez....

ARIANE.
Je vous connois, ma sœur
Aussi c'est seulement en vous ouvrant mon âme
Que dans son désespoir je soulage ma flamme.
Que de projets trahis! Sans cet indigne abus,
J'arrêtois votre hymen avec Pirithoüs;
Et de mon amitié cette marque nouvelle
Vous doit faire encor plus haïr mon infidèle.
Sur le bruit qu'aura fait son changement d'amour,
Sachez adroitement ce qu'on dit à la cour;
Voyez Églé, Mégiste, et parlez d'Ariane.
Mais surtout prenez soin d'entretenir Cyane;
C'est elle qui d'abord a frappé mon esprit.
Vous savez que l'amour aisément se trahit :
Observez ses regards, son trouble, son silence.

PHÈDRE.
J'y prends trop d'intérêt pour manquer de prudence
Dans l'ardeur de venger tant de droits violés,
C'est donc cette rivale à qui vous en voulez?

ARIANE.
Pour porter sur l'ingrat un coup vraiment terrible,
Il faut frapper par là; c'est son endroit sensible.
Vous même, jugez-en. Elle me fait trahir;
Par elle je perds tout : la puis-je assez haïr?
Puis-je assez consentir à tout ce que la rage
M'offre de plus sanglant pour venger mon outrage?
Rien, après ce forfait, ne me doit retenir;
Ma sœur, il est de ceux qu'on ne peut trop punir.
Si Thésée, oubliant une amour ordinaire,
M'avoit manqué de foi dans la cour de mon père,
Quoi que pût le dépit en secret m'ordonner,
Cette infidélité seroit à pardonner.
« Ma rivale, dirois-je, a pu sans injustice
D'un cœur qui fut à moi chérir le sacrifice;
La douceur d'être aimée ayant touché le sien,
Elle a dû préférer son intérêt au mien. »
Mais étrangère ici, pour l'avoir osé croire,
J'ai sacrifié tout, jusqu'au soin de ma gloire;
Et pour ce qu'a quitté ma trop crédule foi,
Je n'avois que ce cœur que je croyois à moi.
Je le perds, on me l'ôte : il n'est rien que n'essaye
La fureur qui m'anime, afin qu'on me le paye.
J'en mettrai haut le prix, c'est à lui d'y penser.

PHÈDRE.
Ce revers est sensible, il faut le confesser :
Mais, quand vous connoîtrez celle qu'il vous préfère,
Pour venger votre amour que prétendez-vous faire?
ARIANE.
L'aller trouver, la voir, et de ma propre main
Lui mettre, lui plonger un poignard dans le sein.
Mais, pour mieux adoucir les peines que j'endure,
Je veux porter le coup aux yeux de mon parjure,
Et qu'en son cœur les miens pénètrent à loisir
Ce qu'aura de mortel son affreux déplaisir.
Alors ma passion trouvera de doux charmes
A jouir de ses pleurs comme il fait de mes larmes;
Alors il me dira si se voir lâchement
Arracher ce qu'on aime est un léger tourment.
PHÈDRE.
Mais, sans l'autoriser à vous être infidèle,
Cette rivale a pu le voir brûler pour elle;
Elle a peine à ses vœux peut-être à consentir.
ARIANE.
Point de pardon, ma sœur; il falloit m'avertir :
Son silence fait voir qu'elle a part au parjure.
Enfin il faut du sang pour laver mon injure.
De Thésée, il est vrai, je puis percer le cœur;
Mais, si je m'y résous, vous n'avez plus de sœur.
Vous aurez beau vouloir que mon bras se retienne;
Tout perfide qu'il est, ma mort suivra la sienne;
Et sur mon propre sang l'ardeur de nous unir
Me le fera venger aussitôt que punir.
Non, non; un sort trop doux suivroit sa perfidie,
Si mes ressentimens se bornoient à sa vie :
Portons, portons plus loin l'ardeur de l'accabler,
Et donnons, s'il se peut, aux ingrats à trembler.
Vous figurez-vous bien son désespoir extrême,
Quand, dégouttante encor du sang de ce qu'il aime,
Ma main, offerte au roi dans ce fatal instant,
Bravera jusqu'au bout la douleur qui l'attend?
C'est en vain de son cœur qu'il croit m'avoir chassée.
Je n'y suis pas peut-être encor toute effacée;
Et ce sera de quoi mieux combler son ennui,
Que de vivre à ses yeux pour un autre que lui.
PHÈDRE.
Mais pour aimer le roi vous sentez-vous dans l'âme....
ARIANE.
Et le moyen, ma sœur, qu'un autre objet m'enflamme?
Jamais, soit qu'on se trompe ou réussisse au choix,
Les fortes passions ne touchent qu'une fois :

Ainsi l'hymen du roi me tiendra lieu de peine.
Mais je dois à mon cœur cette cruelle gêne :
C'est lui qui m'a fait prendre un trop indigne amour :
Il m'a trahie; il faut le trahir à mon tour.
Oui, je le punirai de n'avoir pu connoître
Qu'en parlant pour Thésée il parloit pour un traître,
D'avoir.... Mais le voici. Contraignons-nous si bien,
Que de mon artifice il ne soupçonne rien.

SCÈNE IV. — ARIANE, THÉSÉE, PHÈDRE, NÉRINE

ARIANE.

Enfin à la raison mon courroux rend les armes.
De l'amour aisément on ne vainc pas les charmes.
Si c'étoit un effort qui dépendît de nous,
Je regretterois moins ce que je perds en vous.
Il vous force à changer; il faut que j'y consente.
Au moins c'est de vos soins une marque obligeante,
Que, par ces nouveaux feux ne pouvant être à moi,
Vous preniez intérêt à me donner au roi.
Son trône est un appui qui flatte ma disgrâce;
Mais ce n'est que par vous que j'y puis prendre place.
Si l'infidélité ne vous peut étonner,
J'en veux avoir l'exemple, et non pas le donner.
C'est peu qu'aux yeux de tous vous brûliez pour une autre
Tout ce que peut ma main, c'est d'imiter la vôtre,
Lorsque, par votre hymen m'ayant rendu ma foi,
Vous m'aurez mise en droit de disposer de moi.
Pour me faire jouir des biens qu'on me prépare,
C'est à vous de hâter le coup qui nous sépare;
Votre intérêt le veut encor plus que le mien.

THÉSÉE.

Madame, je n'ai pas....

ARIANE.

Ne me répliquez rien.
Si ma perte est un mal dont votre cœur soupire,
Vos remords trouveront le temps de me le dire;
Et cependant ma sœur, qui peut vous écouter,
Saura ce qu'il vous reste encore à consulter.

SCÈNE V. — PHÈDRE, THÉSÉE.

THÉSÉE.

Le ciel à mon amour seroit-il favorable
Jusqu'à rendre sitôt Ariane exorable?
Madame, quel bonheur qu'après tant de soupirs
Je pusse sans contrainte expliquer mes désirs,
Vous peindre en liberté ce que pour vous m'inspire

PHÈDRE.

Renfermez-le, de grâce, et craignez d'en trop dire
Vous voyez que j'observe, avant que vous parler,
Qu'aucun témoin ici ne se puisse couler.
　Un grand calme à vos yeux commence de paroître.
Tremblez, prince, tremblez; l'orage est près de naître.
Tout ce que vous pouvez vous figurer d'horreur
Des violens projets de l'amour en fureur
N'est qu'un foible crayon de la secrète rage
Qui possède Ariane et trouble son courage.
L'aveu qu'à votre hymen elle semble donner
Vers le piége tendu cherche à vous entraîner.
C'est par là qu'elle croit découvrir sa rivale;
Et, dans les vifs transports que sa vengeance étale,
Plus le sang nous unit, plus son ressentiment,
Quand je serai connue, aura d'emportement.
Rien ne m'en peut sauver, ma mort est assurée.
Tout à l'heure avec moi sa haine l'a jurée :
J'en ai reçu l'arrêt. Ainsi, le fort amour
Souvent sans le savoir mettant sa flamme au jour,
Mon sang doit s'apprêter à laver son outrage.
Vous l'avez voulu, prince; achevez votre ouvrage

THÉSÉE.

A quoi que son courroux puisse être disposé,
Il est pour s'en défendre un moyen bien aisé.
Ce calme qu'elle affecte afin de me surprendre
Ne me fait que trop voir ce que j'en dois attendre.
La foudre gronde, il faut vous mettre hors d'état
D'en ouïr la menace et d'en craindre l'éclat.
Fuyons d'ici, madame; et venez dans Athènes,
Par un heureux hymen, voir la fin de nos peines.
J'ai mon vaisseau tout prêt. Dès cette même nuit,
Nous pouvons de ces lieux disparoître sans bruit.
Quand même pour vos jours nous n'aurions rien à craindre
Assez d'autres raisons nous y doivent contraindre.
Ariane, forcée à renoncer à moi,
N'aura plus de prétexte à refuser le roi :
Pour son propre intérêt, il faut s'éloigner d'elle.

PHÈDRE.

Et qui me répondra que vous serez fidèle?

THÉSÉE.

Ma foi, que ni le temps, ni le ciel en courroux....

PHÈDRE.

Ma sœur l'avoit reçue en fuyant avec vous.

THÉSÉE.

L'emmener avec moi fut un coup nécessaire :
Il falloit la sauver de la fureur d'un père;

ACTE IV, SCÈNE V.

Et la reconnoissance eut part seule aux sermens
Par qui mon cœur du sien paya les sentimens :
Ce cœur violenté n'aimoit qu'avec étude.
Et, quand il entreroit un peu d'ingratitude
Dans ce manque de foi qui vous semble odieux,
Pourquoi me reprocher un crime de vos yeux?
L'habitude à les voir me fit de l'inconstance
Une nécessité dont rien ne me dispense;
Et si j'ai trop flatté cette crédule sœur,
Vous en êtes complice aussi bien que mon cœur.
Vous voyant auprès d'elle, et mon amour extrême
Ne pouvant avec vous s'expliquer par vous-même,
Ce que je lui disois d'engageant et de doux,
Vous ne saviez que trop qu'il s'adressoit à vous.
Je n'examinois point, en vous ouvrant mon âme,
Si c'étoit d'Ariane entretenir la flamme;
Je songeois seulement à vous marquer ma foi,
Je me faisois entendre, et c'étoit tout pour moi.

PHÈDRE.

Dieux! qu'elle en souffrira! que d'ennuis! que de larmes!
Je sens naître en mon cœur les plus rudes alarmes;
Il voit avec horreur ce qui doit arriver :
Cependant j'ai trop fait pour ne pas achever;
Ces foudroyans regards, ces accablans reproches,
Dont par son désespoir je vois les coups si proches,
Pour moi, pour une sœur, sont plus à redouter
Que cette triste mort qu'elle croit m'apprêter.
Elle a su votre amour, elle saura le reste.
De ses pleurs, de ses cris, fuyons l'éclat funeste;
Je vois bien qu'il le faut. Mais, las!...

THÉSÉE.
                       Vous soupirez?

PHEDRE.
Oui, prince, je veux trop ce que vous désirez.
Elle se fie à moi, cette sœur; elle m'aime;
C'est une ardeur sincère, une tendresse extrême;
Jamais son amitié ne me refusa rien;
Pour l'en récompenser je lui vole son bien,
Je l'expose aux rigueurs du sort le plus sévère,
Je la tue; et c'est vous qui me le faites faire!
Pourquoi vous ai-je aimé?

THÉSÉE.
                Vous en repentez-vous?

PHÈDRE.
Je ne sais. Pour mon cœur il n'est rien de plus doux :
Mais, vous le remarquez, ce cœur tremble, soupire;
Et perdant une sœur, si j'ose encor le dire,

Vous la laissez dans Naxe en proie à ses douleurs;
Votre légèreté me peut laisser ailleurs.
Qui voudra plaindre alors les ennuis de ma vie
Sur l'exemple éclatant d'Ariane trahie?
Je l'aurai bien voulu. Mais c'en est fait; partons.

THÉSÉE.

En vain....

PHÈDRE.

Le temps se perd quand nous en consultons
Si vous blâmez la crainte où ce soupçon me livre,
J'en répare l'outrage en m'offrant à vous suivre.
Puisqu'à ce grand effort ma flamme se résout,
Donnez l'ordre qu'il faut, je serai prête à tout.

ACTE CINQUIÈME.

SCÈNE I. — ARIANE, NÉRINE.

NÉRINE.

Un peu plus de pouvoir, madame, sur vous-même.
A quoi sert ce transport, ce désespoir extrême?
Vous avez, dans un trouble à nul autre pareil,
Prévenu ce matin le lever du soleil :
Dans le palais, errante, interdite, abattue,
Vous avez laissé voir la douleur qui vous tue :
Ce ne sont que soupirs, que larmes, que sanglots.

ARIANE.

On me trahit, Nérine; où trouver du repos?
Quoi! ce parfait amour dont mon âme ravie
Ne croyoit voir la fin qu'en celle de ma vie,
Ces feux, ces tendres feux pour moi trop allumés,
Dans le cœur d'un ingrat sont déjà consumés!
Thésée avec plaisir a pu les voir éteindre!
Ma mort n'est qu'un malheur qui ne vaut pas le craindre
Et ce parjure amant qui se rit de ma foi,
Quoiqu'il vive toujours, ne vivra plus pour moi!
Que fait Pirithoüs? viendra-t-il?

NÉRINE.

Oui, madame;
Je l'ai fait avertir.

ARIANE.

Quels combats dans mon âme!

NÉRINE.

Pirithoüs viendra; mais ce transport jaloux,
Qu'attend-il de sa vue? et que lui direz-vous?

ACTE V, SCÈNE I.

ARIANE.

Dans l'excès étonnant de mon cruel martyr,
Hélas! demandes-tu ce que je pourrai dire?
Dût ma douleur sans cesse avoir le même cours,
Se plaint-on trop souvent de ce qu'on sent toujours?
　Tu dis donc qu'hier au soir chacun avec murmure
Parloit diversement de ma triste aventure,
Que la jeune Cyane est celle que l'on croit
Que Thésée....

NÉRINE.

　　　　On la nomme à cause qu'il la voit :
Mais qu'en pouvoir juger? il voit Phèdre de même;
Et cependant, madame, est-ce Phèdre qu'il aime?

ARIANE.

Que n'a-t-il pu l'aimer! Phèdre l'auroit connu,
Et par là mon malheur eût été prévenu.
De sa flamme par elle aussitôt avertie,
Dans sa première ardeur je l'aurois amortie
Par où vaincre d'ailleurs les rebuts de ma sœur?

NÉRINE.

En vain il auroit cru pouvoir toucher son cœur;
Je le sais : mais enfin, quand un amant sait plaire,
Qui consent à l'ouïr peut aimer et se taire.

ARIANE.

Je soupçonnerois Phèdre, elle de qui les pleurs
Sembloient en s'embarquant présager nos malheurs!
Avant que la résoudre à seconder ma fuite,
A quoi, pour la gagner, ne fus-je pas réduite!
Combien de résistance et d'obstinés refus!

NÉRINE.

Vous n'avez rien, madame, à craindre là-dessus.
Je connois sa tendresse; elle est pour vous si forte,
Qu'elle mourroit plutôt....

ARIANE.

　　　　Je veux la voir, n'importe
Va, fais-lui promptement savoir que je l'attends;
Dis-lui que le sommeil l'arrête trop longtemps,
Que je sens ma douleur croître par son absence.
Qu'elle est heureuse, hélas! dans son indifférence!
Son repos n'est troublé d'aucun mortel souci.
Pirithoüs paroît, fais-la venir ici.

SCÈNE II. — ARIANE, PIRITHOÜS.

ARIANE.

Eh bien! puis-je accepter la main qui m'est offerte?
Le roi s'empresse-t-il à réparer ma perte?

Et, pour me laisser libre à payer son amour,
De l'hymen de Thésée a-t-on choisi le jour?
PIRITHOÜS.
Le roi sur ce projet entretint hier Thésée;
Mais il trouva son âme encor mal disposée.
Il est pour les ingrats de rigoureux instans;
Thésée en fit l'épreuve, et demanda du temps.
ARIANE.
Différer d'être heureux après son inconstance,
C'est montrer en aimant bien peu d'impatience;
Et ce nouvel objet dont son cœur est épris
Y doit pour son amour croire trop de mépris.
Pour moi, je l'avouerai, sa trahison me fâche;
Mais puisqu'en me quittant il lui plaît d'être lâche,
Si je dois être au roi, je voudrois que sa main
Eût pu déjà fixer mon destin incertain.
L'irrésolution m'embarrasse et me gêne.
PIRITHOÜS.
Si l'on m'avoit dit vrai, vous seriez hors de peine;
Mais, madame, je puis être mal averti.
ARIANE.
Et de quoi, prince?
PIRITHOÜS.
On dit que Thésée est parti.
Par là vous seriez libre.
ARIANE.
Ah! que viens-je d'entendre
Il est parti, dit-on?
PIRITHOÜS.
Ce bruit doit vous surprendre.
ARIANE.
Il est parti! Le ciel me trahiroit toujours!
Mais non; que deviendroient ses nouvelles amours?
Feroit-il cet outrage à l'objet qui l'enflamme?
L'abandonneroit-il?
PIRITHOÜS.
Je ne sais; mais, madame,
Un vaisseau cette nuit s'est échappé du port.
ARIANE.
Ce n'est pas lui, sans doute; on le soupçonne à tort.
Peut-il être parti sans que le roi le sache,
Sans que Pirithoüs, à qui rien ne se cache,
Sans qu'enfin.... Mais de quoi me voudrois-je étonner?
Que ne peut-il pas faire? Il m'ose abandonner,
Oublier un amour qui, toujours trop fidèle,
M'oblige encor pour lui...

SCÈNE III. — ARIANE, PIRITHOÜS, NÉRINE.

ARIANE, *à Nérine.*
                    Que fait ma sœur ? vient-elle ?
Avec quelle surprise elle va recevoir
La nouvelle d'un coup qui confond mon espoir,
D'un coup par qui ma haine à languir est forcée !
                    NÉRINE.
Madame, j'ai longtemps....
                    ARIANE.
                    Où l'as-tu donc laissée ?
Parle.
                    NÉRINE.
         De tous côtés j'ai couru vainement ;
On ne la trouve point dans son appartement.
                    ARIANE.
On ne la trouve point ! Quoi ! si matin ! Je tremble.
Tant de maux à mes yeux viennent s'offrir ensemble,
Que, stupide, égarée, en ce trouble importun,
De crainte d'en trop voir, je n'en regarde aucun.
N'as-tu rien ouï dire ?
                    NÉRINE.
              On parle de Thésée.
On veut que cette nuit, voyant la fuite aisée....
                    ARIANE.
O nuit ! ô trahison dont la double noirceur
Passe tout.... Mais pourquoi m'alarmer de ma sœur ?
Sa tendresse pour moi, l'intérêt de sa gloire,
Sa vertu, tout enfin me défend de rien croire.
Cependant contre moi quand tout prend son parti,
Elle ne paroît point, et Thésée est parti !
Qu'on la cherche ; c'est trop languir dans ce supplice ;
Je m'en sens accablée, il est temps qu'il finisse.
Quoique mon cœur rejette un doute injurieux,
Il a besoin, ce cœur, du secours de mes yeux.
La moindre inquiétude est trop tard apaisée.

SCÈNE IV. — ARIANE, PIRITHOÜS, ARCAS, NÉRINE.

ARCAS, *à Pirithoüs.*
Seigneur, je vous apporte un billet de Thésée.
                    ARIANE.
Donnez, je le verrai. Par qui l'a-t-on reçu ?
D'où l'a-t-on envoyé ? Qu'a-t-on fait ? Qu'a-t-on su ?
Il est parti, Nérine. Ah ! trop funeste marque !
                    ARCAS.
On vient de voir au port arriver une barque

C'est de là qu'est venu le billet que voici.
ARIANE.
Lisons. Mon amour tremble à se voir éclairci.
Thésée à Pirithoüs.
« Pardonnez une fuite où l'amour me condamne;
Je pars sans vous en avertir.
Phèdre du même amour n'a pu se garantir;
Elle fuit avec moi. Prenez soin d'Ariane. »
Prenez soin d'Ariane! il viole sa foi,
Me désespère et veut qu'on prenne soin de moi!
PIRITHOÜS.
Madame, en vos malheurs, qui font peine à comprendre
ARIANE.
Laissez-moi; je ne veux vous voir ni vous entendre.
C'est vous, Pirithoüs, dont le funeste abord,
Toujours fatal pour moi, précipite ma mort.
PIRITHOÜS.
J'ignore....
ARIANE.
Allez au roi porter cette nouvelle :
Nérine me demeure, il me suffira d'elle.
PIRITHOÜS.
D'un départ si secret le roi sera surpris.
ARIANE.
Sans son ordre, Thésée eût-il rien entrepris?
Son aveu l'autorise; et de ses injustices,
Le roi, vous et les dieux, vous êtes tous complices.

SCÈNE V. — ARIANE, NÉRINE.

ARIANE.
Ah! Nérine!
NÉRINE.
Madame, après ce que je vois,
Je l'avoue, il n'est plus ni d'honneur ni de foi :
Sur les plus saints devoirs l'injustice l'emporte
Que de chagrins!
ARIANE.
Tu vois, ma douleur est si forte,
Que, succombant aux maux qu'on me fait découvrir,
Je demeure insensible à force de souffrir.
Enfin d'un fol espoir je suis désabusée;
Pour moi, pour mon amour, il n'est plus de Thésée.
Le temps au repentir auroit pu le forcer;
Mais c'en est fait, Nérine, il n'y faut plus penser.
Hélas! qui l'auroit cru, quand son injuste flamme
Par l'ennui de le perdre accabloit tant mon âme

Qu'en ce terrible excès de peine et de douleurs
Je ne connusse encor que mes moindres malheurs?
Une rivale au moins pour soulager ma peine
M'offroit en la perdant de quoi plaire à ma haine;
Je promettois son sang à mes bouillans transports.
Mais je trouve à briser les liens les plus forts;
Et, quand dans une sœur, après ce noir outrage,
Je découvre en tremblant la cause de ma rage,
Ma rivale et mon traître, aidés de mon erreur,
Triomphent par leur fuite, et bravent ma fureur!
Nérine, entres-tu bien, lorsque le ciel m'accable,
Dans tout ce qu'a mon sort d'affreux, d'épouvantable?
La rivale sur qui tombe cette fureur,
C'est Phèdre, cette Phèdre à qui j'ouvrois mon cœur!
Quand je lui faisois voir ma peine sans égale,
Quand j'en marquois l'horreur, c'étoit à ma rivale!
La perfide, abusant de ma tendre amitié,
Montroit de ma disgrâce une fausse pitié!
Et, jouissant des maux que j'aimois à lui peindre,
Elle en étoit la cause, et feignoit de me plaindre!
C'est là mon désespoir. Pour avoir trop parlé,
Je perds ce que déjà je tenois immolé.
Je l'ai portée à fuir, et, par mon imprudence,
Moi-même je me suis dérobé ma vengeance.
Dérobé ma vengeance! A quoi pensé-je? Ah dieux!
L'ingrate! On la verroit triompher à mes yeux!
C'est trop de patience en de si rudes peines.
Allons, partons, Nérine, et volons vers Athènes;
Mettons un prompt obstacle à ce qu'on lui promet
Elle n'est pas encore où son espoir la met.
Sa mort, sa seule mort, mais une mort cruelle....

NÉRINE.

Calmez cette douleur : où vous emporte-t-elle?
Madame, songez-vous que tous ces vains projets
Par l'éclat de vos cris s'entendent au palais?

ARIANE.

Qu'importe que partout mes plaintes soient ouïes?
On connoît, on a vu des amantes trahies,
A d'autres quelquefois on a manqué de foi :
Mais, Nérine, jamais il n'en fut comme moi.
Par cette tendre ardeur dont j'ai chéri Thésée,
Avois-je mérité de m'en voir méprisée?
De tout ce que j'ai fait considère le fruit.
Quand je fuis pour lui seul, c'est moi seule qu'il fuit.
Pour lui seul je dédaigne une couronne offerte :
En séduisant ma sœur, il conspire ma perte.
De ma foi chaque jour ce sont gages nouveaux

Je le comble de biens, il m'accable de maux;
Et par une rigueur jusqu'au bout poursuivie,
Quand j'empêche sa mort, il m'arrache la vie.
Après l'indigne éclat d'un procédé si noir,
Je ne m'étonne plus qu'il craigne de me voir :
La honte qu'il en a lui fait fuir ma rencontre.
Mais enfin à mes yeux il faudra qu'il se montre :
Nous verrons s'il tiendra contre ce qu'il me doit;
Mes larmes parleront : c'en est fait s'il les voit.
Ne les contraignons plus, et par cette foiblesse
De son cœur étonné surprenons la tendresse.
Ayant à mon amour immolé ma raison,
La peur d'en faire trop seroit hors de saison.
Plus d'égard à ma gloire; approuvée ou blâmée,
J'aurai tout fait pour moi, si je demeure aimée....
Mais à quel lâche espoir mon trouble me réduit!
Si j'aime encor Thésée, oublié-je qu'il fuit?
Peut-être en ce moment aux pieds de ma rivale
Il rit des vains projets où mon cœur se ravale.
Tous deux peut-être.... Ah! ciel, Nérine, empêche-moi
D'ouïr ce que j'entends, de voir ce que je voi.
Leur triomphe me tue, et toute possédée
De cette assassinante et trop funeste idée,
Quelques bras que contre eux ma haine puisse unir,
Je souffre plus encor qu'elle ne peut punir.

SCÈNE VI. — ŒNARUS, ARIANE, PIRITHOÜS, NÉRINE, ARCAS.

ŒNARUS.

Je ne viens point, madame, opposer à vos plaintes
De faux raisonnemens ou d'injustes contraintes;
Je viens vous protester que tout ce qu'en ma cour....

ARIANE.

Je sais ce que je dois, seigneur, à votre amour;
Je connois même à quoi ma parole m'engage :
Mais....

ŒNARUS.

A vos déplaisirs épargnons cette image.
Vous répondriez mal d'un cœur....

ARIANE.

Comment, hélas!
Répondrois-je de moi? Je ne me connois pas.

ŒNARUS.

Si du secours du temps ma foi favorisée
Peut mériter qu'un jour vous oubliiez Thésée.

ARIANE.
Si j'oublierai Thésée? Ah dieux ! mon lâche cœur
Nourriroit pour Thésée une honteuse ardeur !
Thésée encor sur moi garderoit quelque empire !
Je dois haïr Thésée, et voudrois m'en dédire !
Oui, Thésée à jamais sentira mon courroux;
Et si c'est pour vos vœux quelque chose de doux,
Je jure par les dieux, par ces dieux qui peut-être
S'uniront avec moi pour me venger d'un traître,
Que j'oublierai Thésée, et que, pour m'émouvoir,
Remords, larmes, soupirs, manqueront de pouvoir.

PIRITHOÜS.
Madame, si j'osois....

ARIANE.
Non, parjure Thésée,
Ne crois pas que jamais je puisse être apaisée;
Ton amour y feroit des efforts superflus.
Le plus grand de mes maux est de ne t'aimer plus.
Mais après ton forfait, te noire perfidie,
Pourvu qu'à te gêner le remords s'étudie,
Qu'il te livre sans cesse à de secrets bourreaux,
C'est peu pour m'étonner que le plus grand des maux
J'ai trop gémi, j'ai trop pleuré tes injustices;
Tu m'as bravée: il faut qu'à ton tour tu gémisses.
Mais quelle est mon erreur ! Dieu ! je menace en l'air.
L'ingrat se donne ailleurs quand je crois lui parler.
Il goûte la douceur de ses nouvelles chaînes.
Si vous m'aimez, seigneur, suivons-le dans Athènes.
Avant que ma rivale y puisse triompher,
Partons; portons-y plus que la flamme et le fer.
Que par vous la perfide entre mes mains livrée
Puisse voir ma fureur de son sang enivrée.
Par ce terrible éclat signalez ce grand jour,
Et méritez ma main en vengeant mon amour.

ŒNARUS.
Consultons-en le temps, madame, et s'il faut faire....

ARIANE.
Le temps! Mon désespoir souffre-t-il qu'on diffère?
Puisque tout m'abandonne, il est pour mon secours
Une plus sûre voie, et des moyens plus courts.
(*Elle se jette sur l'épée de Pirithoüs.*)
Tu m'arrêtes, cruel !

NÉRINE.
Que faites-vous, madame?

ARIANE, *à Nérine.*
Soutiens-moi; je succombe aux transports de mon âme.

Si dans mes déplaisirs tu veux me secourir,
Ajoute à ma foiblesse, et me laisse mourir.
                    ŒNARUS.
Elle semble pâmer. Qu'on la secoure vite.
Sa douleur est un mal qu'un prompt remède irrite ;
Et c'en seroit sans doute accroître les efforts,
Qu'opposer quelque obstacle à ses premiers transports.

LE FESTIN DE PIERRE.

COMÉDIE.

1677.

AVIS.

Cette pièce, dont les comédiens donnent tous les ans plusieurs représentations, est la même que feu M. de Molière fit jouer en prose peu de temps avant sa mort[1]. Quelques personnes qui ont tout pouvoir sur moi m'ayant engagé à la mettre en vers, je me réservai la liberté d'adoucir certaines expressions qui avoient blessé les scrupuleux. J'ai suivi la prose assez exactement dans tout le reste, à l'exception des scènes du troisième et du cinquième acte, où j'ai fait parler des femmes. Ce sont scènes ajoutées à cet excellent original, et dont les défauts ne doivent point être imputés au célèbre auteur sous le nom duquel cette comédie est toujours représentée.

PERSONNAGES.

DON LOUIS, père de don Juan.
DON JUAN.
ELVIRE, ayant épousé don Juan.
DON CARLOS, frère d'Elvire.
ALONZE, ami de don Carlos.
THÉRÈSE, tante de Léonor.
LÉONOR, demoiselle de campagne.
PASCALE, nourrice de Léonor.
CHARLOTTE, paysanne.
MATHURINE, autre paysanne.
PIERROT, paysan.
M. DIMANCHE, marchand.
LA RAMÉE, valet de chambre de don Juan.
GUSMAN, domestique d'Elvire.
SGANARELLE, valet de don Juan.
LA VIOLETTE, laquais.
LA STATUE DU COMMANDEUR.

ACTE PREMIER.

SCÈNE I. — SGANARELLE, GUSMAN.

SGANARELLE, *prenant du tabac, et en offrant à Gusman.*
Quoi qu'en dise Aristote, et sa digne cabale,
Le tabac est divin, il n'est rien qui l'égale;

---

[1]. Molière fit jouer sa pièce en 1665. Il mourut en 1673.

Et par les fainéans, pour fuir l'oisiveté,
Jamais amusement ne fut mieux inventé.
Ne sauroit-on que dire, on prend la tabatière;
Soudain à gauche, à droit, par devant, par derrière,
Gens de toutes façons, connus, et non connus,
Pour y demander part sont les très-bienvenus.
Mais c'est peu qu'à donner instruisant la jeunesse
Le tabac l'accoutume à faire ainsi largesse,
C'est dans la médecine un remède nouveau;
Il purge, réjouit, conforte le cerveau,
De toute noire humeur promptement le délivre;
Et qui vit sans tabac n'est pas digne de vivre.
O tabac! ô tabac! mes plus chères amours!...
Mais reprenons un peu notre premier discours.
   Si bien, mon cher Gusman, qu'Elvire ta maîtresse
Pour don Juan mon maître a pris tant de tendresse
Qu'apprenant son départ, l'excès de son ennui
L'a fait mettre en campagne et courir après lui.
Le soin de le chercher est obligeant, sans doute;
C'est aimer fortement : mais tout voyage coûte,
Et j'ai peur, s'il te faut expliquer mon souci,
Qu'on l'indemnise mal des frais de celui-ci.

                    GUSMAN.

Et la raison encor? Dis-moi, je te conjure,
D'où te vient une peur de si mauvais augure?
Ton maître là-dessus t'a-t-il ouvert son cœur?
T'a-t-il fait remarquer pour nous quelque froideur
Qui d'un départ si prompt....

                    SGANARELLE.

                           Je n'en sais point les causes
Mais, Gusman, à peu près je vois le train des choses
Et sans que don Juan m'ait rien dit de cela,
Tout franc, je gagerois que l'affaire va là.
Je pourrois me tromper, mais j'ai peine à le croire.

                    GUSMAN.

Quoi! ton maître feroit cette tache à sa gloire?
Il trahiroit Elvire, et d'un crime si bas....

                    SGANARELLE.

Il est trop jeune encore; il n'oseroit!

                    GUSMAN.

                                  Hélas!
Ni d'un si lâche tour l'infamie éternelle,
Ni de sa qualité....

                    SGANARELLE.

               La raison en est belle!
Sa qualité! C'est là ce qui l'arrêteroit!

ACTE I, SCÈNE I.

GUSMAN.

Tant de vœux....

SGANARELLE.

Rien pour lui n'est trop chaud ni trop froid.
Vœux, sermens, sans scrupule il met tout en usage.

GUSMAN.

Mais ne songe-t-il pas à l'hymen qui l'engage?
Croit-il le pouvoir rompre?

SGANARELLE.

Eh! mon pauvre Gusman,
Tu ne sais pas encor quel homme est don Juan.

GUSMAN.

S'il est ce que tu dis, le moyen de connoître
De tous les scélérats le plus grand, le plus traître?
Le moyen de penser qu'après tant de sermens,
Tant de transports d'amour, d'ardeur, d'empressemens,
De protestations des plus passionnées,
De larmes, de soupirs, d'assurances données,
Il ait réduit Elvire à sortir du couvent,
A venir l'épouser; et tout cela, du vent?

SGANARELLE.

Il s'embarrasse peu de pareilles affaires,
Ce sont des tours d'esprit qui lui sont ordinaires;
Et si tu connoissois le pèlerin, crois-moi,
Tu ferois peu de fond sur le don de sa foi.
Ce n'est pas que je sache avec pleine assurance
Que déjà pour Elvire il soit ce que je pense :
Pour un dessein secret en ces lieux appelé,
Depuis son arrivée il ne m'a point parlé.
Mais, par précaution, je puis ici te dire
Qu'il n'est devoirs si saints dont il ne s'ose rire;
Que c'est un endurci dans la fange plongé,
Un chien, un hérétique, un Turc, un enragé;
Qu'il n'a ni foi ni loi; que tout ce qui le tente....

GUSMAN.

Quoi! le ciel ni l'enfer n'ont rien qui l'épouvante?

SGANARELLE.

Bon! parlez-lui du ciel, il répond d'un souris;
Parlez-lui de l'enfer, il met le diable au pis;
Et, parce qu'il est jeune, il croit qu'il est en âge
Où la vertu sied moins que le libertinage.
Remontrance, reproche, autant de temps perdu.
Il cherche avec ardeur ce qu'il voit défendu;
Et, ne refusant rien à madame Nature,
Il est ce qu'on appelle un pourceau d'Épicure.
Ainsi ne me dis point sur sa légèreté
Qu'Elvire par l'hymen se trouve en sûreté.

C'est peu par bon contrat qu'il en ait fait sa femme ;
Pour en venir à bout, et contenter sa flamme,
Avec elle, au besoin, par ce même contrat,
Il auroit épousé toi, son chien et son chat.
C'est un piége qu'il tend partout à chaque belle.
Paysanne, bourgeoise, et dame, et demoiselle,
Tout le charme; et d'abord, pour leur donner leçon,
Un mariage fait lui semble une chanson.
Toujours objets nouveaux, toujours nouvelles flammes ;
Et si je te disois combien il a de femmes,
Tu serois convaincu que ce n'est point en vain
Qu'on le croit l'épouseur de tout le genre humain.

GUSMAN.

Quel abominable homme !

SGANARELLE.

Et plus qu'abominable.
Il se moque de tout, ne craint ni dieu ni diable ;
Et je ne doute point, comme il est sans retour,
Qu'il ne soit par la foudre écrasé quelque jour.
Il le mérite bien; et s'il te faut tout dire,
Depuis qu'en le servant je souffre le martyre,
J'en ai vu tant d'horreurs, que j'avoue aujourd'hui
Qu'il vaudroit mieux cent fois être au diable qu'à lui.

GUSMAN.

Que ne le quittes-tu?

SGANARELLE.

Le quitter! comment faire?
Un grand seigneur méchant est une étrange affaire.
Vois-tu, si j'avois fui, j'aurois beau me cacher,
Jusque dans l'enfer même il viendroit me chercher.
La crainte me retient; et, ce qui me désole,
C'est qu'il faut avec lui faire souvent l'idole,
Louer ce qu'on déteste, et, de peur du bâton,
Approuver ce qu'il fait, et chanter sur son ton.
Je crois dans ce palais le voir qui se promène :
C'est lui. Prends garde, au moins....

GUSMAN.

Ne t'en mets point en peine

SGANARELLE.

Je t'ai conté sa vie un peu légèrement;
C'est à toi là-dessus de te taire; autrement....

GUSMAN, *s'en allant.*

Ne crains rien.

SCÈNE II. — D. JUAN, SGANARELLE.

D. JUAN.

Avec qui parlois-tu? pourroit-ce être
Le bonhomme Gusman? J'ai cru le reconnoître

SGANARELLE.

ous avez fort bien cru; c'étoit lui-même.

D. JUAN.

Il vient
Demander quelle affaire en ces lieux nous retient?

SGANARELLE.

Il est un peu surpris de ce que, sans rien dire,
Vous avez pu sitôt abandonner Elvire.

D. JUAN.

Que lui fais-tu penser d'un départ si prompt?

SGANARELLE.

Moi?
Rien du tout; ce n'est point mon affaire.

D. JUAN.

Mais toi,
Qu'en penses-tu?

SGANARELLE.

Je crois, sans trop juger en bête,
Que vous avez encor quelque amourette en tête.

D. JUAN.

Tu le crois?

SGANARELLE.

Oui.

D. JUAN.

Ma foi! tu crois juste; et mon cœur
Pour un objet nouveau sent la plus forte ardeur.

SGANARELLE.

Eh, mon Dieu! j'entrevois d'abord ce qui s'y passe
Votre cœur n'aime point à demeurer en place;
Et, sans lui faire tort sur la fidélité,
C'est le plus grand coureur qui jamais ait été.
Tout est de votre goût; brune ou blonde, n'importe

D. JUAN.

Et n'ai-je pas raison d'en user de la sorte?

SGANARELLE.

Eh! monsieur....

D. JUAN.

Quoi?

SCANARELLE.

Sans doute, il est aisé de voir
Que vous avez raison, si vous voulez l'avoir;
Mais si, comme on n'est pas bon juge dans sa cause.
Vous ne le vouliez pas, ce seroit autre chose.

D. JUAN.

Eh bien, je te permets de parler librement.

SGANARELLE.

En ce cas, je vous dis très-sérieusement
Qu'on trouve fort vilain qu'allant de belle en belle
Vous fassiez vanité partout d'être infidèle.

D. JUAN.

Quoi! si d'un bel objet je suis d'abord touché,
Tu veux que pour toujours j'y demeure attaché;
Qu'un éternel amour de ma foi lui réponde,
Et me laisse sans yeux pour le reste du monde!
Le rare et doux plaisir qui se trouve en aimant,
S'il faut s'ensevelir dans un attachement,
Renoncer pour lui seul à toute autre tendresse,
Et vouloir sottement mourir dès sa jeunesse!
Va, crois-moi, la constance étoit bonne jadis,
Où les leçons d'aimer venoient des Amadis;
Mais à présent on suit des lois plus naturelles;
On aime sans façon tout ce qu'on voit de belles;
Et l'amour qu'en nos cœurs la première a produit
N'ôte rien aux appas de celle qui la suit.
Pour moi, qui ne saurois faire l'inexorable,
Je me donne partout où je trouve l'aimable;
Et tout ce qu'une belle a sur moi de pouvoir
Ne me rend point ailleurs incapable de voir.
Sans me vouloir piquer du nom d'amant fidèle,
J'ai des yeux pour une autre aussi bien que pour elle;
Et, dès qu'un beau visage a demandé mon cœur,
Je ne puis me résoudre à l'armer de rigueur.
Ravi de voir qu'il cède à la douce contrainte
Qui d'abord laisse en lui toute autre flamme éteinte,
Je l'abandonne aux traits dont il aime les coups,
Et si j'en avois cent, je les donnerois tous.

SGANARELLE.

Vous êtes libéral.

D. JUAN.

Que de douceurs charmantes
Font goûter aux amans les passions naissantes!
Si pour chaque beauté je m'enflamme aisément,
Le vrai plaisir d'aimer est dans le changement:
Il consiste à pouvoir, par d'empressés hommages,
Forcer d'un jeune cœur les scrupuleux ombrages,
A désarmer sa crainte, à voir, de jour en jour,
Par cent petits progrès avancer notre amour;
A vaincre doucement la pudeur innocente
Qu'oppose à nos désirs une âme chancelante,
Et la réduire enfin, à force de parler,

ACTE I, SCÈNE II.

A se laisser conduire où nous voulons aller.
Mais, quand on a vaincu, la passion expire,
Ne souhaitant plus rien, on n'a plus rien à dire;
A l'amour satisfait tout son charme est ôté;
Et nous nous endormons dans sa tranquillité,
Si quelque objet nouveau, par sa conquête à faire,
Ne réveille en nos cœurs l'ambition de plaire.
Enfin, j'aime en amour les exploits différens,
Et j'ai sur ce sujet l'ardeur des conquérans,
Qui, sans cesse courant de victoire en victoire,
Ne peuvent se résoudre à voir borner leur gloire
De mes vastes désirs le vol précipité
Par cent objets vaincus ne peut être arrêté :
Je sens mon cœur plus loin capable de s'étendre;
Et je souhaiterois, comme fit Alexandre,
Qu'il fût un autre monde encore à découvrir,
Où je pusse en amour chercher à conquérir.

SGANARELLE.

Comme vous débitez! ma foi, je vous admire!
Votre langue....

D. JUAN.

Qu'as-tu là-dessus à me dire?

SGANARELLE.

A vous dire, moi? J'ai.... Mais, que dirois-je? Rien,
Car, quoi que vous disiez, vous le tournez si bien,
Que, sans avoir raison, il semble, à vous entendre,
Qu'on soit, quand vous parlez, obligé de se rendre.
J'avois, pour disputer, des raisons dans l'esprit....
Je veux une autre fois les mettre par écrit :
Avec vous, sans cela, je n'aurois qu'à me taire;
Vous me brouilleriez tout.

D. JUAN.

Tu ne saurois mieux faire.

SGANARELLE.

Mais, monsieur, par hasard, me seroit-il permis
De vous dire qu'à moi, comme à tous vos amis,
Votre genre de vie un tant soit peu fait peine?

D. JUAN.

Le fat! Et quelle vie est-ce donc que je mène?

SGANARELLE.

Fort bonne assurément; mais enfin.... quelquefois...
Par exemple, vous voir marier tous les mois!

D. JUAN.

Est-il rien de plus doux, rien qui soit plus capable...

SGANARELLE.

Il est vrai, je conçois cela fort agréable;
Et c'est, si sans péché j'en avois le pouvoir,

Un divertissement que je voudrois avoir;
Mais sans aucun respect pour les plus saints mystères..
D. JUAN.
Ne t'embarrasse point, ce sont là mes affaires.
SGANARELLE.
On doit craindre le ciel, et jamais libertin
N'a fait encor, dit-on, qu'une méchante fin.
D. JUAN.
Je hais la remontrance, et, quand on s'y hasarde...
SGANARELLE.
Oh! ce n'est pas à vous que j'en fais; Dieu m'en garde!
J'aurois tort de vouloir vous donner des leçons :
Si vous vous égarez, vous avez vos raisons ;
Et quand vous faites mal, comme c'est l'ordinaire,
Du moins vous savez bien qu'il vous plaît de le faire.
Bon cela : mais il est certains impertinens,
Adroits, de fort esprit, hardis, entreprenans,
Qui, sans savoir pourquoi, traitent de ridicules
Les plus justes motifs des plus sages scrupules,
Et qui font vanité de ne trembler de rien,
Par l'entêtement seul que cela leur sied bien.
Si j'avois, par malheur, un tel maître : « Ame crasse,
Lui dirois-je tout net, le regardant en face,
Osez-vous bien ainsi braver à tous momens
Ce que l'enfer pour vous amasse de tourmens?
Un rien, un myrmidon, un petit ver de terre,
Au ciel impunément croit déclarer la guerre!
Allez, malheur cent fois à qui vous applaudit!
C'est bien à vous (je parle au maître que j'ai dit)
A vouloir vous railler des choses les plus saintes,
A secouer le joug des plus louables craintes!
Pour avoir de grands biens et de la qualité,
Une perruque blonde, être propre, ajusté,
Tout en couleur de feu, pensez-vous.... (prenez garde,
Ce n'est pas vous, au moins, que tout ceci regarde)
Pensez-vous en avoir plus de droit d'éclater
Contre les vérités dont vous osez douter?
De moi, votre valet, apprenez, je vous prie,
Qu'en vain les libertins de tout font raillerie,
Que le ciel tôt ou tard, pour leur punition.... »
D. JUAN.
Paix!
SGANARELLE.
Çà, voyons : de quoi seroit-il question?
D. JUAN.
De te dire en deux mots qu'une flamme nouvelle
Ici, sans t'en parler, m'a fait suivre une belle.

ACTE I, SCÈNE II.

SGANARELLE.
Et n'y craignez-vous rien pour ce commandeur mort?
D. JUAN.
Je l'ai si bien tué! chacun le sait.
SGANARELLE.
D'accord,
On ne peut rien de mieux; et, s'il osoit s'en plaindre,
Il auroit tort: mais....
D. JUAN.
Quoi?
SGANARELLE.
Ses parens sont à craindre.
D. JUAN.
Laissons là tes frayeurs, et songeons seulement
A ce qui me peut faire un destin tout charmant.
Celle qui me réduit à soupirer pour elle
Est une fiancée aimable, jeune, belle,
Et conduite en ces lieux, où j'ai suivi ses pas,
Par l'heureux à qui sont destinés tant d'appas.
Je la vis par hasard, et j'eus cet avantage
Dans le temps qu'ils songeoient à faire leur voyage.
Il faut te l'avouer; jamais jusqu'à ce jour
Je n'ai vu deux amans se montrer tant d'amour.
De leurs cœurs trop unis la tendresse visible,
Me frappant tout à coup, rendit le mien sensible;
Et, les voyant céder aux transports les plus doux,
Si je devins amant, je fus amant jaloux.
Oui, je ne pus souffrir, sans un dépit extrême,
Qu'ils s'aimassent autant que l'un et l'autre s'aime.
Ce bizarre chagrin alluma mes désirs:
Je me fis un plaisir de troubler leurs plaisirs,
De rompre adroitement l'étroite intelligence
Dont mon cœur délicat se faisoit une offense.
N'ayant pu réussir, plus amoureux toujours,
C'est au dernier remède, enfin, que j'ai recours
Cet époux prétendu, dont le bonheur me blesse,
Doit aujourd'hui sur mer régaler sa maîtresse;
Sans t'en avoir rien dit, j'ai dans mes intérêts
Quelques gens qu'au besoin nous trouverons tout prêts,
Ils auront une barque où la belle enlevée
Rendra de mon amour la victoire achevée.
SGANARELLE.
Ah! monsieur!
D. JUAN.
Hé?
SGANARELLE.
C'est là le prendre comme il faut:
Vous faites bien.

D. JUAN.
L'amour n'est pas un grand défaut.
SGANARELLE.
Sottise! il n'est rien tel que de se satisfaire.
(*A part.*)
La méchante âme!
D. JUAN.
Allons songer à cette affaire :
Voici l'heure à peu près où ceux.... Mais qu'est-ce-ci?
Tu ne m'avois pas dit qu'Elvire étoit ici!
SGANARELLE.
Savois-je que sitôt vous la verriez paroître!

SCÈNE III. — ELVIRE, D. JUAN, SGANARELLE, GUSMAN.

ELVIRE.
Don Juan voudra-t-il encor me reconnoître?
Et puis-je me flatter que le soin que j'ai pris....
D. JUAN.
Madame, à dire vrai, j'en suis un peu surpris;
Rien ne devoit ici presser votre voyage.
ELVIRE.
J'y viens faire, sans doute, un méchant personnage;
Et, par ce froid accueil, je commence de voir
L'erreur où m'avoit mise un trop crédule espoir.
J'admire ma foiblesse, et l'imprudence extrême
Qui m'a fait consentir à me tromper moi-même,
A démentir mes yeux sur une trahison
Où mon cœur refusoit de croire ma raison.
Oui, pour vous, contre moi, ma tendresse séduite,
Quoi qu'on pût m'opposer, excusoit votre fuite :
Cent soupçons, qui devoient alarmer mon amour,
Avoient beau contre vous me parler chaque jour,
A vous justifier toujours trop favorable,
J'en rejetois la voix qui vous rendoit coupable;
Et je ne regardois, dans ce trouble odieux,
Que ce qui vous peignoit innocent à mes yeux.
Mais un accueil si froid et si plein de surprise
M'apprend trop ce qu'il faut que pour vous je me dise,
Je n'ai plus à douter qu'un honteux repentir
Ne vous ait, sans rien dire, obligé de partir.
J'en veux pourtant, j'en veux, dans mon malheur extrême,
Entendre les raisons de votre bouche même.
Parlez donc, et sachons par où j'ai mérité
Ce qu'ose contre moi votre infidélité.
D. JUAN.
Si mon éloignement m'a fait croire infidèle,

ACTE I, SCÈNE III.

J'ai mes raisons, madame; et voilà Sganarelle
Qui vous dira pourquoi....

SGANARELLE.

Je le dirai? Fort bien!

D. JUAN.

Il sait....

SGANARELLE.

Moi? s'il vous plaît, monsieur, je ne sais rien.

ELVIRE.

Eh bien, qu'il parle; il faut souffrir tout pour vous plaire.

D. JUAN.

Allons, parle à madame; il ne faut point se taire.

SGANARELLE.

Vous vous moquez, monsieur.

ELVIRE, *à Sganarelle.*

Puisqu'on le veut ainsi,
Approchez, et voyons ce mystère éclairci.
Quoi! tous deux interdits! Est-ce là pour confondre....

D. JUAN.

Tu ne répondras pas?

SGANARELLE.

Je n'ai rien à répondre.

D. JUAN.

Veux-tu parler? te dis-je.

SGANARELLE.

Eh bien, allons tout doux.
Madame....

ELVIRE.

Quoi?

SGANARELLE, *à D. Juan.*

Monsieur....

D. JUAN.

Redoute mon courroux.

SGANARELLE.

Madame, un autre monde, avec quelque autre chose,
Comme les conquérans, Alexandre est la cause
Qui nous a fait en hâte, et sans vous dire adieu,
Décamper l'un et l'autre, et venir en ce lieu.
Voilà pour vous, monsieur, tout ce que je puis faire.

ELVIRE.

Vous plaît-il, don Juan, m'éclaircir ce mystère?

D. JUAN.

Madame, à dire vrai, pour ne pas abuser....

ELVIRE.

Ah! que vous savez peu l'art de vous déguiser!
Pour un homme de cour, qui doit, avec étude,
De feindre, de tromper, avoir pris l'habitude,
Demeurer interdit, c'est mal faire valoir

La noble effronterie où je vous devrois voir.
Que ne me jurez-vous que vous êtes le même,
Que vous m'aimez toujours autant que je vous aime;
Et que la seule mort, dégageant votre foi,
Rompra l'attachement que vous avez pour moi ?
Que ne me dites-vous qu'une affaire importante
A causé le départ dont j'ai pris l'épouvante;
Que, si de son secret j'ai lieu de m'offenser,
Vous avez craint les pleurs qu'il m'auroit fait verser;
Qu'ici d'un long séjour ne pouvant vous défendre,
Je n'ai qu'à vous quitter, et vous aller attendre;
Que vous me rejoindrez avec l'empressement
Qu'a pour ce qu'il adore un véritable amant;
Et qu'éloigné de moi l'ardeur qui vous enflamme
Vous rend ce qu'est un corps séparé de son âme?
Voilà par où du moins vous me feriez douter
D'un oubli que mes feux devroient peu redouter.

D. JUAN.

Madame, puisqu'il faut parler avec franchise,
Apprenez ce qu'en vain mon trouble vous déguise
Je ne vous dirai point que mes empressemens
Vous conservent toujours les mêmes sentimens,
Et que, loin de vos yeux, ma juste impatience
Pour le plus grand des maux me fait compter l'absence :
Si j'ai pu me résoudre à fuir, à vous quitter,
Je n'ai pris ce dessein que pour vous éviter.
Non que mon cœur encor, trop touché de vos charmes,
N'ait le même penchant à vous rendre les armes,
Mais un pressant scrupule, à qui j'ai dû céder,
M'ouvrant les yeux de l'âme, a su m'intimider,
Et fait voir qu'avec vous, quelque amour qui m'engage
Je ne puis, sans péché, demeurer davantage.
J'ai fait réflexion que, pour vous épouser,
Moi-même trop longtemps j'ai voulu m'abuser;
Que je vous ai forcée à faire au ciel l'injure
De rompre en ma faveur une sainte clôture
Où par des vœux sacrés vous aviez entrepris
De garder pour le monde un éternel mépris.
Sur ces réflexions, un repentir sincère
M'a fait appréhender la céleste colère :
J'ai cru que votre hymen, trop mal autorise,
N'étoit pour tous les deux qu'un crime déguisé;
Et que je ne pouvois en éviter les peines
Qu'en tâchant de vous rendre à vos premières chaînes.
N'en doutez point : voilà, quoique avec mille ennuis,
Et pourquoi je m'éloigne, et pourquoi je vous fuis.
Par un frivole amour voudriez-vous, madame.

ACTE I, SCÈNE III.

Combattre le remords qui déchire mon âme,
Et qu'en vous retenant j'attirasse sur nous
Du ciel toujours vengeur l'implacable courroux?

ELVIRE.

Ah! scélérat, ton cœur, aussi lâche que traître,
Commence tout entier à se faire connoître;
Et ce qui me confond dans tout ce que j'attends,
Je le connois enfin, lorsqu'il n'en est plus temps.
Mais sache, à me tromper quand ce cœur s'étudie,
Que ta perte suivra ta noire perfidie;
Et que ce même ciel, dont tu t'oses railler,
A me venger de toi voudra bien travailler.

SGANARELLE, *bas*.

Se peut-il qu'il résiste, et que rien ne l'étonne?
   (*Haut.*)
Monsieur....

D. JUAN.

De fausseté je vois qu'on me soupçonne;
Mais, madame....

ELVIRE.

Il suffit; je t'ai trop écouté;
En ouïr davantage est une lâcheté :
Et, quoi qu'on ait à dire, il faut qu'on se surmonte,
Pour ne se faire pas trop expliquer sa honte.
Ne te figure point qu'en reproches en l'air
Mon courroux contre toi veuille ici s'exhaler;
Tout ce qu'il peut avoir d'ardeur, de violence,
Se réserve à mieux faire éclater ma vengeance.
Je te le dis encor, le ciel, armé pour moi,
Punira tôt ou tard ton manquement de foi;
Et si tu ne crains point sa justice blessée,
Crains du moins la fureur d'une femme offensée.
   (*Elle sort, et D. Juan la regarde partir.*)

SGANARELLE.

Il ne dit mot, il rêve, et les yeux sur les siens....
Hélas! si le remords le pouvoit prendre!

D. JUAN.

Viens;
Il est temps d'achever l'amoureuse entreprise
Qui me livre l'objet dont mon âme est éprise.
Suis-moi.

SGANARELLE, *à part*.

Le détestable! A quel maître maudit,
Malgré moi, si longtemps, mon malheur m'asservit!

ACTE SECOND.

SCÈNE I. — CHARLOTTE, PIERROT.

CHARLOTTE.
Notre-dinse, Piarrot, pour les tirer de peine
Tu t'es là rencontré bian à point.
PIERROT.
Oh! marguienne!
Sans nous, c'en étoit fait.
CHARLOTTE.
Je le crois bian.
PIERROT.
Vois-tu?
Il ne s'en falloit pas l'époisseur d'un fétu,
Tous deux de se nayer eussiont fait la sottise.
CHARLOTTE.
C'est don l'vent d'à matin....
PIERROT.
Aga, quien, sans feintise,
Je te vas tout fin drait conter par le menu
Comme, en n'y pensant pas, le hasard est venu.
Il aviont bian besoin d'un œil comme le nôtre,
Qui les vît de tout loin; car c'est moi, com's'dit l'autre,
Qui les ai le premier avisés. Tanquia don,
Sur le bord de la mar bian leu prend que j'équion,
Où de tarre Gros-Jean me jetoit une motte,
Tout en batifolant; car, com'tu sais, Charlotte,
Pour v'nir batifoler Gros-Jean ne charche qu'où;
Et moi, par fouas aussi, je batifole itou.
En batifolant don, j'ai fait l'apercevance
D'un grouillement su gliau, sans voir la différence
De c'qui pouvoit grouiller : ça grouilloit à tous coups,
Et, grouillant par secousse, alloit comme envars nous.
J'étas embarrassé; c' n'étoit point stratagème,
Et tout comm' je te vois, je voyas ça de même,
Aussi fixiblement; et pis tout d'un coup, quien,
Je voyas qu'après ça je ne voyas plus rien.
« Hé, Gros-Jean, c'ai-je fait, stanpendant que je somme
A niaiser parmi nous, je pens' que v'là de zomme
Qui nagiant tout là-bas. — Bon, c' m'a-t-i fait, vrament,
T'auras de queuque chat vu le trépassement;
T'as la veu' trouble. — Oh bien, ç'ai-je fait, t'as biau dire,
Je n'ai point la veu' trouble, et c' n'est point jeu pour rire.
C'est là de zomme. — Point, c' m'a-t-i fait, c' n'en est pas;
Piarrot, t'as la barlue. — Oh! j'ai c' que tu voudras,

ACTE II, SCÈNE I.

Ç'ai-je fait; mais gageons que j' n'ai point la barlue,
Et qu' ça qu'en voit là-bas, c'ai-je fait, qui remue,
C'est de zomme, vois-tu, qui nageont vars ici.
— Gag' que non, c' m'a-t-i fait. — Oh! margué, gag' que si.
Dix sous. — Oh! c' m'a-t-i fait, je le veux bian, marguienne;
Quien, mets argent su jeu, v'là le mien. » Palsanguienne,
Je n'ai fait là-dessus l'étourdi, ni le fou,
J'ai bravement bouté par tarre mé dix sou,
Quatre pièce tapée, et le restant en double :
« Jarnigué, je varron si j'avon la veu' trouble, »
Ç'ai-je fait, les boutant.... plus hardiment enfin
Que si j'eusse avalé queuque varre de vin;
Car j' sis hasardeux, moi : qu'en me mette en boutade,
Je vas, sans tant d'raisons, tout à la débandade.
Je savas bian pourtant c' que j' faisas d'en par là :
Queuque niais! Enfin don, j' non pas putôt mis, v'là
Que j' voyons tout à plain com' deu zomme à la nage
Nous faision signe; et moi, sans rien dir' davantage,
De prendre le zenjeux. « Allon, Gros-Jean, allon,
Ç'ai-je fait, vois-tu pas comme i nous zappelon?
I s'y vont nayer. — Tant mieux, c' m'a-t-i fait, je m'en gausse,
I m'ant fait pardre. » Adon, le tirant pa lé chausse,
J' l'ai si bian sarmoné, qu'à la parfin vars eux
J'avon dans une barque avironné tou deux;
Et pis, cahin caha, j'on tant fait que je somme
Venus tout contre; et pis j' les avons tirés, comme
Ils avions quasi bu déjà pu que de jeu.
Et pis j' le zon cheu nous menés auprès du feu,
Où je l' zon vus tou nus sécher leu zoupelande;
Et pis il en est v'nu deux autres de leu bande,
Qui s'équian, vois-tu bian, sauvés tous seuls; et pis
Mathurine est venue à voir leu biau zabits;
Et pis i liont conté qu'al n'étoit pas tant sotte,
Qu'al avoit du malin dans l'œil; et pis, Charlotte,
V'là tout com' ça s'est fait pour te l' dire en un mot.

CHARLOTTE.

Et ne m' disois-tu pas qu' glien avoit un, Piarrot,
Qu'étoit bian pu mieux fait que tretous?

PIERROT.

C'est le maître,
Queuque bian gros monsieur, dé pu gros qui puisse être;
Car i n'a que du dor par ilà, par ici;
Et ceux qui le sarvont sont des monsieus aussi.
Stanpendant, si je n'eûme été là, palsanguienne,
Il en tenoit.

CHARLOTTE.

Ardez un peu.

PIERROT.
                  Jamais, marguienne,
Tout gros monsieu qu'il est, il n'en fût revenu
               CHARLOTTE.
Et cheu toi, dis, Piarrot, est-il encor tout nu?
               PIERROT.
Nannain : tou devant nou, qui le regardion faire,
I l'avon rhabillé. Monguieu, combian d'affaire!
J' n'avois vu s'habiller jamais de courtisans,
Ni leu zangingorniaux : je me perdrois dedans.
Pour lé zy faire entré, comme n'en lé balotte!
J'étas tout ébobi de voir ça. Quien, Charlotte,
Quand i sont zhabillés y vous zan tout à point
De grands cheveux touffus, mais qui ne tenont point
A leu tête, et pis v'là tout d'un coup qui l'y passe,
I boutont ça tout comme un bonnet de filasse.
Leu chemise, qu'à voir j'étas tout étourdi,
Ant dé manche, où tou deux j'entrerions tout brandi.
En de glieu d'haut-de-chausse ils ant sartaine histoire
Qui ne leu vient que là. J'auras bian de quoi boire,
Si j'avas tout l'argent dé lisets de dessu.
Glien a tant, glien a tant, qu'an n'en sauroit voir pu.
I n'ant jusqu'au collet, qui n' va point en darrière,
Et qui leu pen devant, bâti d'une manière
Que je n' te l' saurois dire, et si j' l'ai vu de près;
Il ant au bout dé bras d'autres petits collets,
Aveu dé passemens faits de dentale blanche,
Qui, veniant par le bout, faison le tour dé manche.
               CHARLOTTE.
I faut que j'aille voir, Piarrot.
               PIERROT.
                         Oh! si te plaît,
J'ai queuq' chose à te dire.
               CHARLOTTE.
                         Eh bien, dis, quesque c'est?
               PIERROT.
Vois-tu, Charlotte i faut qu'aveu toi, com' s' dit l'autre,
Je débonde mon cœur, il iroit trop du nôtre,
Quand je somme pour être à nou deux tou de bon,
Si je n' me plaignas pas.
               CHARLOTTE.
                         Quement? Quesqu'iglia don?
               PIERROT.
Iglia que franchement tu me chagraignes l'âme.
               CHARLOTTE.
Et d'où vient?

ACTE II, SCÈNE I.

PIERROT.

Tatigué, tu dois être ma femme,
Et tu ne m'aimes pas.

CHARLOTTE.

Ah! ah! n'est-ce que ça?

PIERROT.

Non, c' n'est qu' ça; stanpendant c'est bian assez. Vian çà.

CHARLOTTE.

Monguieu! toujou, Piarrot, tu m' dis la même chose.

PIERROT.

Si j' te la dis toujou, c'est toi qu'en es la cause;
Et si tu me faisois queuquefouas autrement,
J' te diras autre chose.

CHARLOTTE.

Appren-moi donc quement
Tu voudrois que j' te fisse.

PIERROT.

Oh! je veux que tu m'aime.

CHARLOTTE.

Esque je n' t'aime pas?

PIERROT.

Non, tu fais tou de même
Que si j' n'avion point fait no zacordaille; et si
J'nai rien à me r'procher là-dessus, Dieu marci.
Das qu'i passe un marcier, tout aussitôt j' t'ajette
Lé pu jolis lacets qui soient dans sa banette;
Pour t'aller dénicher dé marle, j' ne sai zou,
Tou les jours je m'azarde à me rompre le cou;
Je fais jouer pour toi lé vielleu zà ta fête :
Et tout ça, contre un mur c'est me cogné la tête;
J' n'y gagne rien. Vois-tu? ça n'est ni biau ni bon
De n' vouloir pas aimer les gens qui nou zamon.

CHARLOTTE.

Monguieu! je t'aime aussi; de quoi te mettre en peine?

PIERROT.

Oui, tu m'aimes; mais c'est d'une belle déguaine!

CHARLOTTE.

Qu'es don qu' tu veux qu'en fasse?

PIERROT.

Oh! Je veux que tout haut,
L'en fasse ce qu'en fait pour aimer comme i faut.

CHARLOTTE.

J' t'aime aussi comme i faut; pourquoi don qu' tu t'étonne?

PIERROT.

Non, ça s' voit quand il est; et toujou zau parsonne,
Quand c'est tout d' bon qu'on aime, en leu fait en passant
Mil' p'tite singerie. Hé! sis-je un innocent?
Margué, j' ne veux que voir com' la grosse Thomasse

Fait au jeune Robain; al n' tien jamais en place,
Tant al' n'est assotée; et dès qu'al' l' voit passer,
Al' n'attend point qu'i vienne, al' s'en court l'agacer,
Li jett' son chapiau bas, et toujou, sans reproche,
Li fait exprès queuqu' niche, ou baille une taloche :
Et darnairment encor que su zun escabiau
Il regardoit danser, al' s'en fut bian et biau
Li tirer de dessous, et l' mit à la renvarse.
Jarni, v'là c' qu' c'est qu'aimer; mais, margué, l'en me barce
Quand dret comme un piquet j' voi que tu viens t' parcher,
Tu n' me dis jamais mot; et j'ai biau t'entincher,
En glieu de m' faire présent d'un' bonne égratignure,
De m' bailler queuque coup, ou d' voir par avanture
Si j' sis point chatouilleux, tu te grattes les doigts;
Et t'es là toujou comme un' vrai souche de bois.
T'est trop fraide, vois-tu; ventreguél ça me choque.

CHARLOTTE.

C'est mon imeur, Piarrot; que veux-tu?

PIERROT.

Tu te moque.
Quand l'en aime les gens, l'en en baille toujou
Queuqu' petit' signifiance.

CHARLOTTE.

Oh! cherche donc par où.
S' tu penses qu'à t'aimer queuque autre soit pu prompte,
Va l'aimer, j' te l'accorde.

PIERROT.

Hé bian, v'là pas mon compte!
Tatigué, s' tu m'aimois, m' dirois-tu ça?

CHARLOTTE.

Pourquoi
M' viens-tu tarabuster toujou l'esprit?

PIERROT.

Dis-moi,
Queu mal t' fais-je à vouloir que tu m' fasses paroître
Un peu pu d'amiquié?

CHARLOTTE.

Va, ça m' viendra peut-être
Ne me presse point tant, et laisse faire.

PIERROT.

Hé bian,
Touche don là, Charlotte, et d' bon cœur.

CHARLOTTE.

Hé bian quia!

PIERROT.

Promets qu' tu tâchera zà m'aimer davantage.

CHARLOTTE.

Est-ce là ce monsieu?

PIERROT.
Oui, le v'là.
CHARLOTTE.
Queu dommage
Qu'il eût été nayé! Qu'il est genti!
PIERROT.
Je vas
Boire chopeine : agieu, je ne tarderai pas.

SCÈNE II. — D. JUAN, SGANARELLE, CHARLOTTE.

D. JUAN.
Il n'y faut plus penser, c'en est fait, Sganarelle;
La force entre mes bras alloit mettre la belle,
Lorsque ce coup de vent difficile à prévoir,
Renversant notre barque, a trompé mon espoir.
Si par là de mon feu l'espérance est frivole,
L'aimable paysanne aisément m'en console;
Et c'est une conquête assez pleine d'appas,
Qui dans l'occasion ne m'échappera pas.
Déjà par cent douceurs j'ai jeté dans son âme
Des dispositions à bien traiter ma flamme :
On se plaît à m'entendre, et je puis espérer
Qu'ici je n'aurai pas longtemps à soupirer.

SGANARELLE.
Ah! monsieur, je frémis à vous entendre dire.
Quoi! des bras de la mort quand le ciel nous retire,
Au lieu de mériter, par quelque amendement,
Les bontés qu'il répand sur nous incessamment;
Au lieu de renoncer aux folles amourettes,
Qui déjà tant de fois.... Paix, coquin que vous êtes :
Monsieur sait ce qu'il fait; et vous ne savez, vous,
Ce que vous dites.

D. JUAN.
Ah! que vois-je auprès de nous?
SGANARELLE.
Qu'est-ce?
D. JUAN.
Tourne les yeux, Sganarelle, et condamne
La surprise où me met cette autre paysanne.
D'où sort-elle? peut-on rien voir de plus charmant?
Celle-ci vaut bien l'autre et mieux.
SGANARELLE.
Assurément.
D. JUAN.
Il faut que je lui parle.
SGANARELLE.
Autre pièce nouvelle.

D. JUAN.

L'agréable rencontre! Et d'où me vient, la belle,
L'inespéré bonheur de trouver en ces lieux,
Sous cet habit rustique, un chef-d'œuvre des cieux?

CHARLOTTE.

Hé! monsieu....

D. JUAN.

Il n'est point un plus joli visage.

CHARLOTTE.

Monsieu....

D. JUAN.

Demeurez-vous, ma belle, en ce village?

CHARLOTTE.

Oui, monsieu.

D. JUAN.

Votre nom?

CHARLOTTE.

Charlotte, à vous servir,
Si j'en étois capable.

D. JUAN.

Ah! je me sens ravir.
Qu'elle est belle, et qu'au cœur sa vue est dangereuse!
Pour moi...

CHARLOTTE.

Vous me rendez, monsieur, toute honteuse.

D. JUAN.

Honteuse d'ouïr dire ici vos vérités?
Sganarelle, as-tu vu jamais tant de beautés?
Tournez-vous, s'il vous plaît. Que sa taille est mignonne
Haussez un peu la tête. Ah! l'aimable personne!
Cette bouche, ces yeux!... Ouvrez-les tout à fait.
Qu'ils sont beaux! Et vos dents? Il n'est rien si parfait
Ces lèvres ont surtout un vermeil que j'admire.
J'en suis charmé.

CHARLOTTE.

Monsieu, cela vous plaît à dire :
Et je ne sais si c'est pour vous railler de moi.

D. JUAN.

Me railler de vous? Non, j'ai trop de bonne foi.
Regarde cette main plus blanche que l'ivoire,
Sganarelle; peut-on....

CHARLOTTE

Fi, monsieu, al est noire
Tout comme je n' sais quoi.

D. JUAN.

Laissez-la-moi baiser.

CHARLOTTE.

C'est trop d'honneur pour moi; j' nos'rois vous refuser.

ACTE II, SCÈNE II.

Mais si j'eus' su tout ça devant votre arrivée,
Exprès aveu du son je m' la serois lavée.
D. JUAN.
Vous n'êtes point encor mariée?
CHARLOTTE.
Oh! non pas,
Mais je dois bientôt l'être au fils du grand Lucas :
Il se nomme Piarrot. C'est ma tante Phlipotte
Qui nous fait marier.
D. JUAN.
Quoi! vous, belle Charlotte,
D'un simple paysan être la femme? Non :
Il vous faut autre chose; et je crois tout de bon
Que le ciel m'a conduit exprès dans ce village
Pour rompre cet injuste et honteux mariage :
Car enfin je vous aime; et malgré les jaloux,
Pourvu que je vous plaise il ne tiendra qu'à vous
Qu'on ne trouve moyen de vous faire paroître
Dans l'éclat des honneurs où vous méritez d'être.
Cet amour est bien prompt, je l'avouerai; mais, quoi,
Vos beautés tout d'un coup ont triomphé de moi;
Et je vous aime autant, Charlotte, en un quart d'heure,
Qu'on aimeroit une autre en six mois.
CHARLOTTE.
Oui?
D. JUAN.
Je meure.
S'il est rien de plus vrai !
CHARLOTTE.
Monsieu, je voudrois bien
Que ça fût tout comm' ça; car vous ne m' dites rien
Qui ne m' fasse assé zaise, et j'aurois bian envie
De n' vous mécroire point : mais j'ai toute ma vie
Entendu dire à ceux qui savon bian c' que c'est,
Qui n'est point de monsieu, qui ne soit toujou prêt
A tromper queuque fille, à moins qu'al' n'y regarde.
D. JUAN.
Suis-je de ces gens-là? Non, Charlotte.
SGANARELLE.
Il n'a garde.
D. JUAN.
Le temps vous fera voir comme j'en veux user.
CHARLOTTE.
Aussi je n' voudrois pas me laisser abuser,
Voyez-vou : si j' sis pauvre, et native au village,
J'ai d' l'honneur tout autant qu'on en ait à mon âge :
Et pour tout l'or du monde on n' me pourroit tenter,
Si j' pensois qu'en m'aimant l'en me l' voulût ôter.

D. JUAN.

Je voudrois vous l'ôter, moi? ce soupçon m'offense.
Croyez que pour cela j'ai trop de conscience;
Et que, si vos appas m'ont su d'abord charmer,
Ce n'est qu'en tout honneur que je vous veux aimer.
Pour vous le faire voir, apprenez que dans l'âme
J'ai formé le dessein de vous faire ma femme :
J'en donne ma parole; et pour vous, au besoin,
L'homme que vous voyez en sera le témoin.

CHARLOTTE.

Vous m' vouriez épouser, moi?

D. JUAN.

Cela vous étonne?
Demandez au témoin que mon amour vous donne :
Il me connoît.

SGANARELLE.

Très-fort. Ne craignez rien : allez,
Il vous épousera cent fois, si vous voulez;
J'en réponds.

D. JUAN.

Eh bien donc, pour le prix de ma flamme,
Ne consentez-vous pas à devenir ma femme?

CHARLOTTE.

I faudroit à ma tante en dire un petit mot,
Pour qu'al' en fût contente : al' aime bian Piarrot.

D. JUAN.

Je dirai ce qu'il faut, et m'en rendrai le maître.
Touchez là seulement, pour me faire connoître
Que de votre côté vous voulez bien de moi.

CHARLOTTE.

J' n'en veux que trop; mais vous?

D. JUAN.

Je vous donne ma foi;
Et deux petits baisers vont vous servir de gage....

CHARLOTTE.

O! monsieur, attendez qu' j'ons fait le mariage;
Après ça, voyez-vous, je vous baiserai tant
Que vous n'erez qu'à dire.

D. JUAN.

Ah! me voilà content.
Tout ce que vous voulez, je le veux pour vous plaire;
Donnez-moi seulement votre main.

CHARLOTTE.

Pourquoi faire?

D. JUAN.

Il faut que cent baisers vous marquent l'intérêt....

SCÈNE III. — D. JUAN, CHARLOTTE, PIERROT, SGANARELLE.

PIERROT.
Tout doucement, monsieu, tenez-vous si vous plaît;
Vous pourriez, v's échauffant, gagner la purésie.

D. JUAN.
D'où cet impertinent nous vient-il?

PIERROT.
Oh! jarnie!
J'vous dis qu'ou vous tegniais, et qu'i n'est pas besoin
Qu'ou vegniais courtisé nos femmes de si loin.

D. JUAN, *le poussant.*
Ah! que de bruit!

PIERROT.
Marguél je n' nou zémouvon guère
Pour cé pousseu de gens!

CHARLOTTE.
Piarrot, laisse-le faire.

PIERROT.
Quement! que j' le laiss' faire? Et je ne l' veux pas, moi.

D. JUAN.
Ah!

PIERROT.
Parc' qu'il est monsieu, i s'en viendra, je croi,
Caresser à not' barbe ici nos zaccordées!
Pargué! j'en sis d'avis, que j' vous l' zayon gardées!
Allez-v' s' en caresser lé vôtres.

D. JUAN, *lui donnant plusieurs soufflets.*
Hé!

PIERROT.
Hé! margué,
N' vous avisé pas trop de m' frapper: jarnigué!
Ventregué! tatigué! voyez un peu la chance
D' venir battre les gens! c' n'est pas la récompense
D' vous être allé tantôt sauvé d'être nayé!
J' vous devions laisser boire. Il est bien employé!

CHARLOTTE.
Va, ne te fâche point, Piarrot.

PIERROT.
Oh! palsanguienne!
I m' plaît de me fâcher, et t'es une vilaine
D'endurer qu'en t' cajole.

CHARLOTTE.
Il me veut épouser,
Et tu n' te devrois pas si fort colériser.
C' n'est pas c' qu' tu penses, da.

PIERROT.
Jarni, tu m'es promise.
CHARLOTTE.
Ça n'y fait rian, Piarrot, tu n' m'as pas encor prise.
S' tu m'aimes comme i faut, s'ras-tu pas tout joyeux
De m' voir madame ?
PIERROT.
Non, j'aimerois cent fois mieux
Te voir crever, qu' non pas qu'un autre t'eût. Marguenne....
CHARLOTTE.
Laiss'-moi que je la sois, et n' te mets point en peine :
Je te ferai cheux nous apporter des œufs frais,
Du beurre....
PIERROT.
Palsangué ! je gnien port'rai jamais,
Quand tu m'en f'rois payer deux fois autant. Acoute :
C'est donc com' ça qu' tu fais ? si j'en eusse eu qu'euq' doute,
Je m' s'ras bian empêché de le tirer de gliau,
Et j' gli aurois baillé putôt un chinfreniau
D'un bon coup d'aviron sur la tête.
D. JUAN.
Hé ?
PIERROT, *s'éloignant.*
Personne
N' me fait peur.
D. JUAN.
Attendez, j'aime assez qu'on raisonne !
PIERROT, *s'éloignant toujours.*
Je m' gobarg' de tout, moi.
D. JUAN.
Voyons un peu cela.
PIERROT.
''en avon bien vu d'autre.
D. JUAN.
Ouais !
SGANARELLE.
Monsieur, laissez là
Ce pauvre diable : à quoi peut servir de le battre ?
Vous voyez bien qu'il est obstiné comme quatre.
Va, mon pauvre garçon, va-t'en, retire-toi,
Et ne lui dis plus rien.
PIERROT.
Et j' li veux dire, moi.
D. JUAN, *donnant un soufflet à Sganarelle, croyant
le donner à Pierrot qui se baisse.*
Ah ! je vous apprendrai....
SGANARELLE.
Peste soit du maroufle !

ACTE II, SCÈNE III.

D. JUAN.

Voilà ta charité.

PIERROT.

Je m' ris d' queuqu' vent qui souffle,
Et j' m'en vas à ta tante en lâcher quatre mots;
Laisse faire.

(*Il s'en va.*)

D. JUAN.

A la fin il nous laisse en repos,
Et je puis à la joie abandonner mon âme.
Que de ravissemens quand vous serez ma femme!
Sera-t-il un bonheur égal au mien?

SGANARELLE, *voyant Mathurine.*

Ah! ah!

Voici l'autre.

SCÈNE IV. — D. JUAN, CHARLOTTE, MATHURINE, SGANARELLE.

MATHURINE.

Monsieu, qu'es' don q'ou faites là?
Es' q'ou parlez d'amour à Charlotte?

D. JUAN, *à Mathurine.*

Au contraire;
C'est qu'elle m'aime; et moi, comme je suis sincère,
Je lui dis que déjà vous possédez mon cœur.

CHARLOTTE.

Qu'es' don que vous veut là Mathurine?

D. JUAN, *à Charlotte.*

Elle a peur
Que je ne vous épouse; et je viens de lui dire
Que je vous l'ai promis.

MATHURINE.

Quoi! Charlotte, es' pour rire?

D. JUAN, *à Mathurine.*

Tout ce que vous direz ne servira de rien!
Elle me veut aimer.

CHARLOTTE.

Mathurine, est-il bien
D'empêcher que monsieu....

D. JUAN, *à Charlotte.*

Vous voyez qu'elle enrage.

MATHURINE.

Oh! je n'empêche rien, il m'a déjà...

D. JUAN, *à Charlotte.*

Je gage
Qu'elle vous soutiendra qu'elle a reçu ma foi.

CHARLOTTE.

Je n' pensois pas....

D. JUAN, *à Mathurine.*
Gageons qu'elle dira de moi
Que j'aurai fait serment de la prendre pour femme.
MATHURINE.
Vous v'nez un peu trop tard.
CHARLOTTE.
Vous le dites.
MATHURINE.
Tredame!
Pourquoi me disputer?
CHARLOTTE.
Pisqu' monsieu me veut bien.
MATHURINE.
C'est moi qu'i veut putôt.
CHARLOTTE.
Oh! pourtant j' n'en crois rien
MATHURINE.
I m'a vu la première, et m' l'a dit : qu'i réponde.
CHARLOTTE.
Si v's a vu la première, i m'a vu la seconde,
Et m' veut épouser.
MATHURINE.
Bon!...
D. JUAN, *à Mathurine.*
Hé, que vous ai-je dit?
MATHURINE.
C'est moi qu'il épous'ra. Voyez le bel esprit.
D. JUAN, *à Charlotte.*
N'ai-je pas deviné? La folle! je l'admire.
CHARLOTTE.
Si j' n'avons pas raison, le v'là qu'est pour le dire :
I sait notre querelle.
MATHURINE.
Oui, puisqu'i sait c' qu'en est,
Qu'i nous juge.
CHARLOTTE.
Monsieu, jugé-nous, s'i vous plaît :
Laqueule est parmi nous....
MATHURINE.
Gageons q' c'est moi qu'il aime
Vou zallez voir...
CHARLOTTE.
Tant mieux : vou zallez voir vou-même.
MATHURINE.
Dites.
CHARLOTTE.
Parlez.
D. JUAN.
Comment! est-ce pour vous moquer?

Quel besoin avez-vous de me faire expliquer ?
A l'une de vous deux j'ai promis mariage ;
J'en demeure d'accord : en faut-il davantage ?
Et chacune de vous, dans un débat si prompt,
Ne sait-elle pas bien comme les choses vont ?
Celle à qui je me suis engagé doit peu craindre
Ce que, pour l'étonner, l'autre s'obstine à feindre ;
Et tous ces vains propos ne sont qu'à mépriser,
Pourvu que je sois prêt toujours à l'épouser.
Qui va de bonne foi hait les discours frivoles ;
J'ai promis des effets, laissons là les paroles.
C'est par eux que je songe à vous mettre d'accord ;
Et l'on saura bientôt qui de vous deux a tort,
Puisqu'en me mariant je dois faire connoître
Pour laquelle l'amour dans mon cœur a su naître.
   (*A Mathurine.*)
Laissez-la se flatter, je n'adore que vous.
   (*A Charlotte.*)
Ne la détrompez point, je serai votre époux.
   (*A Mathurine.*)
Il n'est charmes si vifs que n'effacent les vôtres.
   (*A Charlotte.*)
Quand on a vu vos yeux, on n'en peut souffrir d'autres.
Une affaire me presse, et je cours l'achever ;
Adieu : dans un moment je viens vous retrouver.

CHARLOTTE.

C'est moi qui li plaît mieux, au moins.

MATHURINE.

Pourtant je pense
Que je l'épouseron.

SGANARELLE.

Je plains votre innocence,
Pauvres jeunes brebis, qui pour trop croire un fou
Vous-mêmes vous jetez dans la gueule du loup !
Croyez-moi toutes deux, ne soyez pas si promptes
A vous laisser ainsi duper par de beaux contes.
Songez à vos oisons, c'est le plus assuré.

D. JUAN, *revenant.*

D'où vient que Sganarelle est ici demeuré ?

SGANARELLE.

Mon maître n'est qu'un fourbe, et tout ce qu'il débite
Fadaise ; il ne promet que pour aller plus vite.
Parlant de mariage, il cherche à vous tromper.
Il en épouse autant qu'il en peut attraper :
   (*Il aperçoit D. Juan qui l'écoute.*)
Et.... Cela n'est pas vrai ; si l'on vient vous le dire,
Répondez hardiment qu'on se plaît à médire ;

Que mon maître n'est fourbe en aucune action,
Qu'il n'épouse jamais qu'à bonne intention,
Qu'il n'abuse personne, et que s'il dit qu'il aime....
Ah! tenez, le voilà; sachez-le de lui-même.

D. JUAN, *à Sganarelle.*

Oui!

SGANARELLE.

Le monde est si plein, monsieur, de médisans,
Que, comme on parle mal surtout des courtisans,
Je leur faisois entendre à toutes deux, pour cause,
Que, si quelqu'un de vous leur disoit quelque chose,
Il falloit n'en rien croire; et que de suborneur....

D. JUAN.

Sganarelle!...

SGANARELLE.

Oui, mon maître est un homme d'honneur,
Je le garantis tel.

D. JUAN.

Hom!

SGANARELLE.

Ce seront des bêtes,
Ceux qui tiendront de lui des discours malhonnêtes.

SCÈNE V. — D. JUAN, LA RAMÉE, CHARLOTTE,
MATHURINE, SGANARELLE.

LA RAMÉE.

Je viens vous avertir, monsieur, qu'ici pour vous
Il ne fait pas fort bon.

SGANARELLE.

Ah! monsieur, sauvons-nous.

D. JUAN.

Qu'est-ce?

LA RAMÉE.

Dans un moment doivent ici descendre
Douze hommes à cheval commandés pour vous prendre;
Ils ont dépeint vos traits à ceux qui me l'ont dit.
Songez à vous.

SGANARELLE.

Pourquoi s'aller perdre à crédit?
Tirons-nous promptement, monsieur.

D. JUAN.

Adieu, les belles;
Celle que j'aime aura demain de mes nouvelles.

MATHURINE, *s'en allant.*

C'est à moi qu'i promet, Charlotte.

CHARLOTTE, *s'en allant.*

Oh! c'est à moi.

D. JUAN.
Il faut céder : la force est une étrange loi.
Viens; pour ne risquer rien, usons de stratagème;
Tu prendras mes habits.
SGANARELLE.
Moi, monsieur?
D. JUAN.
Oui, toi-même
SGANARELLE.
Monsieur, vous vous moquez. Comment sous vos habits
M'aller faire tuer!
D. JUAN.
Tu mets la chose au pis.
Mais, dis-mois, lâche, dis, quand cela devroit être,
N'est-on pas glorieux de mourir pour son maître?
SGANARELLE.
(*A part.*)
Serviteur à la gloire.... O ciel! fais qu'aujourd'hui
Sganarelle, en fuyant, ne soit pas pris pour lui!

ACTE TROISIÈME.

SCÈNE I. — D. JUAN, SGANARELLE, *habillé en médecin.*

SGANARELLE.
Avouez qu'au besoin j'ai l'imaginative
Aussi prompte d'aller que personne qui vive.
Votre premier dessein n'étoit point à propos.
Sous ce déguisement j'ai l'esprit en repos.
Après tout, ces habits nous cachent l'un et l'autre
Beaucoup mieux qu'on n'eût pu me cacher sous le vôtre;
J'en regardois le risque avec quelque souci.
Tout franc, il me choquoit.
D. JUAN.
Te voilà bien ainsi.
Où diable as-tu donc pris ce grotesque équipage?
SGANARELLE.
Il vient d'un médecin qui l'avoit mis en gage :
Quoique vieux, j'ai donné de l'argent pour l'avoir.
Mais, monsieur, savez-vous quel en est le pouvoir?
Il me fait saluer des gens que je rencontre,
Et passer pour docteur partout où je me montre :
Ainsi qu'un habile homme on me vient consulter
D. JUAN.
Comment donc?

SGANARELLE.
Mon savoir va bientôt éclater.
Déjà six paysans, autant de paysannes,
Accoutumés sans doute à parler à des ânes,
M'ont sur différens maux demandé mon avis.

D. JUAN.
Et qu'as-tu répondu?

SGANARELLE.
Moi?

D. JUAN.
Tu t'es trouvé pris?

SGANARELLE.
Pas trop. Sans m'étonner, de l'habit que je porte
J'ai soutenu l'honneur, et raisonné de sorte
Que, sur mon ordonnance, aucun d'eux n'a douté
Qu'il n'eût entre les mains un trésor de santé.

D. JUAN.
Et comment as-tu pu bâtir tes ordonnances?

SGANARELLE.
Ma foi! j'ai ramassé beaucoup d'impertinences,
Mêlé casse, opium, rhubarbe, *et cætera*,
Tout par drachme : et le mal aille comme il pourra,
Que m'importe?

D. JUAN.
Fort bien. Ce que tu viens de dire
Me réjouit.

SGANARELLE.
Et si, pour vous faire mieux rire,
Par hasard (car enfin quelquefois que sait-on?)
Mes malades venoient à guérir?

D. JUAN.
Pourquoi non?
Les autres médecins, que les sages méprisent,
Dupent-ils moins que toi dans tout ce qu'ils nous disent?
Et, pour quelques grands mots que nous n'entendons pas,
Ont-ils aux guérisons plus de part que tu n'as?
Crois-moi, tu peux comme eux, quoi qu'on s'en persuade.
Profiter, s'il avient, du bonheur du malade,
Et voir attribuer au seul pouvoir de l'art
Ce qu'avec la nature aura fait le hasard.

SGANARELLE.
Oh! jusqu'où vous poussez votre humeur libertine!
Je ne vous croyois pas impie en médecine

D. JUAN.
Il n'est point parmi nous d'erreur plus grande

SGANARELLE.
Quoi!
Pour un art tout divin vous n'avez point de foi!

La casse, le séné, ni le vin émétique....

D. JUAN.

La peste soit le fou!

SGANARELLE.

Vous êtes hérétique,
Monsieur. Songez-vous bien quel bruit, depuis un temps,
Fait le vin émétique?

D. JUAN.

Oui, pour certaines gens.

SGANARELLE.

Ses miracles partout ont vaincu les scrupules :
Leur force a converti jusqu'aux plus incrédules :
Et, sans aller plus loin, moi qui vous parle, moi,
J'en ai vu des effets si surprenans....

D. JUAN.

En quoi?

SGANARELLE.

Tout peut être nié, si sa vertu se nie.
Depuis six jours un homme étoit à l'agonie,
Les plus experts docteurs n'y connoissoient plus rien;
Il avoit mis à bout la médecine.

D. JUAN.

Eh bien?

SGANARELLE.

Recours à l'émétique. Il en prend pour leur plaire:
Soudain....

D. JUAN.

Le grand miracle! Il réchappe?

SGANARELLE.

Au contraire,
Il en meurt.

D. JUAN.

Merveilleux moyen de le guérir!

SGANARELLE.

Comment! depuis six jours il ne pouvoit mourir;
Et, dès qu'il en a pris, le voilà qui trépasse!
Vit-on jamais remède avoir plus d'efficace?

D. JUAN.

Tu raisonnes fort juste.

SGANARELLE.

Il est vrai, cet habit
Sur le raisonnement m'inspire de l'esprit;
Et si, sur certains points où je voudrois vous mettre,
La dispute....

D. JUAN.

Une fois je veux te la permettre.

SGANARELLE.

Errez en médecine autant qu'il vous plaira,

La seule faculté s'en scandalisera;
Mais sur le reste, là, que le cœur se déploie.
Que croyez-vous?

D. JUAN.
Je crois ce qu'il faut que je croie.

SGANARELLE.
Bon. Parlons doucement et sans nous échauffer.
Le ciel....

D. JUAN.
Laissons cela.

SGANARELLE.
C'est fort bien dit. L'enfer..

D. JUAN.
Laissons cela, te dis-je.

SGANARELLE.
Il n'est pas nécessaire
De vous expliquer mieux; votre réponse est claire.
Malheur si l'esprit fort s'y trouvoit oublié!
Voilà ce que vous sert d'avoir étudié;
Temps perdu. Quant à moi, personne ne peut dire
Que l'on m'ait rien appris ; je sais à peine lire,
Et j'ai de l'ignorance à fond; mais, franchement,
Avec mon petit sens, mon petit jugement,
Je vois, je comprends mieux ce que je dois comprendre,
Que vos livres jamais ne pourroient me l'apprendre.
Ce monde où je me trouve, et ce soleil qui luit,
Sont-ce des champignons venus en une nuit?
Se sont-ils faits tout seuls? Cette masse de pierre
Qui s'élève en rochers, ces arbres, cette terre,
Ce ciel planté là-haut, est-ce que tout cela
S'est bâti de soi-même? et vous, seriez-vous là
Sans votre père, à qui le sien fut nécessaire
Pour devenir le vôtre? Ainsi de père en père,
Allant jusqu'au premier, qui veut-on qui l'ait fait,
Ce premier? Et dans l'homme, ouvrage si parfait,
Tous ces os agencés l'un dans l'autre, cette âme,
Ces veines, ce poumon, ce cœur, ce foie.... Oh! dame,
Parlez à votre tour, comme les autres font;
Je ne puis disputer, si l'on ne m'interrompt.
Vous vous taisez exprès, et c'est belle malice.

D. JUAN.
Ton raisonnement charme, et j'attends qu'il finisse.

SGANARELLE.
Mon raisonnement est, monsieur, quoi qu'il en soit,
Que l'homme est admirable en tout, et qu'on y voit
Certains ingrédiens que, plus on les contemple,
Moins on peut expliquer.... D'où vient que.... Par exemple,

N'est-il pas merveilleux que je sois ici, moi,
Et qu'en la tête, là, j'aie un je ne sais quoi
Qui fait qu'en un moment, sans en savoir les causes,
Je pense, s'il le faut, cent différentes choses,
Et ne me mêle point d'ajuster les ressorts
Que ce je ne sais quoi fait mouvoir dans mon corps?
Je veux lever un doigt, deux, trois, la main entière,
Aller à droite, à gauche, en avant, en arrière....
    D. JUAN, *apercevant Léonor.*
Ah! Sganarelle, vois. Peut-on, sans s'étonner....
    SGANARELLE.
Voilà ce qu'il vous faut, monsieur, pour raisonner.
Vous n'êtes point muet en voyant une belle.
    D. JUAN.
Celle-ci me ravit.
    SGANARELLE.
  Vraiment!
    D. JUAN.
    Que cherche-t-elle?
    SGANARELLE.
Vous devriez déjà l'être allé demander.

SCÈNE II. — D. JUAN, LÉONOR, SGANARELLE.

    D. JUAN.
Quel bien plus grand le ciel pouvoit-il m'accorder?
Présenter à mes yeux, dans un lieu si sauvage,
La plus belle personne....
    LÉONOR.
Oh! point, monsieur.
    D. JUAN.
         Je gage
Que vous n'avez encor que quatorze ans au plus.
    SGANARELLE, *à don Juan.*
C'est comme il vous les faut.
    LÉONOR.
     Quatorze ans? je les eus
Le dernier de juillet.
    SGANARELLE, *bas.*
  O ma pauvre innocente!
    D. JUAN.
Mais que cherchiez-vous là?
    LÉONOR.
     Des herbes pour ma tante.
C'est pour faire un remède; elle en prend très-souvent.
    D. JUAN.
Veut-elle consulter un homme fort savant?
Monsieur est médecin.

LÉONOR.
Ce seroit là sa joie.
SGANARELLE, *d'un ton grave.*
Où son mal lui tient-il? est-ce à la rate, au foie
LÉONOR.
Sous des arbres assise, elle prend l'air là-bas;
Allons le savoir d'elle.
D. JUAN.
Hé, ne nous pressons pas.
(*A Sganarelle.*)
Qu'elle est propre à causer une flamme amoureuse!
LÉONOR.
Il faudra que je sois pourtant religieuse.
D. JUAN.
Ah! quel meurtre! Et d'où vient? Est-ce que vous avez
Tant de vocation....
LÉONOR.
Pas trop; mais vous savez
Qu'on menace une fille; et qu'il faut, sans murmure...
D. JUAN.
C'est cela qui vous tient?
LÉONOR.
Et puis, ma tante assure
Que je ne suis point propre au mariage.
D. JUAN.
Vous?
Elle se moque. Allez, faites choix d'un époux :
Je vous garantis, moi, s'il faut que j'en réponde,
Propre à vous marier plus que fille du monde.
Monsieur le médecin s'y connoît; et je veux
Que lui-même....
SGANARELLE, *lui tâtant le pouls.*
Voyons. Le cas n'est point douteux,
Mariez-vous; il faut vous mettre deux ensemble,
Sinon il vous viendra malencombre.
LÉONOR.
Ah! je tremble.
Et quel mal est-ce là que vous nommez?
SGANARELLE.
Un mal
Qui consume en six mois l'humide radical;
Mal terrible, astringent, vaporeux....
LÉONOR.
Je suis morte
SGANARELLE.
Mal surtout qui s'augmente au couvent.
LÉONOR.
Il n'importe,

ACTE III, SCÈNE II.

On ne laissera pas de m'y mettre.
D. JUAN.
Et pourquoi?
LÉONOR.
A cause de ma sœur qu'on aime plus que moi;
On la mariera mieux quand on n'aura plus qu'elle.
D. JUAN.
Vous êtes pour cela trop aimable et trop belle.
Non, je ne puis souffrir cet excès de rigueur;
Et dès demain, pour faire enrager votre sœur,
Je veux vous épouser : en serez-vous contente?
LÉONOR.
Eh, mon Dieu! n'allez pas en rien dire à ma tante.
Sitôt que du couvent elle voit que je ris,
Deux soufflets me sont sûrs; et ce seroit bien pis,
Si vous alliez pour moi parler de mariage.
D. JUAN.
Hé bien, marions-nous en secret : je m'engage,
Puisqu'elle vous maltraite, à vous mettre en état
De ne rien craindre d'elle.
SGANARELLE.
Et par un bon contrat :
Ce n'est point à demi que monsieur fait les choses.
D. JUAN.
J'avois, pour fuir l'hymen, d'assez puissantes causes;
Mais, pour vous faire entrer au couvent malgré vous,
Savoir qu'à la menace on ajoute les coups,
C'est un acte inhumain, dont je me rends coupable,
Si je ne vous épouse.
SGANARELLE.
Il est fort charitable
Voyez! se marier pour vous ôter l'ennui
D'être religieuse! Attendez tout de lui.
LÉONOR.
Si j'osois m'assurer....
SGANARELLE.
C'est une bagatelle
Que ce qu'il vous promet. Sa bonté naturelle
Va si loin, qu'il est prêt, pour faire trêve aux coups,
D'épouser, s'il le faut, votre tante avec vous.
LÉONOR.
Ah! qu'il n'en fasse rien; elle est si dégoûtante....
Mais, moi, suis-je assez belle....
D. JUAN.
Ah! ciel! toute charmante
Quelle douceur pour moi de vivre sous vos lois!
Non, ce qui fait l'hymen n'est pas de notre choix,

J'en suis trop convaincu ; je vous connois à peine,
Et tout à coup je cède à l'amour qui m'entraîne.
LÉONOR.
Je voudrois qu'il fût vrai ; car ma tante, et la peur
Que me fait le couvent....
D. JUAN.
Ah ! connoissez mon cœur.
Voulez-vous que ma foi, pour preuve indubitable,
Vous fasse le serment le plus épouvantable ?
Que le ciel....
LÉONOR.
Je vous crois, ne jurez point.
D. JUAN.
Eh bien ?
LÉONOR.
Mais, pour nous marier sans que l'on en sût rien,
Si la chose pressoit, comment faudroit-il faire ?
D. JUAN.
Il faudroit avec moi venir chez un notaire,
Signer le mariage ; et quand tout seroit fait,
Nous laisserions gronder votre tante.
SGANARELLE.
En effet.
Quand une chose est faite, elle n'est pas à faire.
LÉONOR.
Oh ! ma tante et ma sœur seront bien en colère ;
Car j'aurai, pour ma part, plus de vingt mille écus :
Bien des gens me l'ont dit.
D. JUAN.
Vous me rendez confus.
Pensez-vous que ce soit votre bien qui m'engage ?
Ce sont les agrémens de ce charmant visage,
Cette bouche, ces yeux ; enfin, soyez à moi,
Et je renonce au reste.
SGANARELLE.
Il est de bonne foi.
Vos écus sont pour lui des beautés peu touchantes.
LÉONOR.
J'ai dans le bourg voisin une de mes parentes
Qui veut qu'on me marie, et qui m'a toujours dit
Que, si quelqu'un m'aimoit....
D. JUAN.
C'est avoir de l'esprit.
LÉONOR.
Elle enverroit chercher de bon cœur le notaire.
Si nous allions chez elle !
D. JUAN.
Eh bien, il le faut faire.

Me voilà prêt, allons.
LÉONOR.
Mais quoi ! seule avec vous ?
D. JUAN.
Venir avecque moi, c'est suivre votre époux.
Est-ce un scrupule à faire après la foi promise ?
LÉONOR.
Pas trop ; mais j'ai toujours....
D. JUAN.
Vous verrez ma franchise.
LÉONOR.
Du moins....
D. JUAN.
Par où faut-il vous mener ?
LÉONOR.
Par ici
Mais quel malheur !
D. JUAN.
Comment ?
LÉONOR
Ma tante que voici...
D. JUAN, *à part.*
Le fâcheux contre-temps ! Qui diable nous l'amène ?
SGANARELLE, *à part.*
Ma foi ! c'en étoit fait sans cela.
D. JUAN.
Quelle peine !
LÉONOR.
Sans rien dire venez m'attendre ici ce soir ;
Je m'y rendrai.

SCÈNE III. — THÉRÈSE, LÉONOR, D. JUAN, SGANARELLE.

THÉRÈSE, *à Léonor.*
Vraiment ! j'aime assez à vous voir,
Impudente ! Il vous faut parler avec des hommes !
SGANARELLE, *à Thérèse.*
Vous ne savez pas bien, madame, qui nous sommes.
LÉONOR.
Est-ce faire du mal, quand c'est à bonne fin ?
Ce monsieur-là m'a dit qu'il étoit médecin ;
Et je lui demandois si, pour guérir votre asthme,
Il ne savoit pas....
SGANARELLE.
Oui, j'ai certain cataplasme
Qui, posé lorsqu'on tombe en suffocation,
Facilite aussitôt la respiration.

THÉRÈSE.
Hé, mon Dieu ! là dessus j'ai vu les plus habiles ;
Leurs remèdes me sont remèdes inutiles.

SGANARELLE.
Je le crois. La plupart des plus grands médecins
Ne sont bons qu'à venir visiter des bassins :
Mais pour moi, qui vais droit au souverain dictame,
Je guéris de tous maux ; et je voudrois, madame,
Que votre asthme vous tînt du haut jusques au bas,
Trois jours mon cataplasme, il n'y paroîtroit pas.

THÉRÈSE.
Hélas ! que vous feriez une admirable cure !

SGANARELLE.
Je parle hardiment, mais ma parole est sûre.
Demandez à monsieur. Outre l'asthme, il avoit
Un bolus au côté, qui toujours s'élevoit.
Du diaphragme impur l'humeur trop réunie
Le mettoit tous les ans dix fois à l'agonie ;
En huit jours je vous ai balayé tout cela,
Nettoyé l'impur, et.... Regardez, le voilà
Aussi frais, aussi plein de vigueur énergique,
Que s'il n'avoit jamais eu tache d'asthmatique.

THÉRÈSE.
Son teint est frais, sans doute, et d'un vif éclatant.

SGANARELLE.
Çà, voyons votre pouls. Il est intermittent,
La palpitation du poumon s'y dénote.

THÉRÈSE.
Quelquefois....

SGANARELLE.
Votre langue ? Elle n'est pas tant sotte.
En dessous ; levez-la. L'asthme y paroît marqué.
Ah ! si mon cataplasme étoit vite appliqué....

THÉRÈSE.
Où donc l'applique-t-on ?

SGANARELLE, *lui parlant avec action, pour l'empêcher de voir que D. Juan entretient tout bas Léonor.*
Tout droit sur la partie
Où la force de l'asthme est le plus départie.
Comme l'obstruction se fait de ce côté,
Il faut, autant qu'on peut, la mettre en liberté ;
Car, selon que d'abord la chaleur restringente
A pu se ramasser, la partie est souffrante,
Et laisse à respirer le conduit plus étroit.
Or est-il que le chaud ne vient jamais du froid
Par conséquent, sitôt que dans une famille
Vous voyez que le mal prend cours....

ACTE III, SCENE III.

THÉRÈSE, *à Léonor*.
Petite fille,
Passez de ce côté.

SGANARELLE, *continuant*.
Ne différez jamais.

D. JUAN, *bas à Léonor*.
Vous viendrez donc ce soir?

LÉONOR.
Oui, je vous le promets.

SGANARELLE.
A vous cataplasmer commencez de bonne heure.
En quel lieu faites-vous ici votre demeure?

THÉRÈSE.
Vous voyez ma maison.

SGANARELLE, *tirant sa tabatière*.
Dans trois heures d'ici,
Prenez dans un œuf frais de cette poudre-ci;
Et du reste du jour ne parlez à personne.
Voilà, jusqu'à demain, ce que je vous ordonne :
Je ne manquerai pas à me rendre chez vous.

THÉRÈSE.
Venez : vous faites seul mon espoir le plus doux.
Allons, petite fille, aidez-moi.

LÉONOR.
Çà, ma tante.

SCÈNE IV. — D. JUAN, SGANARELLE.

SGANARELLE.
Qu'en dites-vous, monsieur?

D. JUAN.
La rencontre est plaisante!

SGANARELLE.
M'érigeant en docteur, j'ai là, fort à propos,
Pour amuser la tante, étalé de grands mots.

D. JUAN.
Où diable as-tu pêché ce jargon?

SGANARELLE.
Laissez faire;
J'ai servi quelque temps chez un apothicaire :
S'il faut jaser encor, je suis médecin né.
Mais ce tabac en poudre à la vieille donné?

D. JUAN.
Sa nièce est fort aimable, et doit ici se rendre
Quand le jour....

SGANARELLE.
Quoi! monsieur vous l'y viendrez attendre?

D. JUAN.
Oui, sans doute.
SGANARELLE.
Et de là, vous, l'épouseur banal,
Vous irez lui passer un écrit nuptial?
D. JUAN.
Souffrir, faute d'un mot, qu'elle échappe à ma flamme!
SGANARELLE.
Quel diable de métier! toujours femme sur femme!
D. JUAN.
En vain pour moi ton zèle y voit de l'embarras.
Les femmes n'en font point.
SGANARELLE.
Je ne vous comprends pas;
Mille gens, dont je vois partout qu'on se contente,
En ont souvent trop d'une, et vous en prenez trente.
D. JUAN.
Je ne me pique pas aussi de les garder;
Le grand nombre, en ce cas, pourroit m'incommoder.
SGANARELLE.
Pourquoi? Vous en feriez un sérail.... Mais je tremble!
Quel cliquetis, monsieur! Ah!
D. JUAN.
Trois hommes ensemble
En attaquant un seul! il faut le secourir.
SGANARELLE, *seul sur le théâtre.*
Voilà l'humeur de l'homme. Où s'en va-t-il courir?
S'aller faire échiner, sans qu'il soit nécessaire!
Quels grands coups il allonge! il faut le laisser faire
Le plus sûr cependant est de m'aller cacher;
S'il a besoin de moi, qu'il vienne me chercher.

SCÈNE V. — D. CARLOS, D. JUAN.

D. CARLOS.
Ces voleurs, par leur fuite, ont fait assez connoître
Qu'où votre bras se montre on n'ose plus paroître;
Et je ne puis nier qu'à cet heureux secours,
Si je respire encor, je ne doive mes jours:
Ainsi, monsieur, souffrez que, pour vous rendre grâce....
D. JUAN.
J'ai fait ce que vous-même auriez fait en ma place;
Et prendre ce parti contre leur lâcheté
Étoit plutôt devoir que générosité.
Mais d'où vous êtes-vous attiré leur poursuite?
D. CARLOS.
Je m'étois, par malheur, écarté de ma suite;

Ils m'ont rencontré seul, et mon cheval tué
A leur infâme audace a fort contribué.
Sans vous j'étois perdu.

D. JUAN.
Vous allez à la ville ?

D. CARLOS.
Non ; certains intérêts....

D. JUAN.
Vous peut-on être utile ?

D. CARLOS.
Cette offre met le comble à ce que je vous doi.
Une affaire d'honneur, très-sensible pour moi,
M'oblige dans ces lieux à tenir la campagne.

D. JUAN.
Je suis à vous : souffrez que je vous accompagne.
Mais puis-je demander, sans me rendre indiscret,
Quel outrage reçu...

D. CARLOS.
Ce n'est plus un secret ;
Et je ne dois songer, dans le bruit de l'offense,
Qu'à faire promptement éclater ma vengeance.
Une sœur, qu'au couvent j'avois fait élever,
Depuis quatre ou cinq jours s'est laissée enlever.
Un don Juan Giron est l'auteur de l'injure :
Il a pris cette route, au moins on m'en assure ;
Et je viens l'y chercher, sur ce que j'en ai su.

D. JUAN.
Et le connoissez-vous ?

D. CARLOS.
Je ne l'ai jamais vu,
Mais j'amène avec moi des gens qui le connoissent ;
Et par ses actions, telles qu'elles paroissent,
Je crois, sans passion, qu'il peut être permis...

D. JUAN.
N'en dites point de mal, il est de mes amis.

D. CARLOS.
Après un tel aveu, j'aurois tort d'en rien dire ;
Mais lorsque mon honneur à la vengeance aspire,
Malgré cette amitié, j'ose espérer de vous....

D. JUAN.
Je sais ce que se doit un si juste courroux ;
Et, pour vous épargner des peines inutiles,
Quels que soient vos desseins, je les rendrai faciles.
Si d'aimer don Juan je ne puis m'empêcher,
C'est sans avoir servi jamais à le cacher :
D'un enlèvement fait avecque trop d'audace
Vous demandez raison, il faut qu'il vous la fasse.

D. CARLOS.
Et comment me la faire?
D. JUAN.
Il est homme de cœur:
Vous pouvez là-dessus consulter votre honneur;
Pour se battre avec vous quand vous aurez su prendre
Le lieu, l'heure et le jour, il viendra vous attendre.
Vous répondre de lui, c'est vous en dire assez.
D. CARLOS.
Cette assurance est douce à des cœurs offensés;
Mais je vous avouerai que, vous devant la vie,
Je ne puis, sans douleur, vous voir de la partie.
D. JUAN.
Une telle amitié nous a joints jusqu'ici,
Que, s'il se bat, il faut que je me batte aussi:
Notre union le veut.
D. CARLOS.
Et c'est dont je soupire.
Faut-il, quand je vous dois le jour que je respire,
Que j'aie à me venger, et qu'il vous soit permis
D'aimer le plus mortel de tous mes ennemis!

SCÈNE VI. — D. CARLOS, D. JUAN, ALONZE.

ALONZE, *à un valet.*
Fais boire nos chevaux; et que l'on nous attende.
Par où donc.... Mais, ô ciel! que ma surprise est grande
D. CARLOS, *à Alonze.*
D'où vient qu'ainsi sur nous vos regards attachés...
ALONZE.
Voilà votre ennemi, celui que vous cherchez,
Don Juan.
D. CARLOS.
Don Juan!
D. JUAN.
Oui, je renonce à feindre;
L'avantage du nombre est peu pour m'y contraindre.
Je suis ce don Juan dont le trépas juré....
ALONZE, *à D. Carlos.*
Voulez-vous....
D. CARLOS.
Arrêtez. M'étant seul égaré,
Des lâches m'ont surpris, et je lui dois la vie,
Qui par eux, sans son bras, m'auroit été ravie.
Don Juan, vous voyez, malgré tout mon courroux,
Que je vous rends le bien que j'ai reçu de vous:
Jugez par là du reste; et si de mon offense,
Pour payer un bienfait, je suspends la vengeance.

ACTE III, SCÈNE VI.

Croyez que ce délai ne fera qu'augmenter
Le vif ressentiment que j'ai fait éclater.
Je ne demande point qu'ici, sans plus attendre,
Vous preniez le parti que vous avez à prendre :
Pour m'acquitter vers vous, je veux bien vous laisser,
Quoi que vous résolviez, le loisir d'y penser.
Sur l'outrage reçu, qu'en vain on voudroit taire,
Vous savez quels moyens peuvent me satisfaire :
Il en est de sanglans, il en est de plus doux.
Voyez-les, consultez ; le choix dépend de vous.
Mais enfin, quel qu'il soit, souvenez-vous, de grâce
Qu'il faut que mon affront par don Juan s'efface,
Que ce seul intérêt m'a conduit en ce lieu,
Que vous m'avez pour lui donné parole. Adieu.

ALONZE.

Quoi ! monsieur....

D. CARLOS.

Suivez-moi.

ALONZE.

Faut-il...

D. CARLOS.

Notre querelle
e doit vider ailleurs.

SCÈNE VII. — D. JUAN, SGANARELLE.

D. JUAN.

Holà ! ho, Sganarelle !

SGANARELLE, *derrière le théâtre.*

Qui va là ?

D. JUAN.

Viendras-tu ?

SGANARELLE.

Tout à l'heure. Ah ! c'est vous ?

D. JUAN.

Coquin, quand je me bats, tu te sauves des coups ?

SGANARELLE.

J'étois allé, monsieur, ici près, d'où j'arrive :
Cet habit est, je crois, de vertu purgative ;
Le porter, c'est autant qu'avoir pris....

D. JUAN.

Effronté !
D'un voile honnête, au moins, couvre ta lâcheté.

SGANARELLE.

D'un vaillant homme mort la gloire se publie ;
Mais j'en fais moins de cas que d'un poltron en vie.

D. JUAN.

Sais-tu pour qui mon bras vient de s'employer ?

SGANARELLE.

Non.

D. JUAN.

Pour un frère d'Elvire.

SGANARELLE.

Un frère? Tout de bon?

D. JUAN.

J'ai regret de nous voir ainsi brouillés ensemble;
Il paroît honnête homme.

SGANARELLE.

Ah! monsieur, il me semble
Qu'en rendant un peu plus de justice à sa sœur....

D. JUAN.

Ma passion pour elle est usée en mon cœur,
Et les objets nouveaux le rendent si sensible,
Qu'avec l'engagement il est incompatible.
D'ailleurs, ayant pris femme en vingt lieux différens,
Tu sais pour le secret les détours que je prends :
A ne point éclater, toutes je les engage;
Et si l'une en public avoit quelque avantage,
Les autres parleroient, et tout seroit perdu.

SGANARELLE.

Vous pourriez bien alors, monsieur, être pendu.

D. JUAN.

Maraud!

SGANARELLE.

Je vous entends; il seroit plus honnête,
Pour mieux vous ennoblir, qu'on vous coupât la tête.
Mais c'est toujours mourir.

D. JUAN, *voyant un tombeau sur lequel est une statue.*

Quel ouvrage nouveau
Vois-je paroître ici?

SGANARELLE.

Bon! et c'est le tombeau
Où votre commandeur, qui pour lui le fit faire,
Grâce à vous, gît plus tôt qu'il n'étoit nécessaire.

D. JUAN.

On ne m'avoit pas dit qu'il fût de ce côté
Allons le voir.

SGANARELLE.

Pourquoi cette civilité?
Laissons-le là, monsieur; aussi bien il me semble
Que vous ne devez pas être trop bien ensemble.

D. JUAN.

C'est pour faire la paix que je cherche à le voir;
Et, s'il est galant homme, il doit nous recevoir.
Entrons.

ACTE III, SCÈNE VII.

SGANARELLE.

Ah! que ce marbre est beau! Ne lui déplaise,
Il s'est là, pour un mort, logé fort à son aise.

D. JUAN.

J'admire cette aveugle et sotte vanité.
Un homme, en son vivant, se sera contenté
D'un bâtiment fort simple; et le visionnaire
En veut un tout pompeux quand il n'en a que faire.

SGANARELLE.

Voyez-vous sa statue, et comme il tient sa main?

D. JUAN.

Parbleu! le voilà bien en empereur romain.

SGANARELLE.

Il me fait quasi peur. Quels regards il nous jette!
C'est pour nous obliger, je pense, à la retraite;
Sans doute qu'à nous voir il prend peu de plaisir.

D. JUAN.

Si de venir dîner il avoit le loisir,
Je le régalerois. De ma part, Sganarelle,
Va l'en prier.

SGANARELLE.

Lui?

D. JUAN.

Cours.

SGANARELLE.

La prière est nouvelle!
Un mort! Vous moquez-vous?

D. JUAN.

Fais ce que je t'ai dit.

SGANARELLE.

Le pauvre homme, monsieur, a perdu l'appétit.

D. JUAN.

Si tu n'y vas....

SGANARELLE.

J'y vais.... Que faut-il que je dise?

D. JUAN.

Que je l'attends chez moi.

SGANARELLE.

Je ris de ma sottise;
Mais mon maître le veut. Monsieur le commandeur,
Don Juan voudroit bien avoir chez lui l'honneur
De vous faire un régal. Y viendrez-vous?

(*La statue baisse la tête; et Sganarelle, tombant sur les genoux, s'écrie:*)

A l'aide!

D. JUAN.

Qu'est-ce? qu'as-tu? Dis donc.

SGANARELLE.
Je suis mort, sans remède.
La statue...

D. JUAN.
Eh bien, quoi? Que veux-tu dire?

SGANARELLE.
Hélas !
La statue....

D. JUAN.
Enfin donc, tu ne parleras pas?

SGANARELLE.
Je parle! et je vous dis, monsieur, que la statue....

D. JUAN.
Encor?

SGANARELLE.
Sa tête .

D. JUAN.
Eh bien?

SGANARELLE.
Vers moi s'est abattue.
Elle m'a fait....

D. JUAN.
Coquin !

SGANARELLE.
Si je ne vous dis vrai,
Vous pouvez lui parler, pour en faire l'essai :
Peut-être....

D. JUAN.
Viens, maraud, puisqu'il faut que j'en rie,
Viens être convaincu de ta poltronnerie :
Prends garde. Commandeur, te rendras-tu chez moi?
Je t'attends à dîner.

(*La statue baisse encore la tête.*)

SGANARELLE.
Vous en tenez, ma foi!
Voilà mes esprits forts, qui ne veulent rien croire.
Disputons à présent, j'ai gagné la victoire.

D. JUAN, *après avoir rêvé un moment.*
Allons, sortons d'ici.

SGANARELLE.
Sortons. Je vous promets,
Quand j'en serai dehors, de n'y rentrer jamais

ACTE QUATRIÈME.

SCÈNE I. — D. JUAN, SGANARELLE.

D. JUAN.

Cesse de raisonner sur une bagatelle :
Un faux rapport des yeux n'est pas chose nouvelle ;
Et souvent il ne faut qu'une simple vapeur
Pour faire ce qu'en toi j'imputois à la peur.
La vue en est troublée, et je tiens ridicule....

SGANARELLE.

Quoi ! là-dessus encor vous êtes incrédule ?
Et ce que de nos yeux, de ces yeux que voilà,
Tous deux nous avons vu, vous le démentez ? Là,
Traitez-moi d'ignorant, d'impertinent, de bête,
Il n'est rien de plus vrai que ce signe de tête ;
Et je ne doute point que, pour vous convertir,
Le ciel, qui de l'enfer cherche à vous garantir,
N'ait rendu tout exprès ce dernier témoignage.

D. JUAN.

Écoute. S'il t'échappe un seul mot davantage
Sur tes moralités, je vais faire venir
Quatre hommes des plus forts, te bien faire tenir
Afin qu'un nerf de bœuf à loisir te réponde.
M'entends tu ? dis.

SGANARELLE.

Fort bien, monsieur, le mieux du monde
Vous vous expliquez net ; c'est là ce qui me plaît.
D'autres ont des détours, qu'on ne sait ce que c'est ;
Mais vous, en quatre mots vous vous faites entendre,
Vous dites tout ; rien n'est si facile à comprendre.

D. JUAN.

Qu'on me fasse dîner le plus tôt qu'on pourra.
Un siége.

SGANARELLE, *à la Violette.*

Va savoir quand monsieur dînera ;
Dépêche.

SCÈNE II. — D. LOUIS, D. JUAN, SGANARELLE, LA VIOLETTE.

D. JUAN.

Que veut-on ?

LA VIOLETTE.

C'est monsieur votre père

D. JUAN.

Ah! que cette visite étoit peu nécessaire!
Quels contes de nouveau me vient-il débiter?
Qu'il a de temps à perdre!

SGANARELLE.

Il le faut écouter.

D. LOUIS.

Ma présence vous choque, et je vois que sans peine
Vous pourriez vous passer d'un père qui vous gêne.
Tous deux, à dire vrai, par plus d'une raison,
Nous nous incommodons d'une étrange façon;
Et, si vous êtes las d'ouïr mes remontrances,
Je suis bien las aussi de vos extravagances.
Ah! que d'aveuglement; quand, raisonnant en fous
Nous voulons que le ciel soit moins sage que nous;
Quand, sur ce qu'il connoît qui nous est nécessaire,
Nos imprudens désirs ne le laissent pas faire,
Et qu'à force de vœux nous tâchons d'obtenir
Ce qui nous est donné souvent pour nous punir!
La naissance d'un fils fut ma plus forte envie;
Mes souhaits en faisoient tout le bien de ma vie;
Et ce fils que j'obtiens est fléau rigoureux
De ces jours que par lui je croyois rendre heureux.
De quel œil, dites-moi, pensez-vous que je voie
Ces commerces honteux qui seuls font votre joie;
Ce scandaleux amas de viles actions
Qu'entassent chaque jour vos folles passions;
Ce long enchaînement de méchantes affaires
Où du prince pour vous les grâces nécessaires
Ont épuisé déjà tout ce qu'auprès de lui
Mes services pouvoient m'avoir acquis d'appui?
Ah! fils, indigne fils, quelle est votre bassesse
D'avoir de vos aïeux démenti la noblesse;
D'avoir osé ternir, par tant de lâchetés,
Le glorieux éclat du sang dont vous sortez,
De ce sang que l'histoire en mille endroits renomme!
Et qu'avez-vous donc fait pour être gentilhomme?
Si ce titre ne peut vous être contesté,
Pensez-vous avoir droit d'en tirer vanité,
Et qu'il ait rien en vous qui puisse être estimable,
Quand vos déréglemens l'y rendent méprisable?
Non, non, de nos aïeux on a beau faire cas,
La naissance n'est rien où la vertu n'est pas[1];
Aussi ne pouvons-nous avoir part à leur gloire,
Qu'autant que nous faisons honneur à leur mémoire

---

1. Ce vers est de Molière.

L'éclat que leur conduite a répandu sur nous
Des mêmes sentimens nous doit rendre jaloux;
C'est un engagement dont rien ne nous dispense
De marcher sur les pas qu'a tracés leur prudence,
D'être à les imiter attachés, prompts, ardens,
Si nous voulons passer pour leurs vrais descendans.
Ainsi de ces héros que nos histoires louent
Vous descendez en vain, lorsqu'ils vous désavouent,
Et que ce qu'ils ont fait et d'illustre et de grand
N'a pu de votre cœur leur être un sûr garant.
Loin d'être de leur sang, loin que l'on vous en compte,
L'éclat n'en rejaillit sur vous qu'à votre honte;
Et c'est comme un flambeau qui, devant vous porté,
Fait de vos actions mieux voir l'indignité.
Enfin si la noblesse est un précieux titre,
Sachez que la vertu doit en être l'arbitre;
Qu'il n'est point de grands noms qui, sans elle obscurcis...

D. JUAN.

Monsieur, vous seriez mieux si vous parliez assis.

D. LOUIS.

Je ne veux pas m'asseoir, insolent. J'ai beau dire,
Ma remontrance est vaine, et tu n'en fais que rire.
C'est trop : si jusqu'ici, dans mon cœur, malgré moi,
La tendresse de père a combattu pour toi,
Je l'étouffe; aussi bien il est temps que j'efface
La honte de te voir déshonorer ma race,
Et qu'arrêtant le cours de tes déréglemens
Je prévienne du ciel les justes châtimens :
J'en mourrai; mais je dois mon bras à sa colère.

SCÈNE III. — D. JUAN, SGANARELLE.

D. JUAN.

Mourez quand vous voudrez, il ne m'importe guère.
Ah! que sur ce jargon, qu'à toute heure j'entends,
Les pères sont fâcheux qui vivent trop longtemps!

SGANARELLE.

Monsieur....

D. JUAN.

Quelle sottise à moi, quand je l'écoute!

SGANARELLE.

Vous avez tort.

D. JUAN.

J'ai tort?

SGANARELLE.

Eh!

D. JUAN.

J'ai tort?

SGANARELLE.

         Oui, sans doute.
Vous avez très-grand tort de l'avoir écouté
Avec tant de douceur et tant d'honnêteté.
Le chassant au milieu de sa sotte harangue,
Vous lui deviez apprendre à mieux régler sa langue.
A-t-on jamais rien vu de plus impertinent?
Un père contre un fils faire l'entreprenant!
Lui venir dire au nez que l'honneur le convie
A mener dans le monde une louable vie!
Le faire souvenir qu'étant d'un noble sang
Il ne devroit rien faire indigne de son rang!
Les beaux enseignemens! C'est bien ce que doit suivre
Un homme tel que vous, qui sait comme il faut vivre!
De votre patience on se doit étonner.
Pour moi, je vous l'aurois envoyé promener.

SCÈNE IV. — D. JUAN, LA VIOLETTE, SGANARELLE.

LA VIOLETTE.

Votre marchand est là, monsieur.

D. JUAN.

     Qui?

LA VIOLETTE.

        Ce grand homme...
Monsieur Dimanche.

SGANARELLE.

     Peste! un créancier assomme.
De quoi s'avise-t-il d'être si diligent
A venir chez les gens demander de l'argent?
Que ne lui disois-tu que monsieur dîne en ville?

LA VIOLETTE.

Vraiment oui, c'est un homme à croire bien facile.
Malgré ce que j'ai dit, il a voulu s'asseoir
Là dedans pour l'attendre.

SGANARELLE.

     Eh bien, jusques au soir
Qu'il y demeure.

D. JUAN.

    Non, fais qu'il entre, au contraire.
Je ne tarderai pas longtemps à m'en défaire.
Lorsque des créanciers cherchent à nous parler,
Je trouve qu'il est mal de se faire celer.
Leurs visites ayant une fort juste cause,
Il les faut, tout au moins, payer de quelque chose;
Et, sans leur rien donner, je ne manque jamais
A les faire de moi retourner satisfaits.

SCÈNE V. — D. JUAN, M. DIMANCHE, SGANARELLE

D. JUAN.

Bonjour, monsieur Dimanche. Eh! que ce m'est de joie
De pouvoir.... Ne souffrez jamais qu'on vous renvoie.
J'ai bien grondé mes gens, qui, sans doute, ont eu tort
De n'avoir pas voulu vous faire entrer d'abord.
Ils ont ordre aujourd'hui de n'ouvrir à personne;
Mais ce n'est pas pour vous que cet ordre se donne,
Et vous êtes en droit, quand vous venez chez moi,
De n'y trouver jamais rien de fermé.

M. DIMANCHE.

Je croi,
Monsieur, qu'il....

D. JUAN.

Les coquins! Voyez, laisser attendre
Monsieur Dimanche seul! Oh! je leur veux apprendre
A connoître les gens.

M. DIMANCHE.

Cela n'est rien.

D. JUAN.

Comment!
Quand je suis dans ma chambre, oser effrontément
Dire à monsieur Dimanche, au meilleur....

M. DIMANCHE.

Sans colère,
Monsieur; une autre fois ils craindront de le faire.
J'étois venu....

D. JUAN.

Jamais ils ne font autrement.
Çà, pour monsieur Dimanche un siége promptement.

M. DIMANCHE.

Je suis dans mon devoir.

D. JUAN.

Debout! que je l'endure?
Non, vous serez assis.

M. DIMANCHE.

Monsieur, je vous conjure....

D. JUAN.

Apportez. Je vous aime, et je vous vois d'un œil....
Otez-moi ce pliant, et donnez un fauteuil.

M. DIMANCHE.

Je n'ai garde, monsieur, de....

D. JUAN.

Je le dis encore,
Au point que je vous aime et que je vous honore,
Je ne souffrirai point qu'on mette entre nous deux
Aucune différence.

M. DIMANCHE.
Ah, monsieur!

D. JUAN.
Je le veux.
Allons, asseyez-vous.

M. DIMANCHE.
Comme le temps empire....

D. JUAN.
Mettez-vous là.

M. DIMANCHE.
Monsieur, je n'ai qu'un mot à dire
J'étois....

D. JUAN.
Mettez-vous là, vous dis-je.

M. DIMANCHE.
Je suis bien.

D. JUAN.
Non, si vous n'êtes là, je n'écouterai rien.

M. DIMANCHE, *s'asseyant dans un fauteuil.*
C'est pour vous obéir. Sans le besoin extrême....

D. JUAN.
Parbleu! monsieur Dimanche, avouez-le vous-même,
Vous vous portez bien.

M. DIMANCHE.
Oui, mieux depuis quelques mois,
Que je n'avois pas fait. Je suis....

D. JUAN.
Plus je vous vois,
Plus j'admire sur vous certain vif qui s'épanche.
Quel teint!

M. DIMANCHE.
Je viens, monsieur....

D. JUAN.
Et madame Dimanche,
Comment se porte-t-elle?

M. DIMANCHE.
Assez bien, Dieu merci.
Je viens vous....

D. JUAN.
Du ménage elle a tout le souci.
C'est une brave femme.

M. DIMANCHE.
Elle est votre servante.
J'étois...

D. JUAN.
Elle a bien lieu d'avoir l'âme contente.
Que ses enfans sont beaux! La petite Louison,
Hé?

ACTE IV, SCÈNE V.

M. DIMANCHE.
C'est l'enfant gâté, monsieur, de la maison.

D. JUAN.
Rien n'est si joli.

M. DIMANCHE.
Monsieur, je....

D. JUAN.
Que je l'aime!
Et le petit Colin, est-il encor de même?
Fait-il toujours grand bruit avecque son tambour?

M. DIMANCHE.
Oui, monsieur, on en est étourdi tout le jour.
Je venois....

D. JUAN.
Et Brusquet, est-ce à son ordinaire?
L'aimable petit chien pour ne pouvoir se taire!
Mord-il toujours les gens aux jambes?

M. DIMANCHE.
A ravir.
C'est pis que ce n'étoit; nous n'en saurions chevir:
Et quand il ne voit pas notre petite fille....

D. JUAN.
Je prends tant d'intérêt à toute la famille,
Qu'on doit peu s'étonner si je m'informe ainsi
De tout l'un après l'autre.

M. DIMANCHE.
Oh! je vous compte aussi
Parmi ceux qui nous font....

D. JUAN.
Allons donc, je vous prie,
Touchez, monsieur Dimanche.

M. DIMANCHE.
Ah!

D. JUAN.
Mais, sans raillerie,
M'aimez-vous un peu? Là.

M. DIMANCHE.
Très-humble serviteur.

D. JUAN.
Parbleu! je suis à vous aussi de tout mon cœur.

M. DIMANCHE.
Vous me rendez confus. Je....

D. JUAN.
Pour votre service,
Il n'est rien qu'avec joie en tout temps je ne fisse.

M. DIMANCHE.
C'est trop d'honneur pour moi; mais, monsieur, s'il vous plaît,
Je viens pour....
D. JUAN.
Et cela, sans aucun intérêt;
Croyez-le.
M. DIMANCHE.
Je n'ai point mérité cette grâce.
Mais....
D. JUAN.
Servir mes amis n'a rien qui m'embarrasse.
M. DIMANCHE.
Si vous....
D. JUAN, *se levant.*
Monsieur Dimanche, oh! çà, de bonne foi,
Vous n'avez point dîné; dînez avecque moi.
Vous voilà tout porté.
M. DIMANCHE.
Non, monsieur, une affaire
Me rappelle chez nous, et m'y rend nécessaire.
D. JUAN.
Vite, allons, ma calèche.
M. DIMANCHE.
Ah! c'est trop de moitié.
D. JUAN.
Dépêchons.
M. DIMANCHE.
Non, monsieur.
D. JUAN.
Vous n'irez point à pied.
M. DIMANCHE.
Monsieur, j'y vais toujours.
D. JUAN.
La résistance est vaine.
Vous m'êtes venu voir, je veux qu'on vous remène.
M. DIMANCHE.
J'avois là....
D. JUAN.
Tenez-moi pour votre serviteur.
M. DIMANCHE.
Je voulois....
D. JUAN.
Je le suis, et votre débiteur.
M. DIMANCHE.
Ah! monsieur!
D. JUAN.
Je n'en fais un secret à personne;
Et de ce que je dois j'ai la mémoire bonne.

ACTE IV, SCENE V.

M. DIMANCHE.

Si vous me....

D. JUAN.

Voulez-vous que je descende en bas,
Que je vous reconduise?

M. DIMANCHE.

Ah! je ne le vaux pas.
Mais....

D. JUAN.

Embrassez-moi donc; c'est d'une amitié pure
Qu'une seconde fois ici je vous conjure
D'être persuadé qu'envers et contre tous
Il n'est rien qu'au besoin je ne fisse pour vous.

(*D. Juan se retire.*)

SGANARELLE, *reconduisant M. Dimanche.*

Vous avez en monsieur un ami véritable,
Un....

M. DIMANCHE.

De civilités il est vrai qu'il m'accable,
Et j'en suis si confus, que je ne sais comment
Lui pouvoir demander ce qu'il me doit.

SGANARELLE.

Vraiment,
Quand on parle de vous, il ne faut que l'entendre!
Comme lui tous ses gens ont pour vous le cœur tendre;
Et pour vous le montrer, ah! que ne vous vient-on
Donner quelque nasarde, ou des coups de bâton!
Vous verriez de quel air..

M. DIMANCHE.

Je le crois, Sganarelle;
Mais, pour lui, mille écus sont une bagatelle;
Et deux mots dits par vous....

SGANARELLE.

Allez, ne craignez rien;
Vous en dût-il vingt mille, il vous les paieroit bien.

M. DIMANCHE.

Mais vous, vous me devez aussi, pour votre compte...

SGANARELLE.

Fi! parler de cela! N'avez-vous point de honte?

M. DIMANCHE.

Comment?

SGANARELLE.

Ne sais-je pas que je vous dois?

M. DIMANCHE.

Si tous....

SGANARELLE.

Allez, monsieur Dimanche, on vous attend chez vous.

M. DIMANCHE.

Mais mon argent?

SGANARELLE.

Eh bien, je dois : qui doit s'oblige.

M. DIMANCHE.

Je veux...

SGANARELLE.

Ah!

M. DIMANCHE.

J'entends....

SGANARELLE.

Bon!

M. DIMANCHE.

Mais....

SGANARELLE.

Fi!

M. DIMANCHE.

Je....

SGANARELLE.

Fi! vous dis-je

SCÈNE VI. — D. JUAN, SGANARELLE, ELVIRE

SGANARELLE.

Nous en voilà défaits.

D. JUAN.

Et fort civilement.
A-t-il lieu de s'en plaindre?

SGANARELLE.

Il auroit tort. Comment!

D. JUAN.

N'ai-je pas....

SGANARELLE.

Ceux qui font les fautes, qu'ils les boivent.
Est-ce aux gens comme vous à payer ce qu'ils doivent?

D. JUAN.

Qu'on sache si bientôt le dîner sera prêt.
(*A Elvire qu'il voit entrer.*)
Quoi! vous encor, madame! En deux mots, s'il vous plaît,
J'ai hâte.

ELVIRE.

Dans l'ennui dont mon âme est atteinte,
Vous craignez ma douleur; mais perdez cette crainte.
Je ne viens pas ici pleine de ce courroux
Que je n'ai que trop fait éclater devant vous.
Par un premier hymen une autre vous possède;
On m'a tout éclairci : c'est un mal sans remède;
Et je me ferois tort de vouloir disputer
Ce que contre les lois je ne puis emporter.

ACTE IV, SCENE VI.

J'ai sans doute à rougir, malgré mon innocence,
D'avoir cru mon amour avec tant d'imprudence,
Qu'en vous donnant la main j'ai reçu votre foi,
Sans voir si vous étiez en pouvoir d'être à moi.
Ce dessein avoit beau me sembler téméraire,
Je cherchois le secret par la crainte d'un frère ;
Et le tendre penchant qui me fit tout oser,
Sur vos sermens trompeurs servit à m'abuser.
Le crime est pour vous seul, puisque enfin éclaircie
Je songe à satisfaire à ma gloire noircie,
Et que, ne vous pouvant conserver pour époux,
J'éteins la folle ardeur qui m'attachoit à vous.
Non qu'un juste remords l'étouffe dans mon âme
Jusques à n'y laisser aucun reste de flamme :
Mais ce reste n'est plus qu'un amour épuré ;
C'est un feu dont pour vous mon cœur est éclairé,
Un feu purgé de tout, une sainte tendresse,
Qu'au commerce des sens nul désir n'intéresse,
Qui n'agit que pour vous.

SGANARELLE.
Ah !

D. JUAN.
Tu pleures, je croi ;
Ton cœur est attendri.

SGANARELLE.
Monsieur, pardonnez-moi.

ELVIRE.
C'est ce parfait amour qui m'engage à vous dire
Ce qu'aujourd'hui le ciel pour votre bien m'inspire,
Le ciel dont la bonté cherche à vous secourir,
Prêt à choir dans l'abîme où je vous vois courir.
Oui, don Juan, je sais par quel amas de crimes
Vos peines, qu'il résout, lui semblent légitimes ;
Et je viens, de sa part, vous dire que pour vous
Sa clémence a fait place à son juste courroux ;
Que, las de vous attendre, il tient la foudre prête,
Qui, depuis si longtemps, menace votre tête ;
Qu'il est encore en vous, par un prompt repentir,
De trouver les moyens de vous en garantir ;
Et que, pour éviter un malheur si funeste,
Ce jour, ce jour peut-être est le seul qui vous reste.

SGANARELLE.
Monsieur !

ELVIRE.
Pour moi, qui sors de mon aveuglement,
Je n'ai plus à la terre aucun attachement :
Ma retraite est conclue ; et c'est là que sans cesse

Mes larmes tâcheront d'effacer ma foiblesse.
Heureuse si je puis, par mon austérité,
Obtenir le pardon de ma crédulité!
Mais dans cette retraite, où l'on meurt à soi-même,
J'aurois, je vous l'avoue, une douleur extrême
Qu'un homme à qui j'ai cru pouvoir innocemment
De mes plus tendres vœux donner l'empressement,
Devînt, par un revers aux méchans redoutable,
Des vengeances du ciel l'exemple épouvantable.

SGANARELLE.

Monsieur, encore un coup....

ELVIRE.

De grâce, accordez-moi
Ce que doit mériter l'état où je me voi.
Votre salut fait seul mes plus fortes alarmes :
Ne le refusez point à mes vœux, à mes larmes ;
Et, si votre intérêt ne vous sauroit toucher,
Au crime, en ma faveur, daignez vous arracher,
Et m'épargner l'ennui d'avoir pour vous à craindre
Le courroux que jamais le ciel ne laisse éteindre.

SGANARELLE.

La pauvre femme!

ELVIRE.

Enfin, si le faux nom d'époux
M'a fait tout oublier pour vivre tout à vous ;
Si je vous ai fait voir la plus forte tendresse
Qui jamais d'un cœur noble ait été la maîtresse,
Tout le prix que j'en veux, c'est de vous voir songer
Au bonheur que pour vous je tâche à ménager.

SGANARELLE.

Cœur de tigre!

ELVIRE.

Voyez que tout est périssable ;
Examinez la peine infaillible au coupable ;
Et de votre salut faites-vous une loi,
Ou pour l'amour de vous, ou pour l'amour de moi.
C'est à ce but qu'il faut que tous vos désirs tendent,
Et ce que de nouveau mes larmes vous demandent.
Si ces larmes sont peu, j'ose vous en presser
Par tout ce qui jamais vous put intéresser.
Après cette prière, adieu, je me retire.
Songez à vous : c'est tout ce que j'avois à dire.

D. JUAN.

J'ai fort prêté l'oreille à ce pieux discours,
Madame ; avecque moi demeurez quelques jours :
Peut-être, en me parlant, vous me toucherez l'âme.

ACTE IV, SCÈNE VI.

ELVIRE.
Demeurer avec vous, n'étant point votre femme!
Je vous ai découvert de grandes vérités.
Don Juan, craignez tout, si vous n'en profitez.

SCÈNE VII. — D. JUAN, SGANARELLE, SUITE.

SGANARELLE.
La laisser partir sans....

D. JUAN.
Sais-tu bien, Sganarelle,
Que mon cœur s'est encor presque senti pour elle?
Ses larmes, son chagrin, sa résolution,
Tout cela m'a fait naître un peu d'émotion.
Dans son air languissant je l'ai trouvée aimable.

SGANARELLE.
Et tout ce qu'elle a dit n'a point été capable....

D. JUAN
Vite, à dîner.

SGANARELLE.
Fort bien.

D. JUAN.
Pourquoi me regarder?
Va, va, je vais bientôt songer à m'amender.

SGANARELLE.
Ma foi! n'en riez point; rien n'est si nécessaire
Que de se convertir.

D. JUAN.
C'est ce que je veux faire.
Encor vingt ou trente ans des plaisirs les plus doux,
Toujours en joie; et puis nous penserons à nous.

SGANARELLE.
Voilà des libertins l'ordinaire langage;
Mais la mort....

D. JUAN.
Hem?

SGANARELLE.
Qu'on serve. Ah! bon! monsieur, courage
Grande chère, tandis que nous nous portons bien.
(Il prend un morceau dans un des plats qu'on apporte, et le met dans sa bouche.)

D. JUAN.
Quelle enflure est-ce là? Parle, dis, qu'as-tu?

SGANARELLE.
Rien.

D. JUAN.
Attends, montre. Sa joue est toute contrefaite:
C'est une fluxion; qu'on cherche une lancette.

Le pauvre garçon! Vite : il le faut secourir
Si cet abcès rentroit, il en pourroit mourir.
Qu'on le perce; il est mûr. Ah! coquin que vous êtes
Vous osez donc....

SGANARELLE.

Ma foi, sans chercher de défaites,
Je voulois voir, monsieur, si votre cuisinier
N'avoit point trop poivré ce ragoût : le dernier
L'étoit en diable; aussi vous n'en mangeâtes guère.

D. JUAN.

Puisque la faim te presse, il faut la satisfaire.
Fais-toi donner un siége, et mange avecque moi;
Aussi bien, cela fait j'aurai besoin de toi.
Mets-toi là.

SGANARELLE, *prenant un siége.*

Volontiers; j'y tiendrai bien ma place.

D. JUAN.

Mange donc.

SGANARELLE.

Vous serez content. De votre grâce,
Vous m'avez fait partir sans déjeuner; ainsi
J'ai l'appétit, monsieur, bien ouvert, Dieu merci.

D. JUAN.

Je le vois.

SGANARELLE.

Quand j'ai faim, je mange comme trente.
Tâtez-moi de cela, la sauce est excellente.
Si j'avois ce chapon, je le mènerois loin.
(*A la Violette qui lui veut donner une assiette blanche*
Tout doux, petit compère, il n'en est pas besoin;
Rengainez. Vertubleu! pour lever les assiettes,
Vous êtes bien soigneux d'en présenter de nettes.
Et vous, monsieur Picard, trêve de compliment :
Je n'ai point encor soif.

D. JUAN.

Va, dîne posément

SGANARELLE.

C'est bien dit.

D. JUAN.

Chante-moi quelque chanson à boire

SGANARELLE.

Bientôt, monsieur; laissons travailler la mâchoire.
Quand j'aurai dit trois mots à chacun de ces plats ...
Qui diable frappe ainsi?

D JUAN, *à un laquais*

Dis que je n'y suis pas

ACTE IV, SCÈNE VII.

SGANARELLE.

Attendez, j'aime mieux l'aller dire moi-même.
Ah, monsieur!

D. JUAN.

D'où te vient cette frayeur extrême?

SGANARELLE, *baissant la tête.*

C'est le....

D. JUAN.

Quoi?

SGANARELLE.

Je suis mort.

D. JUAN.

Veux-tu pas t'expliquer?

SGANARELLE.

Du faiseur de.... tantôt vous pensiez vous moquer:
Avancez, il est là; c'est lui qui vous demande.

D. JUAN.

Allons le recevoir.

SGANARELLE.

Si j'y vais, qu'on me pende.

D. JUAN.

Quoi! d'un rien ton courage est sitôt abattu!

SGANARELLE.

Ah! pauvre Sganarelle, où te cacheras-tu?

SCÈNE VIII. — D. JUAN, LA STATUE DU COMMANDEUR, SGANARELLE, SUITE.

D. JUAN.

Une chaise, un couvert. Je te suis redevable
(*A Sganarelle.*)
D'être si ponctuel. Viens te remettre à table.

SGANARELLE.

J'ai mangé comme un chancre, et je n'ai plus de faim.

D. JUAN, *au Commandeur.*

Si de t'avoir ici j'eusse été plus certain,
Un repas mieux réglé t'auroit marqué mon zèle.
A boire. A ta santé, Commandeur. Sganarelle,
Je te la porte. Allons, qu'on lui donne du vin.
Bois.

SGANARELLE.

Je ne bois jamais quand il est si matin.

D. JUAN.

Chante; le Commandeur te voudra bien entendre

SGANARELLE.

Je suis trop enrhumé.

LA STATUE.

Laisse-le s'en défendre.

C'en est assez, je suis content de ton repas.
Le temps fuit, la mort vient, et tu n'y penses pas.
D. JUAN.
Ces avertissemens me sont peu nécessaires.
Chantons; une autre fois nous parlerons d'affaires.
LA STATUE.
Peut-être une autre fois tu le voudras trop tard·
Mais, puisque tu veux bien en courir le hasard,
Dans mon tombeau, ce soir, à souper je t'engage
Promets-moi d'y venir; auras-tu ce courage?
D. JUAN.
Oui; Sganarelle et moi, nous irons.
SGANARELLE.
Moi! non pas.
D. JUAN.
Poltron!
SGANARELLE.
Jamais par jour je ne fais qu'un repas.
LA STATUE.
Adieu.
D. JUAN.
Jusqu'à ce soir.
LA STATUE.
Je t'attends.
SGANARELLE.
Misérable!
Où me veut-il mener?
D. JUAN.
J'irai, fût-ce le diable.
Je veux voir comme on est régalé chez les morts.
SGANARELLE.
Pour cent coups de bâton que n'en suis-je dehors!

ACTE CINQUIÈME.

SCÈNE I. — D. LOUIS, D. JUAN, SGANARELLE.

D. LOUIS.
Ne m'abusez-vous point? et seroit-il possible
Que votre cœur, ce cœur si longtemps inflexible,
Si longtemps en aveugle au crime abandonné,
Eût rompu les liens dont il fut enchaîné?
Qu'un pareil changement me va causer de joie!
Mais, encore une fois, faut-il que je le croie?
Et se peut-il qu'enfin le ciel m'ait accordé
Ce qu'avec tant d'ardeur j'ai toujours demandé?

ACTE V, SCÈNE I.

D. JUAN.

Oui, monsieur; ce retour dont j'étois si peu digne
Nous est de ses bontés un témoignage insigne.
Je ne suis plus ce fils dont les lâches désirs
N'eurent pour seul objet que d'infâmes plaisirs;
Le ciel, dont la clémence est pour moi sans seconde,
M'a fait voir tout à coup les vains abus du monde;
Tout à coup de sa voix l'attrait victorieux
A pénétré mon âme et dessillé mes yeux;
Et je vois, par l'effet dont sa grâce est suivie,
Avec autant d'horreur les taches de ma vie,
Que j'eus d'emportement pour tout ce que mes sens
Trouvoient à me flatter d'appas éblouissans.
Quand j'ose rappeler l'excès abominable
Des désordres honteux dont je me sens coupable,
Je frémis, et m'étonne, en m'y voyant courir,
Comme le ciel a pu si longtemps me souffrir;
Comme cent et cent fois il n'a pas sur ma tête
Lancé l'affreux carreau qu'aux méchans il apprête.
L'amour, qui tint pour moi son courroux suspendu,
M'apprend à ses bontés quel sacrifice est dû.
Il l'attend et ne veut que ce cœur infidèle,
Ce cœur jusqu'à ce jour à ses ordres rebelle.
Enfin, et vos soupirs l'ont sans doute obtenu,
De mes égaremens me voilà revenu.
Plus de remise. Il faut qu'aux yeux de tout le monde
A mes folles erreurs mon repentir réponde;
Que j'efface, en changeant mes criminels désirs,
L'empressement fatal que j'eus pour les plaisirs,
Et tâche à réparer, par une ardeur égale,
Ce que mes passions ont causé de scandale.
C'est à quoi tous mes vœux aujourd'hui sont portés;
Et je devrai beaucoup, monsieur, à vos bontés,
Si, dans le changement où ce retour m'engage,
Vous me daignez choisir quelque saint personnage
Qui, me servant de guide, ait soin de me montrer
A bien suivre la route où je m'en vais entrer.

D. LOUIS.

Ah! qu'aisément un fils trouve le cœur d'un père
Prêt, au moindre remords, à calmer sa colère!
Quels que soient les chagrins que par vous j'ai reçus,
Vous vous en repentez, je ne m'en souviens plus.
Tout vous porte à gagner cette grande victoire,
L'intérêt du salut, celui de votre gloire.
Combattez, et surtout ne vous relâchez pas.
Mais, dans cette campagne, où s'adressent vos pas?
J'ai sorti de la ville exprès pour une affaire

Où dès hier ma présence étoit fort nécessaire,
Et j'ai voulu marcher un moment au retour ;
Mon carrosse m'attend à ce premier détour :
Venez.

D. JUAN.

Non, aujourd'hui souffrez-moi l'avantage
D'un peu de solitude au prochain ermitage.
C'est là que, retiré, loin du monde et du bruit,
Pour m'offrir mieux au ciel, je veux passer la nuit.
Ma peine y finira. Tout ce qui m'en peut faire
Dans ce détachement qui m'est si nécessaire,
C'est que, pour mes plaisirs, je me suis fait prêter
Des sommes que je suis hors d'état d'acquitter.
Faute de rendre, il est des gens qui me maudissent,
Qui font....

D. LOUIS.

Que là-dessus vos scrupules finissent.
Je paierai tout, mon fils, et prétends de mon bien
Vous donner....

D. JUAN.

Ah ! pour moi je ne demande rien :
Pourvu que par mes pleurs mes fautes réparées...

D. LOUIS.

O consolations ! douceurs inespérées !
Tous mes vœux sont enfin heureusement remplis ;
Grâce aux bontés du ciel, j'ai retrouvé mon fils,
Il se rend à la voix qui vers lui le rappelle.
Je cours à votre mère en porter la nouvelle.
Adieu, prenez courage ; et, si vous persistez,
N'attendez plus que joie et que prospérités.

SCÈNE II. — D. JUAN, SGANARELLE.

SGANARELLE, *en pleurant.*

Monsieur.

D. JUAN.

Qu'est-ce ?

SGANARELLE.

Ah !

D. JUAN.

Comment ! tu pleures ?

SGANARELLE.

C'est de joie
De vous voir embrasser enfin la bonne voie :
Jamais encor, je crois, je n'en ai tant senti.
Ah ! quel plaisir ce m'est de vous voir converti !
Le ciel a bien pour vous exaucé mon envie.
Franchement, vous meniez une diable de vie.

ACTE V, SCÈNE II.

Mais, à tout péché grâce; il n'en faut plus parler.
L'ermitage est-il loin où vous voulez aller?

D. JUAN.

Hé?

SGANARELLE.

Seroit-ce là-bas vers cet endroit sauvage?

D. JUAN.

Peste soit du benêt avec son ermitage!

SGANARELLE.

Pourquoi? Frère Pacôme est un homme de bien;
Et je crois qu'avec lui vous ne perdriez rien.

D. JUAN.

Parbleu! tu me ravis! Quoi! tu me crois sincère
Dans un conte forgé pour attraper mon père!

SGANARELLE.

Comment! vous ne.... Monsieur, c'est.... Où donc allons-nous?

D. JUAN.

La belle de tantôt m'a donné rendez-vous.
Voici l'heure, et j'y vais; c'est là mon ermitage.

SGANARELLE.

La retraite sera méritoire. Ah! j'enrage.

D. JUAN.

Elle est jolie, oui.

SGANARELLE.

Mais l'aller chercher si loin?

D. JUAN.

Elle m'a touché l'âme; et s'il étoit besoin,
Pour ne la manquer pas, j'irois jusques à Rome

SGANARELLE.

Belle conversion! Ah! quel homme! quel homme!
Vous l'attendrez en vain, elle ne viendra pas.

D. JUAN.

Je crois qu'elle viendra, moi.

SGANARELLE.

Tant pis.

D. JUAN.

En tout cas,
Ma peine au rendez-vous ne sera point perdue :
C'est où du commandeur on a mis la statue;
Il nous a conviés à souper, on verra
Comment, s'il nous reçoit, il s'en acquittera.

SGANARELLE.

Souper avec un mort tué par vous?

D. JUAN.

N'importe;
J'ai promis : sur la peur ma promesse l'emporte.

SGANARELLE.

Et si la belle vient, et se laisse emmener.

D. JUAN.

Oh! ma foi, la statue ira se promener :
Je préfère à tout mort une jeune vivante.

SGANARELLE.

Mais voir une statue et mouvante et parlante,
N'est-ce pas...

D. JUAN.

Il est vrai, c'est quelque chose; en vain
Je ferois là-dessus un jugement certain :
Pour ne s'y point méprendre, il en faut voir la suite.
Cependant si j'ai feint de changer de conduite,
Si j'ai dit que j'allois me déchirer le cœur,
D'une vie exemplaire embrasser la rigueur,
C'est un pur stratagème, un ressort nécessaire,
Par où ma politique, éblouissant mon père,
Me va mettre à couvert de divers embarras
Dont, sans lui, mes amis ne me tireroient pas.
Si l'on m'en inquiète, il obtiendra ma grâce.
Tu vois comme déjà ma première grimace
L'a porté de lui-même à se vouloir charger
Des dettes dont par lui je me vais dégager.

SGANARELLE.

Mais, n'étant point dévot, par quelle effronterie
De la dévotion faire une momerie?

D. JUAN.

Il est des gens de bien, et vraiment vertueux;
Tout méchant que je suis, j'ai du respect pour eux :
Mais si l'on n'en peut trop élever les mérites,
Parmi ces gens de bien il est mille hypocrites
Qui ne se contrefont que pour en profiter;
Et pour mes intérêts je veux les imiter.

SGANARELLE.

Ah! quel homme! quel homme!

D. JUAN.

Il n'est rien si commode
Vois-tu? L'hypocrisie est un vice à la mode;
Et quand de ses couleurs un vice est revêtu,
Sous l'appui de la mode, il passe pour vertu.
Sur tout ce qu'à jouer il est de personnages,
Celui d'homme de bien a de grands avantages :
C'est un art grimacier dont les détours flatteurs
Cachent sous un beau voile un amas d'imposteurs.
On a beau découvrir que ce n'est qu'un faux zèle,
L'imposture est reçue, on ne peut rien contre elle;
La censure voudroit y mordre vainement.
Contre tout autre vice on parle hautement,
Chacun a liberté d'en faire voir le piége:

Mais, pour l'hypocrisie, elle a son privilége,
Qui, sous le masque adroit d'un visage emprunté,
Lui fait tout entreprendre avec impunité.
Flattant ceux du parti plus qu'aucun redoutable,
On se fait d'un grand corps le membre inséparable ·
C'est alors qu'on est sûr de ne succomber pas.
Quiconque en blesse l'un, les a tous sur les bras;
Et ceux même qu'on sait que le ciel seul occupe,
Des singes de leurs mœurs sont l'ordinaire dupe :
A quoi que leur malice ait pu se dispenser,
Leur appui leur est sûr, s'ils l'ont vu grimacer.
Ah ! combien j'en connois qui, par ce stratagème,
Après avoir vécu dans un désordre extrême,
S'armant du bouclier de la religion,
Ont rhabillé sans bruit leur dépravation,
Et pris droit, au milieu de tout ce que nous sommes,
D'être sous ce manteau les plus méchans des hommes!
On a beau les connoître, et savoir ce qu'ils sont,
Trouver lieu de scandale aux intrigues qu'ils ont,
Toujours même crédit : un maintien doux, honnête,
Quelques roulemens d'yeux, des baissemens de tête,
Trois ou quatre soupirs mêlés dans un discours,
Sont, pour tout rajuster, d'un merveilleux secours.
C'est sous un tel abri qu'assurant mes affaires,
Je veux de mes censeurs duper les plus sévères :
Je ne quitterai point mes pratiques d'amour,
J'aurai soin seulement d'éviter le grand jour,
Et saurai, ne voyant en public que des prudes,
Garder à petit bruit mes douces habitudes.
Si je suis découvert dans mes plaisirs secrets,
Tout le corps en chaleur prendra mes intérêts;
Et, sans me remuer, je verrai la cabale
Me mettre hautement à couvert du scandale.
C'est là le vrai moyen d'oser impunément
Permettre à mes désirs un plein emportement:
Des actions d'autrui je ferai le critique,
Médirai saintement, et, d'un ton pacifique
Applaudissant à tout ce qui sera blâmé,
Ne croirai que moi seul digne d'être estimé.
S'il faut que d'intérêt quelque affaire se passe,
Fût-ce veuve, orphelin, point d'accord, point de grâce;
Et, pour peu qu'on me choque, ardent à me venger,
Jamais rien au pardon ne pourra m'obliger.
J'aurai tout doucement le zèle charitable
De nourrir une haine irréconciliable;
Et quand on me viendra porter à la douceur,
Des intérêts du ciel je ferai le vengeur :

Le prenant pour garant du soin de sa querelle,
J'appuierai de mon cœur la malice infidèle ;
Et, selon qu'on m'aura plus ou moins respecté,
Je damnerai les gens de mon autorité.
C'est ainsi que l'on peut, dans le siècle où nous sommes,
Profiter sagement des foiblesses des hommes,
Et qu'un esprit bien fait, s'il craint les mécontens,
Se doit accommoder aux vices de son temps.

SGANARELLE.

Qu'entends-je ? C'en est fait, monsieur, et je le quitte ;
Il ne vous manquoit plus que vous faire hypocrite :
Vous êtes de tout point achevé, je le voi.
Assommez-moi de coups, percez-moi, tuez-moi,
Il faut que je vous parle, il faut que je vous dise :
« Tant va la cruche à l'eau, qu'enfin elle se brise. »
Et, comme dit fort bien en moindre ou pareil cas
Un auteur renommé que je ne connois pas,
Un oiseau sur la branche est proprement l'exemple
De l'homme qu'en pécheur ici-bas je contemple.
La branche est attachée à l'arbre, qui produit,
Selon qu'il est planté, de bon ou mauvais fruit.
Le fruit, s'il est mauvais, nuit plus qu'il ne profite ;
Ce qui nuit vers la mort nous fait aller plus vite :
La mort est une loi d'un usage important ;
Qui peut vivre sans loi vit en brute ; et partant
Ramassez : ce sont là preuves indubitables
Qui font que vous irez, monsieur, à tous les diables

D. JUAN.

Le beau raisonnement !

SGANARELLE.

Ne vous rendez donc pas ;
Soyez damné tout seul, car, pour moi, je suis las....

D. JUAN, *apercevant Léonor.*

N'avois-je pas raison ? Regarde, Sganarelle ;
Vient-on au rendez-vous ?

SCÈNE III. — D. JUAN, LÉONOR, PASCALE, SGANARELLE

D. JUAN.

Que de joie ! Ah ! ma belle,
Vous voilà ! Je tremblois que, par quelque embarras,
Vous ne pussiez sortir.

LÉONOR.

Oh ! point. Mais n'est-ce pas
Monsieur le médecin que je vois là ?

D. JUAN.

Lui-même.
Il a pris cet habit, mais c'est par stratagème,

Pour certain langoureux, chez qui je l'ai mené,
Contre les médecins de tout temps déchaîné :
Il n'en veut voir aucun; et monsieur, sans rien dire,
A reconnu son mal, dont il ne fait que rire.
Certaine herbe déjà l'a fort diminué.

LÉONOR.

Ma tante a pris sa poudre.

SGANARELLE, *gravement, à Léonor.*

A-t-elle éternué?

LÉONOR.

Je ne sais; car soudain, sans vouloir voir personne,
Elle s'est mise au lit.

SGANARELLE.

La chaleur est fort bonne
Pour ces sortes de maux.

LÉONOR.

Oh! je crois bien cela.

D. JUAN.

Et qui donc avec vous nous amenez-vous là?

LÉONOR.

C'est ma nourrice. Ah! si vous saviez, elle m'aime....

D. JUAN.

Vous avez fort bien fait, et ma joie est extrême
Que, quand je vous épouse, elle soit caution....

PASCALE.

Vous faites là, monsieur, une bonne action.
Pour entrer au couvent, la pauvre créature
Tous les jours de soufflets avoit pleine mesure;
C'étoit pitié....

D. JUAN.

Bientôt, Dieu merci, la voilà
Exempte, en m'épousant, de tous ces chagrins-là.

LÉONOR.

Monsieur....

D. JUAN.

C'est à mes yeux la plus aimable fille..

PASCALE.

Jamais vous n'en pouviez prendre une plus gentille,
Qui vous pût mieux.... Enfin, traitez-la doucement,
Vous en aurez, monsieur, bien du contentement

D. JUAN.

Je le crois. Mais allons, sans tarder davantage,
Dresser tout ce qu'il faut pour notre mariage
Je veux le faire en forme, et qu'il n'y manque rien.

PASCALE.

Eh! vous n'y perdrez pas; ma fille a de bon bien.
Quand son père mourut, il avoit des pistoles
Plus gros....

D. JUAN.

Ne perdons point le temps à des paroles.
Allons, venez, ma belle. Ah! que j'ai de bonheur!
Vous allez être à moi.

LÉONOR.

Ce m'est beaucoup d'honneur.

SGANARELLE, *bas, à Pascale.*

Il cherche à la duper; gardez qu'il ne l'emmène.
C'est un fourbe

PASCALE.

Comment?

SGANARELLE, *bas.*

A plus d'une douzaine....
(*Haut, se voyant observé par D. Juan.*)
Ah! l'honnête homme! Allez, votre fille aujourd'hui
Auroit eu beau chercher pour trouver mieux que lui.
Il a de l'amitié.... Croyez-moi, qu'une femme
Sera la bien.... Et puis il la fera grand'dame.

D. JUAN, *à Léonor.*

Ne nous arrêtons point, ma belle; j'aurois peur
Que quelqu'un ne survînt.

SGANARELLE, *bas, à Pascale.*

C'est le plus grand trompeur..

PASCALE, *à D. Juan.*

Où donc nous menez-vous?

D. JUAN.

Tout droit chez un notaire.

PASCALE.

Non, monsieur; dans le bourg il seroit nécessaire
D'aller chez sa cousine, afin qu'étant témoin
De votre foi donnée....

D. JUAN.

Il n'en est pas besoin;
Monsieur le médecin, et vous, devez suffire.

LÉONOR, *à Pascale.*

Sommes-nous pas d'accord?

D. JUAN.

Il ne faut plus qu'écrire
Quand ils auront signé tous deux avecque nous,
Que je vous prends pour femme, et vous, moi pour époux
C'est comme si....

PASCALE.

Non, non, sa cousine y doit être.

SGANARELLE, *bas, à Pascale.*

Fort bien.

LÉONOR.

Quelque amitié qu'elle m'ait fait paroître,

ACTE V, SCÈNE III.

Si chez elle il n'est pas nécessaire d'aller,
Ne disons rien : peut-être elle voudroit parler.

D. JUAN.

Oui, quand on veut tenir une affaire secrète,
Moins on a de témoins, plus la chose est bien faite.

PASCALE.

Mon Dieu, tout comme ailleurs, chez elle sans éclat,
Les notaires du bourg dresseront le contrat.

SGANARELLE.

Pourquoi vous défier? Monsieur a-t-il la mine
(*Bas, à Pascale.*)
D'être un fourbe? Voyez.... Ferme, chez la cousine.

D. JUAN, *à Léonor.*

Au hasard de l'entendre enfin nous quereller,
Avançons.

PASCALE, *arrêtant Léonor.*

Ce n'est point par là qu'il faut aller.
Vous n'êtes pas encore où vous pensez, beau sire

D. JUAN, *à Léonor.*

Doublons le pas ensemble : il faut la laisser dire.

SCÈNE IV. — LA STATUE DU COMMANDEUR, D. JUAN, LÉONOR, PASCALE, SGANARELLE.

LA STATUE, *prenant D. Juan par le bras.*

Arrête, don Juan.

LÉONOR.

Ah! qu'est-ce que je voi?
Sauvons-nous vite, hélas!

D. JUAN, *tâchant à se défaire de la statue.*

Ma belle, attendez-moi,
Je ne vous quitte point.

LA STATUE.

Encore un coup, demeure;
Tu résistes en vain.

SGANARELLE.

Voici ma dernière heure;
en est fait.

D. JUAN, *à la statue.*

Laisse-moi.

SGANARELLE.

Je suis à vos genoux,
Madame la statue : ayez pitié de nous.

LA STATUE.

Je t'attendois ce soir à souper.

D. JUAN.

Je t'en quitte :
On me demande ailleurs

LA STATUE.
Tu n'iras pas si vite:
L'arrêt en est donné; tu touches au moment
Où le ciel va punir ton endurcissement.
Tremble.
D. JUAN.
Tu me fais tort quand tu m'en crois capable :
Je ne sais ce que c'est que trembler.
SGANARELLE.
Détestable!
LA STATUE.
Je t'ai dit, dès tantôt, que tu ne songeois pas
Que la mort chaque jour s'avançoit à grands pas.
Au lieu d'y réfléchir tu retournes au crime,
Et t'ouvres à toute heure abîme sur abîme.
Après avoir en vain si longtemps attendu,
Le ciel se lasse : prends, voilà ce qui t'est dû.
(*La statue embrasse D. Juan; et, un moment après, tous deux sont abîmés.*)
D. JUAN.
Je brûle, et c'est trop tard que mon âme interdite...
Ciel!
SGANARELLE.
Il est englouti! je cours me rendre ermite.
L'exemple est étonnant pour tous les scélérats;
Malheur à qui le voit et n'en profite pas!

FIN DU FESTIN DE PIERRE.

LE COMTE D'ESSEX.

TRAGÉDIE.

1678.

AU LECTEUR.

Il y a trente ou quarante ans que feu M. de La Calprenède traita le sujet du comte d'Essex, et le traita avec beaucoup de succès. Ce que je me suis hasardé à faire après lui semble n'avoir point déplu; et la matière est si heureuse par la pitié qui en est inséparable, qu'elle n'a pas laissé examiner mes fautes avec toute la sévérité que j'avois à craindre. Il est certain que le comte d'Essex eut grande part aux bonnes grâces d'Élisabeth. Il étoit naturellement ambitieux. Les services qu'il avoit rendus à l'Angleterre lui enflèrent le courage. Ses ennemis l'accusèrent d'intelligence avec le comte de Tyron, que les rebelles d'Irlande avoient pris pour chef. Les soupçons qu'on en eut lui firent ôter le commandement de l'armée. Ce changement le piqua. Il vint à Londres, révolta le peuple, fut pris, condamné; et, ayant toujours refusé de demander grâce, il eut la tête coupée le 25 février 1601. Voilà ce que l'histoire m'a fourni. J'ai été surpris qu'on m'ait imputé de l'avoir falsifiée, parce que je ne me suis point servi de l'incident d'une bague qu'on prétend que la reine avoit donnée au comte d'Essex pour gage d'un pardon certain, quelque crime qu'il pût jamais commettre contre l'État; mais je suis persuadé que cette bague est de l'invention de M. de La Calprenède; du moins je n'en ai rien lu dans aucun historien. Cambdenus, qui a fait un gros volume de la seule vie d'Élisabeth, n'en parle point; et c'est une particularité que je me serois cru en pouvoir de supprimer quand même je l'aurois trouvée dans son histoire.

PRÉCIS DE L'ÉVÉNEMENT

SUR LEQUEL EST FONDÉE LA TRAGÉDIE DU COMTE D'ESSEX.

« Élisabeth, reine d'Angleterre, qui régna avec beaucoup de bonheur et de prudence, eut pour base de sa conduite, depuis qu'elle fut sur le trône, le dessein de ne se jamais donner de mari, et de ne se soumettre jamais à un amant. Elle aimoit à plaire, et elle n'étoit pas insensible. Robert Dudley, fils du duc de Northumberland, lui inspira d'abord quelque inclination, et fut regardé quelque temps comme un favori déclaré, sans qu'il fût un amant heureux.

« Le comte de Leicester succéda dans la faveur à Dudley; et enfin, après la mort de Leicester, Robert d'Évreux, comte d'Essex fut dans ses bonnes grâces. Il étoit fils d'un comte d'Essex, créé par la reine comte-maréchal d'Irlande : cette famille étoit originaire de Normandie, comme le nom d'Évreux le témoigne assez. Ce n'est pas que la ville d'Évreux eût jamais appartenu à cette maison; elle avoit été érigée en comté par Richard Ier, duc de Normandie, pour un de ses fils, nommé Robert, archevêque de Rouen, qui, étant archevêque, se maria solennellement à une demoiselle nommée Herlève. De ce mariage, que l'usage approuvoit alors, naquit une fille, qui porta le comté d'Évreux dans la maison de Montfort. Philippe Auguste acquit Évreux en 1200 par une transaction; ce comté fut depuis réuni à la couronne, et cédé ensuite en pleine propriété, en 1651, par Louis XIV, à la maison de La Tour d'Auvergne de Bouillon. La maison d'Essex, en Angleterre, descendoit d'un officier subalterne, natif d'Évreux, qui suivit Guillaume le Bâtard à la conquête de l'Angleterre, et qui prit le nom de la ville où il étoit né. Jamais Évreux n'appartint à cette famille, comme quelques-uns l'ont cru. Le premier de cette maison qui fut comte d'Essex fut Gauthier d'Évreux, père du favori d'Élisabeth; et ce favori, nommé Guillaume, laissa un fils, qui fut fort malheureux, et dans qui la race s'éteignit.

« Cette petite observation n'est que pour ceux qui aiment les recherches historiques, et n'a aucun rapport avec la tragédie que nous examinerons.

« Le jeune Guillaume, comte d'Essex, qui fait le sujet de la pièce, s'étant un jour présenté devant la reine, lorsqu'elle alloit se promener dans un jardin, il se trouva un endroit rempli de fange sur le passage; Essex détacha sur-le-champ un manteau broché d'or qu'il portoit, et l'étendit sous les pieds de la reine. Elle fut touchée de cette galanterie. Celui qui la faisoit étoit d'une figure noble et aimable; il parut à la cour avec beaucoup d'éclat. La reine, âgée de cinquante-huit ans, prit bientôt pour lui un goût que son âge mettoit à l'abri des soupçons : il étoit aussi brillant par son courage et par la hauteur de son esprit que par sa bonne mine. Il demanda la permission d'aller conquérir, à ses dépens, un canton de l'Irlande, et se signala souvent en volontaire. Il fit revivre l'ancien esprit de la chevalerie, portant toujours à son bonnet un gant de la reine Élisabeth. C'est lui qui, commandant les troupes angloises au siége de Rouen, proposa un duel à l'amiral de Villars-Brancas, qui défendoit la place, pour lui prouver, disoit-il dans son cartel, que sa maîtresse étoit plus belle que celle de l'amiral. Il falloit qu'il entendît par là quelque autre dame que la reine Élisabeth, dont l'âge et le grand nez n'avoient pas de puissans charmes. L'amiral lui répondit qu'il se soucioit fort peu que sa maîtresse fût belle ou laide, et qu'il l'empêcheroit bien d'entrer dans Rouen. Il défendit très-bien la place, et se moqua de lui.

« La reine le fit grand maître de l'artillerie, lui donna l'ordre de la Jarretière, et enfin le mit de son conseil privé. Il y eut quelque temps le premier crédit; mais il ne fit jamais rien de mémorable; et lorsqu'en 1599 il alla en Irlande contre les rebelles, à la tête d'une armée de plus de vingt mille hommes, il laissa dépérir entièrement cette armée, qui devoit subjuguer l'Irlande en se montrant. Obligé de rendre compte d'une si mauvaise conduite devant le conseil, il ne répondit que par des bravades qui n'auroient pas même convenu après une campagne heureuse. La reine, qui avoit encore pour lui quelque bonté, se contenta de lui ôter sa place au conseil, de suspendre l'exercice de ses autres dignités, et de lui défendre la cour. Elle avoit alors soixante-huit ans. Il est ridicule d'imaginer que l'amour pût avoir la moindre part dans cette aventure. Le comte conspira indignement contre sa bienfaitrice; mais sa conspiration fut celle d'un homme sans jugement. Il crut que Jacques, roi d'Écosse, héritier naturel d'Élisabeth, pourroit le secourir, et venir détrôner la reine. Il se flatta d'avoir un parti dans Londres; on le vit dans les rues, suivi de quelques insensés attachés à sa fortune, tenter inutilement de soulever le peuple. On le saisit, ainsi que plusieurs de ses complices. Il fut condamné et exécuté selon les lois, sans être plaint de personne. On prétend qu'il étoit devenu dévot dans sa prison, et qu'un malheureux prédicant presbytérien lui ayant persuadé qu'il seroit damné, s'il n'accusoit pas tous ceux qui avoient part à son crime, il eut la lâcheté d'être leur délateur, et de déshonorer ainsi la fin de sa vie. Le goût qu'Élisabeth avoit eu autrefois pour lui, et dont il étoit en effet très-peu digne, a servi de prétexte à des romans et à des tragédies. On a prétendu qu'elle avoit hésité à signer l'arrêt de mort que les pairs du royaume avoient prononcé contre lui. Ce qui est sûr, c'est qu'elle le signa; rien n'est plus avéré, et cela seul dément les romans et les tragédies. » (*Voltaire.*)

PERSONNAGES.

ÉLISABETH, reine d'Angleterre.
LA DUCHESSE D'IRTON, aimée du comte d'Essex.
LE COMTE D'ESSEX.
CÉCILE, ennemi du comte d'Essex.
LE COMTE DE SALSBURY, ami du comte d'Essex.
CROMMER, capitaine des gardes de la reine.
TILNEY, confidente d'Élisabeth.
Suite.

La scène est à Londres.

ACTE PREMIER.

SCÈNE I. — LE COMTE D'ESSEX, LE COMTE DE SALSBURY.

LE COMTE D'ESSEX.

Non, mon cher Salsbury, vous n'avez rien à craindre;
Quel que soit son courroux, l'amour saura l'éteindre;
Et dans l'état funeste où m'a plongé le sort,
Je suis trop malheureux pour obtenir la mort.
Non qu'il ne me soit dur qu'on permette à l'envie
D'attaquer lâchement la gloire de ma vie :
Un homme tel que moi, sur l'appui de son nom,
Devroit comme du crime être exempt du soupçon.
Mais enfin cent exploits et sur mer et sur terre
M'ont fait connoître assez à toute l'Angleterre,
Et j'ai trop bien servi pour pouvoir redouter
Ce que mes ennemis ont osé m'imputer.
Ainsi, quand l'imposture auroit surpris la reine,
L'intérêt de l'État rend ma grâce certaine;
Et l'on ne sait que trop, par ce qu'a fait mon bras,
Que qui perd mes pareils ne les recouvre pas.

SALSBURY.

Je sais ce que de vous, par plus d'une victoire,
L'Angleterre a reçu de surcroît à sa gloire :
Vos services sont grands, et jamais potentat
N'a sur un bras plus ferme appuyé son Etat.
Mais, malgré vos exploits, malgré votre vaillance,
Ne vous aveuglez point sur trop de confiance :
Plus la reine, au mérite égalant ses bienfaits,
Vous a mis en état de ne tomber jamais,
Plus vous devez trembler que trop d'orgueil n'éteigne
Un amour qu'avec honte elle voit qu'on dédaigne.
Pour voir votre faveur tout à coup expirer,
La main qui vous soutient n'a qu'à se retirer.
Et quelle sûreté le plus rare service
Donne-t-il à qui marche au bord du précipice?
Un faux pas y fait choir; mille fameux revers
D'exemples étonnans ont rempli l'univers.
Souffrez à l'amitié qui nous unit ensemble....

LE COMTE D'ESSEX.

Tout a tremblé sous moi, vous voulez que je tremble?
L'imposture m'attaque, il est vrai; mais ce bras
Rend l'Angleterre à craindre aux plus puissans États.
Il a tout fait pour elle, et j'ai sujet de croire

Que la longue faveur où m'a mis tant de gloire
De mes vils ennemis viendra sans peine à bout
Elle me coûte assez pour en attendre tout.
SALSBURY.
L'Etat fleurit par vous, par vous on le redoute :
Mais enfin, quelque sang que sa gloire vous coûte,
Comme un sujet doit tout, s'il s'oublie une fois,
On regarde son crime, et non pas ses exploits.
On veut que vos amis, par de sourdes intrigues
Se soient mêlés pour vous de cabales, de ligues;
Qu'au comte de Tyron ayant souvent écrit,
Vous ayez ménagé ce dangereux esprit;
Et qu'avec l'Irlandois appuyant sa querelle
Vous preniez le parti de ce peuple rebelle :
On produit des témoins, et l'indice est puissant.
LE COMTE D'ESSEX.
Et que peut leur rapport si je suis innocent?
Le comte de Tyron, que la reine appréhende,
Voudroit rentrer en grâce, y remettre l'Irlande;
Et je croirois servir l'État plus que jamais,
Si mon avis suivi pouvoit faire sa paix.
Comme il hait les méchans, il me seroit utile
A chasser un Coban, un Raleigh, un Cécile,
Un tas d'hommes sans nom, qui, lâchement flatteurs,
Des désordres publics font gloire d'être auteurs :
Par eux tout périra. La reine, qu'ils séduisent,
Ne veut pas que contre eux les gens de bien l'instruisent:
Maîtres de son esprit, ils lui font approuver
Tout ce qui peut servir à les mieux élever.
Leur grandeur se formant par la chute des autres....
SALSBURY.
Ils ont leurs intérêts, ne parlons que des vôtres.
Depuis quatre ou cinq jours, sur quels justes projets
Avez-vous de la reine assiégé le palais,
Lorsque le duc d'Irton épousant Henriette....
LE COMTE D'ESSEX.
Ah! faute irréparable, et que trop tard j'ai faite!
Au lieu d'un peuple lâche et prompt à s'étonner,
Que n'ai-je eu pour secours une armée à mener!
Par le fer, par le feu, par tout ce qui peut être,
J'aurois de ce palais voulu me rendre maître.
C'en est fait; biens, trésors, rangs, dignités, emploi,
Ce dessein m'a manqué, tout est perdu pour moi.
SALSBURY.
Que m'apprend ce transport?
LE COMTE D'ESSEX.
Qu'une flamme secrète

Unissoit mon destin à celui d'Henriette,
Et que de mon amour son jeune cœur charmé
Ne me déguisoit pas que j'en étois aimé.
SALSBURY.
Le duc d'Irton l'épouse, elle vous abandonne;
Et vous pouvez penser....
LE COMTE D'ESSEX.
      Son hymen vous étonne;
Mais enfin apprenez par quels motifs secrets
Elle s'est immolée à mes seuls intérêts.
Confidente à la fois et fille de la reine,
Elle avoit su vers moi le penchant qui l'entraîne.
Pour elle chaque jour réduite à me parler,
Elle a voulu me vaincre, et n'a pu m'ébranler;
Et, voyant son amour, où j'étois trop sensible,
Me donner pour la reine un dédain invincible,
Pour m'en ôter la cause en m'ôtant tout espoir,
Elle s'est mariée.... Hé! qui l'eût pu prévoir?
Sans cesse, en condamnant mes froideurs pour la reine,
Elle me préparoit à cette affreuse peine;
Mais, après la menace, un tendre et prompt retour
Me mettoit en repos sur la foi de l'amour :
Enfin, par mon absence à me perdre enhardie,
Elle a contre elle-même usé de perfidie.
Elle m'aimoit, sans doute, et n'a donné sa foi
Qu'en m'arrachant un cœur qui devoit être à moi.
A ce funeste avis, quelles rudes alarmes!
Pour rompre son hymen j'ai fait prendre les armes;
En tumulte au palais je suis vite accouru;
Dans toute sa fureur mon transport a paru.
J'allois sauver un bien qu'on m'ôtoit par surprise;
Mais, averti trop tard, j'ai manqué l'entreprise;
Le duc, unique objet de ce transport jaloux,
De l'aimable Henriette étoit déjà l'époux.
Si j'ai trop éclaté, si l'on m'en fait un crime,
Je mourrai de l'amour innocente victime;
Malheureux de savoir qu'après ce vain effort
Le duc toujours heureux jouira de ma mort.
SALSBURY.
Cette jeune duchesse a mérité, sans doute,
Les cruels déplaisirs que sa perte vous coûte;
Mais dans l'heureux succès que vos soins avoient eu,
Aimé d'elle en secret, pourquoi vous être tu?
La reine dont pour vous la tendresse infinie
Prévient jusqu'aux souhaits....
LE COMTE D'ESSEX.
     C'est là sa tyrannie

Et que me sert, hélas! cet excès de faveur,
Qui ne me laisse pas disposer de mon cœur?
Toujours trop aimé d'elle, il m'a fallu contraindre
Cet amour qu'Henriette eut beau vouloir éteindre.
Pour ne hasarder pas un objet si charmant,
De la sœur de Suffolk je me feignis amant.
Soudain son implacable et jalouse colère
Éloigna de mes yeux et la sœur et le frère.
Tous deux, quoique sans crime, exilés de la cour,
M'apprirent encor mieux à cacher mon amour.
Vous en voyez la suite, et mon malheur extrême.
Quel supplice! un rival possède ce que j'aime!
L'ingrate au duc d'Irton a pu se marier!
Ah ciel!

SALSBURY.
Elle est coupable, il la faut oublier.

LE COMTE D'ESSEX.
L'oublier! et ce cœur en deviendroit capable!
Ah! non, non; voyons-la, cette belle coupable
Je l'attends en ce lieu. Depuis le triste jour
Que son funeste hymen a trahi mon amour.
N'ayant pu lui parler, je viens enfin lui dire....

SALSBURY.
La voici qui paroît. Adieu, je me retire.
Quoi que vous attendiez d'un si cher entretien,
Songez qu'on veut vous perdre, et ne négligez rien.

SCÈNE II. — LA DUCHESSE, LE COMTE D'ESSEX.

LA DUCHESSE.
J'ai causé vos malheurs; et le trouble où vous êtes
M'apprend de mon hymen les plaintes que vous faites;
Je me les fais pour vous. Vous m'aimiez, et jamais
Un si beau feu n'eut droit de remplir mes souhaits :
Tout ce que peut l'amour avoir de fort, de tendre,
Je l'ai vu dans les soins qu'il vous a fait me rendre.
Votre cœur tout à moi méritoit que le mien
Du plaisir d'être à vous fît son unique bien;
C'est à quoi son penchant l'auroit porté sans peine.
Mais vous vous êtes fait trop aimer de la reine :
Tant de biens répandus sur vous jusqu'à ce jour,
Payant ce qu'on vous doit, déclarent son amour.
Cet amour est jaloux; qui le blesse est coupable;
C'est un crime qui rend sa perte inévitable :
La vôtre auroit suivi. Trop aveugle pour moi,
Du précipice ouvert vous n'aviez point d'effroi.
Il a fallu prêter une aide à la foiblesse

Qui de vos sens charmés se rendoit la maîtresse :
Tant que vous m'eussiez vue en pouvoir d'être à vous,
Vous auriez dédaigné ce qu'eût pu son courroux.
Mille ennemis secrets qui cherchent à vous nuire,
Attaquant votre gloire, auroient pu vous détruire;
Et d'un crime d'amour leur indigne attentat
Vous eût dans son esprit fait un crime d'État.
Pour ôter contre vous tout prétexte à l'envie,
J'ai dû vous immoler le repos de ma vie.
A votre sûreté mon hymen importoit.
Il falloit vous trahir; mon cœur y résistoit :
J'ai déchiré ce cœur, afin de l'y contraindre.
Plaignez-vous là-dessus, si vous osez vous plaindre.
LE COMTE D'ESSEX.
Oui, je me plains, madame; et vous croyez en vain
Pouvoir justifier ce barbare dessein.
Si vous m'aviez aimé, vous auriez par vous-même
Connu que l'on perd tout quand on perd ce qu'on aime,
Et que l'affreux supplice où vous me condamniez
Surpassoit tous les maux dont vous vous étonniez.
Votre dure pitié, par le coup qui m'accable,
Pour craindre un faux malheur, m'en fait un véritable.
Et que peut me servir le destin le plus doux?
Avois-je à souhaiter un autre bien que vous?
Je méritois peut-être, en dépit de la reine,
Qu'à me le conserver vous prissiez quelque peine.
Une autre eût refusé d'immoler un amant;
Vous avez cru devoir en user autrement.
Mon cœur veut révérer la main qui le déchire;
Mais, encore une fois j'oserai vous le dire,
Pour moi contre ce cœur votre bras s'est armé.
Vous ne l'auriez pas fait, si vous m'aviez aimé.
LA DUCHESSE.
Ah! comte, plût au ciel, pour finir mon supplice,
Qu'un semblable reproche eût un peu de justice!
Je ne sentirois pas avec tant de rigueur
Tout mon repos céder aux troubles de mon cœur.
Pour vous au plus haut point ma flamme étoit montée;
Je n'en dois point rougir, vous l'aviez méritée;
Et le comte d'Essex, si grand, si renommé,
M'aimant avec excès, pouvoit bien être aimé.
C'est dire peu : j'ai beau n'être plus à moi-même,
Avec la même ardeur je sens que je vous aime,
Et que le changement où m'engage un époux,
Malgré ce que je dois, ne peut rien contre vous.
Jugez combien mon sort est plus dur que le vôtre :
Vous n'êtes point forcé de brûler pour une autre:

ACTE I, SCÈNE II.

Et quand vous me perdez, si c'est perdre un grand bien,
Du moins, en m'oubliant, vous pouvez n'aimer rien.
Mais c'est peu que mon cœur, dans ma disgrâce extrême,
Pour suivre son devoir s'arrache à ce qu'il aime;
Il faut, par un effort pire que le trépas,
Qu'il tâche à se donner à ce qu'il n'aime pas.
Si la nécessité de vaincre pour ma gloire
 ous fait voir quels combats doit coûter la victoire,
Si vous en concevez la fatale rigueur,
Ne m'ôtez pas le fruit des peines de mon cœur.
C'est pour vous conserver les bontés de la reine
Que j'ai voulu me rendre à moi-même inhumaine;
De son amour pour vous elle m'a fait témoin :
Ménagez-en l'appui, vous en avez besoin.
Pour noircir, abaisser vos plus rares services,
Aux traits de l'imposture on joint mille artifices;
Et l'honneur vous engage à ne rien oublier
Pour repousser l'outrage, et vous justifier.

LE COMTE D'ESSEX.

Et me justifier? moi ! Ma seule innocence
Contre mes envieux doit prendre ma défense.
D'elle-même on verra l'imposture avorter,
Et je me ferois tort si j'en pouvois douter.

LA DUCHESSE.

Vous êtes grand, fameux, et jamais la victoire
N'a d'un sujet illustre assuré mieux la gloire;
Mais, plus dans un haut rang la faveur vous a mis,
Plus la crainte de choir vous doit rendre soumis.
 utre qu'avec l'Irlande on vous croit des pratiques,
Vous êtes accusé de révoltes publiques;
Avoir à main armée investi le palais....

LE COMTE D'ESSEX.

O malheur pour l'amour à n'oublier jamais !
Vous épousez le duc, je l'apprends, et ma flamme
Ne peut vous empêcher de devenir sa femme.
Que ne sus-je plus tôt que vous m'alliez trahir !
En vain on vous auroit ordonné d'obéir :
J'aurois.... Mais c'en est fait. Quoi que la reine pense,
Je tairai les raisons de cette violence.
De mon amour pour vous le mystère éclairci,
Pour combler mes malheurs, vous banniroit d'ici.

LA DUCHESSE.

Mais vous ne songez pas que la reine soupçonne
Qu'un complot si hardi regardoit sa couronne.
Des témoins contre vous en secret écoutés
Font pour vrais attentats passer des faussetés
Raleigh prend leur rapport; et le lâche Cécile...

LE COMTE D'ESSEX.
L'un et l'autre eut toujours l'âme basse et servile.
Mais leur malice en vain conspire mon trépas;
La reine me connoît, et ne les croira pas.

LA DUCHESSE.
Ne vous y fiez point; de vos froideurs pour elle
Le chagrin lui tient lieu d'une injure mortelle :
C'est par son ordre exprès qu'on s'informe, s'instruit.

LE COMTE D'ESSEX.
L'orage, quel qu'il soit, ne fera que du bruit :
La menace en est vaine et trouble peu mon âme.

LA DUCHESSE.
Et si l'on vous arrête ?

LE COMTE D'ESSEX.
On n'oseroit, madame :
Si l'on avoit tenté ce dangereux éclat,
Le coup qui le peut suivre entraîneroit l'État.

LA DUCHESSE.
Quoique votre personne à la reine soit chère,
Gardez, en la bravant, d'augmenter sa colère.
Elle veut vous parler; et, si vous l'irritez,
Je ne vous réponds pas de toutes ses bontés.
C'est pour vous avertir de ce qu'il vous faut craindre
Qu'à ce triste entretien j'ai voulu me contraindre.
Du trouble de mes sens mon devoir alarmé
Me défend de revoir ce que j'ai trop aimé;
Mais, m'étant fait déjà l'effort le plus funeste,
Pour conserver vos jours je dois faire le reste,
Et ne permettre pas....

LE COMTE D'ESSEX.
Ah! pour les conserver
Il étoit un moyen plus facile à trouver;
C'étoit en m'épargnant l'effroyable supplice
Où vous prévoyiez.... Ciel! quelle est votre injustice!
Vous redoutez ma perte, et ne la craigniez pas
Quand vous avez signé l'arrêt de mon trépas.
Cet amour où mon cœur tout entier s'abandonne...

LA DUCHESSE.
Comte, n'y pensez plus, ma gloire vous l'ordonne.
Le refus d'un hymen par la reine arrêté
Eût de notre secret trahi la sûreté.
L'orage est violent; pour calmer sa furie,
Contraignez ce grand cœur, c'est moi qui vous en prie;
Et quand le mien pour vous soupire encor tout bas,
Souvenez-vous de moi, mais ne me voyez pas.
Un penchant si flatteur.... Adieu, je m'embarrasse :
Et Cécile qui vient me fait quitter la place.

SCÈNE III. — LE COMTE D'ESSEX, CÉCILE.
CÉCILE.
La reine m'a chargé de vous faire savoir
Que vous vous teniez prêt dans une heure à la voir.
Comme votre conduite a pu lui faire naître
Quelques légers soupçons que vous devez connoître,
C'est à vous de penser aux moyens d'obtenir
Que son cœur alarmé consente à les bannir;
Et je ne doute pas qu'il ne vous soit facile
De rendre à son esprit une assiette tranquille.
Sur quelque impression qu'il ait pu s'émouvoir,
L'innocence auprès d'elle eut toujours tout pouvoir.
Je n'ai pu refuser cet avis à l'estime
Que j'ai pour un héros qui doit haïr le crime,
Et me tiendrois heureux que sa sincérité
Contre vos ennemis fît votre sûreté.
LE COMTE D'ESSEX.
Ce zèle me surprend, il est et noble et rare;
Et comme à m'accabler peut-être on se prépare,
Je vois qu'en mon malheur il doit m'être bien doux
De pouvoir espérer un juge tel que vous;
J'en connois la vertu. Mais achevez, de grâce,
Vous devez être instruit de tout ce qui se passe.
Ma haine à vos amis étant à redouter,
Quels crimes pour me perdre osent-ils inventer?
Et, près d'être accusé, sur quelles imposture
Ai-je pour y répondre à prendre des mesures?
Rien ne vous est caché : parlez, je suis discret,
Et j'ai quelque intérêt à garder le secret.
CÉCILE.
C'est reconnoître mal le zèle qui m'engage
A vous donner avis de prévenir l'orage.
Si l'orgueil qui vous porte à des projets trop hauts
Fait parmi vos vertus connoître des défauts,
Ceux qui pour l'Angleterre en redoutent la suite
Ont droit de condamner votre aveugle conduite.
Quoique leur sentiment soit différent du mien,
Ce sont gens sans reproche, et qui ne craignent rien.
LE COMTE D'ESSEX.
Ces zélés pour l'État ont mérité sans doute
Que, sans mal juger d'eux, la reine les écoute;
J'y crois de la justice, et qu'enfin il en est
Qui, parlant contre moi, parlent sans intérêt.
Mais Raleigh, mais Coban, mais vous-même peut-être,
Vous en avez beaucoup à me déclarer traître.
Tant qu'on me laissera dans le poste où je suis,

Vos avares desseins seront toujours détruits.
Je vous empêcherai d'augmenter vos fortunes
Par le redoublement des misères communes;
Et le peuple, réduit à gémir, endurer,
Trouvera, malgré vous, peut-être à respirer.

CÉCILE.

Ce que ces derniers jours nous vous avons vu faire
Montre assez qu'en effet vous êtes populaire.
Mais, dans quelque haut rang que vous soyez placé
Souvent le plus heureux s'y trouve renversé :
Ce poste a ses périls.

LE COMTE D'ESSEX.

Je l'avouerai sans feindre,
Comme il est élevé, tout m'y paroît à craindre :
Mais, quoique dangereux pour qui fait un faux pas,
Peut-être encor sitôt je ne tomberai pas,
Et j'aurai tout loisir, après de longs outrages,
D'apprendre qui je suis à des flatteurs à gages,
Qui, me voyant du crime ennemi trop constant,
Ne peuvent s'élever qu'en me précipitant.

CÉCILE.

Sur un avis donné....

LE COMTE D'ESSEX.

L'avis m'est favorable :
Mais comme l'amitié vous rend si charitable,
Depuis quand et sur quoi vous croyez-vous permis
De penser que le temps ait pu nous rendre amis?
Est-ce que l'on m'a vu, par d'indignes foiblesses,
Aimer les lâchetés, appuyer des bassesses,
Et prendre le parti de ces hommes sans foi
Qui de l'art de trahir font leur unique emploi?

CÉCILE.

Je souffre par raison un discours qui m'outrage;
Mais, réduit à céder, au moins j'ai l'avantage
Que la reine, craignant les plus grands attentats,
Vous traite de coupable, et ne m'accuse pas.

LE COMTE D'ESSEX.

Je sais que contre moi vous animez la reine.
Peut-être à la séduire aurez-vous quelque peine;
Et, quand j'aurai parlé, tel qui noircit ma foi
Pour obtenir sa grâce aura besoin de moi.

CÉCILE, *seul*.

Agissons, il est temps; c'est trop faire l'esclave.
Perdons un orgueilleux dont le mépris nous brave;
Et ne balançons plus, puisqu'il faut éclater,
A prévenir le coup qu'il cherche à nous porter.

ACTE SECOND.

SCÈNE I. — ÉLISABETH, TILNEY.

ÉLISABETH.

En vain tu crois tromper la douleur qui m'accable;
C'est parce qu'il me hait qu'il s'est rendu coupable;
Et la belle Suffolk, refusée à ses vœux,
Lui fait joindre le crime au mépris de mes feux.
Pour le justifier, ne dis point qu'il ignore
Jusqu'où va le poison dont l'ardeur me dévore :
Il a trop de ma bouche, il a trop de mes yeux
Appris qu'il est, l'ingrat, ce que j'aime le mieux
Quand j'ai blâmé son choix, n'étoit-ce pas lui dire
Que je veux que son cœur pour moi seule soupire?
Et mes confus regards n'ont-ils pas expliqué
Ce que par mes refus j'avois déjà marqué?
Oui, de ma passion il sait la violence;
Mais l'exil de Suffolk l'arme pour sa vengeance :
Au crime pour lui plaire il s'ose abandonner,
Et n'en veut à mes jours que pour la couronner.

TILNEY.

Quelques justes soupçons que vous en puissiez prendre,
J'ai peine contre vous à ne le pas défendre :
L'État qu'il a sauvé, sa vertu, son grand cœur,
Sa gloire, ses exploits, tout parle en sa faveur.
Il est vrai qu'à vos yeux Suffolk cause sa peine;
Mais, madame, un sujet doit-il aimer sa reine?
Et quand l'amour naîtroit, a-t-il à triompher
Où le respect, plus fort, combat pour l'étouffer?

ÉLISABETH.

Ah! contre la surprise où nous jettent ses charmes,
La majesté du rang n'a que de foibles armes.
L'amour, par le respect dans un cœur enchaîné,
Devient plus violent, plus il se voit gêné.
Mais le comte, en m'aimant, n'auroit eu rien à craindre
Je lui donnois sujet de ne se point contraindre;
Et c'est de quoi rougir, qu'après tant de bonté
Ses froideurs soient le prix que j'en ai mérité.

TILNEY.

Mais je veux qu'à vous seule il cherche enfin à plaire;
De cette passion que faut-il qu'il espère?

ÉLISABETH.

Ce qu'il faut qu'il espère? Et qu'en puis-je espérer,
Que la douceur de voir, d'aimer, de soupirer?

Triste et bizarre orgueil qui m'ôte à ce que j'aime !
Mon bonheur, mon repos s'immole au rang suprême,
Et je mourrois cent fois plutôt que faire un roi
Qui, dans le trône assis, fût au-dessous de moi.
Je sais que c'est beaucoup que vouloir que son âme
Brûle à jamais pour moi d'une inutile flamme,
Qu'aimer sans espérance est un cruel ennui ;
Mais la part que j'y prends doit l'adoucir pour lui ;
Et lorsque par mon rang je suis tyrannisée,
Qu'il le sait, qu'il le voit, la souffrance est aisée.
Qu'il me plaigne, se plaigne, et, content de m'aimer.
Mais que dis-je ? d'une autre il s'est laissé charmer ;
Et tant d'aveuglement suit l'ardeur qui l'entraîne,
Que, pour la satisfaire, il veut perdre sa reine.
Qu'il craigne cependant de me trop irriter ;
Je contrains ma colère à ne pas éclater :
Mais quelquefois l'amour qu'un long mépris outrage,
Las enfin de souffrir, se convertit en rage ;
Et je ne réponds pas....

SCÈNE II. — ÉLISABETH, LA DUCHESSE, TILNEY.

ÉLISABETH.

Eh bien, duchesse, à quoi
Ont pu servir les soins que vous prenez pour moi ?
Avez-vous vu le comte, et se rend-il traitable ?

LA DUCHESSE.

Il fait voir un respect pour vous inviolable ;
Et si vos intérêts ont besoin de son bras,
Commandez, le péril ne l'étonnera pas :
Mais il ne peut souffrir sans quelque impatience
Qu'on ose auprès de vous noircir son innocence.
Le crime, l'attentat, sont des noms pleins d'horreur
Qui mettent dans son âme une noble fureur.
Il se plaint qu'on l'accuse, et que sa reine écoute
Ce que des imposteurs....

ÉLISABETH.

Je lui fais tort, sans doute :
Quand jusqu'en mon palais il ose m'assiéger,
Sa révolte n'est rien, je la dois négliger ;
Et ce qu'avec l'Irlande il a d'intelligence
Marque dans ses projets la plus haute innocence !
Ciel ! faut-il que ce cœur, qui se sent déchirer,
Contre un sujet ingrat tremble à se déclarer ;
Que, ma mort qu'il résout me demandant la sienne,
Une indigne pitié m'étonne, me retienne ;
Et que toujours trop foible, après sa lâcheté,

Je n'ose mettre enfin ma gloire en sûreté?
Si l'amour une fois laisse place à la haine,
Il verra ce que c'est que d'outrager sa reine;
Il verra ce que c'est que de s'être caché
Cet amour où pour lui mon cœur s'est relâché.
J'ai souffert jusqu'ici; malgré ses injustices,
J'ai toujours contre moi fait parler ses services.
Mais, puisque son orgueil va jusqu'aux attentats,
Il faut en l'abaissant étonner les ingrats;
Il faut à l'univers, qui me voit, me contemple,
D'une juste rigueur donner un grand exemple :
Il cherche à m'y contraindre, il le veut, c'est assez.

LA DUCHESSE.

Quoi! pour ses ennemis vous vous intéressez,
Madame? ignorez-vous que l'éclat de sa vie
Contre le rang qu'il tient arme en secret l'envie?
Coupable en apparence.....

ÉLISABETH.

Ah! dites en effet :
Les témoins sont ouïs, son procès est tout fait;
Et si je veux enfin cesser de le défendre,
L'arrêt ne dépend plus que de le faire entendre.
Qu'il y songe; autrement....

LA DUCHESSE.

Eh quoi! ne peut-on pas
L'avoir rendu suspect sur de faux attentats?

ÉLISABETH.

Ah! plût au ciel! Mais non, les preuves sont trop fortes
N'a-t-il pas du palais voulu forcer les portes?
Si le peuple qu'en foule il avoit attiré
Eût appuyé sa rage, il s'en fût emparé :
Plus de trône pour moi, l'ingrat s'en rendoit maître.

LA DUCHESSE.

On n'est pas criminel toujours pour le paroître.
Mais je veux qu'il le soit, ce cœur de lui charmé
Résoudra-t-il sa mort? Vous l'avez tant aimé!

ÉLISABETH.

Ah! cachez-moi l'amour qu'alluma trop d'estime;
M'en faire souvenir, c'est redoubler son crime.
A ma honte, il est vrai, je le dois confesser,
Je sentis, j'eus pour lui.... Mais que sert d'y penser?
Suffolk me l'a ravi; Suffolk, qu'il me préfère,
Lui demande mon sang; le lâche veut lui plaire.
Ah! pourquoi, dans les maux où l'amour m'exposoit,
N'ai-je fait que bannir celle qui les causoit?
Il falloit, il falloit à plus de violence
Contre cette rivale enhardir ma vengeance.

Ma douceur a nourri son criminel espoir
LA DUCHESSE.
Mais cet amour sur elle eut-il quelque pouvoir?
Vous a-t-elle trahie, et d'une âme infidèle
Excité contre vous....
ÉLISABETH.
Je souffre tout par elle :
Elle s'est fait aimer, elle m'a fait haïr;
Et c'est avoir plus fait cent fois que me trahir.
LA DUCHESSE.
Je n'ose m'opposer.... Mais Cécile s'avance.

SCÈNE III. — ÉLISABETH, LA DUCHESSE, CÉCILE TILNEY.

CÉCILE.
On ne pouvoit user de plus de diligence,
Madame : on a du comte examiné le seing;
Les écrits sont de lui, nous connoissons sa main.
Sur un secours offert toute l'Irlande est prête
A faire au premier ordre éclater la tempête;
Et vous verrez dans peu renverser tout l'État,
Si vous ne prévenez cet horrible attentat.
ÉLISABETH, *à la duchesse.*
Garderez-vous encor le zèle qui l'excuse?
Vous le voyez.
LA DUCHESSE.
Je vois que Cécile l'accuse;
Dans un projet coupable il le fait affermi :
Mais j'en connois la cause, il est son ennemi.
CÉCILE.
Moi, son ennemi?
LA DUCHESSE.
Vous.
CÉCILE.
Oui, je le suis des traîtres
Dont l'orgueil téméraire attente sur leurs maîtres;
Et tant qu'entre mes mains leur salut sera mis,
Je ferai vanité de n'avoir point d'amis.
LA DUCHESSE.
Le comte cependant n'a pas si peu de gloire
Que vous dussiez sitôt en perdre la mémoire :
L'État, pour qui cent fois on vit armer son bras,
Lui doit peut-être assez pour ne l'oublier pas.
CÉCILE.
S'il s'est voulu d'abord montrer sujet fidèle,
La reine a bien payé ce qu'il a fait pour elle.
Et plus elle estima ses rares qualités,

Plus elle doit punir qui trahit ses bontés.
LA DUCHESSE.
Si le comte périt, quoi que l'envie en pense,
Le coup qui le perdra punira l'innocence.
Jamais du moindre crime....
ELISABETH.
Eh bien! on le verra.

(A Cécile.)
Assemblez le conseil; il en décidera.
Vous attendrez mon ordre.

SCÈNE IV. — ÉLISABETH, LA DUCHESSE, TILNEY

LA DUCHESSE.
Ah! que voulez-vous faire,
Madame? en croirez-vous toute votre colère?
Le comte....
ÉLISABETH.
Pour ses jours n'ayez aucun souci.
Voici l'heure donnée, il se va rendre ici.
L'amour que j'eus pour lui le fait son premier juge;
Il peut y rencontrer un assuré refuge :
Mais si dans son orgueil il ose persister,
S'il brave cet amour, il doit tout redouter.
Je suis lasse de voir....
TILNEY.
Le comte est là, madame.
ÉLISABETH.
Qu'il entre. Quels combats troublent déjà mon âme!
C'est lui de mes bontés qui doit chercher l'appui,
Le péril le regarde; et je crains plus que lui.

SCÈNE V. — ÉLISABETH, LE COMTE D'ESSEX LA DUCHESSE, TILNEY.

ÉLISABETH.
Comte, j'ai tout appris, et je vous parle instruite
De l'abîme où vous jette une aveugle conduite;
J'en sais l'égarement, et par quels intérêts
Vous avez jusqu'au trône élevé vos projets.
Vous voyez qu'en faveur de ma première estime
Nommant égarement le plus énorme crime,
Il ne tiendra qu'à vous que de vos attentats
Votre reine aujourd'hui ne se souvienne pas.
Pour un si grand effort qu'elle offre de se faire,
Tout ce qu'elle demande est un aveu sincère :
S'il fait peine à l'orgueil qui vous fit trop oser
Songez qu'on risque tout à me le refuser.

Que quand trop de bonté fait agir ma clémence,
Qui l'ose dédaigner doit craindre ma vengeance.
Que j'ai la foudre en main pour qui monte trop haut,
Et qu'un mot prononcé vous met sur l'échafaud.

LE COMTE D'ESSEX.

Madame, vous pouvez résoudre de ma peine.
Je connois ce que doit un sujet à sa reine,
Et sais trop que le trône où le ciel vous fait seoir
Vous donne sur ma vie un absolu pouvoir :
Quoi que d'elle par vous la calomnie ordonne,
Elle m'est odieuse, et je vous l'abandonne ;
Dans l'état déplorable où sont réduits mes jours,
Ce sera m'obliger que d'en rompre le cours.
Mais ma gloire, qu'attaque une lâche imposture,
Sans indignation n'en peut souffrir l'injure :
Elle est assez à moi pour me laisser en droit
De voir avec douleur l'affront qu'elle reçoit.
Si de quelque attentat vous avez à vous plaindre,
Si pour l'État tremblant la suite en est à craindre,
C'est à voir des flatteurs s'efforcer aujourd'hui,
En me rendant suspect, d'en abattre l'appui.

ÉLISABETH.

La fierté qui vous fait étaler vos services
Donne de la vertu d'assez foibles indices ;
Et, si vous m'en croyez, vous chercherez en moi
Un moyen plus certain....

LE COMTE D'ESSEX.

Madame, je le voi,
Des traîtres, des méchans accoutumés au crime,
M'ont par leurs faussetés arraché votre estime ;
Et toute ma vertu contre leur lâcheté
S'offre en vain pour garant de ma fidélité.
Si de la démentir j'avois été capable,
Sans rien craindre de vous, vous m'auriez vu coupable
C'est au trône, où peut-être on m'eût laissé monter,
Que je me fusse mis en pouvoir d'éclater.
J'aurois, en m'élevant à ce degré sublime,
Justifié ma faute en commettant le crime ;
Et la ligue qui cherche à me perdre innocent,
N'eût vu mes attentats qu'en les applaudissant.

ÉLISABETH.

Et n'as-tu pas, perfide, armant la populace,
Essayé, mais en vain, de te mettre en ma place ?
Mon palais investi ne te convainc-t-il pas
Du plus grand, du plus noir de tous les attentats ?
Mais, dis-moi, car enfin le courroux qui m'anime
Ne peut faire céder ma tendresse à ton crime ;

ACTE II, SCÈNE V.

Et si par sa noirceur je tâche à t'étonner,
Je ne te la fais voir que pour te pardonner :
Pourquoi vouloir ma perte ? et qu'avoit fait la reine
Qui dût à sa ruine intéresser ta haine ?
Peut-être ai-je pour toi montré quelque rigueur,
Lorsque j'ai mis obstacle au penchant de ton cœur.
Suffolk t'avoit charmé ; mais si tu peux te plaindre
Qu'apprenant cet amour j'ai tâché de l'éteindre,
Songe à quel prix, ingrat, et par combien d'honneurs
Mon estime a sur toi répandu mes faveurs.
C'est peu dire qu'estime, et tu l'as pu connoître :
Un sentiment plus fort de mon cœur fut le maître.
Tant de princes, de rois, de héros méprisés,
Pour qui, cruel, pour qui les ai-je refusés ?
Leur hymen eût, sans doute, acquis à mon empire
Ce comble de puissance où l'on sait que j'aspire :
Mais, quoi qu'il m'assurât, ce qui m'ôtoit à toi
Ne pouvoit rien avoir de sensible pour moi.
Ton cœur, dont je tenois la conquête si chère,
Étoit l'unique bien capable de me plaire ;
Et si l'orgueil du trône eût pu me le souffrir,
Je t'eusse offert ma main afin de l'acquérir.
Espère, et tâche à vaincre un scrupule de gloire,
Qui, combattant mes vœux, s'oppose à ta victoire :
Mérite par tes soins que mon cœur adouci
Consente à n'en plus croire un importun souci :
Fais qu'à ma passion je m'abandonne entière ;
Que cette Élisabeth si hautaine, si fière,
Elle à qui l'univers ne sauroit reprocher
Qu'on ait vu son orgueil jamais se relâcher,
Cesse enfin, pour te mettre où son amour t'appelle,
De croire qu'un sujet ne soit pas digne d'elle.
Quelquefois à céder ma fierté se résout ;
Que sais-tu si le temps n'en viendra pas à bout ?
Que sais-tu....

LE COMTE D'ESSEX.

Non, madame, et je puis vous le dire,
L'estime de ma reine à mes vœux doit suffire ;
Si l'amour la portoit à des projets trop bas,
Je trahirois sa gloire à ne l'empêcher pas.

ÉLISABETH.

Ah! je vois trop jusqu'où la tienne se ravale :
Le trône te plairoit, mais avec ma rivale.
Quelque appât qu'ait pour toi l'ardeur qui te séduit,
Prends-y garde, ta mort en peut être le fruit.

LE COMTE D'ESSEX.

En perdant votre appui je me vois sans défense.

Mais la mort n'a jamais étonné l'innocence;
Et si, pour contenter quelque ennemi secret,
Vous souhaitez mon sang, je l'offre sans regret.

ÉLISABETH.

Va, c'en est fait; il faut contenter ton envie.
A ton lâche destin j'abandonne ta vie,
Et consens, puisqu'en vain je tâche à te sauver,
Que sans voir.... Tremble, ingrat, que je n'ose achever
Ma bonté, qui toujours s'obstine à te défendre,
Pour la dernière fois cherche à se faire entendre.
Tandis qu'encor pour toi je veux bien l'écouter,
Le pardon t'est offert, tu le peux accepter.
Mais si....

LE COMTE D'ESSEX.

J'accepterois un pardon! moi, madame!

ÉLISABETH.

Il blesse, je le vois, la fierté de ton âme;
Mais, s'il te fait souffrir, il falloit prendre soin
D'empêcher que jamais tu n'en eusses besoin;
Il falloit, ne suivant que de justes maximes,
Rejeter....

LE COMTE D'ESSEX.

Il est vrai, j'ai commis de grands crimes;
Et ce que sur les mers mon bras a fait pour vous
Me rend digne en effet de tout votre courroux.
Vous le savez, madame; et l'Espagne confuse
Justifie un vainqueur que l'Angleterre accuse.
Ce n'est pas pour vanter mes trop heureux exploits
Qu'à l'éclat qu'ils ont fait j'ose joindre ma voix :
Tout autre, pour sa reine employant son courage,
En même occasion eût eu même avantage.
Mon bonheur a tout fait, je le crois : mais enfin
Ce bonheur eût ailleurs assuré mon destin;
Ailleurs, si l'imposture eût conspiré ma honte,
On n'auroit pas souffert qu'on osât....

ÉLISABETH.

Eh bien, comte,
Il faut faire juger dans la rigueur des lois
La récompense due à ces rares exploits :
Si j'ai mal reconnu vos importans services,
Vos juges n'auront pas les mêmes injustices;
Et vous recevrez d'eux ce qu'auront mérité
Tant de preuves de zèle et de fidélité.

SCÈNE VI. — LA DUCHESSE, LE COMTE D'ESSEX

LA DUCHESSE.

Ah! comte, voulez-vous, en dépit de la reine,
De vos accusateurs servir l'injuste haine?
Et ne voyez-vous pas que vous êtes perdu,
Si vous souffrez l'arrêt qui peut être rendu?
Quels juges avez-vous pour y trouver asile?
Ce sont vos ennemis, c'est Raleigh, c'est Cécile;
Et pouvez-vous penser qu'en ce péril pressant
Qui cherche votre mort vous déclare innocent?

LE COMTE D'ESSEX.

Quoi! sans m'intéresser pour ma gloire flétrie,
Je me verrai traiter de traître à ma patrie?
S'il est dans ma conduite une ombre d'attentat,
Votre hymen fit mon crime, il touche peu l'État :
Vous savez là-dessus quelle est mon innocence;
Et ma gloire avec vous étant en assurance,
Ce que mes ennemis en voudront présumer,
Quoi qu'ose leur fureur, ne sauroit m'alarmer.
Leur imposture enfin se verra découverte;
Et, tout méchans qu'ils sont, s'ils résolvent ma perte,
Assemblés pour l'arrêt qui doit me condamner,
Ils trembleront peut-être avant que le donner.

LA DUCHESSE.

Si l'éclat qu'au palais mon hymen vous fit faire
Me faisoit craindre seul un arrêt trop sévère,
Je pourrois de ce crime affranchir votre foi
En déclarant l'amour que vous eûtes pour moi :
Mais des témoins ouïs sur ce qu'avec l'Irlande
On veut que vous ayez....

LE COMTE D'ESSEX.

    La faute n'est pas grande;
Et pourvu que nos feux, à la reine cachés,
Laissent à mes jours seuls mes malheurs attachés.....

LA DUCHESSE.

Quoi! vous craignez l'éclat de nos flammes secrètes,
Ce péril vous étonne, et c'est vous qui le faites!
La reine, qui se rend sans rien examiner,
Si vous y consentez, vous veut tout pardonner.
C'est vous qui, refusant....

LE COMTE D'ESSEX.

    N'en parlons plus, madame
Qui reçoit un pardon souffre un soupçon infâme
Et j'ai le cœur trop haut pour pouvoir m'abaisser
A l'indigne prière où l'on veut me forcer

LA DUCHESSE.

Ah! si de quelque espoir je puis flatter ma peine,
Je vois bien qu'il le faut mettre tout en la reine,
Par de nouveaux efforts je veux encor pour vous
Tâcher, malgré vous-même, à vaincre son courroux ;
Mais, si je n'obtiens rien, songez que votre vie,
Depuis longtemps en butte aux fureurs de l'envie,
Me coûte assez déjà pour ne mériter pas
Que, cherchant à mourir, vous causiez mon trépas.
C'est vous en dire trop. Adieu, comte.

LE COMTE D'ESSEX.

        Ah! madame,
Après que vous avez désespéré ma flamme,
Par quels soins de mes jours.... Quoi! me quitter ainsi!

SCÈNE VII. — LE COMTE D'ESSEX, CROMMER, suite

CROMMER.

C'est avec déplaisir que je parois ici ;
Mais un ordre cruel, dont tout mon cœur soupire....

LE COMTE D'ESSEX.

Quelque fâcheux qu'il soit, vous pouvez me le dire.

CROMMER.

J'ai charge....

LE COMTE D'ESSEX.

   Eh bien, de quoi? parlez sans hésiter.

CROMMER.

De prendre votre épée, et de vous arrêter.

LE COMTE D'ESSEX.

Mon épée?

CROMMER.

   A cet ordre il faut que j'obéisse.

LE COMTE D'ESSEX.

Mon épée? Et l'outrage est joint à l'injustice?

CROMMER.

Ce n'est pas sans raison que vous vous étonnez ;
J'obéis à regret, mais je le dois.

LE COMTE D'ESSEX, *lui donnant son épée.*

      Prenez.
Vous avez dans vos mains ce que toute la terre
A vu plus d'une fois utile à l'Angleterre.
Marchons : quelque douleur que j'en puisse sentir,
La reine veut se perdre, il faut y consentir.

ACTE TROISIÈME.

SCÈNE I. — ÉLISABETH, CÉCILE, TILNEY.

ÉLISABETH.

Le comte est condamné?

CÉCILE.

                    C'est à regret, madame,
Qu'on voit son nom terni par un arrêt infâme :
Ses juges l'en ont plaint; mais tous l'ont à la fois
Connu si criminel, qu'ils n'ont eu qu'une voix.
Comme pour affoiblir toutes nos procédures
Ses reproches d'abord m'ont accablé d'injures;
Ravi, s'il se pouvoit, de le favoriser,
J'ai de son jugement voulu me récuser.
La loi le défendoit; et c'est malgré moi-même
Que j'ai dit mon avis dans le conseil suprême,
Qui, confus des noirceurs de son lâche attentat,
A cru devoir sa tête au repos de l'Eta

ÉLISABETH.

Ainsi sa perfidie a paru manifeste?

CÉCILE.

Le coup pour vous, madame, alloit être funeste :
Du comte de Tyron, de l'Irlandois suivi,
Il en vouloit au trône, et vous l'auroit ravi.

ÉLISABETH.

Ah! je l'ai trop connu, lorsque la populace
Seconda contre moi son insolente audace :
A m'ôter la couronne il croyoit l'engager.
Quelle excuse à ce crime? et par où s'en purger?
Qu'a-t-il répondu?

CÉCILE.

              Lui? qu'il n'avoit rien à dire;
Que, pour toute défense, il nous devoit suffire
De voir ses grands exploits pour lui s'intéresser;
Et que sur ces témoins on pouvoit prononcer.

ÉLISABETH.

Que d'orgueil! Quoi! tout prêt à voir lancer la foudre,
Au moindre repentir il ne peut se résoudre!
Soumis à ma vengeance, il brave mon pouvoir!
Il ose....

CÉCILE.

     Sa fierté ne se peut concevoir.
On eût dit, à le voir plein de sa propre estime,
Que ses juges étoient coupables de son crime,

Et qu'ils craignoient pour lui, dans ce pas hasardeux,
Ce qu'il avoit l'orgueil de ne pas craindre d'eux.
ÉLISABETH.
Cependant il faudra que cet orgueil s'abaisse.
Il voit, il voit l'état où son crime le laisse :
Le plus ferme s'ébranle après l'arrêt donné.
CÉCILE.
Un coup si rigoureux ne l'a point étonné.
Comme alors on conserve une inutile audace,
J'ai voulu le réduire à vous demander grâce.
Que ne m'a-t-il point dit! J'en rougis, et me tais.
ÉLISABETH.
Ah! quoiqu'il la demande, il ne l'aura jamais.
De moi tantôt, sans peine, il l'auroit obtenue :
J'étois encor pour lui de bonté prévenue;
Je voyois à regret qu'il voulût me forcer
A souhaiter l'arrêt qu'on vient de prononcer;
Mon bras, lent à punir, suspendoit la tempête.
Il me pousse à l'éclat, il paiera de sa tête.
Donnez bien ordre à tout. Pour empêcher sa mort,
Le peuple, qui la craint, peut faire quelque effort;
Il s'en est fait aimer : prévenez ces alarmes,
Dans les lieux les moins sûrs faites prendre les armes
N'oubliez rien. Allez.
CÉCILE.
Vous connoissez ma foi.
Je réponds des mutins, reposez-vous sur moi.

SCÈNE II. — ÉLISABETH, TILNEY.
ÉLISABETH.
Enfin, perfide, enfin ta perte est résolue;
C'en est fait, malgré moi, toi-même l'as conclue;
De ma lâche pitié tu craignois les effets :
Plus de grâce, tes vœux vont être satisfaits.
Ma tendresse emportoit une indigne victoire,
Je l'étouffe : il est temps d'avoir soin de ma gloire;
Il est temps que mon cœur, justement irrité,
Instruise l'univers de toute ma fierté.
Quoi! de ce cœur séduit appuyant l'injustice,
De tes noirs attentats tu l'auras fait complice;
J'en saurai le coup près d'éclater, le verrai,
Tu m'auras dédaignée; et je le souffrirai!
Non, puisqu'en moi toujours l'amante te fit peine,
Tu le veux, pour te plaire il faut paroître reine,
Et reprendre l'orgueil que j'osois oublier
Pour permettre à l'amour de te justifier.

TILNEY.

A croire cet orgueil peut-être un peu trop prompto,
Vous avez consenti qu'on ait jugé le comte.
On vient de prononcer l'arrêt de son trépas;
Chacun tremble pour lui, mais il ne mourra pas

ÉLISABETH.

Il ne mourra pas, lui? Non, crois-moi, tu t'abuses
Tu sais son attentat; est-ce que tu l'excuses?
Et que, de son arrêt blâmant l'indignité,
Tu crois qu'il soit injuste ou trop précipité?
Penses-tu, quand l'ingrat contre moi se déclare,
Qu'il n'ait pas mérité la mort qu'on lui prépare,
Et que je venge trop, en le laissant périr,
Ce que par ses dédains l'amour m'a fait souffrir?

TILNEY.

Que cet arrêt soit juste ou donné par l'envie,
Vous l'aimez, cet amour lui sauvera la vie;
Il tient vos jours aux siens si fortement unis,
Que par le même coup on les verroit finis.
Votre aveugle colère en vain vous le déguise :
Vous pleureriez la mort que vous auriez permise;
Et le sanglant éclat qui suivroit ce courroux
Vengeroit vos malheurs moins sur lui que sur vous.

ÉLISABETH.

Ah! cruelle, pourquoi fais-tu trembler ma haine?
Est-ce une passion indigne d'une reine?
Et l'amour qui me veut empêcher de régner
Ne se lasse-t-il point de se voir dédaigner?
Que me sert qu'au dehors, redoutable ennemie,
Je rende par la paix ma puissance affermie,
Si mon cœur, au dedans tristement déchiré,
Ne peut jouir du calme où j'ai tant aspiré?
Son bonheur semble avoir enchaîné la victoire;
J'ai triomphé partout; tout parle de ma gloire;
Et d'un sujet ingrat ma pressante bonté
Ne peut, même en priant, réduire la fierté!
Par son fatal arrêt plus que lui condamnée,
A quoi te résous-tu, princesse infortunée?
Laisseras-tu périr, sans pitié, sans secours,
Le soutien de ta gloire, et l'appui de tes jours?

TILNEY.

Ne pouvez-vous pas tout? Vous pleurez!

ÉLISABETH.

Oui, je pleure,
Et sens bien que s'il meurt, il faudra que je meure.
O vous, rois que pour lui ma flamme a négligés,
Jetez les yeux sur moi, vous êtes bien vengés.

Une reine intrépide au milieu des alarmes,
Tremblante pour l'amour ose verser des larmes!
Encor s'il étoit sûr que ces pleurs répandus,
En me faisant rougir, ne fussent pas perdus;
Que le lâche, pressé du vif remords que donne....
Qu'en penses-tu? dis-moi. Le plus hardi s'étonne;
L'image de la mort, dont l'appareil est prêt,
Fait croire tout permis pour en changer l'arrêt.
Réduit à voir sa tête expier son offense,
Doutes-tu qu'il ne veuille implorer ma clémence?
Que, sûr que mes bontés passent ses attentats....

TILNEY.
Il doit y recourir : mais s'il ne le fait pas?
Le comte est fier, madame.

ÉLISABETH.
      Ah! tu me désespères.
Quoi qu'osent contre moi ses projets téméraires,
Dût l'État par ma chute en être renversé,
Qu'il fléchisse, il suffit, j'oublierai le passé :
Mais quand toute attachée à retenir la foudre
Je frémis de le perdre, et tremble à m'y résoudre,
Si, me bravant toujours, il ose m'y forcer,
Moi reine, lui sujet, puis-je m'en dispenser?
Sauvons-le malgré lui. Parle et fais qu'il te croie;
Vois-le, mais cache-lui que c'est moi qui t'envoie;
Et, ménageant ma gloire en t'expliquant pour moi,
Peins-lui mon cœur sensible à ce que je lui doi :
Fais lui voir qu'à regret j'abandonne sa tête,
Qu'au plus foible remords sa grâce est toute prête;
Et si pour l'ébranler il faut aller plus loin,
Du soin de mon amour fais ton unique soin;
Laisse, laisse ma gloire, et dis-lui que je l'aime,
Tout coupable qu'il est, cent fois plus que moi-même;
Qu'il n'a, s'il veut finir mes déplorables jours,
Qu'à souffrir que des siens on arrête le cours.
Presse, prie, offre tout pour fléchir son courage.
Enfin, si pour ta reine un vrai zèle t'engage,
Par crainte, par amour, par pitié de mon sort,
Obtiens qu'il se pardonne, et l'arrache à la mort :
L'empêchant de périr, tu m'auras bien servie.
Je ne te dis plus rien, il y va de ma vie.
Ne perds point de temps, cours, et me laisse écouter
Ce que pour sa défense un ami vient tenter

SCÈNE III. — ÉLISABETH, SALSBURY.

SALSBURY.

Madame, pardonnez à ma douleur extrême,
Si, paroissant ici pour un autre moi-même,
Tremblant, saisi d'effroi pour vous, pour vos États,
J'ose vous conjurer de ne vous perdre pas.
Je n'examine point quel peut être le crime ;
Mais si l'arrêt donné vous semble légitime,
Vous le paroîtra-t-il quand vous daignerez voir
Par un funeste coup quelle tête il fait choir ?
C'est ce fameux héros dont cent fois la victoire
Par les plus grands exploits a consacré la gloire,
Dont partout le destin fut si noble et si beau,
Qu'on livre entre les mains d'un infâme bourreau.
Après qu'à sa valeur que chacun idolâtre
L'univers avec pompe a servi de théâtre,
Pourrez-vous consentir qu'un échafaud dressé
Montre à tous de quel prix il est récompensé ?
Quand je viens vous marquer son mérite et sa peine,
Ce n'est point seulement l'amitié qui m'amène ;
C'est l'État désolé, c'est votre cour en pleurs,
Qui, perdant son appui, tremble de ses malheurs.
Je sais qu'en sa conduite il eut quelque imprudence ;
Mais le crime toujours ne suit pas l'apparence ;
Et dans le rang illustre où ses vertus l'ont mis,
Estimé de sa reine, il a des ennemis.
Pour lui, pour vous, pour nous, craignez les artifices
De ceux qui de sa mort se rendent les complices :
Songez que la clémence a toujours eu ses droits,
Et qu'elle est la vertu la plus digne des rois.

ÉLISABETH.

Comte de Salsbury, j'estime votre zèle,
J'aime à vous voir, ami généreux et fidèle,
Et loue en vous l'ardeur que ce noble intérêt
Vous donne à murmurer d'un équitable arrêt :
J'en sens, ainsi que vous, une douleur extrême ;
Mais je dois à l'État encor plus qu'à moi-même.
Si j'ai laissé du comte éclaircir le forfait,
C'est lui qui m'a forcée à tout ce que j'ai fait :
Prête à tout oublier, s'il m'avouoit son crime,
On le sait, j'ai voulu lui rendre mon estime ;
Ma bonté n'a servi qu'à redoubler l'orgueil
Qui des ambitieux est l'ordinaire écueil.
Des soins qu'il m'a vu prendre à détourner l'orage,
Quoique sûr d'y périr, il s'est fait un outrage :
Si sa tête me fait raison de sa fierté

C'est sa faute; il aura ce qu'il a mérité.
SALSBURY.
Il mérite sans doute une honteuse peine,
Quand sa fierté combat les bontés de sa reine.
Si quelque chose en lui vous peut, vous doit blesser
C'est l'orgueil de ce cœur qu'il ne peut abaisser,
Cet orgueil qu'il veut croire au péril de sa vie;
Mais, pour être trop fier, vous a-t-il moins servie?
Vous a-t-il moins montré dans cent et cent combats
Que pour vous il n'est rien d'impossible à son bras?
Par son sang prodigué, par l'éclat de sa gloire,
Daignez, s'il vous en reste encor quelque mémoire,
Accorder au malheur qui l'accable aujourd'hui
Le pardon qu'à genoux je demande pour lui :
Songez que, si jamais il vous fut nécessaire,
Ce qu'il a déjà fait il peut encor le faire;
Et que nos ennemis, tremblans, désespérés,
N'ont jamais mieux vaincu que quand vous le perdez.
ÉLISABETH.
Je le perds à regret : mais enfin je suis reine;
Il est sujet, coupable, et digne de sa peine.
L'arrêt est prononcé, comte; et tout l'univers
Va sur lui, va sur moi tenir les yeux ouverts.
Quand sa seule fierté, dont vous blâmez l'audace,
M'auroit fait souhaiter qu'il m'eût demandé grâce;
Si par là de la mort il a pu s'affranchir,
Dédaignant de le faire, est-ce à moi de fléchir?
Est-ce à moi d'endurer qu'un sujet téméraire
A d'impuissans éclats réduise ma colère,
Et qu'il puisse, à ma honte, apprendre à l'avenir
Que je connus son crime et n'osai le punir?
SALSBURY.
On parle de révolte et de ligues secrètes;
Mais, madame, on se sert de lettres contrefaites
Les témoins par Cécile ouïs, examinés,
Sont témoins que peut-être on aura subornés.
Le comte les récuse; et quand je les soupçonne....
ÉLISABETH.
Le comte est condamné; si son arrêt l'étonne,
S'il a pour l'affoiblir quelque chose à tenter,
Qu'il rentre en son devoir, on pourra l'écouter
Allez. Mon juste orgueil, que son audace irrite,
Peut faire grâce encor; faites qu'il la mérite

SCÈNE IV. — ÉLISABETH, LA DUCHESSE.

ÉLISABETH.

Venez, venez, duchesse, et plaignez mes ennuis.
Je cherche à pardonner, je le veux, je le puis,
Et je tremble toujours qu'un obstiné coupable
Lui-même contre moi ne soit inexorable.
Ciel, qui me fis un cœur et si noble et si grand,
Ne le devois-tu pas former indifférent?
Falloit-il qu'un ingrat, aussi fier que sa reine,
Me donnant tant d'amour, fût digne de ma haine?
Ou, si tu résolvois de m'en laisser trahir,
Pourquoi ne m'as-tu pas permis de le haïr?
Si ce funeste arrêt n'ébranle point le comte,
Je ne puis éviter ou ma perte ou ma honte :
Je péris par sa mort; et, le voulant sauver,
Le lâche impunément aura su me braver.
Que je suis malheureuse!

LA DUCHESSE.

                On est sans doute à plaindre
Quand on hait la rigueur et qu'on s'y voit contraindre :
Mais si le comte osoit, tout condamné qu'il est,
Plutôt que son pardon accepter son arrêt,
Au moins de ses desseins, sans le dernier supplice,
La prison vous pourroit....

ÉLISABETH.

                Non, je veux qu'il fléchisse;
Il y va de ma gloire, il faut qu'il cède.

LA DUCHESSE.

                Hélas!
Je crains qu'à vos bontés il ne se rende pas;
Que, voulant abaisser ce courage invincible,
Vos efforts....

ÉLISABETH.

       Ah! j'en sais un moyen infaillible
Rien n'égale en horreur ce que j'en souffrirai;
C'est le plus grand des maux; peut-être j'en mourrai :
Mais si toujours d'orgueil son audace est suivie,
Il faudra le sauver aux dépens de ma vie,
M'y voilà résolue. O vœux mal exaucés!
O mon cœur! est-ce ainsi que vous me trahissez?

LA DUCHESSE.

Votre pouvoir est grand; mais je connois le comte;
Il voudra....

ÉLISABETH.

           Je ne puis le vaincre qu'à ma honte;
Je le sais : mais enfin je vaincrai sans effort,

Et vous allez vous-même en demeurer d'accord.
Il adore Suffolk; c'est elle qui l'engage
A lui faire raison d'un exil qui l'outrage.
Quoi que coûte à mon cœur ce funeste dessein,
Je veux, je souffrirai qu'il lui donne la main;
Et l'ingrat qui m'oppose une fierté rebelle,
Sûr enfin d'être heureux, voudra vivre pour elle.

LA DUCHESSE.

Si par là seulement vous croyez le toucher,
Apprenez un secret qu'il ne faut plus cacher.
De l'amour de Suffolk vainement alarmée,
Vous la punîtes trop; il ne l'a point aimée :
C'est moi seule, ce sont mes criminels appas
Qui surprirent son cœur que je n'attaquois pas.
Par devoir, par respect, j'eus beau vouloir éteindre
Un feu dont vous deviez avoir tant à vous plaindre;
Confuse de ses vœux j'eus beau lui résister :
Comme l'amour se flatte, il voulut se flatter :
Il crut que la pitié pourroit tout sur votre âme,
Que le temps vous rendroit favorable à sa flamme;
Et quoique enfin pour lui Suffolk fût sans appas,
Il feignit de l'aimer pour ne m'exposer pas.
Son exil étonna cet amour téméraire;
Mais, si mon intérêt le força de se taire,
Son cœur, dont la contrainte irritoit les désirs,
Ne m'en donna pas moins ses plus ardens soupirs.
Par moi qui l'usurpai vous en fûtes bannie;
Je vous nuisis, madame, et je m'en suis punie.
Pour vous rendre les vœux que j'osois détourner,
On demanda ma main, je la voulus donner.
Éloigné de la cour, il sut cette nouvelle :
Il revient furieux, rend le peuple rebelle,
S'en fait suivre au palais dans le moment fatal
Que l'hymen me livroit au pouvoir d'un rival;
Il venoit l'empêcher, et c'est ce qu'il vous cache,
Voilà par où le crime à sa gloire s'attache.
On traite de révolte un fier emportement,
Pardonnable peut-être aux ennuis d'un amant :
S'il semble un attentat, s'il en a l'apparence,
L'aveu que je vous fais prouve son innocence.
Enfin, madame, enfin, par tout ce qui jamais
Put surprendre, toucher, enflammer vos souhaits;
Par les plus tendres vœux dont vous fûtes capable,
Par lui-même, pour vous l'objet le plus aimable,
Sur des témoins suspects qui n'ont pu l'étonner,
Ses juges à la mort l'ont osé condamner.
Accordez-moi ses jours pour prix du sacrifice

ACTE III, SCÈNE IV.

Qui m'arrachant à lui vous a rendu justice;
Mon cœur en souffre assez pour mériter de vous
Contre un si cher coupable un peu moins de courroux.

ÉLISABETH.

Ai-je bien entendu? le perfide vous aime,
Me dédaigne, me brave; et, contraire à moi-même,
Je vous assurerois, en l'osant secourir,
La douceur d'être aimée et de me voir souffrir!
Non, il faut qu'il périsse, et que je sois vengée;
Je dois ce coup funeste à ma flamme outragée :
Il a trop mérité l'arrêt qui le punit;
Innocent ou coupable, il vous aime, il suffit.
S'il n'a point de vrai crime, ainsi qu'on le veut croire,
Sur le crime apparent je sauverai ma gloire;
Et la raison d'État, en le privant du jour,
Servira de prétexte à la raison d'amour.

LA DUCHESSE.

Juste ciel! vous pourriez vous immoler sa vie!
Je ne me repens point de vous avoir servie!
Mais, hélas! qu'ai-je pu faire plus contre moi,
Pour le rendre à sa reine, et rejeter sa foi?
Tout parloit, m'assuroit de son amour extrême;
Pour mieux me l'arracher, qu'auriez-vous fait vous-même?

ÉLISABETH.

Moins que vous; pour lui seul, quoi qu'il fût arrivé,
Toujours tout mon amour se seroit conservé.
En vain de moi tout autre eût eu l'âme charmée,
Point d'hymen. Mais enfin je ne suis point aimée;
Mon cœur de ses dédains ne peut venir à bout;
Et dans ce désespoir, qui peut tout ose tout.

LA DUCHESSE.

Ah! faites-lui paroître un cœur plus magnanime.
Ma sévère vertu lui doit-elle être un crime?
Et l'aide qu'à vos feux j'ai cru devoir offrir
Vous le fait-elle voir plus digne de périr?

ÉLISABETH.

J'ai tort, je le confesse; et, quoique je m'emporte,
Je sens que ma tendresse est toujours la plus forte.
Ciel, qui me réservez à des malheurs sans fin,
Il ne manquoit donc plus à mon cruel destin
Que de ne souffrir pas, dans cette ardeur fatale,
Que je fusse en pouvoir de haïr ma rivale!
Ah! que de la vertu les charmes sont puissans!
Duchesse, c'en est fait, qu'il vive, j'y consens.
Par un même intérêt, vous craignez, et je tremble.
Pour lui, contre lui-même, unissons-nous ensemble;
Tirons-le du péril qui ne peut l'alarmer,

Toutes deux pour le voir, toutes deux pour l'aimer
Un prix bien inégal nous en paiera la peine;
Vous aurez tout son cœur, je n'aurai que sa haine :
Mais n'importe, il vivra, son crime est pardonné;
Je m'oppose à sa mort. Mais l'arrêt est donné,
L'Angleterre le sait, la terre tout entière
D'une juste surprise en fera la matière.
Ma gloire, dont toujours il s'est rendu l'appui,
Veut qu'il demande grâce; obtenez-le de lui.
Vous avez sur son cœur une entière puissance.
Allez; pour le soumettre usez de violence.
Sauvez-le, sauvez-moi : dans le trouble où je suis,
M'en reposer sur vous est tout ce que je puis.

ACTE QUATRIÈME.

SCÈNE I. — LE COMTE D'ESSEX, TILNEY.

LE COMTE D'ESSEX.

Je dois beaucoup, sans doute, au souci qui t'amène;
Mais enfin tu pouvois t'épargner cette peine.
Si l'arrêt qui me perd te semble à redouter,
J'aime mieux le souffrir que de le mériter.

TILNEY.

De cette fermeté souffrez que je vous blâme.
Quoique la mort jamais n'ébranle une grande âme,
Quand il nous la faut voir par des arrêts sanglans
Dans son triste appareil approcher à pas lents....

LE COMTE D'ESSEX.

Je ne le cèle point, je croyois que la reine
A me sacrifier dût avoir quelque peine.
Entrant dans le palais sans peur d'être arrêté,
J'en faisois pour ma vie un lieu de sûreté.
Non qu'enfin, si mon sang a tant de quoi lui plaire,
Je voie avec regret qu'on l'ose satisfaire;
Mais, pour verser ce sang tant de fois répandu,
Peut-être un échafaud ne m'étoit-il pas dû.
Pour elle il fut le prix de plus d'une victoire :
Elle veut l'oublier, j'ai regret à sa gloire;
J'ai regret qu'aveuglée elle attire sur soi
La honte qu'elle croit faire tomber sur moi.
Le ciel m'en est témoin, jamais sujet fidèle
N'eut pour sa souveraine un cœur si plein de zèle.
Je l'ai fait éclater en cent et cent combats;
On aura beau le taire, ils ne le tairont pas.

Si j'ai fait mon devoir quand je l'ai bien servie,
Du moins je méritois qu'elle eût soin de ma vie.
Pour la voir contre moi si fièrement s'armer,
Le crime n'est pas grand de n'avoir pu l'aimer.
Le penchant fut toujours un mal inévitable :
S'il entraîne le cœur, le sort en est coupable;
Et toute autre, oubliant un si léger chagrin,
Ne m'auroit pas puni des fautes du destin.

TILNEY.

Vos froideurs, je l'avoue, ont irrité la reine;
Mais daignez l'adoucir, et sa colère est vaine.
Pour trop croire un orgueil dont l'éclat lui déplaît,
C'est vous-même, c'est vous qui donnez votre arrêt.
Par vous, dit-on, l'Irlande à l'attentat s'anime :
Que le crime soit faux, il est connu pour crime;
Et quand pour vous sauver elle vous tend les bras
Sa gloire veut au moins que vous fassiez un pas,
Que vous....

LE COMTE D'ESSEX.

Ah! s'il est vrai qu'elle songe à sa gloire,
Pour garantir son nom d'une tache trop noire,
Il est d'autres moyens où l'équité consent,
Que de se relâcher à perdre un innocent.
On ose m'accuser : que sa colère accable
Des témoins subornés qui me rendent coupable.
Cécile les entend, et les a suscités;
Raleigh leur a fourni toutes leurs faussetés.
Que Raleigh, que Cécile, et ceux qui leur ressemblent
Ces infâmes sous qui tous les gens de bien tremblent,
Par la main d'un bourreau, comme ils l'ont mérité,
Lavent dans leur vil sang leur infidélité :
Alors, en répandant ce sang vraiment coupable,
La reine aura fait rendre un arrêt équitable :
Alors de sa rigueur le foudroyant éclat,
Affermissant sa gloire, aura sauvé l'État.
Mais sur moi, qui maintiens la grandeur souveraine,
Du crime des méchans faire tomber la peine!
Souffrir que contre moi des écrits contrefaits....
Non, la postérité ne le croira jamais :
amais on ne pourra se mettre en la pensée
Que de ce qu'on me doit la mémoire effacée
Ait laissé l'imposture en pouvoir d'accabler...
Mais la reine le voit, et le voit sans trembler :
Le péril de l'État n'a rien qui l'inquiète.
Je dois être content, puisqu'elle est satisfaite,
Et ne point m'ébranler d'un indigne trépas
Qui lui coûte sa gloire et ne l'étonne pas.

TILNEY.

Et ne l'étonne pas! Elle s'en désespère,
Blâme votre rigueur, condamne sa colère.
Pour rendre à son esprit le calme qu'elle attend,
Un mot à prononcer vous coûteroit-il tant?

LE COMTE D'ESSEX.

Je crois que de ma mort le coup lui sera rude,
Qu'elle s'accusera d'un peu d'ingratitude.
Je n'ai pas, on le sait, mérité mes malheurs :
Mais le temps adoucit les plus vives douleurs.
De ses tristes remords si ma perte est suivie,
Elle souffriroit plus à me laisser la vie.
Foible à vaincre ce cœur qui lui devient suspect,
Je ne pourrois pour elle avoir que du respect;
Tout rempli de l'objet qui s'en est rendu maître,
Si je suis criminel, je voudrois toujours l'être :
Et, sans doute, il est mieux qu'en me privant du jour
Sa haine, quoique injuste, éteigne son amour.

TILNEY.

Quoi! je n'obtiendrai rien?

LE COMTE D'ESSEX.

Tu redoubles ma peine.
C'est assez.

TILNEY.

Mais enfin que dirai-je à la reine?

LE COMTE D'ESSEX.

Qu'on vient de m'avertir que l'échafaud est prêt;
Qu'on doit dans un moment exécuter l'arrêt;
Et qu'innocent d'ailleurs je tiens cette mort chère
Qui me fera bientôt cesser de lui déplaire.

TILNEY.

Je vais la retrouver : mais, encore une fois,
Par ce que vous devez....

LE COMTE D'ESSEX.

Je sais ce que je dois.
Adieu. Puisque ma gloire à ton zèle s'oppose,
De mes derniers momens souffre que je dispose;
Il m'en reste assez peu pour me laisser au moins
La triste liberté d'en jouir sans témoins.

SCÈNE II. — LE COMTE D'ESSEX

O fortune! ô grandeur! dont l'amorce flatteuse
Surprend, touche, éblouit une âme ambitieuse,
De tant d'honneurs reçus c'est donc là tout le fruit!
Un long temps les amasse, un moment les détruit.
Tout ce que le destin le plus digne d'envie

Peut attacher de gloire à la plus belle vie.
J'ai pu me le promettre, et, pour le mériter,
Il n'est projet si haut qu'on ne m'ait vu tenter;
Cependant aujourd'hui (se peut-il qu'on le croie?)
C'est sur un échafaud que la reine m'envoie!
C'est là qu'aux yeux de tous m'imputant des forfaits ...

SCÈNE III. — LE COMTE D'ESSEX, SALSBURY.

LE COMTE D'ESSEX.

Eh bien, de ma faveur vous voyez les effets.
Ce fier comte d'Essex, dont la haute fortune
Attiroit de flatteurs une foule importune,
Qui vit de son bonheur tout l'univers jaloux,
Abattu, condamné, le reconnoissez-vous?
Des lâches, des méchans, victime infortunée,
J'ai bien en un moment changé de destinée!
Tout passe : et qui m'eût dit, après ce qu'on m'a vu,
Que je l'eusse éprouvé, je ne l'aurois pas cru.

SALSBURY.

Quoique vous éprouviez que tout change, tout passe,
Rien ne change pour vous si vous vous faites grâce.
Je viens de voir la reine, et ce qu'elle m'a dit
Montre assez que pour vous l'amour toujours agit;
Votre seule fierté, qu'elle voudroit abattre,
S'oppose à ses bontés, s'obstine à les combattre.
Contraignez-vous : un mot qui marque un cœur soumis
Vous va mettre au-dessus de tous vos ennemis.

LE COMTE D'ESSEX.

Quoi! quand leur imposture indignement m'accable,
Pour les justifier je me rendrai coupable?
Et par mon lâche aveu l'univers étonné
Apprendra qu'ils m'auront justement condamné!

SALSBURY.

En lui parlant pour vous, j'ai peint votre innocence;
Mais enfin elle cherche une aide à sa clémence.
C'est votre reine; et quand, pour fléchir son courroux,
Elle ne veut qu'un mot, le refuserez-vous?

LE COMTE D'ESSEX.

Oui, puisque enfin ce mot rendroit ma honte extrême.
J'ai vécu glorieux, et je mourrai de même,
Toujours inébranlable, et dédaignant toujours
De mériter l'arrêt qui va finir mes jours.

SALSBURY.

Vous mourrez glorieux! Ah! ciel! pouvez-vous croire
Que sur un échafaud vous sauviez votre gloire!
Qu'il ne soit pas honteux à qui s'est vu si haut

LE COMTE D'ESSEX.
Le crime fait la honte, et non pas l'échafaud[1];
Ou si dans mon arrêt quelque infamie éclate,
Elle est, lorsque je meurs, pour une reine ingrate
Qui, voulant oublier cent preuves de ma foi,
Ne mérita jamais un sujet tel que moi.
Mais la mort m'étant plus à souhaiter qu'à craindre,
Sa rigueur me fait grâce, et j'ai tort de m'en plaindre.
Après avoir perdu ce que j'aimois le mieux,
Confus, désespéré, le jour m'est odieux.
A quoi me serviroit cette vie importune,
Qu'à m'en faire toujours mieux sentir l'infortune?
Pour la seule duchesse il m'auroit été doux
De passer.... Mais, hélas! un autre est son époux,
Un autre dont l'amour, moins tendre, moins fidèle....
Mais elle doit savoir mon malheur : qu'en dit-elle?
Me flatté-je en croyant qu'un reste d'amitié
Lui fera de mon sort prendre quelque pitié?
Privé de son amour pour moi si plein de charmes,
Je voudrois bien du moins avoir part à ses larmes.
Cette austère vertu qui soutient son devoir
Semble à mes tristes vœux en défendre l'espoir :
Cependant, contre moi quoi qu'elle ose entreprendre,
Je les paye assez cher pour y pouvoir prétendre,
Et l'on peut, sans se faire un trop honteux effort,
Pleurer un malheureux dont on cause la mort.

SALSBURY.
Quoi! ce parfait amour, cette pure tendresse
Qui vous fit si longtemps vivre pour la duchesse,
Quand vous pouvez prévoir ce qu'elle en doit souffrir,
Ne vous arrache point ce dessein de mourir!
Pour vous avoir aimé, voyez ce que lui coûte
Le cruel sacrifice....

LE COMTE D'ESSEX.
Elle m'aima, sans doute;
Et sans la reine, hélas! j'ai lieu de présumer
Qu'elle eût fait à jamais son bonheur de m'aimer.
Tout ce qu'un tel objet d'un cœur vraiment fidèle
Peut attendre d'amour, je le sentis pour elle :
Et peut-être mes soins, ma constance, ma foi,
Méritoient les soupirs qu'elle a perdus pour moi.
Nulle félicité n'eût égalé la nôtre :
Le ciel y met obstacle, elle vit pour un autre;
Un autre a tout le bien que je crus acquérir;

---

1. Ce vers a passé en proverbe, et a été quelquefois cité à propos dans des occasions funestes. (*Voltaire.*)

ACTE IV, SCÈNE III.

L'hymen le rend heureux : c'est à moi de mourir.

SALSBURY.

Ah! si, pour satisfaire à cette injuste envie,
Il vous doit être doux d'abandonner la vie,
Perdez-la : mais au moins que ce soit en héros ;
Allez de votre sang faire rougir les flots,
Allez dans les combats où l'honneur vous appelle ;
Cherchez, suivez la gloire, et périssez pour elle.
C'est là qu'à vos pareils il est beau d'affronter
Ce qu'ailleurs le plus ferme a lieu de redouter.

LE COMTE D'ESSEX.

Quand contre un monde entier armé pour ma défaite
J'irois seul défier la mort que je souhaite,
Vers elle j'aurois beau m'avancer sans effroi,
Je suis si malheureux qu'elle fuiroit de moi.
Puisqu'ici sûrement elle m'offre son aide,
Pourquoi de mes malheurs différer le remède ?
Pourquoi, lâche et timide, arrêtant le courroux....

SCÈNE IV. — SALSBURY, LE COMTE D'ESSEX, LA DUCHESSE, SUITE DE LA DUCHESSE.

SALSBURY.

Venez, venez, madame, on a besoin de vous.
Le comte veut périr ; raison, justice, gloire,
Amitié, rien ne peut l'obliger à me croire.
Contre son désespoir si vous vous déclarez,
Il cédera, sans doute, et vous triompherez.
Désarmez sa fierté, la victoire est facile ;
Accablé d'un arrêt qu'il peut rendre inutile,
Je vous laisse avec lui prendre soin de ses jours,
Et cours voir s'il n'est point ailleurs d'autres secours.

(Il sort.)

LE COMTE D'ESSEX.

Quelle gloire, madame, et combien doit l'envie
Se plaindre du bonheur des restes de ma vie,
Puisque avant que je meure on me souffre en ce lieu
La douceur de vous voir, et de vous dire adieu !
Le destin qui m'abat n'eût osé me poursuivre,
Si le ciel m'eût pour vous rendu digne de vivre.
Ce malheur me fait seul mériter le trépas,
Il en donne l'arrêt, je n'en murmure pas ;
Je cours l'exécuter, quelque dur qu'il puisse être,
Trop content si ma mort vous fait assez connoître
Que jusques à ce jour jamais cœur enflammé
N'avoit en se donnant si fortement aimé.

LA DUCHESSE.

Si cet amour fut tel que je l'ai voulu croire,
Je le connoîtrai mieux quand, tout à votre gloire,
Dérobant votre tête à vos persécuteurs,
Vous vivrez redoutable à d'infâmes flatteurs.
C'est par le souvenir d'une ardeur si parfaite
Que, tremblant des périls où mon malheur vous jette,
J'ose vous demander, dans un si juste effroi,
Que vous sauviez des jours que j'ai comptés à moi.
Douceur trop peu goûtée, et pour jamais finie!
J'en faisois vanité; le ciel m'en a punie.
Sa rigueur s'étudie assez à m'accabler,
Sans que la vôtre encor cherche à la redoubler.

LE COMTE D'ESSEX.

De mes jours, il est vrai, l'excès de ma tendresse
En vous les consacrant vous rendit la maîtresse :
Je vous donnai sur eux un pouvoir absolu,
Et vous l'auriez encor si vous l'aviez voulu.
Mais, dans une disgrâce en mille maux fertile,
Qu'ai-je à faire d'un bien qui vous est inutile?
Qu'ai-je à faire d'un bien que le choix d'un époux
Ne vous laissera plus regarder comme à vous?
Je l'aimois pour vous seule; et votre hymen funeste
Pour prolonger ma vie en a détruit le reste.
Ah! madame, quel coup! Si je ne puis souffrir
L'injurieux pardon qu'on s'obstine à m'offrir,
Ne dites point, hélas! que j'ai l'âme trop fière;
Vous m'avez à la mort condamné la première;
Et refusant ma grâce, amant infortuné,
J'exécute l'arrêt que vous avez donné.

LA DUCHESSE.

Cruel! est-ce donc peu qu'à moi-même arrachée,
A vos seuls intérêts je me sois attachée?
Pour voir jusqu'où sur moi s'étend votre pouvoir,
Voulez-vous triompher encor de mon devoir?
Il chancelle, et je sens qu'en ses rudes alarmes
Il ne peut mettre obstacle à de honteuses larmes,
Qui, de mes tristes yeux s'apprêtant à couler,
Auront pour vous fléchir plus de force à parler.
Quoiqu'elles soient l'effet d'un sentiment trop tendre
Si vous en profitez, je veux bien les répandre.
Par ces pleurs, que peut-être en ce funeste jour
Je donne à la pitié beaucoup moins qu'à l'amour;
Par ce cœur pénétré de tout ce que la crainte
Pour l'objet le plus cher y peut porter d'atteinte;
Enfin, par ces sermens tant de fois répétés
De suivre aveuglément toutes mes volontés,

ACTE IV, SCÈNE IV.

Sauvez-vous, sauvez-moi du coup qui me menace.
Si vous êtes soumis, la reine vous fait grâce;
Sa bonté, qu'elle est prête à vous faire éprouver,
Ne veut....

LE COMTE D'ESSEX.

Ah! qui vous perd n'a rien à conserver.
Si vous aviez flatté l'espoir qui m'abandonne,
Si, n'étant point à moi, vous n'étiez à personne,
Et qu'au moins votre amour moins cruel à mes feux
M'eût épargné l'horreur de voir un autre heureux,
Pour vous garder ce cœur où vous seule avez place,
Cent fois, quoique innocent, j'aurois demandé grâce.
Mais vivre, et voir sans cesse un rival odieux....
Ah! madame, à ce nom je deviens furieux :
De quelque emportement si ma rage est suivie,
Il peut être permis à qui sort de la vie.

LA DUCHESSE.

Vous sortez de la vie! Ah! si ce n'est pour vous,
Vivez pour vos amis, pour la reine, pour tous;
Vivez pour m'affranchir d'un péril qui m'étonne;
Si c'est peu de prier, je le veux, je l'ordonne.

LE COMTE D'ESSEX.

Cessez en l'ordonnant, cessez de vous trahir;
Vous m'estimeriez moins, si j'osois obéir :
Je n'ai pas mérité le revers qui m'accable;
Mais je meurs innocent, et je vivrois coupable.
Toujours plein d'un amour dont sans cesse en tous lieux
Le triste accablement paroîtroit à vos yeux,
Je tâcherois d'ôter votre cœur, vos tendresses,
A l'heureux.... Mais pourquoi ces indignes foiblesses?
Voyons, voyons, madame, accomplir sans effroi
Les ordres que le ciel a donnés contre moi :
S'il souffre qu'on m'immole aux fureurs de l'envie,
Du moins il ne peut voir de tache dans ma vie :
Tout le temps qu'à mes jours il avoit destiné,
C'est vous et mon pays à qui je l'ai donné.
Votre hymen, des malheurs pour moi le plus insigne,
M'a fait voir que de vous je n'ai pas été digne,
Que j'eus tort quand j'osai prétendre à votre foi :
Et mon ingrat pays est indigne de moi.
J'ai prodigué pour lui cette vie, il me l'ôte;
Un jour, peut-être, un jour il connoîtra sa faute;
Il verra par les maux qu'on lui fera souffrir....

(*Crommer paroît avec de la suite.*)

Mais, madame, il est temps que je songe à mourir;
On s'avance, et je vois sur ces tristes visages
De ce qu'on veut de moi de pressans témoignages

Partons, me voilà prêt. Adieu, madame : il faut,
Pour contenter la reine, aller sur l'échafaud.
LA DUCHESSE.
Sur l'échafaud! Ah, ciel! quoi! pour toucher votre âme
La pitié.... Soutiens-moi....
LE COMTE D'ESSEX.
Vous me plaignez, madame!
Veuille le juste ciel, pour prix de vos bontés,
Vous combler et de gloire et de prospérités,
Et répandre sur vous tout l'éclat qu'à ma vie,
Par un arrêt honteux, ôte aujourd'hui l'envie!
Avancez, je vous suis. Prenez soin de ses jours[1];
L'état où je la laisse a besoin de secours.

ACTE CINQUIÈME.

SCÈNE I. — ÉLISABETH, TILNEY.

ÉLISABETH.
L'approche de la mort n'a rien qui l'intimide!
Prêt à sentir le coup il demeure intrépide!
Et l'ingrat, dédaignant mes bontés pour appui,
Peut ne s'étonner pas quand je tremble pour lui!
Ciel!.... Mais, en lui parlant, as-tu bien su lui peindre
Et tout ce que je puis, et tout ce qu'il doit craindre?
Sait-il quels durs ennuis mon triste cœur ressent?
Que dit-il?
TILNEY.
Que toujours il vécut innocent,
Et que si l'imposture a pu se faire croire,
Il aime mieux périr que de trahir sa gloire.
ÉLISABETH.
Aux dépens de la mienne, il veut, le lâche, il veut
Montrer que sur sa reine il connoît ce qu'il peut.
De cent crimes nouveaux fût sa fierté suivie,
Il sait que mon amour prendra soin de sa vie.
Pour vaincre son orgueil prompte à tout employer,
Jusque sur l'échafaud je voulois l'envoyer,
Pour dernière espérance essayer ce remède :
Mais la honte est trop forte, il vaut mieux que je cède,
Que sur moi, sur ma gloire, un changement si prompt
D'un arrêt mal donné fasse tomber l'affront.
Cependant, quand pour lui j'agis contre moi-même,

---

1. Il parle à une suivante de la duchesse. (*Note de l'auteur.*)

Pour qui le conserver? pour la duchesse? Il l'aime.
TILNEY.
La duchesse?
ÉLISABETH.
Oui, Suffolk fut un nom emprunté
Pour cacher un amour qui n'a point éclaté.
La duchesse l'aima, mais sans m'être infidèle,
Son hymen l'a fait voir : je ne me plains point d'elle.
Ce fut pour l'empêcher, que, courant au palais,
Jusques à la révolte il poussa ses projets.
Quoique l'emportement ne fût pas légitime,
L'ardeur de s'élever n'eut point de part au crime;
Et l'Irlandois par lui, dit-on, favorisé,
L'a pu rendre suspect d'un accord supposé.
Il a des ennemis, l'imposture a ses ruses;
Et quelquefois l'envie.... Ah! foible, tu l'excuses!
Quand aucun attentat n'auroit noirci sa foi,
Qu'il seroit innocent, peut-il l'être pour toi?
N'est-il pas, n'est-il pas ce sujet téméraire
Qui, faisant son malheur d'avoir trop su te plaire,
S'obstine à préférer une honteuse fin
Aux honneurs dont ta flamme eût comblé son destin?
C'en est trop; puisqu'il aime à périr, qu'il périsse.

SCÈNE II. — ÉLISABETH, TILNEY, LA DUCHESSE.

LA DUCHESSE.
Ah! grâce pour le comte! on le mène au supplice.
ÉLISABETH.
Au supplice?
LA DUCHESSE.
Oui, madame; et je crains bien, hélas!
Que ce moment ne soit celui de son trépas.
ÉLISABETH, à *Tilney*.
Qu'on l'empêche : cours, vole, et fais qu'on le ramène.
Je veux, je veux qu'il vive. Enfin, superbe reine,
Son invincible orgueil te réduit à céder!
Sans qu'il demande rien, tu veux tout accorder!
Il vivra, sans qu'il doive à la moindre prière
Ces jours qu'il n'emploiera qu'à te rendre moins fière,
Qu'à te faire mieux voir l'indigne abaissement
Où te porte un amour qu'il brave impunément!
Tu n'es plus cette reine autrefois grande, auguste :
Ton cœur s'est fait esclave; obéis, il est juste.
Cessez de soupirer, duchesse, je me rends.
Mes bontés de ses jours vous sont de sûrs garans
C'est fait, je lui pardonne.

LA DUCHESSE.

Ah! que je crains, madame,
Que son malheur trop tard ait attendri votre âme!
Une secrète horreur me le fait pressentir.
J'étois dans la prison, d'où je l'ai vu sortir;
La douleur, qui des sens m'avoit ôté l'usage,
M'a du temps près de vous fait perdre l'avantage;
Et ce qui doit surtout augmenter mon souci,
J'ai rencontré Goban à quelques pas d'ici.
De votre cabinet, quand je me suis montrée,
Il a presque voulu me défendre l'entrée.
Sans doute il n'étoit là qu'afin de détourner
Les avis qu'il a craint qu'on ne vous vînt donner.
Il hait le comte, et prête au parti qui l'accable
Contre ce malheureux un secours redoutable.
On vous aura surprise; et telle est de mon sort....

ÉLISABETH.

Ah! si ses ennemis avoient hâté sa mort,
Il n'est ressentiment, ni vengeance assez prompte
Qui me pût....

SCÈNE III. — ÉLISABETH, LA DUCHESSE, CÉCILE.

ÉLISABETH.

Approchez : qu'avez-vous fait du comte?
On le mène à la mort, m'a-t-on dit.

CÉCILE.

Son trépas
Importe à votre gloire ainsi qu'à vos États;
Et l'on ne peut trop tôt prévenir par sa peine
Ceux qu'un appui si fort à la révolte entraîne.

ÉLISABETH.

Ah! je commence à voir que mon seul intérêt
N'a pas fait l'équité de ce cruel arrêt.
Quoi! l'on sait que, tremblante à souffrir qu'on le donne,
Je ne veux qu'éprouver si sa fierté s'étonne;
C'est moi sur cet arrêt que l'on doit consulter;
Et, sans que je le signe, on l'ose exécuter!
Je viens d'envoyer l'ordre afin que l'on arrête;
S'il arrive trop tard, on paiera de sa tête;
Et de l'injure faite à ma gloire, à l'État,
D'autre sang, mais plus vil, expiera l'attentat.

CÉCILE.

Cette perte pour vous sera d'abord amère;
Mais vous verrez bientôt qu'elle étoit nécessaire.

ÉLISABETH.

Qu'elle étoit nécessaire! Otez-vous de mes **yeux**,

ACTE V, SCÈNE III.

Lâche, dont j'ai trop cru l'avis pernicieux.
La douleur où je suis ne peut plus se contraindre.
Le comte par sa mort vous laisse tout à craindre;
Tremblez pour votre sang, si l'on répand le sien.

CÉCILE.

Ayant fait mon devoir, je puis ne craindre rien,
Madame; et quand le temps vous aura fait connoître
Qu'en punissant le comte on n'a puni qu'un traître,
Qu'un sujet infidèle....

ÉLISABETH.

Il l'étoit moins que toi,
Qui, t'armant contre lui, t'es armé contre moi.
J'ouvre trop tard les yeux pour voir ton entreprise.
Tu m'as par tes conseils honteusement surprise :
Tu m'en feras raison.

CÉCILE.

Ces violens éclats....

ÉLISABETH.

Va, sors de ma présence, et ne réplique pas.

SCÈNE IV. — ÉLISABETH, LA DUCHESSE.

ÉLISABETH.

Duchesse, on m'a trompée; et mon âme interdite
Veut en vain s'affranchir de l'horreur qui l'agite.
Ce que je viens d'entendre explique mon malheur.
Ces témoins écoutés avec tant de chaleur,
L'arrêt sitôt rendu, cette peine si prompte,
Tout m'apprend, me fait voir l'innocence du comte;
Et, pour joindre à mes maux un tourment infini,
Peut-être je l'apprends après qu'il est puni.
Durs, mais trop vains remords! pour commencer ma peine,
Traitez-moi de rivale, et croyez votre haine;
Condamnez, détestez ma barbare rigueur :
Par mon aveugle amour je vous coûte son cœur;
Et mes jaloux transports, favorisant l'envie,
Peut-être encore, hélas! vous coûteront sa vie.

SCÈNE V. — ÉLISABETH, LA DUCHESSE, TILNEY.

ÉLISABETH.

Quoi! déjà de retour! As-tu tout arrêté?
A-t-on reçu mon ordre? est-il exécuté?

TILNEY.

Madame.....

ÉLISABETH.

Tes regards augmentent mes alarmes.
Qu'est-ce donc? qu'a-t-on fait?

TILNEY.
              Jugez-en par mes larmes
ÉLISABETH.
Par tes larmes! Je crains le plus grand des malheurs.
Ma flamme t'est connue, et tu verses des pleurs!
Auroit-on, quand l'amour veut que le comte obtienne....
Ne m'apprends point sa mort, si tu ne veux la mienne.
Mais d'une âme égarée inutile transport!
C'en sera fait sans doute?
TILNEY.
        Oui, madame.
ÉLISABETH.
                      Il est mort!
Et tu l'as pu souffrir?
TILNEY.
          Le cœur saisi d'alarmes,
J'ai couru; mais partout je n'ai vu que des larmes.
Ses ennemis, madame, ont tout précipité :
Déjà ce triste arrêt étoit exécuté;
Et sa perte, si dure à votre âme affligée,
Permise malgré vous, ne peut qu'être vengée.
ÉLISABETH.
Enfin ma barbarie en est venue à bout!
Duchesse, à vos douleurs je dois permettre tout.
Plaignez-vous, éclatez : ce que vous pourrez dire
Peut-être avancera la mort que je désire.
LA DUCHESSE.
Je cède à la douleur, je ne puis le celer;
Mais mon cruel devoir me défend de parler;
Et, comme il m'est honteux de montrer par mes larmes
Qu'en vain de mon amour il combattoit les charmes,
Je vais pleurer ailleurs, après ces rudes coups,
Ce que je n'ai perdu que par vous et pour vous.

SCÈNE VI. — ÉLISABETH, SALSBURY, TILNEY.

ÉLISABETH.
Le comte ne vit plus! O reine! injuste reine!
Si ton amour le perd, qu'eût pu faire ta haine?
Non, le plus fier tyran, par le sang affermi....
    (*Le comte de Salsbury entre.*)
Eh bien, c'en est donc fait! vous n'avez plus d'ami!
SALSBURY.
Madame, vous venez de perdre dans le comte
Le plus grand....
ÉLISABETH
        Je le sais, et le sais à ma honte
Mais si vous avez cru que je voulois sa mort,

ACTE V, SCÈNE VI.

Vous avez de mon cœur mal connu le transport.
Contre moi, contre tous, pour lui sauver la vie,
Il falloit tout oser; vous m'eussiez bien servie.
Et ne jugiez-vous pas que ma triste fierté
Mendioit pour ma gloire un peu de sûreté?
Votre foible amitié ne l'a pas entendue;
Vous l'avez laissé faire, et vous m'avez perdue.
Me faisant avertir de ce qui s'est passé,
Vous nous sauviez tous deux.

SALSBURY.

Hélas! qui l'eût pensé?
Jamais effet si prompt ne suivit la menace.
N'ayant pu le résoudre à vous demander grâce,
J'assemblois ses amis pour venir à vos pieds,
Vous montrer par sa mort dans quels maux vous tombiez.
Quand mille cris confus nous sont un sûr indice
Du dessein qu'on a pris de hâter son supplice.
Je dépêche aussitôt vers vous de tous côtés.

ÉLISABETH.

Ah! le lâche Coban les a tous arrêtés.
Je vois la trahison.

SALSBURY.

Pour moi, sans me connoître,
Tout plein de ma douleur, n'en étant plus le maître,
J'avance et cours vers lui d'un pas précipité.
Au pied de l'échafaud je le trouve arrêté.
Il me voit, il m'embrasse; et, sans que rien l'étonne:
« Quoiqu'à tort, me dit-il, la reine me soupçonne,
Voyez-la de ma part, et lui faites savoir
Que rien n'ayant jamais ébranlé mon devoir,
Si contre ses bontés j'ai fait voir quelque audace,
Ce n'est point par fierté que j'ai refusé grâce.
Las de vivre, accablé des plus mortels ennuis,
En courant à la mort, ce sont eux que je fuis;
Et s'il m'en peut rester quand je l'aurai soufferte,
C'est de voir que, déjà triomphant de ma perte,
Mes lâches ennemis lui feront éprouver.... »
On ne lui donne pas le loisir d'achever:
On veut sur l'échafaud qu'il paroisse. Il y monte;
Comme il se dit sans crime, il y paroît sans honte;
Et, saluant le peuple, il le voit tout en pleurs
Plus vivement que lui ressentir ses malheurs.
Je tâche cependant d'obtenir qu'on diffère
Tant que vous ayez su ce que l'on ose faire.
Je pousse mille cris pour me faire écouter;
Mes cris hâtent le coup que je pense arrêter.
Il se met à genoux; déjà le fer s'apprête;

D'un visage intrépide il présente sa tête,
Qui du tronc séparée....
                    ÉLISABETH.
                        Ah! ne dites plus rien :
Je le sens, son trépas sera suivi du mien.
Fière de tant d'honneurs, c'est par lui que je règne,
C'est par lui qu'il n'est rien où ma grandeur n'atteigne
Par lui, par sa valeur, ou tremblans, ou défaits
Les plus grands potentats m'ont demandé la paix
Et j'ai pu me résoudre.... Ah! remords inutile!
Il meurt, et par toi seule, ô reine trop facile!
Après que tu dois tout à ses fameux exploits,
De son sang, pour l'État répandu tant de fois,
Qui jamais eût pensé qu'un arrêt si funeste
Dût sur un échafaud faire verser le reste?
Sur un échafaud, ciel! quelle horreur! quel revers!
Allons, comte; et du moins aux yeux de l'univers
Faisons que d'un infâme et rigoureux supplice
Les honneurs du tombeau réparent l'injustice.
Si le ciel à mes vœux peut se laisser toucher,
Vous n'aurez pas longtemps à me la reprocher.

FIN DU COMTE D'ESSEX.

DISCOURS

DE RÉCEPTION A L'ACADÉMIE FRANÇOISE.

Messieurs,

J'ai souhaité avec tant d'ardeur l'honneur que je reçois aujourd'hui, et mes empressemens à vous le demander vous l'ont marquée en tant de rencontres, que vous ne pouvez douter que je ne le regarde comme une chose qui, en remplissant tous mes désirs, me met en état de n'en plus former. En effet, messieurs jusqu'où pourroit aller mon ambition, si elle n'étoit pas entièrement satisfaite? M'accorder une place parmi vous, c'est me la donner dans la plus illustre compagnie où les belles-lettres aient jamais ouvert l'entrée.

Pour bien concevoir de quel prix elle est, je n'ai qu'à jeter les yeux sur tant de grands hommes : élevés aux premières dignités de l'Église et de la robe, comblés des honneurs du ministère, la splendeur de la naissance, l'élévation du rang, tout cela n'a pu leur persuader que rien ne manquoit à leur mérite. Ils en ont cherché l'accomplissement dans les avantages que l'esprit peut procurer à ceux en qui l'on voit les rares talens, qui sont votre heureux partage; et pour perfectionner ce qui les mettoit au-dessus de vous, ils font gloire de vous demander des places qui vous égalent à eux. Mais, messieurs, il n'y a point lieu d'en être surpris. On aspire naturellement à s'acquérir l'immortalité, et où peut-on plus sûrement l'acquérir que dans une compagnie où toutes les belles connoissances se trouvent ramassées, pour communiquer à ceux qui ont l'honneur d'y entrer ce qu'elles ont de solide, de délicat et de digne d'être su? car, dans les sciences mêmes, il y a des choses qu'on peut négliger comme inutiles, et je ne sais si ce n'est point un défaut dans un savant homme que de l'être trop. Plusieurs de ceux à qui l'on donne ce nom ne doivent peut-être qu'au bonheur de leur mémoire ce qui les met au rang des savans. Ils ont beaucoup lu; ils ont travaillé à s'imprimer fortement tout ce qu'ils ont lu, et chargés de l'indigeste et confus amas de ce qu'ils ont retenu sur chaque matière, ce sont des bibliothèques vivantes, prêtes à fournir diverses recherches sur tout ce qui peut tomber en dispute; mais ces richesses, semées dans un fonds qui ne produit rien de soi, les laissent souvent dans l'indigence. Aucune lumière qui vienne d'eux ne débrouille ce chaos. Ils disent de grandes choses qui ne leur coûtent que la peine de les dire, et, avec tout leur savoir étranger, on pourroit avoir sujet de demander s'ils ont de l'esprit.

Ce n'est point, messieurs, ce qu'on trouve parmi vous. La plus profonde érudition s'y rencontre, mais dépouillée de ce qu'elle a ordinairement d'épineux et de sauvage. La philosophie, la théologie, l'éloquence, la poésie, l'histoire, et les autres connoissances qui font éclater les dons que l'esprit reçoit de la nature, vous les possédez dans ce qu'elles ont de plus sublime; tout vous en est familier; vous les maniez comme il vous plaît, mais en grands maîtres, toujours avec agrément, toujours avec politesse; et si dans les chefs-d'œuvre qui partent de vous, et qui sont les modèles les plus parfaits qu'on se puisse proposer dans toute sorte de genre d'écrire, vous tirez quelque utilité de vos lectures, si vous vous servez de quelques pensées des auteurs pour mettre les vôtres dans un plus beau jour, ces pensées tiennent toujours plus de vous que de ceux qui vous les prêtent, vous trouvez moyen de les embellir par le tour heureux que vous leur donnez. Ce sont, à la vérité, des diamans; mais vous les taillez, vous les enchâssez avec tant d'art, que la manière de les mettre en œuvre passe tout le prix qu'ils ont d'eux-mêmes.

Si, des excellens ouvrages dont chacun de vous grossit la matière selon son génie particulier, je viens à ce grand et laborieux travail qui fait le sujet de vos assemblées, et pour lequel vous unissez tous les jours vos soins, quelles louanges, messieurs, ne doit-on pas vous donner pour cette constante application avec laquelle vous vous attachez à développer ce qu'on peut dire qui fait l'essence de l'homme!

L'homme n'est homme principalement que parce qu'il pense: ce qu'il conçoit au dedans, il a besoin de le produire au dehors; et en travaillant à nous apprendre à quel usage chaque mot est destiné, vous cherchez à nous donner des moyens certains de montrer ce que nous sommes. Par ce secours, attendu de tout le monde avec tant d'impatience, ceux qui sont assez heureux pour penser juste auront la même justesse à s'exprimer; et si le public doit tirer tant d'avantages de vos savantes et judicieuses décisions, que n'en doivent point attendre ceux qui, étant reçus dans ces conférences où vous répandez vos lumières si abondamment, peuvent les puiser jusque dans leur source?

Je me vois présentement de ce nombre heureux, et, dans la possession de ce bonheur, j'ai peine à m'imaginer que je ne m'abuse pas; je le répète, messieurs, une place parmi vous donne tant de gloire, et je la connois d'un si grand prix, que si le succès de quelques ouvrages que le public a reçus de moi assez favorablement m'a fait croire quelquefois que vous ne désapprouviez pas l'ambitieux sentiment qui me portoit à la demander, j'ai désespéré de pouvoir jamais en être digne, quand les obstacles qui m'ont jusqu'ici empêché de l'obtenir m'ont fait examiner avec plus d'attention quelles grandes qualités il faut avoir pour réussir dans une entreprise si relevée. Les illustres concurrens qui ont emporté vos suffrages toutes les fois que j'ai osé y prétendre, m'ont ouvert les yeux sur mes espérances trop présomptueuses. En me montrant ce mérite consommé qui les a fait recevoir sitôt qu'ils se sont offerts, ils m'ont fait voir ce que je devois tâcher d'acquérir pour être en état de leur ressembler. J'ai rendu justice à votre discernement, et me la rendant en même temps à moi-même, j'ai employé tous mes soins à ne me pas laisser inutiles les fameux exemples que vous m'avez proposés.

J'avoue, messieurs, que quand, après tant d'épreuves, vous m'avez fait la grâce de jeter les yeux sur moi, vous m'auriez mis en péril de me permettre la vanité la plus condamnable, si je ne m'étois pas assez fortement étudié pour n'oublier pas ce que je suis. Je me serois peut-être flatté qu'enfin vous m'auriez trouvé les qualités que vous souhaitez dans des académiciens, d'un goût exquis, d'une pénétration entière, parfaitement éclairés, en un mot, tels que vous êtes; mais, messieurs, l'honneur qu'il vous a plu de me faire, quelque grand qu'il soit, ne m'aveugle point. Plus votre consentement à me l'accorder a été prompt, et, si j'ose le dire, unanime, plus je vois par quel motif vous avez accompagné votre choix d'une distinction si peu ordinaire. Ce que mes défauts me défendoient d'espérer de vous, vous l'avez donné à la mémoire d'un homme que vous regardiez comme un des principaux ornemens de votre corps. L'estime particulière que vous avez toujours eue pour lui m'attire celle dont vous me donnez des marques si obligeantes. Sa perte vous a touchés, et, pour le faire revivre parmi vous autant qu'il vous est possible, vous avez voulu me faire remplir sa place, ne doutant point que la qualité de frère, qui l'a fait plus d'une fois solliciter en ma faveur, ne l'eût engagé à m'inspirer les sentimens d'admiration qu'il avoit pour toute votre illustre compagnie : ainsi, messieurs, vous l'avez cherché en moi, et n'y pouvant trouver son mérite, vous vous êtes contentés d'y trouver son nom.

Jamais une perte si considérable ne pouvoit être plus imparfaitement réparée; mais pour vous rendre l'inégalité du changement plus supportable, songez, messieurs, que lorsqu'un siècle a produit un homme aussi extraordinaire qu'il étoit, il arrive rarement que le même siècle en produise d'autres capables de l'égaler. Il est vrai que celui où nous vivons est le siècle des miracles, et j'ai sans doute à rougir d'avoir si mal profité de tant de leçons que j'ai reçues de sa propre bouche par cette pratique continuelle que me donnoit avec lui la plus parfaite union qu'on ait jamais vue entre deux frères, quand d'heureux génies qui ont été privés de cet avantage se sont élevés avec tant de gloire, que tout ce qui a paru d'eux a été le charme de la cour et du public. Cependant, quand même on pourroit dire que quelqu'un l'eût surpassé, lui qu'on a mis tant de fois au-dessus des anciens, il seroit toujours très-vrai que le théâtre françois lui doit tout l'éclat où nous le voyons.

Je n'ose, messieurs, vous en dire rien de plus. Sa perte qui vous est sensible à tous, est si particulière pour moi, que j'ai peine à soutenir les tristes idées qu'elle me présente. J'ajouterai seulement qu'une des choses qui vous doit le plus faire chérir sa mémoire, c'est l'attachement que je lui ai toujours remarqué pour tout ce qui regardoit les intérêts de l'Académie. Il montroit par là combien il avoit d'estime pour tous les illustres qui la composent, et reconnoissoit en même temps les bienfaits dont il avoit été honoré par M. le cardinal de Richelieu qui en est le fondateur. Ce grand ministre, tout couvert de gloire qu'il étoit par le florissant état où il avoit mis la France, se répondit moins de l'éternelle durée de son nom pour avoir exécuté avec des succès presque incroyables les ordres reçus de Louis le Juste, que pour avoir établi la célèbre compagnie dont vous soutenez l'honneur avec tant d'éclat. Il n'employa ni le bronze ni l'airain pour leur confier les différentes merveilles qui rendent fameux le temps de son ministère; il s'en reposa sur votre reconnoissance, et se tint plus assuré d'atteindre par vous jusqu'à la postérité la plus reculée, que par les desseins de l'hérésie renversée, et par l'orgueil si souvent humilié d'une maison fière de la longue suite d'empereurs qu'il y a plus de deux siècles qu'elle donne à l'Allemagne. Sa mort vous fut un coup rude, elle vous laissoit dans un état qui vous donnoit tout à craindre; mais vous étiez réservés à des honneurs éclatans, et en attendant que le temps en fût venu, un des plus grands chanceliers de France qu'il y ait eu prit soin de vous consoler de cette perte. L'amour qu'il avoit pour les belles-lettres lui inspira le dessein de vous attirer chez lui. Vous y reçûtes tous les adoucissemens que vous pouviez espérer, dans votre douleur, d'un protecteur zélé pour vos avantages. Mais, messieurs, jusqu'où n'allèrent-ils point quand le roi lui-même vous logeant dans son palais, et vous approchant de sa personne sacrée, vous honora de sa grâce et de sa protection? Votre fortune est bien glorieuse, mais n'a-t-elle rien qui vous étonne? L'ardeur qui vous porte à reconnoître les bontés d'un si grand prince, quelque pressée qu'elle soit par les miracles continuels de sa vie, n'est-elle point arrêtée par l'impuissance de vous exprimer? Quoique notre langue abonde en ses paroles, et que toutes les richesses vous en soient connues, vous la trouvez sans doute stérile, quand, voulant vous en servir pour expliquer ces miracles, vous portez votre imagination au delà de ce qu'elle peut vous fournir sur une si vaste matière. Si c'est un malheur pour vous de ne pouvoir satisfaire votre zèle par des expressions qui égalent ce que l'envie elle-même ne peut se défendre d'admirer, au moins vous en pouvez être consolés par le plaisir de connoître que, quelque foibles que puissent être ces expressions, la gloire du roi n'y auroit rien perdu. Ce n'est que pour relever les actions médiocres qu'on a besoin d'éloquence. Des ornemens, si nécessaires à celles qui ne brillent point par elles-mêmes, sont inutiles pour les exploits surprenans qui approchent du prodige, et qui étant crus parce qu'on en est témoin, ne laissent pas de nous paroître incroyables.

Quand vous diriez seulement : « Louis le Grand a soumis une province entière en huit jours, dans la plus forte rigueur de l'hiver. En vingt-quatre heures il s'est rendu maître de quatre villes assiégées tout à la fois. Il a pris soixante places en une seule campagne. Il a résisté lui seul aux puissances les plus redoutables de l'Europe, liguées ensemble pour empêcher ses conquêtes. Il a rétabli ses alliés après avoir imposé la paix, faisant marcher la justice pour toutes armes; il s'est fait ouvrir en un même jour les portes de Strasbourg et de Casal, qui l'ont reconnu pour leur souverain. » Cela est tout simple, cela est uni; mais cela remplit l'esprit de si grandes choses, qu'il embrasse incontinent tout ce qu'on n'explique pas; et je doute que ce grand panégyrique qui a coûté tant de soins à Pline le Jeune fasse autant pour la gloire de Trajan que ce peu de mots, tout dénués qu'ils soient de ce fard qui embellit les objets, seroit capable de faire pour celle de notre auguste monarque.

Il est vrai, messieurs, qu'il n'en seroit pas de même si vous vouliez faire la peinture des rares vertus du roi. Où trouveriez-vous des termes pour représenter dignement cette grandeur d'âme qui, l'élevant au-dessus de tout ce qu'il y a de plus noble, de plus héroïque et de plus parfait, c'est-à-dire de lui-même, le fait renoncer à des avantages que d'autres que lui rechercheroient aux dépens de toutes choses? Aucune entreprise ne lui a manqué pour se tenir assuré de réussir dans les conquêtes les plus importantes; il n'a qu'à vouloir tout ce qu'il peut. La victoire qui l'a suivi en tous lieux ravit son cœur par ses plus doux charmes. Il a tout vaincu; il veut la vaincre elle-même, et il se sert pour cela des armes d'une modération qui n'a point d'exemple; il s'arrête au milieu de ses triomphes, il offre la paix, il en prescrit les conditions, et ces conditions se trouvent si justes, que ses ennemis sont obligés de les accepter. La jalousie où les met la gloire qu'il a d'être seul arbitre du destin du monde, leur fait chercher des difficultés pour troubler le calme qu'il a établi. On lui déclare de nouveau la guerre. Cette déclaration ne l'ébranle point : il offre la paix encore une fois; et, comme il sait que la trêve n'a aucunes suites qui en peuvent autoriser la rupture, il laisse le choix de l'une ou de l'autre. Les ennemis balancent longtemps sur la résolution qu'ils doivent prendre; il voit que leur avantage est de consentir à ce qu'il leur offre; pour les y forcer, il attaque Luxembourg. Cette place, imprenable pour tout autre, se rend en un mois, et auroit moins résisté, si, pour épargner le sang de ses officiers et de ses soldats, ce sage monarque n'eût ordonné que l'on fît le siége dans toutes les formes. La victoire, qui cherche toujours à l'éblouir, lui fait voir que cette prise lui répond de celle de toutes les places du Pays-Bas espagnol. Elle parle, sans qu'elle puisse se faire écouter; il persiste dans ses propositions de trêve; elle est enfin acceptée, et voilà l'Europe dans un plein repos.

Que de merveilles renferme cette grandeur d'âme, dont j'ai osé faire une foible ébauche! C'est à vous, messieurs, à traiter cette matière dans toute son étendue. Si notre langue ne vous prête point de quoi lui donner assez de poids et de force, vous suppléerez à cette stérilité par le talent merveilleux que vous avez de faire sentir plus que vous ne dites. Il faut de grands traits pour les grandes choses que le roi a faites, de ces traits qui montrent tout d'une seule vue, et qui offrent à l'imagination ce que les ombres du tableau nous cachent. Quand vous parlerez de sa vigilance exacte et toujours active pour ce qui regarde le bien de ses peuples, la gloire de ses États, et la majesté du trône, de ce zèle ardent et infatigable, qui lui fait donner ses plus grands soins à détruire entièrement l'hérésie et à rétablir le culte de Dieu dans toute sa pureté, et enfin de tant d'autres qualités augustes, que le ciel a voulu unir en lui pour le rendre le plus grand de tous les hommes, si vous trouvez la matière inépuisable, votre adresse à exécuter heureusement les plus hauts desseins vous fera choisir des expressions si vives, qu'elles nous feront entrer tout d'un coup dans tout ce que vous voudrez nous faire entendre. Par l'ouverture qu'elles donneront à notre esprit, nos réflexions nous mèneront jusqu'où vous entreprendrez de les faire aller; et c'est ainsi que vous remplirez parfaitement toute la grandeur de votre sujet.

Quel bonheur pour moi, messieurs, de pouvoir m'instruire sous de si grands maîtres! Mes soins assidus à me trouver dans ces assemblées pour y profiter de vos leçons vous feront connoître que, si l'honneur que vous m'avez fait passe de beaucoup mon peu de mérite, du moins vous ne pouviez le répandre sur une personne qui le reçût avec des sentimens plus respectueux et plus remplis de reconnoissance.

DISCOURS

PRONONCÉ DEVANT L'ACADÉMIE FRANÇOISE POUR LA RÉCEPTION DE FONTENELLE.

Monsieur,

Nous sommes traités vous et moi bien différemment dans le même jour : l'Académie a besoin d'un digne sujet pour remplir le nombre qui lui est prescrit par ses statuts; pleine de discernement, n'ayant en vue que le seul mérite, et dans l'entière liberté de ses suffrages, elle vous choisit pour vous donner, nonseulement une place dans son corps, mais celle d'un magistrat éclairé qui, dans une noble concurrence, ayant eu l'honneur d'être déclaré doyen du conseil d'État par le jugement même de Sa Majesté, faisoit son plus grand plaisir de se dérober à ses importantes fonctions pour nous venir quelquefois faire part de ses lumières. Que pouvoit-il arriver de plus glorieux pour vous? Dans le même temps, cette même Académie change d'officiers selon sa coutume. Le sort, qui décide de leur choix, n'auroit pu qu'être applaudi, s'il l'eût fait tomber sur tout autre que sur moi; et quoique incapable de soutenir le poids qu'il impose, c'est moi qui le dois porter. Il est vrai qu'il a fait voir sa justice par l'illustre M. l'abbé Testu, directeur qu'il nous a donné. La joie que chacun de nous en fit paroître lui marqua assez que le hasard n'avoit fait que s'accommoder à nos souhaits, et que, je n'en saurois douter, vous ne le pûtes apprendre sans vous sentir aussitôt flatté de ce qui auroit saisi le cœur le plus détaché de l'amour-propre. La qualité de chef de la compagnie l'engageant dans la place qu'il occupe à vous répondre pour elle, il vous auroit été doux qu'un homme dont l'éloquence s'est fait admirer en tant d'actions publiques vous eût fait connoître sur quels sentimens d'estime pour vous l'Académie s'est déterminée à se déclarer en votre faveur. Son peu de santé l'ayant obligé à s'en reposer sur moi, vous prive de cette gloire; et quand le désir de répondre dignement à l'honneur que j'ai de porter ici la parole à son défaut, pourroit m'animer assez pour me donner la force d'esprit qui me seroit nécessaire dans un si glorieux poste, ce que je vous suis[1] me fermant la bouche sur toutes les choses qui seroient trop à votre avantage, vous ne devez attendre de moi qu'un épanchement de cœur qui vous fasse voir la part que je prends au bonheur qui vous arrive, et non des louanges.

M'abandonnerai-je à ce qu'il m'inspire? La proximité du sang, la tendre amitié que j'ai pour vous, la supériorité que me donne l'âge : tout semble me le permettre, et vous le devez souffrir; j'irai jusques à vous donner des conseils, au lieu de vous dire que celui qui a si bien fait parler les morts, n'étoit pas indigne d'entrer en commerce avec d'illustres vivans; au lieu de vous applaudir sur cet agréable arrangement de différens mondes dont vous nous avez offert le spectacle, sur cet art si difficile, et qu'il me paroît que le public trouve en vous si naturel, de donner de l'agrément aux matières les plus sèches, je vous dirai que quelque gloire que vous aient acquise, dès vos plus jeunes années, les talens qui vous distinguent, vous devez les regarder, non pas comme des dons assez forts de la nature pour vous faire atteindre, sans autre secours que de vous-même,

---

1. Fontenelle était neveu de Corneille.

à la perfection du mérite que je vous souhaite, mais comme d'heureuses dispositions qui vous y peuvent conduire. Cherchez avec soin, pour y parvenir, les lumières qui vous manquent. Le choix qu'on a fait de vous vous met en état de les puiser dans leur source.

En effet, rien ne vous les peut fournir si abondamment que les conférences d'une compagnie où, si vous m'en exceptez, vous ne trouverez que de ces génies sublimes à qui l'immortalité est due. Tout ce qu'on peut acquérir de connoissances utiles pour les belles-lettres, l'éloquence, la poésie, l'art de bien traiter l'histoire, ils le possèdent dans le degré le plus éminent; et quand un peu de pratique vous aura facilité les moyens de connoître à fond tout le mérite de ces célèbres modernes, peut-être serez-vous autorisé, je ne dis pas à les préférer, mais à ne les pas trouver indignes d'être comparés aux anciens.

Ce n'est pas que, quelque juste que cette louange puisse être pour eux, ils ne la regardent comme une louange qui ne leur sauroit appartenir. Ils ne l'écoutent qu'avec répugnance, et la vénération que l'on doit à ceux qui nous ont tracé la voie dans le chemin de l'esprit, s'il m'est permis de me servir de ces termes, prévaut en eux contre eux-mêmes en faveur de ces grands hommes dont les excellens ouvrages, toujours admirés de toutes les nations, ont passé jusqu'à nous, malgré un nombre infini d'années, comme des originaux qu'on ne peut trop estimer. Mais pourquoi nous sera-t-il défendu de croire que dans les arts et dans les sciences les modernes puissent aller aussi loin que les anciens, puisqu'il est certain, en matière de héros, que toute l'antiquité, cette antiquité si vénérable, n'a rien que l'on puisse comparer à celui de notre siècle?

Quel amas de gloire se présente à vous, messieurs, à la simple idée que je vous en donne! N'entrons point dans cette foule d'actions brillantes : l'éclat trop vif ne peut que nous éblouir. N'examinons point tous ces surprenans prodiges dont chaque année de son règne se trouve marquée. Les César, les Alexandre ont besoin que l'on rappelle tout ce qu'ils ont fait pendant leur vie, pour paroître dignes de leur réputation; mais il n'en est pas de même de Louis le Grand. Quand nous pourrions oublier cette longue suite d'événemens merveilleux qui sont l'effet d'une intelligence incompréhensible, l'hérésie détruite, la protection qu'il donne seul aux rois opprimés, trois batailles gagnées encore depuis peu dans une même campagne, il nous suffiroit de regarder ce qu'il vient de faire, pour demeurer convaincus qu'il est le plus grand de tous les hommes.

Sûr des conquêtes qu'il voudra tenter, il donne la paix à toute l'Europe. L'envie en frémit, la jalousie qui saisit des puissances redoutables ne peut souffrir le triomphe que lui assure une si haute vertu. Sa grandeur les blesse : il faut l'affoiblir. Un nom bre infini de princes, qui ne possèdent encore leurs États que parce qu'il a dédaigné de les attaquer, osent oublier ce qu'ils lui doivent, pour entrer dans une ligue où ils s'imaginent que leurs forces jointes seront en état d'ébranler une puissance qui a jusque-là résisté à tout. Que les ennemis de la chrétienté se ressaisissent de tout un royaume qu'ils n'ont perdu que par cette paix qui a donné lieu aux avantages qu'on a remportés sur eux, n'importe : il n'y a rien qui ne soit à préférer au chagrin insupportable de voir ce monarque jouir de sa gloire. Les alliés se résolvent à prendre les armes, et des princes catholiques, l'Espagne même, que sa sévère inquisition rend si renommée sur son exactitude à punir les moindres fautes qui puissent blesser la religion, ne font point difficulté de renouveler la guerre, pour appuyer les desseins d'un prince à qui toutes les religions paroissent indifférentes, pourvu qu'il nuise à la véritable; qui, pour se placer au trône, ose violer les plus saintes lois de la nature, et qui ne s'est rendu redoutable que parce qu'il a trouvé autant d'aveuglement dans ceux qui l'élèvent, qu'il y a d'injustice dans tous les projets qu'il forme.

Voyons les fruits de cette union : des pertes continuelles, et tous les jours des malheurs à craindre, plus grands que ceux qu'ils ont déjà éprouvés. Il faut pourtant faire un dernier effort pour arrêter les gémissemens des peuples, à qui de dures exactions font ouvrir les yeux sur leur esclavage. On marque le lieu et le temps d'une assemblée. Des souverains, que la grandeur de leur caractère devoit retenir, y viennent de toutes parts rendre de honteux hommages à ce téméraire ambitieux, que le crime a couronné, et qui n'est au-dessus d'eux qu'autant qu'ils ont bien voulu l'y mettre. Il les entretient d'espérances chimériques. Leur formidable puissance ne trouvera rien qui lui puisse résister. S'ils l'en osent croire, le roi, qui veut demeurer tranquille, ne se fait plus un plaisir d'aller animer ses armées par sa présence; et dès que le temps sera venu d'entrer en campagne, ils sont assurés de nous accabler.

Il est vrai que le roi garde beaucoup de tranquillité; mais qu'ils ne s'y trompent pas : son repos est agissant, son calme l'emporte sur toute l'inquiétude de leur vigilance, et la règle des saisons n'est point une règle pour ce qu'il lui plaît de faire. Nos ennemis consument le temps à examiner ce qu'ils doivent entreprendre, et Louis est près d'exécuter. Il n'a point fait de menaces, mais ses ordres sont donnés, il part : Mons est investi, ses plus forts remparts ne peuvent tenir en sa présence, et en peu de jours sa prise nous délivre des alarmes où il nous jetoit en s'exposant.

Que de glorieuses circonstances relèvent cette conquête! C'est peu qu'elle soit rapide; c'est peu qu'elle ne nous coûte aucune perte qu'on puisse trouver considérable : elle se fait aux yeux mêmes de ce chef de tant de ligues, qui avoit juré la ruine de la France. Il devoit nous venir attaquer : on va au-devant de lui, et il ne sauroit défendre la plus importante place qu'on pouvoit ôter à ses alliés. S'il ose approcher, c'est seulement pour voir de plus près l'heureux triomphe de son auguste ennemi.

Nos avantages ne sont pas moins grands du côté de l'Italie; une des places qui vient d'y être conquise avoit bravé, il y a cent cinquante ans, les efforts de deux armées, et dès la première attaque de nos troupes elle est forcée de capituler : gloire partout pour le roi, confusion pour ses ennemis. Ils se retirent tout couverts de honte; le roi revient couronné par la victoire, et la campagne s'ouvrira dans sa saison. Quelles merveilles n'avons-nous pas lieu de croire qu'elle produira, quand nous voyons celles qui l'ont précédée !

Voilà, messieurs, une brillante matière pour employer vos rares talents; vous avez une occasion bien avantageuse de les faire voir dans toute leur force, si pourtant il vous est possible de trouver des expressions qui répondent à la grandeur du sujet. Quelques soins que nous prenions à chercher l'usage de tous les mots de la langue, nous ne saurions nous cacher que les actions du roi sont au-dessus de toute sorte de termes. Nous croyons les grandes choses qu'il a faites, parce que nos yeux en ont été les témoins; mais sur le rapport que nous en ferons, quoique imparfait, quoique foible, quoique infiniment au-dessous de ce que nous voudrons dire, la postérité ne les croira pas.

Vous nous aiderez de vos lumières, vous, monsieur, que l'Académie reçoit en société pour le travail qu'elle a entrepris. Elle pense avec plaisir que vous lui serez utile; je lui ai répondu de votre zèle, et j'espère que vos soins à dégager ma parole lui feront connoître qu'elle ne s'est point trompée dans son choix.

LETTRES À L'ABBÉ DE PURE.

A Rouen, ce 19 de mai 1658.

Monsieur,

J'appris hier, à mon retour de la campagne, où j'ai passé huit jours, les nouvelles obligations que je vous ai, par le riche présent que vous m'avez fait; et si la haute estime que j'ai pour tout ce qui part de vous, et la satisfaction que j'ai reçue de la lecture de vos trois premières parties de *la Précieuse*[1], m'en firent d'abord attendre une entière de cette conclusion, mon frère, qui l'avoit lue et admirée, m'en fut un garant assuré pour

---

1. Roman de l'abbé de Pure.

en tenir le jugement moins suspect que la modestie avec laquelle vous me préparez à souffrir des défauts qu'il n'y a pu remarquer. C'est par lui que je sais déjà avec quelle délicatesse et de termes et de pensées vous continuez à examiner les questions les plus subtiles de l'amour, surtout en voulant établir l'union pure des esprits exempts de la foiblesse qui nous impose la nécessité du mariage. Il avoue qu'il n'en connoît pas tout le fin, et il se persuade que l'interruption d'Eulalie, qui se plaint de voir employer son nom dans un roman, n'est pas le seul endroit qui ait ses secrets réservés. Mais il trouve tant de liberté d'esprit dans la manière agréable dont vous traitez vos idées les plus mystérieuses, qu'il voit partout sujet d'admirer l'heureuse fécondité de votre génie, et me laisse dans la certitude que je n'y rencontrerai rien qui ne me satisfasse pleinement, si j'en excepte la première page qui me défend d'espérer une plus ample suite d'un ouvrage si galant, après cette quatrième partie. Voilà, monsieur, tout ce que je vous dirai aujourd'hui là-dessus, car vous me dispenserez de faire une réponse précise à la belle et obligeante lettre que vous m'avez fait l'honneur de m'écrire. Elle porte ce merveilleux caractère qui ne vous permettra jamais de vous déguiser; mais elle ne me persuade pas; et quelque défiance que vous preniez plaisir à témoigner de vous-même, vous connoissez trop bien ce que vous valez pour appréhender la critique la plus rigoureuse. Si quelque scrupule vous embarrasse, vous n'avez qu'à vous consulter pour en sortir; et quand vous aurez subi votre propre censure, vous êtes assuré de l'approbation du public. Cependant je me réjouis du secret que vous avez trouvé de me faire faire des souhaits pour les avantages de MM. de l'Hôtel de Bourgogne. J'apprends que vous leur donnez une pièce de théâtre qu'ils se préparent à représenter dans peu de temps. J'en attends le succès avec impatience, et je me le figure déjà aussi glorieux que je le souhaite, non pas tant à cause que vos amis les plus éclairés publient qu'ils n'ont rien vu de plus achevé, que parce que je suis convaincu qu'il ne peut rien partir de vous qui n'en soit digne.

Le mariage de Mlle Le Ravon, si précipité, est une aventure assez surprenante; mais pour moi, je n'y en vois pas davantage qu'au voyage de M. de Beauchâteau[1] en Angleterre. Il a voulu produire son cher fils à l'altesse protectrice; et elle s'est lassée du veuvage. Je m'imagine que ses camarades ont été assez alarmés de son dessein, dans l'appréhension qu'elle ne choisît pas un mari d'assez bonne humeur pour lui souffrir encore la comédie. Nous attendons ici les deux beautés que vous croyez devoir disputer cet hiver d'éclat avec la sienne. Au moins ai-je remarqué en Mlle Rejac grande envie de jouer à Paris; et je ne

---

1. Comédien de l'Hôtel de Bourgogne.

doute point qu'au sortir d'ici cette troupe n'y aille passer le reste de l'année. Je voudrois qu'elle voulût faire alliance avec le Marais : elle en pourroit changer la destinée. Je ne sais si le temps pourra faire ce miracle ; mais je sais que ses changemens n'auront rien assez fort pour diminuer l'ardeur avec laquelle je chercherai, toute ma vie, les occasions de vous témoigner avec quelle passion je suis,

Monsieur,
Votre très-humble et très-obéissant serviteur,
CORNEILLE.

Mon frère vous est infiniment obligé de l'honneur de votre souvenir, et vous assure par moi de ses très-humbles services.

A Rouen, ce 4 d'avril 1659.

Monsieur,

Ne croyez pas que je sois assez téméraire pour m'engager à plus que je ne puis en songeant à vous attirer à un combat dont je sais que je ne pourrois me tirer qu'avec honte. Nos forces ne sont point égales, et l'heureuse facilité que vous avez à faire de belles et merveilleuses lettres ne me laisse aucune envie d'entrer en différend avec vous. Ainsi, dispensez-moi de vous faire un compliment étudié pour vous prier d'agréer le mauvais présent que je vous fais. Ce sont deux pièces de théâtre qui vous ont fait écrire de plus belles choses que vous n'y en remarquerez. Je vous les envoie et l'aurois fait même sans les accompagner d'une lettre, si je n'avois eu une grâce à vous demander : c'est, monsieur, de souffrir que je vous en adresse pour deux de nos plus illustres amis, MM. de Brébœuf[1] et Lucas[2], et d'avoir la bonté de les leur faire tenir de ma part. Après cela je fais retraite, et ne trouve rien à souhaiter, pourvu que vous soyez persuadé autant que je le souhaite de la passion avec laquelle je suis, etc.

P.S. J'apprends que les trois troupes se maintiennent à Paris. Je ne sais ce qui arrivera des deux foibles, mais je vais commencer à travailler au hasard. Tiendrez-vous parole à Mlle des Urlis[3] ?

Mon frère vous assure de ses services et a donné charge à M. Courbé de vous porter son *OEdipe*.

A Rouen, ce 1ᵉʳ décembre 1659.

Monsieur,

Il n'est point un ami plus obligeant que vous, et je ne saurois assez vous remercier du soin que vous vous êtes donné de voir

1. Le traducteur de *la Pharsale*.
2. Père du célèbre voyageur de ce nom.
3. Mlle des Urlis était femme de Brécourt, auteur et acteur de la troupe de Molière.

M. Magnon[1] en ma faveur. Je vous l'aurois néanmoins épargné, si j'eusse prévu que M. de La Coste eût dû vous écrire sur le bruit qui couroit d'un double *Stilicon*. J'en ai assez bien jugé pour avoir toujours cru que c'étoit une fausse alarme, et vous m'auriez rendu un mauvais office auprès de M. Magnon, si vous lui aviez laissé croire que j'eusse besoin de l'assurance qu'il me donne pour n'appréhender pas le péril de la contrefaçon. Je reçois sa lettre comme une civilité obligeante, et je lui ferois tort, si, doutant qu'il fût capable de se manquer à soi-même, je me persuadois que la considération de mes intérêts eût contribué quelque chose à l'éloigner d'une entreprise qu'on lui a faussement imputée. J'ai cru devoir abandonner le sujet de *Stratonice* qui me plaisoit fort, seulement à cause que M. Quinault étoit plus avancé de deux cents vers que moi[2], et je n'ai rien fait, en cette rencontre, que ce que je m'imagine qu'un autre feroit pour moi dans une pareille occasion. J'ai eu bien de la joie de ce que vous avez écrit d'Oreste et de Pylade, et suis fâché en même temps que la haute opinion que M. de La Cléville avoit du jeu de MM. de Bourbon n'ait pas été remplie avantageusement pour lui. Tout le monde dit qu'ils ont joué détestablement sa pièce; et le grand monde qu'ils ont eu à leur farce des *Précieuses*[3], après l'avoir quittée, fait bien connoître qu'ils ne sont propres qu'à soutenir de pareilles bagatelles, et que la plus forte pièce tomberoit entre leurs mains.

M. de Sourdéac fait toujours travailler à la machine, et j'espère qu'elle paroîtra à Paris sur la fin de janvier. J'y serai auparavant pour *Stilicon*[4], et c'est là que je me réserve à vous mieux exprimer de bouche combien je me tiens votre obligé, et à quel point je suis, etc.

A Rouen, ce 20 de juillet....

Monsieur,

Vous devez avoir été bien surpris de mon silence après le beau présent que vous m'avez fait; mais vous le serez encore davantage, quand je vous dirai que je le reçois présentement, et que sans un de mes amis qui m'a fait savoir qu'il avoit vu un paquet pour moi écrit sur le livre du messager, il auroit encore longtemps demeuré entre ses mains. M. de Luyne[5], qui l'en a chargé, n'a point songé à m'en donner avis par la poste, et cette négligence de sa part me rendroit coupable auprès de vous, si vous

---

1. Jean Magnon, auteur de plusieurs tragédies.
2. La *Stratonice* de Quinault parut le 2 janvier 1660.
3. *Les Précieuses ridicules* de Molière furent jouées pour la première fois le 18 novembre 1659.
4. *Stilicon* fut représenté au commencement de l'année 1660.
5. Libraire.

ne me rendiez assez de justice pour croire que j'ai autant de reconnoissance pour les grâces que vous me faites, que d'estime pour toutes les productions de votre esprit. Il y a longtemps que j'admire celles dont vous avez gratifié le public, et je ne doute point que cette dernière ne remplisse l'attente de tout le monde. Si je pouvois obtenir de moi-même de différer un jour à vous témoigner combien je me trouve sensible à ce surcroît d'obligation que vous voulez que je vous aie, je vous rendrois compte de toutes les beautés que je suis assuré de découvrir dans la lecture de cet ouvrage; mais après la confusion que j'ai de vous avoir donné lieu pendant dix jours de me soupçonner d'avoir peu de soin de me rendre digne de vos bontés, il n'y a pas moyen de ne vous pas remercier sur l'heure. J'ai seulement lu votre épître en hâte, à laquelle vous avez donné cet air galant qui fait l'âme des belles choses, et je me prépare à voir votre livre avec plus de plaisir que ne fera M. Ch.... s'il jette les yeux sur votre préface. Comme j'en ai trouvé deux dans le paquet, j'ai cru que vous en destiniez un à mon frère, quoique vous ne m'en parliez point dans votre lettre, et il me charge de vous en faire ses complimens. J'ai bien de la joie de la résolution où vous êtes de donner votre pièce à MM. du Marais. Pourvu que Lafleur[1] y ait grand emploi, elle ne peut manquer de réussir hautement. On l'admire ici, et on est fort satisfait du reste de la troupe. Je ne laisse pas de douter si ce sera la même chose à Paris, et si les deux nouveaux acteurs y seront traités avec autant d'indulgence qu'ils le sont ici. Vous les examinerez et résoudrez alors plus fortement de toutes choses, car quelque attachement que j'aie pour cette compagnie, j'ai un respect pour vous qui ne me permet pas de vous rien demander contre vos intérêts. C'est ce que vous conjure de croire, etc.

P. S. J'ai fait deux actes d'une pièce dont je ne suis pas trop satisfait; mais il est trop tard pour prendre un autre dessein.

EXTRAIT DES MÉTAMORPHOSES D'OVIDE,

TRADUITES EN VERS PAR TH. CORNEILLE.

PRÉFACE.

Il y a plus de vingt ans que je fis paroître la traduction en vers françois des six premiers livres des *Métamorphoses* d'Ovide. Elle fut reçue assez favorablement pour m'obliger à ne la pas laisser

---

[1]. Cet acteur succéda à Montfleury dans l'emploi des rois, et joua d'original le rôle d'Acomat dans *Bajazet*.

imparfaite. Le travail avoit de quoi m'étonner par sa longueur, et il avoit des difficultés qui ne pouvoient être surmontées que par le temps, qui a coutume de faire venir à bout de toutes les choses qu'on entreprend. Un autre, sans doute, auroit beaucoup mieux imité que moi les grâces de l'original. J'ai travaillé selon mon foible génie, et j'ai cru ne pouvoir rien faire de mieux qu de garder pendant plusieurs années la traduction entière de c grand ouvrage, pour être plus en état d'en connoître les défauts parce qu'on se pardonne ordinairement beaucoup de choses dan la chaleur de la composition. Si je me suis quelquefois donné l liberté d'étendre quelques endroits, ç'a été sans avoir mêlé mes pensées à celles de mon auteur; mais j'ai cru qu'il pouvoit m'être permis de ne point tant chercher la brièveté du style que le repos du vers le plus agréable à l'oreille, et j'en ai fait d'autant moins de scrupule que toutes les fables dont il a fait le tissu de son admirable poëme étant différentes les unes des autres, je les ai regardées comme autant de chapitres où le lecteur se peut arrêter, sans qu'il soit obligé de se souvenir de ce qu'il a lu, pour entendre ce qui lui reste encore à lire. Je me suis particulièrement attaché à ne rien omettre, et pour n'y laisser aucune obscurité, j'ai ajouté de temps en temps un vers ou deux qui expliquent ce qui a besoin de commentaire dans l'original, mais sans rien changer dans la pensée. J'ai encore plus fait. J'ai employé plusieurs vers en divers endroits pour donner l'intelligence parfaite de certaines fables, comme dans celle d'Érichthon, où je n'ai pas cru que ce fût assez de dire que c'étoit un enfant né sans mère, si je ne faisois connoître le mystère de cette naissance. Ovide écrivoit dans un temps où ces matières étoient si généralement connues, qu'il lui suffisoit d'en dire un mot pour se faire entendre, ce qui l'obligeoit à s'arrêter sur ce qui lui sembloit le plus riant pour la poésie. Ainsi, dans la fable de Danaé, il s'est contenté de dire que Jupiter avoit eu d'elle un fils appelé Persée; et dans celle d'Andromède, que Persée voyant cette infortunée princesse attachée à un rocher, prête à être dévorée d'un monstre, résolut de le combattre pour l'en garantir; et il m'a paru bon d'expliquer comment Jupiter avoit été obligé de se changer en pluie d'or pour voir Danaé, et par quelle injure reçue les Néréides avoient obtenu de Neptune qu'il envoyât un monstre marin pour ravager le royaume de Céphée. Il est assez difficile de deviner ce qu'Ovide a prétendu faire entendre sur la fin du quatrième livre, quand faisant raconter au même Persée de quelle manière il étoit venu à bout de couper la tête à Méduse il ne lui fait rien dire autre chose, sinon qu'étant arrivé en un lieu environné de hautes murailles, où demeuroient deux sœurs qui n'avoient qu'un œil qu'elles se prêtoient tour à tour, il eut l'adresse de le dérober en avançant sa main dans l'instant que l'une croyoit le donner à l'autre, et que de là il se rendit au palais de Méduse par des chemins entrecoupés de rochers et de forêts. On ne connoît rien à ces deux sœurs, et on ne voit point ce que cet œil dérobé devoit contribuer à sa victoire, en sorte que cet endroit seroit demeuré obscur si je n'avois expliqué la fable des Grecs qui n'est peut-être connue que de fort peu de personnes ; mais, afin que l'on remarque ce que j'ai cru devoir prêter à Ovide, j'ai fait imprimer en caractère italique tout ce qui n'est point dans l'original. Je me suis assujetti dans tout le reste à n'exprimer que ce que dit mon auteur. J'ai pourtant changé quelque chose dans un endroit où il semble se contredire lui-même. C'est dans le reproche qu'il fait faire par Penthée aux vieillards de Thèbes, qui, après s'être exilés de Tyr, leur patrie, et avoir passé de vastes mers pour venir bâtir leur nouvelle ville, ont la lâcheté de se vouloir soumettre à Bacchus. Tous ceux qui avoient suivi Cadmus, quand Agénor lui ordonna d'aller chercher sa sœur Europe, avoient péri, ou par les morsures, ou par l'haleine empestée du serpent de Mars ; et Cadmus étant resté seul de cette défaite, c'est à lui seul que j'ai cru que Penthée pouvoit adresser la parole. J'aurois encore quelques légères remarques à faire sur de pareilles difficultés, mais il ne sera pas malaisé de concevoir la raison qui m'a fait transposer ou changer quelques vers, partout où l'on s'apercevra qu'il y aura du changement ou de la transposition.

Je ne parle point des anachronismes. Plusieurs tiennent qu'il ne faut point observer d'ordre de temps dans les fables, et il y a grande apparence qu'Ovide étoit de ce sentiment, puisqu'en traitant l'aventure de Phaéthon il dit que les étoiles de l'Ourse, échauffées pour la première fois des rayons dont il étoit environné dans le char du Soleil son père, tâchèrent inutilement de se plonger dans la mer pour s'en garantir. Cependant Calisto n'avoit point encore été changée en astre, puisque nous voyons par la suite que Jupiter ne prit de l'amour pour elle que lorsqu'il alla réparer dans l'Arcadie les désordres que l'embrasement du monde, causé par Phaéthon, y avoit produits....

Ce seroit ici le lieu de parler de différentes beautés que l'on admire dans l'original, et qui ont fait acquérir au fameux Ovide une gloire qui portera son nom jusque dans la postérité la plus éloignée ; mais qui ne les connoît pas, et quelle nation ne s'est pas empressée à traduire *les Métamorphoses* ? Les Grecs mêmes, qui se vantent d'avoir ouvert le chemin des sciences à toute la terre, et de n'avoir eu besoin du secours d'aucun autre peuple pour les acquérir, n'ont pas dédaigné de les mettre en vers dans leur langue, tant ce merveilleux ouvrage leur a paru digne d'être lu, comme étant un parfait modèle de tout ce qui est à imiter ou à fuir dans la vie humaine et dans la civile. Cela est si vrai que, si l'on examine bien les fables, on reconnoîtra qu'elles contiennent non-seulement ce qu'il y a de plus excellent dans les plus nobles sciences, mais encore les plus beaux secrets de la morale, de la physique et même de la politique. C'est ce qui a fait dire à Platon que les sages de l'antiquité avoient voulu qu'elles fussent le premier lait que l'on fît sucer aux hommes, qui devoient les considérer comme un aliment qui passe dans l'esprit sans peine, et qui, l'entretenant agréablement, le rend enfin capable d'une plus solide nourriture.

En effet, quelles grandes utilités ne tire-t-on pas de la connoissance de la fable qui nous donne de si belles instructions de morale, en nous apprenant à nous gouverner dans l'une et dans l'autre fortune, en détournant notre esprit des passions déréglées par les exemples qu'elle nous propose des malheurs arrivés à ceux qui s'y sont abandonnés, et en nous enseignant la crainte de Dieu, crainte salutaire, qui vaut seule toutes les vertus ensemble.

L'ENVIE [1].

Au fond d'une vallée étroite, obscure, affreuse,
Que cache de deux monts la cime sourcilleuse,
Est un antre lugubre, où d'un sang infecté
Croupit de jour en jour la noire humidité :
Jamais par ses rayons le soleil ne la sèche;
Le vent pour s'y couler cherche en vain quelque brèche;
Point pour lui de passage : un froid toujours cuisant
Y fait avec la nuit régner un air pesant.
L'horreur en est extrême, et de ces lieux funèbres,
Comme aucun feu jamais n'a percé les ténèbres,
Sitôt qu'on s'en approche, on sent de toutes parts
La dégoûtante odeur des plus sales brouillards.
Pallas, que la colère a fait partir sur l'heure,
Voit à peine de loin cette horrible demeure,
Qu'elle frémit, s'arrête et dédaignant d'entrer,
Pour se faire obéir, ne veut que se montrer.
Elle vient à la porte, et son bras qui s'avance
N'emploie à la toucher que le bout de sa lance
La porte cède, s'ouvre, et soudain un faux jour
Pénètre la noirceur de ce triste séjour.
L'Envie avidement, ainsi qu'à l'ordinaire,
Dévoroit au dedans de la chair de vipère,
Et, par cet aliment digne de sa fureur,
De ses jaloux chagrins entretenoit l'horreur
Pallas qui l'aperçoit en détourne la vue.
Elle, à qui rien ne plaît, lentement se remue;
Et, venant recevoir son ordre à pas rampans,

1. Ovide, liv. II. 75.

Ne cesse qu'à regret de ronger ses serpens.
L'éclat que la déesse emprunte de ses armes
Est pour elle un sujet de soupirs et de larmes;
Elle en gémit de rage, et ce gémissement
Fait sur elle à Pallas jeter l'œil un moment.
Qu'elle la voit hideuse! une pâleur extrême
Semble avoir peint la mort sur son visage blême.
A force de maigreur, aride, consumé,
Son corps est moins un corps qu'un squelette animé.
De ses yeux enfoncés la prunelle égarée
Ne lui laisse rien voir d'une vue assurée;
L'écume est dans sa bouche, et ses jaunâtres dents
Par leur rouille font voir la noirceur du dedans.
Sa poitrine, qu'elle aime à tenir découverte,
Moite du fiel qui l'enfle, en paroît toute verte;
Son cœur même en regorge, et, par un noir destin,
Sa langue a pour sucer toujours quelque venin.
On lui voit pour la joie une haine mortelle,
Et comme la douleur est toujours avec elle,
Elle ne rit jamais, si les malheurs d'autrui
Ne lui font par hasard suspendre son ennui.
Mille cruels soucis dont elle est travaillée
A toute heure, en tout temps, la tiennent éveillée;
Et son cnagrin sans cesse allant au plus haut point,
Le sommeil est un dieu qu'elle ne connoît point.
Si quelque heureux succès a frappé ses oreilles,
Ce sont des désespoirs, des rages sans pareilles :
Elle en sèche, languit, et son esprit jaloux
Des traits qu'il sait lancer sent les plus rudes coups.
Ainsi par là toujours livrée à sa malice,
Elle-même est sa peine et son propre supplice,
Et, portant au murmure un cœur toujours ouvert,
Elle ne fait souffrir qu'après qu'elle a souffert.
Quoique jamais Pallas ne la vît qu'avec peine,
L'ardeur de se venger l'emporta sur sa haine,
Et pour punir Aglaure, et troubler son repos,
Elle se contraignit à lui dire ces mots:
« Des filles de Cécrops l'une a su me déplaire;
Ma vengeance me presse, il faut la satisfaire :
Va, cours de ton venin infecter ses esprits.
Aglaure en est le nom; je commande, obéis. »
A ces mots, repoussant la terre de sa lance,
En hâte vers le ciel, d'un saut, elle s'élance
L'Envie en désespère, et d'un œil de travers
Lui voit prendre son vol par le milieu des airs
A tourmenter Aglaure a pour elle des charmes.
C'est faire triompher la déesse des armes

Et l'une à satisfaire étouffe dans son cœur
Ce que l'autre à punir lui promet de douceur.
Elle en laisse échapper quelques plaintes chagrines,
Puis s'arme d'un bâton entortillé d'épines,
Et d'un nuage épais couvrant son corps affreux,
S'en fait contre le jour un voile ténébreux.
Partout où sa fureur détourne ce nuage,
Quel horrible dégât! quel funeste ravage!
Ce qu'elle en fait exprès exhaler de vapeurs
Consume également les herbes et les fleurs
De son souffle malin les plaines sont gâtées,
Les arbres desséchés, les moissons infectées,
Et l'empestée odeur de ses sales poisons
Souille rivières, prés, bois, villes et maisons
Sa course enfin s'achève; elle découvre Athènes,
Et c'est là plus qu'ailleurs que redoublent ses peines
Tant de biens que le ciel y daigne renfermer,
Tant d'excellens esprits qui s'y font estimer,
Les douceurs de la paix, les plaisirs du bel âge
N'offrent à son esprit qu'une odieuse image;
Elle y voudroit trouver les plus sanglans malheurs,
Et pleure de n'y voir aucun sujet de pleurs.
Aussi se dérobant à tout ce qui la blesse,
Elle court accomplir l'ordre de la déesse,
Au palais de Cécrops s'avance promptement,
Et va chercher Aglaure en son appartement.
Là, ce monstre hideux, toujours de nuire avide,
Sur la princesse à peine étend sa main livide,
Qu'elle languit, frissonne, et sent dans sa langueur
Mille aiguillons piquans qui lui percent le cœur.
Le vent contagieux de sa brûlante haleine,
Se coulant dans sa bouche, entre dans chaque veine,
Et son sang que corrompt ce souffle envenimé
Répand partout l'ardeur dont il est consumé.
Pour hâter sa douleur elle fait toutes choses,
Tâche d'en avancer les effets par les causes,
Et d'une pleine vue à son esprit blessé
Étale avidement le triomphe d'Hersé.
Elle lui peint Mercure avec tout l'avantage
Qui peut combler de gloire un heureux mariage,
Et, doublant les objets pour la mieux éblouir,
Lui fait voir mille biens dont sa sœur va jouir.
La malheureuse Aglaure en a l'âme saisie
De la plus inquiète et vive jalousie.
Rien ne peut dissiper l'ennui de cet amour.
Elle y rêve la nuit, elle y rêve le jour,
Et le feu dévorant du poison qui la tue

Fait qu'insensiblement tout son corps diminue,
Comme se fond la glace en ces temps ambigus
Où le soleil se montre et puis ne paroît plus.
Elle a beau faire effort pour vaincre cette rage,
Ce qui doit la calmer l'irrite davantage,
Et plus l'heureuse Hersé lui paroît comme sœur,
Plus l'envie est ardente à lui ronger le cœur.

HIPPOLYTE [1].

Si le nom d'Hippolyte est venu jusqu'à vous,
Vous devez avoir su par quel chagrin jaloux
Thésée, écoutant trop la haine opiniâtre
Qui possédoit le cœur d'une indigne marâtre,
Consentit à donner contre un fils malheureux
L'arrêt le plus injuste et le plus rigoureux.
Vous aurez plaint ce fils d'un arrêt si funeste;
Mais pourrez-vous assez vous étonner du reste?
Ce sont événemens si peu dignes de foi,
Que quand je les raconte à peine je les crois,
Moi qui sous d'autres traits suis ce même Hippolyte
Qu'on chargea de l'horreur que l'inceste mérite.
Phèdre, ma belle-mère, éprise d'une ardeur
Qu'en vain je m'efforçai d'arracher de son cœur,
Par ses honteux désirs lassa ma patience;
Et comme elle ne put vaincre ma résistance,
Soit que de son dépit l'impétueux transport
Pour punir mes refus lui demandât ma mort,
Soit que, pour m'empêcher de découvrir son crime,
Sa gloire lui fît voir ma perte légitime,
Elle osa m'imputer, en m'accusant au roi,
Le détestable amour qu'elle avoit pris pour moi.
Du sang auprès de lui la voix m'est inutile;
Malgré mon innocence, il me chasse, il m'exile,
Et forme contre moi tout ce qu'on fit jamais
Contre un fier ennemi d'exécrables souhaits.
Je marche vers Trézène, et lorsqu'en ce voyage
De la mer de Corinthe atteignant le rivage,
J'y fais rouler mon char, je vois cet élément
Par des flots amassés s'enfler en un moment.
D'une montagne d'eau qui commence à s'étendre
D'affreux mugissemens se font d'abord entendre.
Sur le sommet qui s'ouvre un horrible taureau,
Découvert jusqu'aux flancs, se montre hors de l'eau;
De ses larges naseaux, de sa gueule béante

1. Liv. XV, 497.

Sortent de gros bouillons d'une mer écumante.
Ceux qui m'accompagnoient en sont épouvantés :
Je les vois s'éloigner et fuir de tous côtés.
Tandis que la frayeur les disperse et les guide,
A ce terrible aspect je demeure intrépide,
Et l'exil que me cause un rapport lâche et faux
Ne me laisse rien voir de plus grand que mes maux.
Mais cette fermeté qui soutient mon courage
Dans un si grand péril m'est un foible avantage.
Mes chevaux tout à coup s'emportent malgré moi ;
Apercevant le monstre ils bondissent d'effroi,
Et prenant vers le roc une course rapide,
Mettent leur force à fuir ce qui les intimide.
Je me penche en arrière, et roidissant la main
Je fais ce que je puis pour les soumettre au frein.
Leur fougue m'eût cédé ; mais quand je les gourmande,
Une roue, et c'est là tout ce que j'appréhende,.
Va donner contre un arbre, et par l'effort qu'ils font
Hors de l'essieu jetée, elle éclate et se rompt.
Ce choc me met par terre, et telle est ma disgrâce
Que je trouve une rêne où mon pied s'embarrasse.
Ainsi par mes chevaux avec le char tiré
Sur des cailloux pointus dont je suis déchiré,
Mon corps s'ouvre, et partout mes entrailles s'attachent ;
Rencontrant des buissons, ces buissons les arrachent.
Le char contre un rocher quelquefois est conduit,
Et l'on entend mes os s'y briser à grand bruit.
Dans ce terrible état dont encor je frissonne,
Lasse de résister mon âme m'abandonne ;
Mes membres mutilés, dans leur sanglant dehors,
N'avoient rien qu'on eût pris pour le reste d'un corps.
Ce n'étoit qu'une large et profonde ouverture ;
Chaque blessure entroit dans une autre blessure ;
Et jamais tant de morts dures à soutenir
Pour causer une mort n'avoient paru s'unir
   Voyez, nymphe, voyez, quelles que soient vos plaintes
Si vous avez senti de pareilles atteintes,
Et si le coup fatal qui vous réduit aux pleurs
A rien qu'on puisse dire égal à mes malheurs

FIN DU CINQUIÈME VOLUME.

TABLE.

	Pages.
PSYCHÉ, tragédie-ballet	1
PULCHÉRIE, comédie héroïque	59
SURÉNA, GÉNÉRAL DES PARTHES, tragédie	107

DISCOURS, LETTRES.

Premier Discours. De l'utilité et des parties de l'art dramatique	155
Second discours. De la tragédie	175
Troisième discours. Des trois unités	201
Discours à l'Académie	215
Préface de l'édition de 1654	217
Avertissement de l'édition de 1663	218
I. Lettre à Rotrou	222
II. — à M. d'Argenson	222
III. — à M. Dubuisson	224
IV. — à M. l'abbé de Pure	224
V. — au même	225
VI. — au même	226
VII. — au même	228
VIII. — à M. de Saint-Évremond	229
IX. — à Colbert	229

OEUVRES CHOISIES DE TH. CORNEILLE.

ARIANE	233
LE FESTIN DE PIERRE	281
LE COMTE D'ESSEX	353
DISCOURS de réception à l'Académie françoise	399
DISCOURS prononcé devant l'Académie françoise pour la réception de Fontenelle	404
LETTRES à l'abbé de Pure	408
EXTRAIT des *Métamorphoses* d'Ovide traduites en vers françois	412
L'ENVIE	415
HIPPOLYTE	418

FIN DE LA TABLE DU CINQUIÈME VOLUME.

Coulommiers. — Typ. PAUL BRODARD et Cie.

A LA MÊME LIBRAIRIE

ŒUVRES
DES PRINCIPAUX ÉCRIVAINS FRANÇAIS

VOLUMES IN-18 JÉSUS.

On peut se procurer chaque volume de cette série relié en percaline gaufrée, sans être rogné, moyennant 50 cent.; en demi-reliure, dos en chagrin, tranches jaspées, moyennant 1 fr. 50 cent., et avec tranches dorées, moyennant 2 fr. en sus du prix marqué.

1re Série à 1 franc 25 c. le volume.

Barthélemy : *Voyage du jeune Anacharsis en Grèce dans le milieu du IVe siècle avant l'ère chrétienne.* 3 volumes.

Atlas pour le Voyage du jeune Anacharsis, dressé par J. D. Barbé du Bocage, revu par A. D. Barbé du Bocage. In-8, 1 fr. 50 c.

Boileau : *Œuvres complètes.* 2 vol.

Bossuet : *Œuvres choisies.* 5 vol.

Corneille : *Œuvres complètes.* 7 vol.

Fénelon : *Œuvres choisies.* 4 vol.

La Fontaine : *Œuvres complètes.* 3 volumes.

Marivaux *Œuvres choisies.* 2 vol.

Molière : *Œuvres complètes.* 3 vol.

Montaigne : *Essais*, précédés d'une lettre à M. Villemain sur l'éloge de Montaigne, par P. Christian. 2 vol.

Montesquieu : *Œuvres complètes.* 3 volumes.

Pascal : *Œuvres complètes.* 3 vol.

Racine : *Œuvres complètes.* 3 vol.

Rousseau (J.-J.) : *Œuvres complètes.* 13 volumes.

Saint-Simon (le duc de) : *Mémoires complets et authentiques* sur le siècle de Louis XIV et la Régence, collationnés sur le manuscrit original par M. Chéruel, et précédés d'une notice de M. Sainte-Beuve, de l'Académie française. 13 vol.

Sédaine : *Œuvres choisies.* 1 vol.

Voltaire : *Œuvres complètes.* 46 vol.

2e Série à 3 francs 50 cent. le volume.

Chateaubriand : *Le génie du Christianisme.* 1 vol.

— *Les Martyrs;* — *le Dernier des Abencerrages.* 1 vol.

— *Atala;* — *René;* — *les Natchez.* 1 vol.

Fléchier : *Mémoires sur les Grands-Jours d'Auvergne en 1665*, annotés par M. Chéruel et précédés d'une notice par M. Sainte-Beuve. 1 vol.

Malherbe : *Œuvres poétiques*, réimprimées pour le texte sur la nouvelle édition des *Œuvres complètes de Malherbe*, publiées par M. Lud. Lalanne dans la Collection des GRANDS ÉCRIVAINS DE LA FRANCE. 1 v.

Sévigné (Mme de) : *Lettres de Mme de Sévigné, de sa famille et de ses amis*, réimprimées pour le texte sur la nouvelle édition publiée par M. Monmerqué dans la Collection des GRANDS ÉCRIVAINS DE LA FRANCE. 8 vol.

COULOMMIERS — Typ. ALBERT PONSOT et P. BRODARD.

www.ingramcontent.com/pod-product-compliance
Lightning Source LLC
Chambersburg PA
CBHW050909230426
43666CB00010B/2095